KB124740

# 신자유주의를 넘어
# 사회투자국가로

**국립중앙도서관 출판시도서목록(CIP)**

신자유주의를 넘어 사회투자국가로
= Social Investment State : beyond the Neo-Liberalism
지은이: 임채원 -- 파주 : 한울, 2006
  p. ;   cm. -- (한울아카데미 ; 906)

참고문헌과 색인수록
ISBN   89-460-3639-7  93340

340.1-KDC4
320.01-DDC21                      CIP2006002571

# 신자유주의를 넘어
# 사회투자국가로

임채원 지음

한울
아카데미

인생의 영원한 guru,
박동서 교수님의 영전에 바칩니다.

# "어려운 시절에 정책의 창이 열린다"

사람들은 자신이 살고 있는 시대를 언제나 위기(crisis)로 보는 경향이 있지만 정책의 관점에서 보면 위기의 '어려운 시절(Hard Times)'은 쉽사리 찾아오지 않을 뿐더러 일단 찾아온 어려운 시절은 쉽게 풀리지도 않는다. 대표적인 어려운 시절은 1929년에 찾아온 대공황이었다. 그리고 복지국가가 붕괴된 1980년대였다. 이 두 시기에는 전혀 상반된 사회적 흐름이 나타났지만 역설적이게도 상황과 그에 대한 대응은 너무나 유사한 측면이 많다.

1929년에 대공황이 일어나고 미국인들에게 어려운 시절이 시작되었다. 그 이전의 자유방임형 국가 운영체계로는 더 이상 점증하는 사회적 어려움을 해결할 길이 없었다. 시장이 아니라 정부의 개입이 필요한 시점이었다. 이때 비로소 '정책의 창(window of policy)'이 열린다. 기존의 정책이 한계를 드러냄으로써 새로운 정책이 필요해진다. 새로운 개혁 정책이 대중적인 호소력을 가지기 위해서는 정치적으로 도드라져야 하며(politically salient), 정책의 내용이 지나치게 복잡하지 않고, 사회의 일반적 가치나 다른 정치적 이슈와 부합해야 하며, 정치적 기업가(political entrepreneur)들이 매력을 느낄 수 있을 만큼 집행가능성이 높아야 한다.

새롭거나 올바른 정책이 언제나 성공하는 것은 아니다. 어려운 시절은 정치인과 정치과정에서 변화를 위해 무르익은 때이고 새로운 개혁 정책은 인식의 지도(road maps)로 수용될 조건을 맞는다. 전쟁이나 국제적 불황과 같은 외부적 충격, 인구의 변화 그리고 바람직한 정책적 산출을 얻는 데 현재의 정책이 실패한 경우에 정치지도자들은 현행 정책을 검토할 유인을 갖게 된다. 근본적으로 이것은 현재의 정책이나 정치적 제도의 실패라는 인식에서 출발하며 이러한 인식은 정치엘리트에게 변화를 위한 동기를 부여한다. 이러한 시기에 정치적 공간(political space)과 정책의 창이 만들어지고 정치적 기업가는 탐색을 시작하며 새로운 정책 처방을 추구한다.

대공황의 어려운 시기에 루즈벨트라는 기업가적 정치인은 국가개입주의를 도입한 정책의 창을 포착하고 새로운 개혁 정책을 추진했다. 마찬가지로 레이건이나 대처는 케인즈주의적인 국가개입주의와 복지국가의 문제점을 새로운 위기로 정의하고 정책대안으로 신자유주의를 들고 나와 대중적인 호응을 차지했다.

한국에서는 최근에 10년을 주기로 반갑지 않는 '어려운 시절'들이 찾아오고 있다. 1987년 민주화는 우리에게 큰 희망과 기쁨이었지만 그 정치적 성과는 중산층과 서민들에게 골고루 향유되지 못했고 또한 미래의 희망으로 이어지지 못했다. 1997년 IMF 외환 위기로 우리는 또 한 번의 좌절을 겪어야 했고, 2006년 현재 부동산 폭등의 광풍에 휩싸여 있다. 민주화가 되면 모든 것이 잘 되리라는 소박한 희망을 가진 우리에게 왜 이런 불행이 주기적으로 찾아드는가?

이는 민주화 이후의 정치경제적 대안을 갖지 못했기 때문이다. 우리는 민주화를 통해 억압적인 국가주의를 해체했지만 그 이후의 새로운 창조에 관해서는 무기력했다. 특히 중도개혁적인 입장을 가진 세력에게 이런 무능과 좌절은 우리가 가진 철학과 가치에 대한 근본적인 의문을 던지고 있다.

신자유주의의 가치가 '자유'이고 사회주의의 가치가 '평등'이라면 중도개혁이 추구하는 가치는 무엇인가? 이것은 공정(fairness)과 사회적 최소한(social minimum)을 보장하는 '사회정의'이다. 사회정의는 20세기 역사에서 중도개혁이 추구해 온 보편적 제일가치이다. 시장만능의 자유만으로도, 결과의 균등을 의미하는 기계적 평등만으로도, 인간다운 삶과 가치가 보장되지 않기 때문에 이 두 개념을 수렴한 '사회정의'가 중도주의자들의 정치적 깃발이 되었다.

지금은 비판을 받고 있지만 1940년대에 복지국가는 사회정의를 실천하고 새로운 사회로 나아가기 위한 참신하고 실현가능한 정치경제적 모델이었다. 베버리지 보고서에서 언급된 국가적 최소한(national minimum)은 모든 시민이 궁핍으로부터 자유로워지고자 하는 새로운 사회철학이었다. 이 개념에서부터 현대적인 사회정의관이 정립되었다.

신자유주의는 복지국가를 해체하는 정치철학이다. 사회정의는 미신이며 '국가적 최소한'은 허구적 개념에 불과한 것으로 이런 개념은 중산층의 이기적 집단이익을 위한 수사(rhetoric)에 불과하다고 비판한다. 정부지출은 낭비이고 증세논쟁은 '세금폭탄'에 불과하며 정부 관료제는 무능의 대명사라는 것이다.

그러나 이들이 간과하고 있는 가장 중요한 오류는 시장이 아닌 정부가 왜 필요한지에 관한 오해에서부터 출발한다. 세상은 시장의 효율성만으로 아름다워지는 것이 아니다. 사회적 약자에 대한 배려와 패자부활이 가능한 사회가 살만한 세상이다. 만약 자본주의적 경쟁의 승자가 베푸는 온정 이외에 사회적 최소한을 보장받을 방법이 없다면 이는 군주의 온정에 의해서만 생존권이 보장되었던 봉건제와 하등 다를 바가 없다. 이 조건에서 민주주의는 질식당한다. 사회는 시장만이 아니라 시장, 국가 그리고 가족의 세 기둥(three pillars)에 의해 지탱된다. "기업에게 시장을, 국가에게 사회투자를, 이를 통해 가족에게 안전과 번영을……"

이와 같은 사회철학을 바탕으로 신자유주의가 해체하려는 복지국가를 진화적으로 발전시킨 국가론이 바로 사회투자국가론이다. 이는 신자유주의의 비판을 수용하지만 복지국가에 고유했던 '사회정의'를 새로운 차원에서 재정립하고 그에 따른 정책과 제도를 제시하는 진화적 과정을 겪고 있다. 사회투자국가는 지속가능한 사회정의(sustainable social justice)를 가치로 삼고 지식기반사회에 적합한 교육, 일자리, 복지와 공동체 정책을 구현하는 국가이다.

이러한 세계사적 사회투자국가는 한국에서도 여전히 유효하다. 특히 사회정의의 가치는 우리 사회의 중도개혁 세력에게 중심적 철학이 되고 있다. 개발연대의 중상주의적 지대가 여전히 남아 특권이 존재하는 사회에서 '공정'은 열린사회로 나아가기 위해 우선적으로 고려되어야 할 요소이다. 또한 복지국가의 경험이 없고 사회 안전망이 취약한 우리 사회에서 '사회적 최소한'은 하루 빨리 사회적 합의로 도출해야 할 영역이다.

이 책은 세계사적인 중도개혁의 철학과 정책이 어떤 흐름 속에 있는지를 밝히는 것에 일차적 목적을 두었다. 때문에 한국형 사회투자국가의 구체적 정책으로까지 나아가지 못했다. 한국 현실에서는 다소 생경한 요소들이 있고 한국의 현실을 분석하지 못한 절름발이 상태임을 고백한다. 이는 전적으로 필자의 무능과 한계이다. 다만 이 책을 계기로 중도개혁 세력에게 신자유주의에 맞설 수 있는 대안적 가치와 정책의 단초를 제공할 수 있다면 더 이상 바람이 없다.

이 책을 처음부터 차례대로 읽는다면 자칫 빨리 흥미를 잃어버릴 우려가 있다. 철학논쟁과 경제서적이 매양 그렇듯이 이 책 또한 비슷한 오류를 반복하고 있다. 초기의 긴장과 흥미의 유지를 위해 서론인 제1부 '중도개혁 담론의 필요성' 이후에는 제4부에 실린 '사회투자국가의 철학과 정책'부터 읽기를 권한다. 이 부분의 문제의식을 역으로 읽는다면 오히려 읽기에 편할 것 같다. 복지국가는 사회투자국가와 어떤 진화적 연관이 있으며 이에 대한 안티로서 신자유주의는 어떤 비판을 담고 있는지를 살펴보는 것이 좋을 듯하다.

이 책의 체제는 필자가 구성했지만 구체적 내용의 많은 부분은 기존의 연구들을 참고했다. 특히 사회투자국가 부분에서 많은 부분은 1994년에 영국에서 나온 사회정의위원회의 보고서를 참고했음을 밝힌다. 그리고 신자유주의의 개별정책 영역과 사회투자국가의 일부 영역, 그리고 보론으로 들어간 「공동체자유주의에 대한 비판적 시론」에서 에치오니(A. Eztioni)의 정치적 공동체 부분은 필자의 저서 『보수의 빈곤과 정책담론』에서 전제했음을 밝힌다. 필자의 연구부족도 있겠지만 전체적인 흐름을 위해 이런 방식이 이해에 도움이 될 것으로 본다.

오연천 교수님께 진심으로 감사드린다. 매번 실수투성이임에도 기다려주시고 지켜봐 주심에 충심으로 감사드린다. 김광웅 교수님의 배려와 관심에도 감사드린다. 최병선 교수님께서 주신 지적인 꾸중은 언제나 큰 자극이 되고 있다. 안병영 교수님과 윤재풍 교수님의 가르침도 배움에서 빼놓을 수 없는 큰 은혜이다. 무엇보다 박동서 교수님께서 병상에 계시는 동안 보여주신 윤재풍 교수님의 헌신은 살아가는 동안 스승을 모시는 거울이 되었다. 윤재풍 교수님, 수고 많으셨습니다.

보잘것없는 글이지만 탈고를 은주, 서현, 세훈이와 나누고 싶다.

2006년 12월
임채원

차례

16

제1부

# 중도개혁 담론의 필요성

## 중도개혁 담론의 부재

오늘날 중도개혁 세력은 지난 10여 년의 기간 중 어느 때보다 많은 비판과 질책에 직면해 있다. 1997년 IMF 외환 위기 이후 세계화로 인해 우리가 원했든 원치 않았든, 한국 사회에서 양극화가 급속히 진행되었다. IMF 외환 위기를 극복하기 위해 도입되었던 신자유주의적인 개혁 정책들은 우리 사회의 양극화를 가속화시켰다. 역설적이게도 1997년 이후 등장한 '국민의 정부'나 '참여정부'는 과거 어느 정권보다 중산층과 서민을 위한 정책을 펼칠 것으로 기대되었음에도 오히려 그 이전 어느 정권들보다 자유주의적인 경향이 강했다. 과거 박정희 시절부터 공고화되었던 중상주의를 바탕으로 한 국가주의가 해체되고 1987년 이후 민주화 과정과 1997년 이후 세계화 과정을 거치면서 중상주의를 해체하는 개혁 방향은 크게 두 가지가 있을 수 있다. 중상주의적 국가주의가 국익(national interest)을 중심으로 '국가'를 핵심적 개념으로 한다면 이를 해체하는 과정은 개인의 '자유'를 강조하는 방식과 공동체의 '사회정의'를 강조하는 방식으로 대별될 것이다.

신자유주의적 개혁 방식이 1980년대 이후 대처리즘과 레이거노믹스로 대표되는 우파적인 개혁임은 주지의 사실이다. 우리에게 서구와 다른 것이 있다면 개혁 방향 이전에 제기되는 현재에 대한 진단이다. 서구에서 신자유주의적인 개혁이 맹위를 떨친 역사적 배경에는 제2차 세계대전 이후 서구 사회가 새로운 사회적 대안으로 믿고 추진했던 복지국가가 전제되어 있었다. 복지의존성과 재정적자 그리고 사회의 지나친 관료주의와 사회적으로 만연되었던 도덕적 해이 등 복지국가의 입안자들이 미처 예상하지 못했던 복지의 부작용들이 만성화되어 나타났다. 노쇠한 공룡으로 쇠약해져 가는 사회를 개혁하기 위해 우파들의 신자유주의 개혁이 설득력을 얻었다.

한국은 복지국가를 경험한 역사가 없다. 그 이전의 역사는—논란의 여지가 있을 수 있지만—중상주의 국가체제였다.[1] 이 점이 한국 사회의 지향과 개혁을 논할 때 서구와 우선적으로 구별하여 고려해야 할 사항이다. 중상주의 국가체제에서는 국가가 우선하고 국익이 최우선의 가치로 자리 잡고 있다. 국가와 국익을 위해서 개인과 공동체, 혹은 자유와 평등은 희생을 감수해야 하는 체제였다. 이 국가주의 체제가 파생시킨 관치금융과 금융제도의 후진성이 드러난 결정판이 바로 IMF 경제위기라고 할 수 있다.[2] 이와 같이 상이한 조건 아래서도 신자유주의적인 개혁 방식이 1990년대 이후 '작은 정부'라는 이름으로 우리 사회의

---

1) 한국 사회의 성격이나 시대 구분은 여전히 논란의 대상이고 아직 학계에서도 의견이 정리되지 않았다. 필자는 저서 『보수의 빈곤과 정책담론』에서 한국 사회의 성격을 중상주의라고 보고 있다. 한국 사회의 성격을 행정국가, 발전국가, 과대성장국가, 관료적 권위주의, 식민지반봉건 등 무엇으로 보든지 하나의 공통분모는 개인과 공동체 혹은 자유와 평등보다는 국가와 국가이익이 우선했던 체제였음에 대한 동의일 것이다.

2) 이성섭, 「'국민의 정부'의 경제정책: IMF 경제위기와 구조개혁의 방향」, 안병영·임혁백 엮음, 『세계화와 신자유주의』(나남출판, 2000), 301~314쪽.

국가와 공공정책에 대한 주류적인 담론으로 자리를 잡았다. 그러나 복지국가를 개혁하기 위한 방법으로 도입되었던 신자유주의적인 개혁 방식이 국가주도적인 중상주의 사회를 개혁하는 방법으로도 타당성을 가지느냐에 대한 근본적인 의문이 제기된다.

서구에서 수정자본주의를 바탕으로 하는 복지국가는 그 이전의 자유방임 시대보다 개인의 자유를 제한하고 공동체의 사회정의를 강조했다. 복지국가에서는 자유방임 시대보다 복지와 사회적 형평에 더 큰 비중을 두었다. 사회정의를 추구하는 복지사회에서 정치적 반작용이 일어난다면 그것은 자연스럽게 자유주의를 복원하는 것이 될 것이다. 1980년대 이래 레이건이나 대처 정부의 개혁이 대중적인 설득력을 얻었던 것은 이와 같은 역사적 배경이 있었기 때문이다. 미국의 경우 레이건 정부는 1929년 대공황 이후 루즈벨트에 의해 추진되었던 정부 기능의 확대를 비판했고, 대처 정부 역시 제2차 세계대전 이후 노동당 정부에 의해 추진되었던 복지국가를 비판하면서 자유주의를 복원하려 했다.

한국의 경우에 이와는 사정이 달랐다. 복지국가와 중상주의 국가 모두 국가의 권력과 기능이 확대되어 있는 국가개입주의 정책을 취하는 공통점이 있지만 이들이 추구하는 가치는 판이하다. 중상주의는 국가의 국익을 위한 체제로서 사회정의나 사회적 형평을 추구하는 복지국가와는 그 제도적 연원을 달리한다. 복지국가의 개혁 방향으로 개인의 자유를 복원하는 신자유주의 개혁 방식이 주류를 이루었다고 한다면 한국에서 개혁 방식은 국가의 기능을 축소하고 개인의 자유를 극대화하는 것을 목표로 하는 개혁 방식과 공동체의 사회정의를 중요하게 생각하는 개혁 노선으로 양분될 수 있을 것이다. 사회의 역사성에 따라 그 사회에 필요한 개혁 방식이 전혀 다르기 때문이다.

보수 세력이 한국 사회의 개혁 방향으로 신자유주의적인 개혁을 지향하고 있는 것은 지극히 당연해 보인다. 이들의 정치적 이해관계는 성장한 자본만큼 더 이상 국가의 간섭을 기피하기 때문이다. 이들에게 최선의 정부는 최소의 정부이다. 그런데 스스로 중도개혁[3]을 자임하고 중산층과 서민을 위한다는 정치세력은 1997년 이후 거의 10년 동안 한국 정치의 주류로 전환되었음에도 뚜렷하게 보수 세력과의 차별성을 보여주지 못하고 있다. 이것은 역사적 아이러니이다. 국민들이 중도개혁 세력에게 정치적 지지를 몰아준 것은 보수 세력과 차별화된 정치사상과 정책으로 한국 사회에 새로운 비전과 가능성을 제시해 줄 것을 바랐기 때문이다. 중도개혁 세력이 집권했다면 그들은 자신들의 정치적 근거가 된 중산층과 서민의 이해관계를 대변하고 이들의 삶의 질을 향상시키고 중도적 사회통합의 길을 제시했어야 했다. 그리고 집권 10년간에 그 성과가 시민들에게 향유되었어야 했다. 그러나 중도개혁 세력이 집권했음에도 서민과 중산층은 신자유주의적 개혁 방식을 강요받았고 사회 양극화는 더욱 심화되었다.

세계화가 진행되면서 일어나는 양극화는 불가피한 측면이 있다. 그러나 정치적 가치와 철학을 지닌 정치세력이라면 이런 현상들에 대해 진단하고 이를 가치와 철학에 맞게 주도적으로 수용하고 대안을 제시해야 한다. 한국의 중도개혁 세력은 세계화와 양극화에 대한 분명한 인식과 이를 극복할 가치와 철학이 확고하지 못했음을 반성해야

---

3) 필자는 한국에서의 대표적인 개혁 방식을 신자유주의적 개혁 방식과 중도개혁적 방식으로 대별한다. 즉 개인의 자유를 강조하는 것을 신자유주의적 방식으로, 공동체의 사회정의와 사회적 형평을 강조하는 방식을 중도개혁으로 구분한다. 사회정의를 강조하는 것이 왜 중도개혁 노선인지는 앞으로 살펴볼 주요한 주제이다. 우선 기계적 평등이나 결과의 평등을 지향하는 극단적인 좌파가 아니기 때문에 이에 대해 중도개혁 노선이라고 정의한다.

한다.

중도개혁 세력 내부에서 정체성 부재와 정치적 무능력에 대한 비난을 정치세력에게 돌리는 경향이 있다. 그러나 더 근본적인 문제는 정치세력의 무능이 아니라 정책담론의 부재였다. 한국 지식인 사회는 지난 10여 년간 생산적이면서도 현실적인 적용이 가능한 중도개혁 담론들을 생산해 내지 못했다. 산발적인 여러 가능성에 대한 탐색은 있었지만 시민들과 더불어 공유하고 한국 사회의 새로운 방향으로 시민들에게 공감을 얻은 정책담론은 없었다. 정치세력이 있더라도 정책적 지향을 가진 정책담론이 없다면 개혁의 일관된 방향을 잡을 수도, 시민의 지지를 한곳으로 모을 수도 없다. 지식인 사회가 상상력과 아이디어에서 빈곤했기 때문에 정책 아젠다나 대안을 적절하게 제시하지 못했고 그 결과 오늘날 중도개혁 정치세력의 무능으로 나타났다.

## "세상은 경제학자와 정치사상가의 아이디어가 지배한다"

정치적 가치나 철학 혹은 정책담론이 중요한 이유는 이것이 발휘하는 정책적 위력이 우리가 상상하는 것을 넘어서는 경우가 허다하기 때문이다. 애덤 스미스(A. Smith)의 '보이지 않는 손(invisible hand)'을 비판하면서 새로운 경제 정책을 주장한 케인즈(John Maynard Keynes)는 그의 『일반이론(The General Theory of Employment, Interest, and Money)』 마지막 장에서 사회철학의 중요성을 강조하는 것으로 그의 저작을 끝내고 있다. "경제학자와 정치사상가들의 아이디어는 그것이 옳을 때나 그를 때나 일반적으로 생각되고 있는 것보다 더 강력하다. 사실 세상은 그 밖에 다른 어떤 것에 의해 지배되고 있지 않다. 어떤 지적인 영향으로부터 완전히 해방되어 있다고 믿고 있는 실무가들도 이미 고인이 된 어떤 경제학자의 노예인 것이 상례이다."[4] 18세기 프랑스 혁명 이후 수많은 혁명가들과 개혁 운동가들이 나왔지만 그들 중 독창적인 사상을 바탕으로 활동한 사람은 아주 극소수에 불과할 것이다. 혁명가나 정치세력들은 케인즈가 지적한 대로 이미 나와 있는 정치사상이나 정책담론의 아이디어를 재활용한 경우가 일반적이다. 이것이 가지는 다른 함의는 한국 사회의 문제를 진단하고 개혁 방향을 모색하는 데도 그대로 유효하다. 독창적인 뭔가를 새롭게 만들려고 하기보다는 세계사적인 경험 속에서 공유하고 지향할 수 있는 정치사상과 정책담론이 있다면 이를 한국적으로 변용하여 적용해 보는 것이 훨씬 시행착오를 줄일 수 있는 방법일 것이다.

케인즈는 사회철학의 중요성을 다시 강조하고 있다. "허공에서 소리를 듣는다는 권좌에 앉은 미치광이들도 그들의 미친 생각을 수년 전 어떤 학구적인 잡문으로부터 빼내고 있는 것이다. 나는 기득권익의 위력은 사상의 점진적 침투에 비하면 매우 과장되어 있다고 확신한다. 물론 사상의 침투는 당장에 이루어지는 것이 아니라 일정 기간을 두고 이루어진다. 왜냐하면 경제 및 정치철학의 분야에 있어서는 25세 내지 30세를 지나서는 새로운 이론에 의해 영향을 받는 사람은 많지 않으며 따라서 공무원, 정치가 그리고 심지어 선동가들까지도 일상 상태에 적용하는 관념에서 최신의 것은 별로 없는 것 같기 때문이다. 그러나 빠르든 늦든, 선에 대해서든 악에 대해서든, 위험한 것은 사상이지 기득권익은 아니다."[5]

---

4) John Maynard Keynes, *The General Theory of Employment, Interest, and Money*, Reprint (Prometheus, 1997), p.383.

5) 같은 책, p.384.

새로운 정치철학으로의 전환이 사회경제적으로 미치는 영향에 대해 잘 보여주고 있는 전형은 루즈벨트에 의해 추진된 뉴딜 정책이다. 뉴딜 정책은 미국 사회를 자유방임형 작은 정부에서 적극적인 정부로 전환시킨 기준점이었다. "루즈벨트의 브레인 트러스트 멤버들은 주로 대학에서, 특히 컬럼비아 대학에서 동원되었다. 그들은 이미 대학에서 발생한 지적 분위기의 변화를 정책에 반영하고 있었다. 당시 학계의 분위기는 개인의 책임, 자유방임주의 그리고 분권화되고 한정된 정부에 대한 신념으로부터 사회적 책임과 집권화된 강력한 정부에 대한 신념으로 변화하고 있었다. 생산수단의 소유와 운영이 정부에 있도록 하는 일이 있더라도 재산의 극심한 변동으로부터 개인을 보호하고 '전체의 이익'을 위해 경제를 통제하는 것이 정부가 해야만 하는 기능이라고 그들은 확신하고 있었다."6) 루즈벨트의 뉴딜 정책은 이와 같이 당시 미국 주류적이고 대중적 설득력을 가진 정책담론들에 의해 추진되었던 것이다.

이는 담론 형성과 개혁주도 세력 사이에 그 담론의 공유가 얼마나 중요한지를 잘 보여주고 있다. 소수에 의존하는 급진 개혁 운동이 아니라 지식 사회와 대중의 지지를 바탕으로 하는 중도노선으로 개혁을 성공적으로 이끌기 위해서는 개혁주도 세력이 무엇보다 시민들이 공유할 수 있는 분명하고 자기 확신이 담긴 담론을 생산하고 이를 공유해야 한다.

오늘날 중도개혁 세력이 자기 정체성을 분명히 하지 못하고 자기모순과 담론의 허약함에 허덕이는 이유는 케인즈가 지적한 대로 중도개혁 세력이 지향하는 가치와 담론을 체계화하지 못했기 때문이다.

---

6) Milton and Rose Friedman, *Free to Choose* (Avon, 1979), p.83.

## 베버리지 보고서와 케인즈 경제학

지식인 사회의 역할과 정치세력의 개혁 방향, 둘 간의 관계를 잘 보여주는 것이 복지국가가 제도화되는 과정에서 나타난 영국의 상황이다. 복지국가는 비스마르크에 의해 독일에서 처음 실시된 것으로 평가받고 있지만 현대적 복지국가는 영국에서 본격화되었다고 할 수 있다. 제2차 세계대전이 끝난 1945년 영국에서 노동당 내각이 최초로 들어서고 영국은 복지국가를 본격적으로 도입했다.

그러나 노동당이 집권하기 이전에 '베버리지 보고서'로 대변되는 복지국가에 대한 초안들이 이미 마련되어 있었다. 집권세력이 개혁의 방향을 집권 이후에 만들었던 것이 아니라 이미 지식인 사회에서 복지국가에 대한 밑그림들이 완성되어 있었던 것이다. 반대로 1942년에 발간된 베버리지 보고서에 대한 처칠과 보수 세력의 냉소와 무시가 노동당 집권이 필요하다는 국민적 공감대를 확산시키는 데 일조했다.

전쟁을 치루면서 사람들은 그들의 삶에 직접적인 영향을 미치는 국가의 역할에 익숙해졌고 더 나아가 그들은 국가에 많은 것을 기대하게 되었다. 정부 또한 국민의 기대에 부응하기 위해 앞으로 건설할 세계에 대한 청사진을 마련하고자 했다. 그래서 나온 것이 유명한 베버리지 보고서였다. 이것은 자유당의 사회개혁가인 베버리지(William Beveridge)의 주도하에 작성된 정부 보고서로서 모든 영국인에게 '요람에서 무덤까지(from the cradle to the grave)' 실업이나 질병 등 모든 재난에 대해 안전을 보장하는 포괄적인 국민보험제도를 제안했다. 1942년에 출간된 이 보고서는 수십만 부가 팔릴 정도로 대중의 관심을 끌어모았다. 그러나 이것은 그 급진적 성격 때문에 토리(Tory)들의 분노를 샀고 처칠 정부는 이를 외면했다. 이를 본 대중은 전후의 사회 재건

사업은 보수당이 아니라 노동당에게 맡겨야 되겠다는 생각을 하게
되었다.[7]

전쟁이 끝났을 때 국민들은 단순히 1939년의 상태로 되돌아가기를
원치 않았다. 사람들은 더욱 평등하고 더욱 정의로운 새로운 영국에
대한 희망과 기대에 부풀어 있었다. 베버리지 보고서에 대한 처칠의
냉담한 반응을 아직도 기억하고 있던 일반 국민들은 승리를 안겨준
전쟁지도자에게 등을 돌리고 "미래를 맞이하자(Let Us Face the Future)"
라는 구호를 내걸며 더 나은 새로운 사회체제를 약속하는 노동당에게
표를 던졌다. 영국인들의 새로운 관심은 과거의 위업이 아니라 앞으로
일궈야 할 미래에 있었다.[8]

노동당 정부는 전후의 어려운 경제 여건에서도 과감한 정책으로
'복지국가'의 건설을 추진해 나갔다. 복지국가의 양대 기둥을 이룬
것은 국민보험제도와 국민보건사업이었으며 이 둘은 1946년에 입법화
되었다. 이러한 정책이 큰 밑그림을 바탕으로 추진될 수 있었던 것은
전쟁기간에 마련된 베버리지 보고서의 구상을 바탕으로 19세기 말
이래 다양한 조치들을 통합했기 때문이다. 이는 1945년 노동당이 집권
하기 3여 년 전에서부터 출간되어 수십만의 대중들이 공감하면서 영국
의 미래에 대해 생각하게 만든 베버리지 보고서가 있었기 때문에 가능
한 일이었다. 질병, 실업, 노령 등 갖가지 위험에 처한 국민들에게
생계소득을 보장해 주는 종합적인 사회보험제도가 실시되었고 이 법은
피고용인, 고용인, 국가의 3자가 갹출한 기금으로 실직자와 정년퇴직
한 노령자에게 각기 실업수당과 노령연금을 지급하도록 했다. 이 법은
질병, 출산, 장례 등에 대한 수당, 고아와 과부를 위한 급여도 제공했다.

---

7) 나종일·송규범, 『영국의 역사(하)』(한울, 2005), 776쪽.

8) 같은 책, 779쪽.

재해를 당한 사람들에게 충분하고 폭넓은 보상을 제공했고 국민보험에 들지 못한 극빈자를 보살펴줌으로써 이제까지의 구민법에 종지부를 찍었다.9)

다른 한편 사회 정책에서 베버리지 보고서가 큰 역할을 했다면 고전파 경제학에 대한 대안으로서 제기되었던 케인즈 경제학은 수정자본주의 경제 정책의 기초를 마련했다.


## 사회정의위원회의 역할

정치사상과 정책담론의 중요성은 베버리지 보고서가 출간된 지 50년 이후의 영국에서 다시 한 번 확인할 수 있다. 1992년 선거의 패배로 노동당은 4차례 연속 패배의 기록을 남긴다. 유럽의 중도좌파들은 이와 같은 상황을 타개하기 위해 블레어를 중심으로 신노동당 운동을 전개하여 노동당을 일신하려는 노력을 경주하게 된다. 이 같은 정치권의 움직임과 더불어 중도좌파 지식인 사이에서도 자기반성이 일어난다. 그들은 구(舊)사회민주주의가 한계에 이르렀음을 스스로 고백하고 현대 정치에 맞게 사회철학과 정책담론을 재구성해야 할 상황에 직면하게 되었다. 영국의 기든스(Giddens), 스페인의 에스핑-앤더슨(Esping-Anderson) 등이 모여 1992년에 유럽 중도좌파의 개혁 노선에 대한 새로운 모색을 시작하게 된다.10)

다른 한편에서는 좀 더 근원적인 물음을 던지면서 1942년 베버리지

---

9) 같은 책, 782쪽.

10) 이때 나왔던 논의들을 모은 책이 *Reinventing the Left*이다. 이 책은 2년 후인 1994년에 IPPR에서 출간된다. David Miliband(ed.), *Reinventing the Left* (Polity Press, 1994).

보고서에 바탕을 둔 복지국가가 과연 21세기에도 적합한 정치모델인지에 대한 자기반성이 시작되었다. 이 보고서가 나온 50주년을 기념하여 노동당 지도자였던 스미스(Hon. John Smith)의 제안으로 사회정의위원회(the Commission on Social Justice)가 설립되었다. 이 위원회에서 다루어졌던 내용들은 노동당의 선거패배를 분석하거나 다음 선거에서 필요한 집권 전략을 연구하는 것이 아니라 보다 장기적인 과제로 영국 사회가 중도좌파적인 가치를 지향하면서 앞으로 어떤 방향으로 나아가야 할지를 모색하는 것이었다. 이 결과물이 2년의 노력 끝에 빛을 보게 된 『사회정의: 국가쇄신전략(Social Justice: Strategies for National Renewal)』이었다. 여기서 1990년대의 영국 사회를 진단하고 복지국가가 도입되던 50년 전과 달리 어떤 변화가 있었고 그래서 사회정의의 가치를 지키기 위해 각 분야별 정책은 어떠해야 하는지를 총체적으로 제시했다.

이 보고서는 1997년 선거에서 토니 블레어의 노동당이 승리한 후 상당한 부분 영국 개혁의 기본 방향으로 채택되었다. 블레어는 이미 1994년에 이 보고서를 "오늘날 영국의 상태에 대한 스미스의 분노가 그에게 사회정의위원회를 설립하도록 이끌었다. 이 보고서는 일자리와 복지의 미래에 관한 중대한 국가적 논쟁에 대해 노동당 정책결정에 정보를 제공하고 기초를 마련할 것이다. 이것은 우리나라가 나아갈 새로운 길을 원하는 사람에게 필독서이다"라고 평가했다.

1979년부터 18년간 지속되었던 영국 보수당의 집권을 끝내고 노동당이 집권하여 지금 정도의 성공과 장기집권이 가능했던 것은 준비된 집권세력의 정책적 청사진이 분명했기 때문이다.[11] 정치세력의 성공

---

11) 영국 노동당의 싱크탱크인 IPPR은 이 보고서의 후속작업으로 보고서 출간 10주년 기념으로 다시 같은 이름의 보고서를 제출한다. 2004년에 시작해서 2005년에 작성된 이 보고서(Social Justice: Building a Fairer Britain)에서 1997년 이후 영국의 상황

을 위해서는 그 세력이 지향하는 분명한 정치적 가치와 이를 뒷받침할 정책프로그램들이 마련되어야 한다. 이는 정치세력이나 집단의 일이기 이전에 담론과 정책프로그램을 제시해야 하는 지식인 집단의 임무이기도 하다. 보수 세력은 일반적으로 구체적인 정치프로그램 없이 이해관계와 상황에 따라 적응적으로 정책을 결정하는 경향이 있는 데 반해 성공하는 개혁 세력들은 그들의 가치와 정책담론이 시민들이 공감할 수 있는 수준으로 명확하게 제시한다. 보수 세력은 인간의 불완전성과 인간이 주도하는 변화에 대한 불신으로 미래를 의식적으로 어떤 방식으로 개혁한다는 것 자체에 선뜻 동의하지 않는다. 이에 반해 개혁 세력들은 만족스럽지 않는 현실에 대해 목적의식적인 방향성을 가지기 때문에 미래에 대해 보다 분명한 프로그램을 제시한다.

이러한 보수정치의 수동성에 대해 정면으로 반발하고 영국 정치에서 보수-진보의 풍경을 일거에 바꾸어 놓은 사람이 바로 대처(Margaret Thatcher)였다. 전통적으로 보수당 보수주의는 일국 보수주의의 온정주의적 전통과 자유시장, 개인주의가 미묘한 혼재를 이루고 있었다. 자유시장주의는 19세기 이후 보수당 정치에서 하나의 자연스러운 전제가 되었지만 당 정책으로 적극적으로 유인되거나 추동된 이데올로기는 아니었다. 기존 질서 혹은 현존 체제에 대한 본래적 '보수성'으로 인해 개입과 개혁의 방식은 언제나 점진적이었고 명시적 청사진 없이 진행되는 것이 대부분이었다. 대처리즘은 이런 균형에서 내용과 방법을 모두 과격하고 급작스럽게 변화시켰다. 그는 하이에크(Hayek) 사상에 감흥을 받았을 뿐 아니라 그 이전 보수주의와는 달리 명확한 철학적 입장과 신자유주의적 개혁방법을 제시했다.[12]

이 전체적으로 호전되고 있는 것으로 평가하고 있다.

12) 고세훈, 「영국 보수당 보수주의와 대처리즘」, 『영국 노동당사』(나남출판, 1999),

대처의 경우에서처럼 보수 세력 역시 그들이 기존의 관행, 정책과 다른 새로운 개혁을 주창할 때는 분명한 철학적 가치와 진행되어야 할 정책의 내용을 제시한다. 보수 세력보다 중도적 개혁 세력이 이런 청사진과 정책프로그램을 제시해야 함은 말할 나위가 없다. 개혁 세력은 기득권 세력과 달리 정치적 기반이 취약하고 검증되지 않은 미지의 정책 내용으로 시민들을 설득하고 이를 바탕으로 정치적 결과물을 만들어내야 한다. 개혁의 총체적 청사진이 더 절실한 이유는 보수 세력의 개혁보다 훨씬 명확한 가치와 정책프로그램이 마련되어야 취약한 정치적 기반을 극복하면서 시민들을 설득하여 지지를 묶어 개혁을 추진할 수 있기 때문이다.

## 민주화 담론 이후

한국의 중도개혁 세력의 무능은 명확하지 않은 철학적 가치와 구체적이지 못한 정책담론 및 정책프로그램에 일차적 원인이 있다. 중도개혁의 주체들은 명확한 한국 사회에 대한 진단과 처방을 공유하지 못했기 때문에 정치 환경의 변화에 따라 우왕좌왕하는 행로를 보여 왔다. 그리고 스스로 자기 정체성에 관한 확신이 결여되어 있었기 때문에 시민들에게 일관성 있고 설득력 있는 정책담론을 제시하지 못했다.

중도개혁 세력의 뿌리가 되었던 민주화 세력은 1987년 체제가 성립하기 이전까지는 분명한 자기 목표에 관한 공통의 인식을 공유하고 있었다. 제3공화국에서부터 공고화된 중상주의 체제를 구체제(ancien

493~555쪽

regime)로 보았기에 이를 극복하는 것이 지상의 명제였다. 국가중심주의와 국익우선주의를 극복하고 시민의 자유와 평등에 보다 부합하는 민주주의가 우선적인 정치적 목표였다. 1987년 민주 항쟁 이후 성립된 1987년 체제의 등장에 따라 형식적 의미에서 민주주의는 큰 진전을 보았고 1997년 국민의 정부 등장으로 '권력의 교체가능성'이 확인되면서 형식적 민주주의의 논쟁은 역설적이게도 그 위력을 상실했다. 이후에 중요한 문제로 민주주의의 제도화에 초점이 맞추어졌다.

민주주의는 우파 정치철학자인 하이에크도 지적했듯이 내용의 문제가 아니라 형식의 문제이다. 형식적 민주주의는 다수결주의가 왜곡되지 않고 시민들의 대표성을 표출하는 것을 의미한다. 이에는 어떤 특정한 정치사상이나 정책의 내용이 포함되어 있지 않다. 민주주의란 개념은 폭넓은 모호한 의미로 사용되지만 이를 '다수의 지배'로 해석한다면 민주주의는 무엇이 법이어야 하는가를 가늠하는 형식에 관한 문제이며 그 내용이 무엇이어야 하는지에 관한 구체적 내용을 담고 있지는 않다. 민주주의는 억압이나 강제가 없는 상태에서 개인의 자유의사에 의해 법과 정책이 결정되었는지, 그리고 의사의 결집과정에 외부적 왜곡이 없이 제대로 대표되었는지에 관한 형식의 문제이다. 민주주의는 다수의 권력이 어떻게 쓰여야 하는지에 관해 어느 견해와도 필연적인 연관이 없다.[13]

1987년 체제가 등장한 이후 실질적인 것은 민주주의의 내용을 무엇으로 채워가야 할 것인가 하는 점에 있었다. 자유주의자들은 그 내용을 민주주의의 형식 속에 자유주의로 채워가려고 했다. 특히 1980년 이래 세계사적으로 전개된 신자유주의의 물결은 이들의 개혁에 큰 지원세력

---

13) Friedrich A. Hayek, *The Constitution of Liberty* (University of Chicago Press, 1960) pp.258~260.

이 되었다. 구미에서부터 시작된 '작은 정부론'을 필두로 한 신자유주의적 개혁 방식은 한국 사회에서 상당한 공감을 얻었을 뿐만 아니라 사회적 담론을 주도해 나갔다. 이는 세계적인 수준에서 진행된 신자유주의 사조에 편승한 측면도 있지만 우리 사회에서 이와 같은 사회적 담론이 절실하게 필요했기 때문이다. 지나친 국가주의의 유산을 청산하는 것은 민주주의 이후의 제도화 과정에서 중요한 현안의 하나였다. 국가 이데올로기와 국익의 이름으로 억압되어 왔던 개인의 자유에 대한 요구가 당연히 점증했다. 이러한 자유에 대한 요구가 신자유주의적 개혁에 대한 지지로 이어졌다. 보수 세력이 신자유주의적 개혁을 선도하게 된 또 다른 이유는 국가의 이름으로 진행되어 왔던 재산권 행사에 대한 국가의 간섭에서 자유로워지고자 하는 욕구가 강했기 때문이다.

다른 한편에서 보수 세력을 근간으로 하는 신자유주의자들은 민주화 이후의 권력 통제를 위해서도 자유주의적 개혁 방식으로 국가의 역할을 최소화시키려는 정치적 이해관계를 가지고 있었다. 원래 보수 세력들은 기득권을 바탕으로 민주화 이전 시기에 과두제적 정치체제와 동일한 이해관계를 가지고 있었다. 거래비용의 관점에서 상공업자들은 특혜를 보장받기 위해서 민주적 의회권력보다 소수에게 집중된 권력을 상대하기를 더 선호한다. 국가권력이 독점적 지대나 독점적 사업권을 재벌이나 중소상공인에게 부여하거나 경제규제를 통해 경쟁을 제한하는 방법으로 독점지대를 보장해 주고 그 대가로 기득권층은 독점지대의 일부분을 추출하여 공식적, 혹은 비공식적으로 국가 재정에 기여한다. 그러나 민주화 이후에는 로비나 흥정을 할 상대가 의회의 다수가 되기 때문에 거래비용이 급증하게 된다. 더구나 민주화 이후의 권력이 소수의 지배연합의 이해관계보다는 중산층과 서민을 위한 다수의 이해관계를 더 중시할 개연성이 생기면서부터 보수 세력들은 국가권력을 통제하는 것에 더 큰 관심을 가지게 된다. 국가가 자신들의 독점적 지대를 보장해 주는 권력기구가 아니라 반대로 다수를 차지하는 중산층과 서민의 이익을 대변할 수도 있기 때문이다. 민주화 이전에는 소수의 권력과 흥정함으로써 독점적 지대를 추구한 반면 민주화 이후에는 더 이상 자신의 이해관계를 관철시키는 데 정치권력을 이용함에 있어 불확실성이 증가하자 이제는 권력의 통제와 '법의 지배'를 강조하게 된다.

보수 세력을 중심으로 한 신자유주의적 개혁 방식은 이와 같이 자신들의 정치경제적 이해관계와 맞물려 있는 것이다. 이제 그들은 재산권의 보호가 가장 확실한 성장의 밑거름이며 창조의 원천이 유산계급의 여가에서부터 나온다고 공공연히 주장하고 있다.[14]

보수 세력들이 민주화 이후에 그들의 이해관계에 따라 세계사적 시대조류에 적응하면서 신자유주의적 개혁 방식을 내세우고 있을 때 중도개혁 세력들은 어떤 철학적 가치와 정책담론을 내놓았는가? 보수 세력들은 신자유주의적 개혁 방식으로 '법의 지배', 법치주의, 자의적 권력에 대한 통제, 개인의 자유 보장, 성장의 원천으로서 재산권의 보호를 체계적으로 전개하고 자유가 이 시대의 가장 지고한 철학적 가치라고 설파하고 있을 때 중도개혁 세력은 어떤 대안을 내놓았는가?

중도개혁 세력은 우선 이들이 주장하는 구체적이고 명확한 가치에 대한 합의가 없는 상태이다. 이들은 민주화 이전에 국가주의 체제를 비판하면서 민주화를 지상의 명제로 삼고 이를 획득하기 위한 역할을 충실히 해왔다. 그리고 민주화 세력 내부에서는 1980년대 이후 한때

---

14) 프리드리히 A. 하이에크, 『자본주의냐 사회주의냐』, 민경국 옮김(문예출판사, 1990), 215쪽.

사회주의적 대안에 대한 모색도 있었으나 1980년대 말에 동구의 현실 사회주의가 붕괴하고 중국에서 천안문 사태가 발생하면서 더 이상 사회주의적 가치와 제도가 민주화 이후의 한국 사회에 대안이 될 수 없음을 인정하게 되었다.

중도개혁 세력이 서구식의 자유지상주의인 신자유주의를 수용할 수 없는 것이라면 이들에게는 이에 맞설 수 있는 철학과 정책 대안이 무엇인가에 대한 진지한 고민들이 있어야 했다. 그러나 1987년 이후 중도개혁 세력의 제 정파에서 각기 다른 의견과 논쟁이 있었으나 이들은 구체적이고 분명한 자신의 입장을 대중적인 합의로 이끌어내지 못했다. 자유지상주의가 아닌 것처럼 기계적 평등이나 결과의 평등에 대해서도 동의할 수 없다면 그 대안은 무엇인가?

철학의 연역적 방법론에 의하면 아리스토텔레스 이래 제일(第一) 전제가 무엇인지가 분명해야 한다. 이 제일 전제를 기초로 그 다음 논리의 전개가 가능하기 때문이다. 이 개념의 우산(umbrella of concept)이 없다면 그 다음의 논리들은 사상누각에 불과할 뿐이다. 중도개혁 세력은 이 제일 전제에 대한 합의를 도출하지 못하고 있다. 이들은 자유와 평등 사이에 어떤 절충적 지점에 자신들의 철학적 지향이 존재한다고 믿고 있을 것이다. 그러나 이런 절충론은 대부분의 절충론이 그렇듯이 구체적 내용을 제시하지 못하고, 그 이후의 논리전개에서 매번 상황에 따라 유동적일 수밖에 없으며, 개인에 따라 내용이 달라질 수밖에 없다. 원칙에 대한 합의가 가장 우선적 과제이다.

자기 입장이 없는 중도개혁 세력은 시기와 집단에 따라 좌편향과 우편향을 반복하는 경향이 있다. 그리고 그들이 제시하는 정책은 몰가치적인 경향을 보인다. 때로는 이익집단에 휘둘리기도 하고 때로는 관료집단에 포획(capture)되기도 한다. 더 나쁜 사례는 담론의 생산에서 신자유주의 경향에 함몰되어 자기 정체성을 상실하는 것이다. 주류적인 담론이 신자유주의로 자리 잡고 이들이 가진 자장(磁場)에 끌려 다양한 정책 영역에서 그들의 정책을 추종하는 경향이 나타난다.

## 제일 전제(第一前提)로서 사회정의

한국의 중도개혁 세력의 이념적 혼란은 비단 우리만의 문제는 아니었다. 서구 사민주의자들은 이미 이 문제의 혼란을 1세기 전에 겪었고 이에 대해 그들의 대안을 도출했다. 그들은 로크 이후 고전적 자유주의자들이 주장했던 재산권의 신성불가침이나 개인의 자유의 극대화를 지지하지도, 그렇다고 마르크스가 말하는 '능력만큼 일하고 필요한 만큼 분배'받는다는 사회주의적 이상을 지지하지도 않았다. 프랑스 혁명은 자유와 평등을 위한 것이었지만 이후 자유와 평등이 주로 상충 (trade off) 관계를 보이면서 이를 둘러싸고 정치적인 제 세력이 치열한 각축을 벌였다. 로크 식의 야경국가를 주장하고 개인의 재산권과 자유를 신성시하는 유산계급이 한 축으로 있었다면 이에 반해 자본이 고도화되면서 빈부의 격차가 더 벌어졌고 이를 시정하기 위해서는 국가의 시장개입이 필요하다는 견해가 다른 한 축을 이루었다. 좀 더 극단적으로는 사적 자본을 철폐함으로써 평등이 극대화된 사회주의 국가를 주장하는 노동계급도 출현했다.

유럽의 사민주의자들은 자유와 평등의 양 극단을 지양하면서 이에 대한 절충적인 해답을 찾으려 했다. 마르크스 식의 극단적 기계적 평등 이나 급진적 혁명도 원치 않은 반면 개인의 빈곤이 사회적 문제가 아니라 전적으로 개인이 감내해야 하는 것으로 간주하는 초기 자유주의자들의 견해에도 동의하지 않았다.

고전적 자유주의자들의 견해도 아니고 사회주의자들의 주장에도 동의하지 않으면서 개인의 자유와 공동체의 평등을 동시에 고려하면서 이들이 결합할 수 있는 개념으로 그들은 '사회정의(social justice)'를 고안해 냈다. 사회정의에 대한 철학적인 기반은 1971년에 롤즈(John Rawls)에 의해 완성되었지만 이 개념의 토대들은 이미 19세기 말부터 형성되었다. 우선 1942년에 베버리지 보고서에서 가장 핵심적인 개념이 국가적 최소한(national minimum)이었다. 이는 나라의 국민인 이상 인간다운 최소한의 삶을 국가가 보장한다는 것이다. 다섯 가지 문제로 보았던 궁핍, 질병, 무지, 불결함 그리고 나태와의 전쟁에서 국가가 국민의 최저생활을 보장하고자 했던 것이다. 이는 그 이전 자유주의 국가에서는 찾아볼 수 없는 새로운 사회적 사상이었다. 그 이전에도 보수주의자들의 온정주의적 전통은 사회적 약자에 대한 배려를 국가의 임무로 간주하기도 했다. 그러나 이런 온정주의는 권리와 의무의 관계가 아니라 사회적 강자인 유산계급의 도덕감이 시혜적으로 베푸는 온정에 불과했다. 이를 뛰어넘어 국가적 최소한이 개인에게는 권리로, 국가에게는 개인에 대한 의무로 명시된 것이다.

롤즈는 사회정의를 철학적으로 체계화했다. 1940년대부터 복지국가가 제도화되고 이를 위한 기준으로서 국가적 최소한을 제시했지만 이것은 인간으로서의 도덕감에 연유하는 것으로 막연히 표현되었다. 그러나 롤즈에 의해 인간으로서 최소한의 권리가 보다 분명하게 이론적으로 규명되었다. 원초적 무지(original ignorance) 상태로 자신의 미래를 모르는 상황에서 합리적 인간이 선택할 사회정의의 기준은 최소극대화(maximin)라고 보았던 것이다. 이로써 로크와 루소 이후 사회계약론자들이 가지고 있던 의무론적인 입장에서 왜 사회적 약자에 대한 최소한의 배려를 해야 하는지에 관한 이론적 토대가 마련되었다. 이는 분명 사회철학에서 중요한 일획을 긋는 기념비적인 견해였다. 또한 이는 그동안 자유주의와 사회주의에 반대하고 제3의 길을 찾던 사람들에게 명확한 하나의 기준과 원칙을 제시해 준 것이었다.

롤즈를 좀 더 주목해야 하는 이유는 일반적인 상식이 된 최소극대화 원칙뿐만 아니라 이런 규범적인 원칙들이 사회제도 속에서 어떻게 규범으로 자리 잡고 발현되는지에 관한 이론을 전개한 점에 있다. 즉 사회정의가 단순히 규범의 수준에 머물지 않고 사회정의를 지키는 것이 개인의 최대 행복이 되는 조건을 찾으려 한 노력이었다.[15] 루소 이래 그 내용에 대해 논란이 있었던 '질서 잡힌 사회(well-ordered society)'에서는 인간이 생래적이든 후천적이든 도덕감 혹은 정의감의 감정을 가지고 있고 자연스럽게 사회정의를 수용할 수 있는 바탕을 지닌다는 것이다.

롤즈의 기여는 복지국가의 철학적 배경으로 자유와 평등이 아닌 새로운 개념으로 그리고 단순한 절충론이 아닌 논리적 설명과 함께 사회철학의 제일(第一) 전제를 제시했다는 점이다. 이제 복지국가를 지향했던 세력들은 자유나 평등이 아니라 사회정의의 관념을 바탕으로 자신들의 주장을 할 수 있는 철학적 근거를 확보한 것이다. 거칠게 단순화한다면 자유가 자유주의를, 평등이 사회주의를 대변하는 이념적 기초라고 한다면 사회정의는 복지국가와 사회투자국가를 대변하는 이념적 기초가 되었다.

---

15) 철학사에서는 의무론과 목적론이 주요한 두 가지 경향으로 존재한다. 목적론은 '최대다수의 최대행복'이라는 공리주의가 가장 대표적인 학설이며 의무론은 인간이 그 자체로서 지켜야 할 의무를 강조한다. 사회정의의 규범이 의무론의 대표라고 할 수 있으며 사회정의가 공리주의의 선(good)과 일치할 수 있는가? 가능하다면 그 조건은 무엇인지에 관해 이론적 탐구를 하게 된 것이 롤즈의 이론적 기여이다.

## 사회정의 비판과 법치주의

롤즈의 사회정의에, 더 나아가 일반적인 사회정의에 대해 가장 강한 비판을 한 철학자가 하이에크이다. 그는 '사회정의' 관념 자체를 부정한다. 이 개념은 미신과 같이 실재하지 않는 개념으로 특정 정치세력들의 필요에 의해 의제(擬制)된 것에 불과하다고 보았다. 그는 오직 인간 행동에 대해서만 정의 여부를 규정할 수 있을 뿐이고 인간적 존재가 아닌 사회에 '사회정의'를 요구하는 것은 사회를 의인화한 오류라고 지적했다. 그는 사회정의를 종교와 비슷한 미신으로 보았다. 어느 미신이나 믿음 자체가 타인에게 해가 되는 것은 아니지만 이것이 타인에게 강제되거나 강압으로 작용할 때 이는 맞서 싸워야 할 미신이고 사회정의가 바로 이런 미신과 같다고 본다. 한마디로 사회정의가 특정 정치세력의 이해관계를 대변하기 위해 타인에게 강요되는 미신처럼 허구적인 개념이라는 것이다.

또한 하이에크는 일반적으로 무의미하고 관성적으로 사회정의란 개념이 유포되고 통용되고 있지만 그 실질적 내용이 너무나 공허하다고 보고 있다. 그가 사회정의를 비판하려고 하여도 언제나 허공을 때리는 느낌을 지울 수 없다고 토로한다. 사회정의란 표현은 전혀 내용도 없고 의미도 없다는 것이다. 그에 의하면 사회정의는 우리가 흔히 경험하는 직관적 분노감 이상으로 정당화될 수 없다. 사회정의가 인간 감정이 가지는 초보적인 수준의 도덕적 감정 이상의 그 무엇도 아니라는 것이다.

그리고 이 도덕감은 롤즈와 달리 사회정의의 바탕이 되는 감정이 아니라 보다 큰 집단에서 법치주의를 심각하게 해칠 수 있기 때문에 억제되어야 할 감정이기도 하다. 이 점에서 하이에크와 롤즈가 도덕감의 사회적 기능을 보는 명백하게 다른 관점이 드러난다. 하이에크는 사회정의를 부정하기 위해 도덕감이 오히려 대규모 집단에서는 자제되고 억제되어야 할 감정이라고 본다. 도덕감으로 포장된 사회정의의 관념은 인간이 의도하든 의도하지 않든 특정한 정치세력, 특히 대중민주주의하에서는 다수를 점하는 중산층의 이익을 위해 법치를 무시하면서 자의적으로 권력을 남용하는 개념이 되고 있다는 것이다. 사회정의의 관념이 대중민주주의에서 자의적 권력 사용과 특정 집단의 이기적 이해관계를 관철시키고 은폐시키는 정치적 수사로 활용되고 있다는 것이다.

신자유주의자들이 이와 같이 철저하게 사회정의를 부정하는 데는 이와 양립하기 힘든 법치주의를 가장 중요한 원칙의 하나로 상정하고 있기 때문이다. 하이에크는 자유를 '강제의 부재'라고 규정하고 법은 자유를 지키는 최소한의 규범이라고 본다. 민주주의가 법의 형식이라면 자유주의는 법의 내용이라고 본다. 그리고 자유에 가장 치명적인 적은 권력의 자의적 남용에 의해 법치주의와 자유가 침해되는 것이라고 본다. 법치주의는 준칙에 의한 통치를 의미하며 권력에 재량의 영역을 최소화하는 것이다. 신자유주의자들이 사회정의를 부정하고 법치주의를 최우선으로 강조하는 것은 입법권에 의해 그들의 재산권과 자유가 제한받는 것을 방지하기 위해서이다. 예컨대 그들은 누진세제와 같이 행정권의 재량이 가능한 제도는 전체의 이익이 아니라 특정 계층의 이익을 위해 권력이 자의적으로 남용될 소지가 있다고 본다. 따라서 비례세와 같은 준칙에 의해 운용되고, 법치주의가 지켜질 때 소수 선의의 피해자가 발생하지 않는다고 본다. 그들은 정부정책 중에서 재분배정책이 가장 크게 사회정의의 이름으로 재량의 영역에서 권력이 남용되는 정책 영역이라고 보고 있다.

## 지속가능한 사회정의

복지국가의 철학적 바탕이 된 사회정의는 신자유주의자들에 의해 신랄한 비판을 받았지만 사회민주주의자들에 의해 계속적으로 지지를 받는다. 이들은 그들이 지향해야 할 가치가 사회정의임을 도처에서 밝히고 있다. 우선적으로 베버리지 보고서 50주년 기념위원회의 이름 이 바로 사회정의위원회(the Commission on Social Justice)이며 이 위원회 가 영국 사회의 개조를 위해서 낸 보고서의 이름 역시 사회정의라는 주 제목과 그와 관련된 부제를 달았다.16) 뿐만 아니라 보고서의 앞머리 에 나오는 철학적 부분은 간략하게라도 사회정의에 대한 철학적 원칙 들을 제시하고 개별 정책에 들어가고 있다.

사회정의에 대한 철학적 가치는 구(舊)사민주의자나 연성(soft) 사민 주의자17) 모두 정책의 환경과 조건은 변했지만 그들이 지향하는 사회 적 이념에서는 연속성을 보이고 있다. 복지국가의 제도와 정책이 더 이상 지식기반사회에서 유용하지 못하다고 할지라도 그들이 지향했던 가치인 '사회정의'의 개념은 여전히 유효한 것이다.

대처리즘과 레이거노믹스로 대표되는 신자유주의와 사회투자국가 의 가장 명확한 차이는 바로 사회정의를 그들의 철학적 가치로 받아들

---

16) 앞서 언급했듯이 사회정의위원회가 처음 낸 보고서는 『사회정의: 국가쇄신전 략(Social Justice: Strategies for National Renewal)』이며 10년 후의 평가보고서 역시 제목 이 『사회정의: 더 공정한 영국 만들기(Social Justice: Building a Fairer Britain)』이다.

17) 이 글에서는 기든스의 제3의 길 등 새로운 사회민주주의를 연성 사민주의라고 표기한다. 제3의 길은 그것이 함의하는 바가 분명하지 않기 때문이다. 원래 구사민주 의가 자유주의 및 사회주의와 다르다는 의미에서 제3의 길이었고 다른 경향의 학자 [예컨대, 공동체주의자인 에치오니(A. Etzioni)] 등도 다른 내용으로 제3의 길에 대해 말한다. 전통적 사민주의보다도 우파적인 생각에 좀 더 유연성을 갖는다는 의미로 연성 사민주의라고 칭한다.

이는지 여부가 첫 번째 기준이 될 수 있을 것이다. 구사민주의자나 복지국가 그리고 연성 사민주의자나 사회투자국가 모두 사회정의를 신자유주의의 자유에 맞설 수 있는 철학적 가치로 삼고 있는 것이다.

문제는 지식기반사회에서 사회정의는 복지국가와 달리 어떤 진화된 형태로 존재하느냐 하는 것이다. 복지국가에서는 철학적 가치로서 사회정의를 받아들이지만 지난 50년의 경험은 지속가능성(sustainability)에 대한 자기반성을 불러일으켰다. 복지국가 이래 사회적 약자에게 최소극대화 원칙을 지키려는 정책을 추진했지만 선의에도 불구하고 의도하지 못했던 부작용들이 나타났고 이것은 복지국가의 지속가능성 자체를 위협했다. 경제적 조건이나 여건에 기반하지 않고 지나치게 당위적인 복지에 대한 배려, 관료주의와 이에 파생된 복지 분야별 전문가들의 팽창주의, 복지수혜자들의 의존성 증가와 도덕적 해이, 이에 따라 만성적으로 누적되는 정부재정의 적자, 상시적인 인플레이션형 경제 정책, 자기 책임의 약화와 일하지 않으려는 사회적 배제의 파생 등 복지국가는 이와 같은 문제로 더 이상 지탱할 수 없는 지경에 이르게 된다.

복지국가의 제도와 정책에 대한 비판도 일어났지만 보다 근원적으로 사회정의의 문제에서 무엇이 간과되고 있었는가 하는 근본적 의문도 동시에 제기되었다. 이에 대한 해답으로 사회투자국가에서는 적극적 참여와 '개인의 책임' 그리고 결과의 평등보다는 기회의 평등이 지속가능한 사회정의(sustainable social justice)를 위해 필수적이라고 보았다.[18] 적극적 참여를 독려하는 것은 빈곤에 저항하는 최고의 무기이자 공평한 소득 배분에 대한 최대의 보장이다. 많은 사람의 노동시장 참여는 빈곤

---

18) Frank Vandenbroucke, "Foreword: Sustainable Social Justice and Open Co-ordination in Europe," in Gøsta Esping-Andersen, *Why We Need a New Welfare State* (Oxford University Press, 2002), pp.iii~xiv.

에서 벗어나는 결정적 요소이다. 근본적으로 참여에 부여된 중요성을 정당화하는 것은 바로 평등의 개념이다. 롤즈에 의하면 '사회적 우선재(social primary goods)'는 사회정의를 위해 가장 우선적으로 공정하게 분배해야 하는 것들인데 자기존중(self-respect)은 사회적 우선재 중에서 가장 중요한 것으로 이해되었다.[19] 롤즈는 '질서 잡힌 사회'에서 자기존중은 모든 사람에게 동등한 시민권의 공적인 인정이라고 보면서 누구든지 개인적인 차원에서 자기존중의 가치를 가진다고 보았다. 적극적 참여는 이를 위해서 가장 우선적으로 고려되어야 할 요소이다. 그러나 자기존중이 이와 같은 개인적 차원에 머물러 있지 않고 사회적 차원에서도 확인되어야 한다고 강조했다. 이를 위해서는 개인이 자신이 속한 집단에 참여하여 자기 존재를 확인하는 것이 중요하다고 보았다. 질서 잡힌 어떤 공동체에 속한 개인은 이 속에서 자신의 이해관계를 가지며 그의 동료들로부터 인정받는 자신의 열정을 확인하고 싶어한다. '적극적 참여'는 단지 경제적 이유에서만이 아니라 가장 중요한 사회적 우선재로서 자기존중을 실현하기 위해서도 필요한 것이다.

이러한 규범적인 견해에 의하면 적극적 참여는 노동시장에의 참여만이 아니라 다양한 사회적 참여를 포함한다. 사회적 우선재로서 적극적 참여는 단지 노동시장에의 참여에 국한될 수 없다. 참여는 존경과 자기존중을 증진시키는 데 가능한 다른 활동들을 포함한다. 이것은 친구나 가족을 돌보는 일, 자원봉사로서 사회적 혹은 문화적 일과 교육을 포함한다. 이런 관점에서 증가하고 있는 노동시장에서 여성은 가사에 남성의 참여를 목표로 하는 정책을 견인하고 사회적 참여는 활동적인 노령인구를 지지한다. 노인은 더 이상 의존의 대상이 아니라 사회적

---

19) 같은 책, p.6.

기여를 할 수 있는 생산적 인구라는 인식과 노력이 절실해진다.

또한 기회의 평등이 결과의 평등보다 더 강조된다. 지나친 재분배의 강조 등을 통한 결과의 평등을 지향하는 것은 사회적 활력인 기업의 창의성을 감소시키는 경향이 있고 개인의 책임을 떨어뜨리기도 한다. 따라서 결과의 평등보다는 기회와 출발조건의 평등을 강조하는 것이 사회투자국가의 견해이다.

지식기반사회에서 기회의 평등은 이전보다 더 중요해진다. 노동시장에서 가장 강조되는 것은 자본이나 토지 등 다른 생산요소보다 지식이 결정적인 역할을 하게 된다. 그러나 이 지식은 언제나 쉽게 얻어질 수 있는 것이 아니라 비교적 어린 시절(주로 5세 이전)에 큰 틀이 갖추어지는 경향이 있다. 그렇기 때문에 부모나 가정환경에 의해 이미 영유아기에 미래의 인생이 결정되는 것이 지식기반사회의 주요한 경향의 하나이다. 따라서 사회나 국가가 가족이나 생활환경에 상관없이 누구에게나 지식을 흡수할 수 있는 기회와 가능성을 열어주는 것이 무엇보다 중요한 임무가 된다.

사회정의가 롤즈 이후 이론화된 것에 기반을 두고 있지만 지식기반사회에서 지속가능성을 갖기 위해 새로운 조건에서 강조되어야 할 것이 달라지고 있다. 그러나 분명한 것은 중도개혁의 중심적인 철학적 가치는 여전히 사회정의라는 것이다. 사회투자국가에서는 '지속가능한 사회정의'를 강조하고 있다.


## 철학과 정책의 연관성

이 책의 본론에서는 각 정치철학에 따라서 사회정의를 어떻게 파악하고 있는지 살펴보고 이에 따라 파생되는 정책들이 어디에 주요한 정책목표를 두고 있는지 따라가 볼 것이다. 복지국가, 신자유주의, 사회투자국가에서 나타난 사회정의관을 중심으로 그에 따라 각각의 구체적인 정책들을 살펴볼 것이다. 그리고 마지막으로 사회투자국가에 나타나는 중도개혁성을 도출하고 이런 성격이 한국에서 유의미할 것인지에 관한 가이드라인을 보여주고자 한다.

제2부

# 복지국가의 철학과 정책

# 제1장_ 복지국가의 사회정의

## 복지국가의 등장

19세기 말에 사회민주주의 이론가와 정치인들은 자본주의를 극복하기 위해 노동운동과 실질적인 협력을 형성했다. 이들은 자본가들에게 직접적인 영향력을 행사하기 위해 노동운동에 관여하고 노동조합의 조직을 도왔다. 사회민주주의자들과 중도파들이 선거에서 승리함에 따라 혁명적인 방식이 아닌 개량적인 방식으로 사회개혁이 가능하다는 흐름이 나타났다. 제1차 세계대전 이후 케인즈는 자본주의 발전을 완화는 이론을 제기했다. 케인즈는 정부가 성장을 자극하고 고용을 창출하기 위해 경제에 개입할 수 있다고 주장했다.

케인즈의 사상이 적용되고 사회적 서비스가 대중적으로 확대되는 것에 이어 뉴딜 정책과 베버리지 보고서(Beveridge proposals)는 제2차 세계대전 이후 자본주의를 완화하는 사회민주적 약속들이 실행되고 진보적 사회 목표를 위해 경제 성장이 기여하는 방향으로 사회경제 정책을 이끌었다.[1]

---

1) James Midgley, "Growth, Redistribution, and Welfare: Toward Social Investment," *Social Service Review*, Vol.73(1999), pp.3~21.

초기 페이비언(Fabian) 그룹의 지지자들이나 뉴딜 정책의 초기 정책 입안자들이 생각했던 사회 정책들은 경제성장을 뒷받침하는 부수적인 영역에 머물러 있었다. 이들은 경제성장과 사회복지가 갈등관계에 있는 것으로 보지 않았고 경제성장을 우선시하며 사회 정책은 이를 크게 침해하지 않는 범위에서 실시되어야 한다고 보았다.

반면 제2차 세계대전 이후 이들을 이은 사회민주주의자들은 사회 정책이 사회적 재분배 정책으로 활용될 수 있음에 주목했다. 1950년대와 1960년대에 유럽 사민주의자들은 사회 정책을 공적부조의 범위를 넘어서 재분배 정책의 주요 수단으로 사용했다. 사회복지에서 재분배 개념을 도입한 대표적인 학자가 영국 런던정경대학에 있던 티트무스(Richard Titmuss)였다. 그는 개인에게 중요한 것은 생산보다 그들의 필요이며 사회복지는 이런 정책 목적에 부합해야 한다고 보았다.

베버리지 보고서에서도 나타나고 있지만 초기 사회민주주의자들에게 사회적 평등보다 더 중요한 것은 사회적 안전(social security)이었다. 결핍으로부터 개인을 보호하기 위해 국가는 국가적 최소한(national minimum)을 설정하고 이를 기준으로 사회적 약자들을 궁핍, 질병, 무지, 불결함 그리고 나태에서 보호해야 된다고 보았다.

사회민주적인 정책 아이디어들은 유럽에서는 복지국가의 형태로, 미국에서는 국가개입의 정당화로 이어졌다. 하지만 이와 같은 정책적 변화에도 불구하고 왜 이러한 변화가 수용되어야 하는지에 관한 사상적인 정리가 빈약했다. 대공황과 빈부격차의 심화는 수정자본주의를 받아들이게 하는 사회적 압력으로 작용했지만 이를 수용해야 하는 이유에 대해서는 현실적인 불가피성 이외에 체계적인 정리가 없었다.

평등의 문제에서 혁명적 사회주의가 더 이상 대안이 될 수 없음은 유럽의 지식인 사이에 1960년대를 전후로 주지의 사실로 다가왔다.

스탈린 체제에 대한 환멸이 확산되었고 '프라하의 봄' 이후 현실 사회주의에 대한 비판이 이어지면서 사회민주적 대안이 평등문제에 대한 현실적인 해답이 되었다.

그러나 사회민주주의자들은 사회주의식의 평등이 아니라면 자본주의 경제체제를 수용하면서 어떤 방식으로 평등의 문제를 정리해야 하느냐의 이론적인 문제에 봉착해 있었다. 진보적 자유주의자들 역시 사회적 형평의 문제를 어떤 방식으로든 체계적으로 정리할 필요가 있었다. 특히 자유주의자들은 공리주의의 철학적 전통 속에서 이 문제에 대한 해답을 찾는 노력들을 했다.

복지국가 혹은 수정자본주의에서 자유와 평등의 문제, 특히 사회적 형평에 대한 문제에 대한 체계적인 해답으로 나온 것이 바로 1971년에 출판된 롤즈(J. Rawls)의 『정의론(A Theory of Justice)』이었다.


## 롤즈 『정의론』의 역사적 배경

프랑스 혁명 이후 자유와 평등의 갈등관계를 200여 년이 지난 후에 철학적으로 정리한 이론이 1971년에 나왔다. 완전한 해답은 아닐지라도 롤즈의 『정의론』은 출판 이후 한 세대를 넘어 오늘날까지 많은 사람들의 공감을 얻고 있다. 스스로 좌파라고 주장하는 현대 사민주의자들뿐만 아니라 스스로 우파라고 주장하는 정치적 자유주의자들 역시 롤즈의 이론을 사회사상의 중요한 주춧돌의 하나로 여기고 있다. 이와 같은 좌우를 넘나드는 지지는 사상사에서 극히 이례적인 일이라고 할 수 있다. 그만큼 롤즈의 이론을 자유와 평등의 문제가 역사의 전면에 등장한 이후 이의 갈등(trade-off) 관계를 해결하는 유의미한 철학적 진전으로 보고 있는 것이다.

이는 이론적인 영역에만 묶여 있는 간단한 문제가 아니다. 로크의 시민정부론과 루소의 사회계약론이 세상의 빛을 본 이래 이 문제는 언제나 사회 세력의 이해관계와 계급갈등이 집약되는 철학적 논쟁의 최전선이기도 했다. 1990년대 현실 사회주의가 역사의 무대에서 사라지기 이전까지 세계사는 자유를 우선시하는 진영과 평등을 내세우는 진영 간의 투쟁의 역사였음은 주지의 사실이다.

이 두 진영 간의 대립과는 별개로 자유와 평등을 제도적인 틀 내부에서 점진적인 방식으로 해결해 보려는 일련의 노력들 역시 뚜렷한 경향을 가지고 있었다. 독일의 경우 베른슈타인과 카우츠키에 의해 참정권이 확대된 연방의회에서 합법적인 선거를 통해서 노동계급의 권리를 획득하자는 수정주의 노선이 등장했다. 이와 비슷한 시기에 영국에서도 페이비언 그룹을 중심으로 노동계급의 이익을 의회를 통해 점진적인 방식으로 향상시켜 나가자는 흐름이 생겼다.

반면 미국에서는 사회민주주의조차도 역사에서 의미 있는 흐름을 형성하지 못했다. 그럼에도 불구하고 왜 롤즈의 정의론과 같은 이론이 유럽이 아닌 미국에서 탄생했을까?

이는 대공황 이후 미국의 경제사회 정책기조의 근본적 변화와 밀접한 관련이 있다. 자유방임의 경제에서 국가개입이 필요하다는 공감대가 미국 시민들 사이에 생겨났다. 이후 하버드 대학을 중심으로 정책이론들이 케인즈에 바탕을 둔 국가개입주의 이론으로 주류를 형성했다. 로널드 레이건이 애덤 스미스가 그려진 넥타이를 매었다면 프랭클린 루스벨트에서 리처드 닉슨에 이르는 미국의 모든 대통령들은 케인즈가 그려진 넥타이를 매었다고 해도 과언이 아니다. 케네디와 존슨은 특히 그러했다.[2]

대공황 이후 미국 경제 정책 역시 사회적 약자들에게 유효수요를 불어넣기 위한 정책들이 추진되었지만 왜 그들에게 사회적 온정과 배려를 나누어야 하는지 뚜렷한 이론적 지침이 없었다. 있었다면 보수주의자들의 막연한 온정주의(paternalism)가 이론적인 토대였다. 이들에게 건국 초에서부터 영국적인 휘그(Whig) 전통이 강했고 학문적으로도 공리주의적 전통이 강했다. 이 때문에 공동체적인 연대나 사회적 약자에 대한 배려를 중심적으로 다룬 이론의 틀이 빈약했다. 1930년대 대공황 이후 정책기조가 자유방임에서 국가개입주의로 바뀌었지만 그에 대한 철학적 해답은 1971년에 가서 롤즈에 의해 체계화되었던 것이다.

롤즈가 사회정의에 관해 숙고하고 있던 시점은 미국에서 케인즈주의가 가장 왕성했던 케네디와 닉슨 정부 시기였다. 비록 『정의론』은 1971년에 출간되었지만 롤즈의 고민은 오히려 그 이전에 체계화되었다. 당시 미국을 지배하고 있던 케인즈주의에서는 미국의 자유주의와는 상당한 거리를 갖는 사회철학들이 전제되어 있다. 케인즈가 그의 일반이론에서 밝힌 사회철학의 일단은 롤즈의 정의론과 상당부분 맥이 이어질 수 있는 단서들을 제공한다. "우리가 살고 있는 경제사회의 두드러진 결함은 완전고용을 성취하지 못한다는 점, 그리고 부와 소득의 분배가 자의적이고 불평등하다는 점에 있다. 내 이론은 완전고용을 다루는 것이 명백하지만 불평등의 문제 역시 관련이 있다."[3] "나는 소득과 부의 상당한 불평등을 정당화하는 사회적 및 심리적 이유가 있다고 생각하지만 그것이 오늘날 존재하는 것 같은 큰 격차를 정당화할 수는 없다."[4]

---

2) Todd G. Buchholz, *New Ideas from Dead Economists* (Plum, 1999), p.204.

3) John Maynard Keynes, *The General Theory of Employment, Interest, and Money*, p.376

롤즈의 기여는 자본주의가 발전하면서 격화된 불평등을 시정하기 위해 실시되고 있던 케인즈적인 경제 정책에 철학적 근거를 제공했다는 점이다. 이는 사회주의적인 기계적 평등이나 결과의 평등이 아니지만 자본주의적 틀 안에서 사회적 불평등을 완화시킬 수 있는 이론적 근거를 제공한 것이다. 이것은 단지 미국 내부에서 국가개입에 대한 근거를 제공한 것에 그치는 것이 아니라 복지국가가 탄생된 유럽의 사민주의에도 적잖은 영향을 미쳤다. 특히 복지국가의 한계와 수정이 제기되는 오늘날에도 여전히 유럽 사민주의자들에게 사회적 형평이나 평등을 위한 중요한 이론적 지침이 되고 있다.

## 왜 '사회정의'인가?

롤즈의 『정의론』에 가장 먼저 던질 수 있는 질문은 '왜 사회정의인가?' 하는 점이다. 그는 "사회정의의 원칙은 기본적인 사회 제도 내에서 권리와 의무를 할당하는 방식을 제시해 주며 사회 협동체의 이득과 부담의 적절한 분배를 결정해 준다"[5])고 한다. 그는 개념규정의 단계에서 사회정의에 대해 헤브라이즘적인 정의관과는 달리 아주 실용적인 접근을 한다. 선험적으로 전제되었다든지, 철학의 제1명제로 주어진 것으로 보지 않고 사회계약의 입장에서 모두가 합의할 수 있는 사회적 원칙으로 본 것이다.

이는 서구인들이 일반적으로 가지고 있는 정의관과는 사뭇 다른 특성을 보인다. 이들에게 정의는 신의 심판과 직결되는 문제이며 사람

---

4) 같은 책, p.368.

5) John Rawls, *A Theory of Justice*, Revised edition(Harvard University Press, 1999), p.4.

을 평가할 때도 정의로운가 혹은 부정의한가 하는 것은 개인의 인격 자체에 관한 문제이다. 따라서 사회적 재화의 생산과 배분의 문제에서 가장 근원적인 도덕문제인 '정의'라는 개념을 도입하는 것이 지나친 것이 아니냐는 반론이 있을 수 있다.[6]

이들은 일반적으로 사회정의라는 구호를 습관적으로 사용하는 사람들이 자신들이 이 구호를 가지고 무엇을 말하려고 하는지를 스스로도 알지 못하고 있으며 또한 그들이 이유를 대지 않고도 정당화할 수 있다는 생각으로 사회정의라는 구호를 사용하고 있을 뿐이라고 비판한다. 아무런 구체적 원칙이나 내용도 없이 거의 우리 시대의 새로운 종교가 된 것처럼 심지어 선량한 사람이냐 아니냐를 구분하기 위해 적용되는 기준이 되어버린 신념이라고 반론을 제기한다.[7]

롤즈를 이해하는 데 있어 가장 근본적인 논쟁거리는 권리와 의무를 할당하고 이익과 부담을 배분하는 원리를 왜 '사회정의'라고 명명해야 하느냐에 있다. 이를 법(law)이라고 할 수도 있고 사회적 준칙이나 다른 용어를 사용할 수도 있음에도 불구하고 롤즈는 이를 자유지상주의자들이 인정하려고 하지도 않는 사회정의라고 규정했다.

일반적으로 사회과학자에게 개념의 규정은 그 고유한 의미를 주관적으로 설정함으로써 시작된다. 그러므로 개념의 규정과 그 개념들의 논리적 인과성이 검증되고 타당성이 인정된다면 하나의 이론으로 정착

---

6) 이에 대한 체계적인 비판이 하이에크의 『법·입법 그리고 자유 II(Law Legislation and Liberty: Vol.II)』에서 나타나고 있다. 그만큼 서구인들에게 정의롭다와 부정의하다는 민감한 문제이다. 그의 비판의 가장 핵심적 요소는 재분배 문제에서 정의와 부정의를 나누는 것 자체가 성립할 수 없는 환상이라고 본다. 보다 자세한 내용은 제4부 '신자유주의의 철학과 정책'에서 다룰 것이다.

7) Friedrich A. Hayek, *Law Legislation and Liberty: Vol. II: The Mirage of Social Justice* (Routledge & Kegan Paul, 1976), pp.65~67.

할 수 있다. 사회과학자가 최초의 개념 규정을 무엇으로 하느냐는 순수히 그 학자의 주관적인 판단에 맡길 일이다. 이것이 사회적으로 받아들여지느냐는 그 다음의 문제이다. 따라서 롤즈가 사회적 규칙이나 준칙을 사회정의라고 명명하는 것 역시 순전히 그의 주관적 판단에 의존하면 된다. 『정의론』의 모두에서 철학적 원칙을 '정의'라고 규정하고 이를 논증해 나가는 것은 전적으로 그의 자유이다.

그러나 왜 그가 이 원칙을 다른 개념이 아니라 '사회정의'라고 했는지는 『정의론』 제3부인 목적론 부분에서 나타나고 있다.


## 정의감

질서 잡힌 사회(well-ordered society)에서 개인들은 출생 이후 성장과정에서 자연스럽게 정의로운 행동에 대한 요구들을 습득하게 된다. 이런 자연스러운 감정을 정의감(sense of justice)이라고 할 수 있는데 이 정의감은 도덕감(moral sentiments)과도 직결되어 있다.[8] 개인에게 이러한 도덕감의 형성은 크게 두 가지 관점에서 다루어지고 있다.

첫 번째는 역사적으로 경험론의 학설에서 유래하며 흄에서 시즈위크에 이르는 공리주의자들에게서 발견된다. 가장 최근의 발전된 형태는 사회학습이론(social learning theory)으로 대표된다. 도덕 교육은 옳은 것은 그 자체를 위해 행하고 그른 것은 행하지 않는 욕구를 제공한다. 옳은 행위는 일반적으로 타인들과 사회에 이로운 것으로서 우리는 그러한 행위에 대해 효과적인 욕구를 결여하고 있는 데 반해 그릇된

---

8) John Rawls, *A Theory of Justice*, p.401.

행위는 일반적으로 타인들과 사회에 해로운 것으로서 그러한 행위에 관해서는 우리가 충분한 동기를 갖고 있는 경우가 흔하다. 타인의 희생으로 자신에게 이익이 되는 일이 많기 때문이다. 사회는 어떻게든 이러한 결함을 보충해야만 한다. 부모나 권위 있는 타인들이 인정과 비난을 통해서 혹은 그들에게 애정을 주거나 뺏는 방법으로 더 나아가 쾌락과 고통을 가하는 방식으로 보상과 형벌을 통해 도덕감을 개인에게 심어줄 수 있다. 결국 여러 가지 심리적 과정을 거쳐서 우리는 옳은 것을 행하고자 하는 욕구와 그른 것을 행하는 데 대한 혐오를 습득하게 된다. 또한 도덕적인 기분에 따르고자 하는 욕구란 이러한 규범들의 정당근거에 대한 적절한 이해를 갖기 이전에 생기는 것이 보통이다.[9]

도덕적인 학습에 대한 또 하나의 전통은 합리주의자들의 사상에서 유래하여 루소와 칸트, 때로는 밀에 의해서, 그리고 보다 최근에는 피아제(Piaget)의 이론에 의해 예시될 수 있다. 여기서 도덕적 학습이란 결여된 동기를 제공하는 문제이기보다는 본래부터 타고난 지적·정서적 능력을 그 자연적 성향에 따라 자유롭게 발전시키는 문제라는 것이다. 일단 이해의 능력이 성숙하고 사람들이 자신의 사회적 지위를 인정하며 타인들의 관점도 취할 수 있게 되면 그들은 사회적인 협동의 공정한 관계를 확립하는 것이 서로에게 이익이 된다는 것을 이해하게 된다. 우리는 타인들에 대한 자연적인 동정심을 갖고 있으며 동료감과 자제심이 주는 즐거움을 받아들일 만한 본래적인 능력을 갖고 있는데, 일단 우리가 적절하게 일반적인 관점으로부터 동료들에 대한 우리의 관계를 명백히 파악하게 될 경우 그것들은 도덕감에 대한 정의적(情意的)인 기초를 제공하게 된다. 그래서 이러한 전통은 도덕감을 우리의

---

9) 같은 책, p.401.

사회적 성격에 대한 완전한 이해력의 자연적인 성숙으로 간주한다.[10]

정의감 혹은 도덕감은 경험론에 의하든 합리론에 의하든 인간이 사고의 능력이나 이해의 능력이 생기기 이전부터 가지게 되는 것으로 원칙들, 이상들 및 신조들의 지극히 복합적인 구성물이며 사고, 행위 및 감정의 모든 요소를 포함하고 있다. 그것의 발전 과정에는 강화 및 고전적인 조건 형성에서부터 지극히 추상적인 추리 및 본보기에 대한 섬세한 지각에 이르기까지 많은 종류의 학습이 가담되는 것은 확실하다.[11]

## 도덕의 3원천

도덕의 발달 과정에 있어서 첫 번째 단계는 '권위에 의한 도덕 (morality of authority)'이다. 이러한 도덕이 갖는 어떤 측면은 특수한 경우에 나중의 단계에까지 보존되기는 하나 우리는 이러한 권위적인 도덕의 원초적 형태를 유아의 도덕이라고 생각할 수 있다. 정의감이란 사회의 보다 어린 성원들이 자라나면서 점차적으로 습득하게 된 것이다. 세대의 연속과 어린이에게 도덕적 태도를 가르칠 필요성은 인간 생활의 조건들 중 하나이다.

유아들은 그들 양친의 합당한 권위에 최초로 예속된다. 부모라는 권위에 의해 제시되는 신조(precepts)와 계명의 타당성을 평가할 만한 위치에 있지 못하는 것이 유아들이 처한 상황의 특성이다. 그들은 부모의 지도에 반발할 수 있는 근거가 되는 지식이나 이해력을 갖지 못하고

---

10) 같은 책, pp.402~403.

11) 같은 책, p.404.

있다. 사실상 유아들은 정당화라는 개념을 아예 갖고 있지 않은데 이것은 훨씬 뒤에 습득된다. 따라서 그는 양친의 훈계가 갖는 정합성에 대해서 정당한 근거에 의해 의심할 수 없다. 어린이의 권위적인 도덕은 그의 특유한 사정과 제한된 이해에서 생겨난 필연적인 산물로서 일시적인 것이다. 그래서 권위를 중심으로 한 도덕은 기본적인 사회체제 내에서 오직 제한된 역할만을 할 뿐이며 해당 규율 체계의 색다른 요구로 인해서 어떤 개인들에게 지휘와 명령의 특전을 줄 필요가 있을 경우에만 정당화될 수 있다.[12]

도덕적 발전의 두 번째 단계는 '공동체에 의한 도덕(morality of association)'이다. 이 단계는 해당되는 공동체에 따라 그 범위가 광범위하게 걸쳐 있으므로 그것은 전체로서 국가 공동체까지도 내포할 수 있다. 어린이의 권위적 도덕은 대체로 계명의 집합으로 이루어지는 것인데 비해 공동체에 의한 도덕은 어떤 개인이 속하는 여러 조직체에 있어서 그의 역할에 적합한 도덕적 기준에 의해 주어진다. 이러한 기준은 상식적인 도덕 규칙과 더불어 그것을 개인의 특정한 지위에 적용함에 필요한 조정 사항들을 포함하는데, 그것들은 권위를 가진 사람들의 시인 및 비난이나 그 집단의 다른 성원들에 의해 부여된다. 그래서 이 단계에서는 가정 자체도 각 성원들이 일정한 권리와 의무를 갖게 되는, 보통 어떤 서열에 의해 규정되는 작은 공동체로 생각된다. 어린이는 자라남에 따라 그의 위치에 적합한 행동 기준에 대해서 가르침을 받게 된다. 좋은 아들이나 좋은 딸이 갖는 덕목들은 설명되거나 적어도 부모의 신임과 비난으로 표현되는 그들의 기대에 의해 전달된다. 이와 유사하게 학교나 이웃과 같은 공동체가 있으며 그에 못지않게 중요한

---

12) 같은 책, pp.405~406.

동료들 간의 시합이나 경기와 같은 단기적인 형태의 협동체도 있다. 이러한 조직체에 적응하기 위해 우리는 좋은 학생 및 급우의 덕목과 훌륭한 경기 및 동료 등의 이상(ideals)을 배우게 된다.

이 단계에서 도덕의 발전은 다면적인 측면을 갖게 된다. 이 유형의 도덕적인 입장은 나이가 든 후에 선정될 이상으로 확대되며 나아가서는 성인이 갖게 될 지위 및 직업, 가정 내의 위치, 심지어는 사회 성원으로서의 지위에까지 확대된다. 그러한 이상의 내용은 훌륭한 남편과 아내, 좋은 친구와 시민에 대한 여러 가지 관점들로부터 주어진다. 그래서 공동체의 도덕은 각각의 지위나 역할에 적합한 방식으로 규정되는 다수의 이상을 포함하게 된다. 우리의 도덕적 이해력은 일생 동안 일련의 지위들을 거침에 따라 증대된다. 그에 따른 일련의 이상들은 점차 보다 나은 지적 판단력과 보다 섬세한 도덕적 분별력을 요구하게 된다. 이러한 이상들 중 어떤 것은 보다 포괄적이고 개인에 대해서 아주 다른 요구를 한다는 것은 분명하다. 어떤 이상을 따라야 한다는 것은 자연적으로 원리를 중심으로 한 도덕으로 나아가게 할 것이다.[13]

세 번째는 '원리에 의한 도덕(morality of principles)'이다. 소위 평등한 시민이라는 이상에 의해 표현되는 공동체적 도덕의 보다 복잡한 형태에 도달한 사람은 보다 추상적인 형태의 도덕감을 갖게 된다. 그는 여러 특정 개인이나 공동체와의 유대를 갖게 되며 그에게 자기의 여러 지위에 따라 적용되고 사회적 인정과 비난에 의해 지지되는 도덕적 기준을 따를 마음이 생기게 된다. 타인들과 관계를 맺고 그러한 윤리관에 따라서 살 생각을 하게 됨으로써 그는 그의 행위와 목적이 인정받는 일에 관심을 쓰게 된다. 개인이 정의감을 수용하게 되는 동기는 그가

---

13) 같은 책, pp.409~410.

타인들에 대해서 갖는 우호나 동료애의 유대, 그리고 보다 넓은 사회의 인정에 대한 그의 관심으로부터 생겨나는 것일 수 있다. 이 단계에서 좀 더 나아가면 한 사람이 가장 고차적인 원리들 그 자체에 애착을 갖게 되고 그렇게 함으로써 공동체적 도덕의 보다 초기 단계에서와 마찬가지로 그가 좋은 사람이 되기를, 즉 이 경우에는 정의로운 사람이 되기를 바라게 된다. 정의롭게 행동하고 정의로운 제도를 발전시킨다는 관념은 그에게 지금까지 종속적인 이상들이 가졌던 것과 유사한 매력을 갖게 한다.

정치사에 관심을 갖는 시민들이나 입법 및 사법 내지는 그와 유사한 직위를 갖는 사람들은 계속해서 사회적 원칙들을 적용하고 해석할 것을 요구받게 된다. 그들은 가끔 타인들이 무엇을 원하고 행할지를 알아낼 의도로서만이 아니라, 상충하는 요구들을 합당하게 조정하고 공동체적인 도덕의 여러 종속적인 이상들을 조정할 목적으로 타인들의 관점을 취하기도 해야 한다. 상황이 지시하는 바에 따라 우리는 제헌위원회나 혹은 입법기관 등의 관점을 취하게 된다. 그래서 결국 우리가 그러한 원칙들에 정통하게 되고 그것들이 보장하는 가치와 그것들이 모든 이에게 이득이 되는 방식을 이해하게 된다. 사랑과 신뢰(trust) 및 우호와 믿음(confidence)의 태도가 생겨나게 되면 우리와 우리가 관심을 갖는 사람들이 이미 확립되어 존속하는 정의로운 제도의 수혜자임을 인정함으로써 우리들에게 그에 상응하는 정의감이 생겨나게 된다.

정의감 자체는 적어도 두 가지 방식으로 나타난다. 첫째, 그것은 우리에게 적용되고 우리와 우리의 동료가 이득을 보게 되는 정의로운 체제를 받아들이게끔 해준다. 우리는 그러한 체제의 유지를 위해 본분을 다하고자 한다. 우리는 비록 특정한 동료감의 유대에 의해 우리가 이득을 보게 되는 사람들과 결속되어 있지 않을지라도 우리의 의무와 책무를 이해하지 못할 경우에는 죄책감을 느끼게 된다. 여하튼 전체로서 시민집단은 일반적으로 개인들 간의 동료감의 유대에 의해 결속되어 있다. 시민은 모두가 어떤 시민의 친구이긴 하지만 어떤 시민도 모든 시민의 친구는 아닌 것이다. 그러나 정의에 대한 그들의 공통된 신의는 그들이 자신의 차이점을 판단할 수 있게 하는 통일된 하나의 관점을 제공한다. 둘째, 정의감은 정의로운 체제를 설립하고 정의가 요구할 경우 현존 제도에 대한 개혁을 위해 일하고자 하는 각오가 생겨나게 한다. 우리는 정의로운 체제를 발전시키기 위한 자연적 의무에 따라 행동하기를 바란다.[14]

## 도덕감의 특성

정의감이나 도덕감은 확정적인 개념이라기보다는 각 개인들이 가지고 있는 공통적이면서도 조금씩 상이한 감정(sentiment)이다. 이는 명확한 준칙이 아니며 개인들이 모두 동의한 어떤 결정적 지표도 아니다. 정의감이 좀 더 엄밀한 개념을 가지게 된다면 그것을 정의라는 관념으로 정형화할 수 있을 것이다. 아직은 정확한 개념의 단계로 접어들기 이전의 인간적 감성의 수준에서 좀 더 논의를 진전시켜 보자.

도덕감은 정의감이나 인류애 같은 항구적 질서를 갖춘 규제적 성향들의 집합 및 인간 생활에 중요한 위치를 차지하는 특정한 개인이나 단체에 대한 지속적 애착심에 대해서 사용된다. 예를 들어 어떤 사람은 자신이 그의 몫 이상을 가졌거나 타인들을 불공정하게 취급했다는

---

14) 같은 책, pp.414~415.

것을 알게 됨으로써 죄책감을 느끼게 된다. 또는 어떤 사람은 어떤 불의에 대해 자기가 비겁하게 폭로하지 못했다는 이유로 수치를 느끼게 된다. 그는 자신이 달성하고자 했던 도덕적 가치관에 따라 살지 못한 셈이다.

각 감정에 대해 적합한 설명이 주어질 수 있다면 흔히 그러하기도 하지만 동일한 행동이 동시에 여러 가지 도덕적 감정들을 일으킬 수 있다는 사실은 주목할 만한 가치가 있다. 예를 들면 남을 속인 자는 죄책감과 수치심을 모두를 느낄 수 있다. 죄책감을 느끼는 이유는 그가 신용을 어기고 부당하게 자기의 이익을 도모했기 때문인데 그의 죄책감은 타인에게 끼친 상해에 대한 반응일 것이다. 수치심을 느끼는 이유는 그러한 수단에 의거함으로써 그가 자기 자신이 보기에도 자기의 목적을 실현하기 위해서 부당하고 은밀한 수단에 의존하는 사람과 같이 보잘것없고 믿음직스럽지 못하다는 것을 확신했기 때문이다. 우리가 덧붙일 수 있는 것은 도덕적 감정을 갖는 사람이 그의 설명에서 주장하는 모든 것이 참인 것은 아니라는 점이며 그가 그 설명을 인정하고 있다는 것으로 충분하다는 것이다. 그래서 어떤 사람은 그가 자기 몫 이상을 가졌다고 잘못 생각할 수도 있다. 그에게는 아무런 죄가 없을 수도 있다. 그러나 그는 자기의 소견이 옳은 것이며 비록 잘못된 것일지라도 그가 표명한 신념이 진실한 것이기에 그는 죄책감을 느끼는 것이다. 죄책감으로 괴로워할 경우 사람들은 미래에는 올바르게 행동하기를 바라며 그의 행위를 고치려고 애쓰게 된다. 그는 자기가 행한 것을 인정하고 원상회복하기를 바라며 문책과 처벌을 받아들이려는 성향을 갖게 된다. 그리고 그는 타인들이 그릇되게 행동했을 경우에도 그들을 나무라기 어렵다는 것을 알게 된다. 물론 특정한 상황에 따라서 이러한 성향들 가운데서 나타나게 될 어떠한 성향들의 집합은 개인의 도덕성에 따라 달라진다.

또한 자신의 행위가 타인들의 합당한 요구를 침해했음을 인정하면서 죄책감을 느끼는 사람은 그들이 그의 행위에 대한 분노를 느끼고 여러 방식으로 그를 처벌할 것으로 예견한다. 그는 또한 제3자도 그에게 의분을 느끼리라고 생각한다. 죄책감을 느끼는 사람은 타인들의 분노와 의분, 그리고 그로 인해서 생기게 될 불확정성을 우려한다. 이와 대조적으로 수치심을 느끼는 사람은 조소와 경멸을 예상한다. 그는 탁월성의 기준에 미치지 못하고 나약한 존재로 되어버리고 그와 이상을 같이하는 타인들과 상종할 만한 가치가 없는 사람임을 나타내는 것이다. 그는 절교당하고 배척되지 않을까 두려워하며 경멸과 조소의 대상이 되지 않을까 염려한다. 죄책감과 수치심은 그 설명에 있어서 다른 원칙을 갖는 것과 마찬가지로 그것으로 인해 우리는 타인들로부터 서로 다른 태도를 예견하게 된다. 그리고 이러한 이야기는 의무감, 책무감, 올바른 긍지 그리고 자기 자신의 가치감으로 확대된다.

부정은 언제나 죄책감을 유발할 수 있는데 그때마다 타인들은 어떤 방식으로 손해를 입고 있거나 그들의 권리가 침해되어 있다. 그래서 죄책감과 수치심은 모든 도덕적 행위에 나타나게 마련인 타인 및 자신의 인격에 대한 관심을 반영하고 있다.[15)]

이러한 정형화되지 않은 감정인 정의감이나 도덕감이 사회를 운영하는 원칙이 되기 위해서는 그 사회의 구성원 모두가 인정할 수 있는 명확한 공준이나 원칙이 확립되어야 한다. 다양한 주체들과 이에 따른 다양한 이해관계를 명확하게 판별할 수 있기 위해서는 막연한 정서적 감정에 호소할 수만은 없는 문제이며 구성원들이 누구나 공감할 수

---

15) 같은 책, pp.402~424.

있는 명확한 원칙이 필요하기 때문이다.


## 사회계약으로서의 정의

앞에서 살펴본 것처럼 롤즈의 『정의론』에서 전제로 삼고 있는 인간관은 다른 주류 사회과학에서와 마찬가지로 자기 이해관계(self-interest)에 기반하고 있는 것을 부인하지는 않지만 이에 못지않게 생래적이든 후천적이든 정의감을 가진 인간을 가정하고 있다. 즉, 죄책감과 수치심, 분노와 공분을 가질 줄 아는 인간으로 이해한다. 이 점에서 기본적인 사회제도 내에서 권리와 의무를 할당하는 방식을 제시하고 사회 협동체의 이득과 부담을 적절히 배분하는 원칙을 '사회정의'라고 할 수 있는 근거가 비로소 생긴다. 이 경우에야 비로소 이러한 사회적 원칙에 관한 문제를 법이나 사회적 준칙 혹은 사회 운영 원리 등이 아니라 '사회정의'라고 할 수 있는 것이다.

그러나 이때의 정의는 앞서 본 것처럼 기독교적 정의관과는 무관한 개념이다. 신의 정의와 심판에 의해 인간의 선악 혹은 죄와 벌을 판단하는 준거와는 다르다. 이는 롤즈 스스로 밝히고 있듯이 사회계약의 입장에서 정의를 규정하고 있는 것이다.

롤즈는 정의를 개념화하기 이전에 이런 개념이 왜 필요한지에 대해, 인간이 사회적인 생활을 영위하기 위해서는 협력(cooperation)이 필요하고 이 협력이 원활하게 이루어지기 위해서는 사회적 운영 원리로서 사회정의의 관념이 필요하다고 설명했다. 과거 30년 동안 경제학자와 사회과학자들은 신고전파 이론의 설명에서 무엇이 빠졌는지를 알고자 여러 쟁점을 수정하거나 좀 더 정교하게 만들어왔다. 그중에 가장 우선

적으로 제기되는 문제가 인간 사이의 조정과 협력의 성질에 관한 이해였다.[16]

인간이 사회생활에서 지속적인 원만한 협력을 유지하기 위해서는 구성원들이 모두 공감하는 사회 운영의 원리가 필요하게 된다. 우선 사회란 그 성원 상호간에 구속력을 갖는 어떤 행동 규칙을 인정하고 대부분 그에 따라서 행동하는 사람들로 이루어진, 어느 정도 자족적인 조직체라고 가정해 보자. 나아가서 이러한 규칙은 그 성원들의 선을 증진하기 위해 마련된 협동체제가 어떤 것인지를 구체적으로 명시하고 있다고 가정해 보자. 사회란 비록 상호간의 이익을 위한 협동체이기는 하지만 이것은 이해관계의 일치뿐만 아니라 이해관계의 상충이라는 특성도 갖는다. 사람들은 각자가 자기 혼자만의 노력에 의해 살기보다는 사회 협동체를 통해서 모두가 보다 나은 생활을 할 수 있다는 점에서는 이해관계가 일치한다. 그러나 사람들은 그들의 노력에 의해 산출될 보다 큰 이득의 분배 방식에 대해 무관심하지 않으며 자신들의 목적을 추구하기 위해 적은 몫보다는 큰 몫을 원하기 때문에 이해관계가 상충된다. 그러므로 이러한 이득의 분배를 결정해 줄 사회체제를 선정하고 적절한 분배의 몫에 합의하는 데 필요한 어떤 원칙들의 체계가 요구된다. 이러한 원칙들이 바로 사회정의의 원칙이다.[17]

이러한 관점에서 롤즈는 스스로 밝히고 있듯이 전통적인 사회계약론의 입장을 보다 일반화하고 고도로 추상화하는 방향으로 논의를 진전시키고자 한다. 사회계약의 개념은 최초의 상황(initial situation)이란 말로 바뀌었는데, 이는 정의의 원칙에 대한 원초적 합의에 이르기

---

16) Douglass C. North, *Institutions, Institutional Change and Economic Performance* (Cambridge University Press, 1990), pp.11~16.

17) John Rawls, *A Theory of Justice*, pp.3~6.

위해 마련된 논의에 있어서 몇 가지 절차상의 제약 조건을 내포하고
있다.18)


## 원초적 입장

현실의 인간을 움직이는 동인이 이기적인 자아란 점을 롤즈 역시
전적으로 받아들인다. 이러한 자기 이익 중심적으로 움직이는 인간에
게는 이미 한 사회의 성원으로서 사회적 지위(social position)가 주어져
있다. 따라서 인간은 사회적 합의나 선택에 있어 자신의 지위와 이해관
계에서 자유롭지 못하다. 따라서 이 상태에서는 사회적 결정이란 다양
한 이해관계의 조정 이상도 이하도 아니다.

사회적 규칙을 만드는 데 있어 하나의 대안으로서 제기되어 온
것이 로크나 루소 이후 사회계약론의 최초의 상황에 대한 철학적 방법
이다. 롤즈는 이러한 방법을 원초적 입장(original position)이라고 했다.19)
공정으로서 정의에 대한 직관적 생각은 그것이 정의의 제1원칙 자체를
적절히 규정된 최초의 상황에서 이루어질 원초적 합의의 대상으로
본다. 이러한 원칙은 자신의 이익 증진에 관심을 가진 합리적 인간들이
그들의 조직체의 기본조건을 정하기 위해서 평등한 입장에서 받아들이
게 될 원칙이다. 그래서 정의의 두 원칙이 원초적 입장에서 제시될
선택의 문제에 대한 해결책이 될 수 있음이 증명될 것이다.

그런데 분명한 사실은 원초적 입장이란 순전히 가상적인 상황(hypo-
thetical situation)이라는 것이다.20) 원초적 입장이라는 관념은 거기에서

---

18) 같은 책, p.3.

19) 같은 책, p.102.

합의된 어떤 원칙도 정의로운 것이 되게 하는 공정한 절차를 설정하기 위한 것이다. 그 목적은 순수 절차적 정의라는 관념을 이론의 기초로 사용하려는 것이다. 어떻게든 우리는 사람들을 불화하게 하고 그들의 사회적·자연적 여건을 그들 자신에게 유리하게 하도록 유혹하는 특수한 우연성의 결과들을 무효화시켜야 한다. 이를 위해서는 당사자들이 무지의 베일(veil of ignorance) 속에 있어야 한다고 가정한다. 여러 대안들이 그들의 특정한 처지에 어떤 영향을 미칠 것인가를 몰라야 하며 일반적인 고려 사항만을 기초로 해서 원칙들을 평가해야만 한다.[21]

그래서 당사자들은 어떤 종류의 특정 사실을 알지 못한다고 가정된다. 무엇보다도 각자는 사회에 있어서 자기의 지위나 계층을 모르며 천부적 자산과 능력, 지능과 체력 기타 등등을 어떻게 타고 나는지 자신의 운수를 모른다. 또한 누구든지 선에 대한 자신의 생각, 자신의 합리적 인생 계획의 세목을 알지 못하며 또한 심지어 모험을 싫어한다든가 비관적 혹은 낙관적인 경향과 같은 자기의 심리적인 특징도 모른다. 다시 말하면 그들은 그 사회의 경제적·정치적 상황이나 그것이 지금까지 이룩해 온 문명이나 문화의 수준도 모른다. 원초적 입장에 있는 사람들은 그들이 어떤 세대에 속하고 있는지에 대해서도 정보를 갖고 있지 않다. 지식에 대한 이러한 보다 광범위한 제한이 합당한 것은 한편으로 사회정의의 문제가 한 세대 내에서만 아니라 세대들 간에도 일어나기 때문이다. 예를 들면 자본 절약의 타당한 정도나 천연 자원이나 자연적 여건의 보호 등의 문제가 바로 그러한 것이다. 이러한 여러 경우들에 있어서 원초적 입장이라는 관념을 철저히 실현하기 위해선 당사자들은 그들의 의견을 대립시키게 될 어떤 우연한 일도

20) 같은 책, p.104.
21) 같은 책, p.118.

알아서는 안 된다. 결국 그들이 어떤 세대에 속하는 것으로 판명되든 간에 그 결과를 감당할 각오를 가지고 원칙을 선택해야만 한다.[22]

## 최소극대화의 규칙

원초적 입장에 있는 사람의 관점을 고려해 볼 때 그가 자신을 위해 특정한 이익을 취할 수 있는 길은 없다. 반면에 또한 그는 특수한 손해를 그대로 묵과할 이유도 없다. 그가 사회적 가치들의 분배에 있어서 동등한 몫 이상을 기대한다는 것은 부당하며 동등한 몫보다 적은 것에 동의한다는 것도 불합리한 까닭에 그가 택할 수 있는 현명한 길은 평등한 분배(equal distribution)를 요구하는 원칙을 정의의 제1원칙으로 인정하는 일이다. 사실 이러한 원칙은 너무나 분명하므로 우리는 그것이 누구에게나 금방 떠오르리라고 기대할 수 있다. 그래서 당사자들은 기회 균등을 포함한 만인에 대한 평등한 자유와 더불어 소득과 부의 평등한 분배를 확립해 줄 원칙에서부터 시작한다.

그러나 심지어 기본적 자유와 기회의 공정한 평등의 우선성을 확고히 유지함에도 불구하고 이런 최초의 인정이 최종적인 것이어야 할 이유는 없다. 사회는 경제적 효율성뿐만 아니라 조직 및 기술의 제반 요구 사항을 고려해야만 한다. 만일 소득과 부에서의 불평등이 있고 권위와 책임의 정도에 있어서 차등이 존재함으로써 그것이 최초의 평등이라는 기준점과 비교해서 모든 사람의 처지를 향상시키도록 작용한다면 왜 이러한 불평등과 차등을 허용하지 말아야 하는가? 이러한

---

22) 같은 책, p.119.

불평등들이 평등한 자유 및 공정한 기회와 일관된다는 조건하에서 최소 수혜자를 포함해서 모든 사람들의 처지를 개선하는 한, 기본 구조는 이러한 불평등을 허용해야 할 것이다. 왜냐하면 당사자들이 모든 사회적 기본 가치들의 평등한 분배에서 시작하기 때문에 최소 수혜자들은 말하자면 거부권을 가지게 된다. 그래서 우리는 정의의 제2원칙인 차등의 원칙에 도달한다. 평등을 비교의 근거로 간주한다면 더 많은 이익을 얻는 사람들은 가장 적게 얻는 사람들에게도 정당하다고 인정되는 조건에서 그렇게 해야만 하는 것이다.

자유의 우선성은 기본적 자유가 실질적으로 확립될 수 있을지라도 경제적 복지를 개선하기 위해 불평등한 자유가 교환될 수 없다는 것을 의미한다. 사람들이 권리의 제한을 용인할 수 있는 것은 오직 사회적 여건이 이러한 제반 권리들의 효과적인 확립을 허용하지 못할 경우에 한해서이다. 그리고 또한 이러한 제한은 그것들이 더 이상 정당화되지 않을 때를 위한 길을 마련하기 위해 필요한 정도까지만 인정될 수 있다. 평등한 자유를 부정하는 것은 적절한 과정을 거쳐 그러한 자유가 향유될 수 있도록 문명의 수준을 변화시킬 필요가 있는 경우에만 옹호될 수 있다. 그래서 두 원칙의 서열적 순서를 택하는 데 있어 당사자들은 그들 사회의 조건이 평등한 자유의 실질적 실현을 허용할 수 있다고 가정한다. 축차적 서열로 이루어진 두 원칙을 완전히 실현하는 것은 적어도 상당히 다행스러운 조건에서도 이러한 서열화가 지속적으로 보여줄 경향성이다.

우리는 원초적 입장의 관점에서 보아 두 원칙에 결정적으로 유력한 논증을 찾으려 한다. 두 원칙을 모두 고려한다면 사회정의의 문제에 대한 해법으로 최소극대화 규칙(maximin rule)이 제기될 수 있다.[23]

최소극대화 규칙에 의하면 여러 대안들의 우월을 그것들이 가져올 가능한 최악의 결과에 따라 가리는 것이다. 즉 우리는 어떤 대안의 최악의 결과(최소)가 다른 대안들이 갖는 최악의 결과에 비해 가장 우월한 경우(극대화)에 그 대안을 채택하게 된다는 것이다. 물론 원초적 입장에 있는 사람들은 자신의 최초의 사회적 지위를 악의를 가진 적대자가 결정해 주리라고 가정한다.[24] 인간이 무지의 베일에 가려진 상황에서 최선의 가능성보다는 최악의 가능성을 회피하고자 하는 경향이 있다고 보기 때문이다.

일반적으로 롤즈의 현대철학과 사회과학에 대한 기여는 바로 여기서 추론된 최소극대화 규칙을 제기했기 때문이라고 평가된다. 이는 복지국가에서 말하고자 하는 최소한(minimum)의 개념에 대한 정당화를 가능하게 한 이론이다. 이 최소극대화의 개념은 다양한 영역에서 복지국가의 이데올로기를 정당화하는 데 사용된다. 사회적 약자에 대해 인간다운 생활을 위해 최소한으로 보호해야 할 철학적 준거 틀을 마련해 준 것이다. 이는 사회보험의 최소한이나 국가가 개인에게 인간다운 삶을 보장하기 위한 이론적 배경으로 자리 잡았다. 특히나 이러한 기준을 정의(justice)의 이름으로 가능하게 했다.

논란은 과연 이것이 정의라고 할 수 있느냐는 비판에서 시작되기도 한다. 그러나 이것은 롤즈의 궁극적인 문제의식이 아니다. 문제의식을 제기해 나가는 논리의 일부일 뿐이다. 그의 문제의식은 좀 더 근본적인 철학적 물음에 있다. 그는 현대 사회과학에서 주변으로 밀려나고 있던 규범철학을 경제학을 비롯한 사회과학의 주요 배경이 되고 있는 공리주의와 어떤 조건 속에서 통일이 가능할까 하는 보다 본질적인 문제에 관심을 가지고 있었다. 롤즈는 우선적으로 공정으로서 정의의 원칙이

---

23) 같은 책, pp.130~133.

24) 같은 책, p.133.

공리주의적인 선보다 앞선다고 보는 규범철학적인 입장에 서 있다. 이에 덧붙여 어떤 조건 속에서 정의론의 정당성과 공리주의의 합리성이 정합성(혹은 합치성)을 갖느냐 하는 것에 초점을 맞추고 있다. 도덕적 인격에서 정의와 개인의 쾌락인 선이 합치할 수 있다면 개인의 행복과 정의가 갈등 없이 하나의 묶음으로 존재할 수 있기 때문이다.

## 공리주의의 선

여기서 롤즈의 근본적인 문제의식으로 들어가기 전에 우선 현대 사회과학의 주류적인 배경이 되고 있는 공리주의의 아이디어를 살펴볼 필요가 있다.

공리주의는 목적론의 한 유형이다. 의무론이 인간에게 부여되는 본질적 의무나 책무에 관한 이론이라면 목적론은 인간에게는 그에게 충족되어야 할 고유한 목적이 있다고 본다. 그리고 그 목적의 충족여부를 선(the good)이라고 보는데, 기회와 자유, 소득과 부 그리고 무엇보다도 자존감 등이 기본적인 선일 수 있다.[25] 선은 우정이나 애정과 같이 도덕과 상관이 없는 가치들, 지식의 추구, 미의 향락에 기꺼이 적용될 수 있다.[26]

일반적으로 윤리학에서 두 주요 개념으로 옳음(정당성, the right)과 좋음(선, the good)이 있으며 도덕적인 가치 있는 인격이라는 개념도 이 두 가지에서 도출된다. 윤리학은 이 두 개념의 관계를 설정하는 것에서 시작된다.

---

25) 같은 책, p.380.

26) 같은 책, p.381.

목적론은 좋음(선)을 최고의 가치로 삼고 옳음(정당성)은 부차적인 것으로 삼는다. 우선 좋음을 옳음과 상관없이 규정하고 옳음은 좋음을 극대화하는 것으로 규정한다. 목적론의 입장에서 사회정의란 집단의 복지라는 집합적 개념에 적용된 합리적 타산(rational prudence)의 원칙이다. 이에 비해 의무론적 입장은 옳음의 우선성을 주장하는 입장이다. 롤즈의 입장은 공정으로서의 정의가 의무론의 한 유형이며 옳음(정당성)을 먼저 추구하는 영역이라고 보았다.[27]

목적론의 입장에서 선을 구체적으로 어떻게 규정하느냐에 따라 여러 가지가 있을 수 있다. 만약 선을 쾌락으로 규정한다면 쾌락주의(hedonism)가 될 것이며 행복으로 규정한다면 행복주의(eudaimonism)가 될 것이다. 고전적인 형식에 있어서 공리의 원칙은 선을 욕구의 만족으로, 보다 좋게 말하면 합리적 욕구의 만족으로 규정할 수 있다. 어떤 것이 사회 협동체의 적합한 조건인가는 그 여건 아래서 개인들의 합리적인 욕구들에 대한 만족의 최대 총량을 달성해 주는 것이 무엇인가에 의해 정해진다.

공리주의 정의관의 두드러진 특징은 만족의 총량이 개인들에게 어떻게 분배되는지에 대해 간접적으로만 문제 삼으며 한 개인이 자신의 만족을 시간적으로 어떻게 배분할 것인가에 대해서도 간접적으로만 문제 삼고 있다. 최대의 만족을 산출한다면 옳은(정당한) 분배가 된다. 사회는 권리와 의무, 지위와 특전 그리고 여러 형태의 부 등 어떤 것이든 간에 그러한 만족의 수단들을 가능한 한 최대한으로 달성하도록 분배해야만 한다.

공리주의에서 이상적인 입법자는 사회체제의 규칙들을 조정하여

---

27) 같은 책, pp.19~22.

그 욕구 체계의 만족을 극대화하는 데 힘쓰게 된다. 각 개인들이란 욕구의 최대 만족을 달성하기 위한 규칙에 따라 권리와 의무가 할당되고 부족한 욕구 충족의 수단들이 배분되는 상이한 계열을 이루는 것으로 생각되어진다.[28]

공리주의에서 말하는 만족의 총량이 최대가 되는 것이 선이라고 할 때 옳음(정당성)을 우선시하는 공정으로서 정의는 전혀 별개의 문제이다. 이 둘이 합치하는 것은 직접적인 연관이 있기보다는 우연적인 현상에 불과하다. 롤즈의 고민은 여기에 있다고 할 수 있다. 도덕적 인격의 통일이 옳음과 좋음이 합치되는 것이라고 한다면 공정으로서 정의(옳음)와 공리주의적 선(좋음)이 통일될 수 있는가? 혹은 더 간단히 "정의감은 선인가?"

## 질서 잡힌 사회

롤즈는 '질서 잡힌 사회(well-ordered society)'[29]에서는 정의감(옳음)이 선(좋음)으로 일치한다고 보았다. 이 사회는 그 성원들의 선을 증진시켜 줄 뿐 아니라 공공적 정의관에 의해 효율적으로 규제되는 사회이다. 이것은 ① 다른 사람도 모두 동일한 정의의 원칙을 받아들인다는 것을

---

28) 같은 책, pp.22~24.

29) 질서 잡힌 사회는 루소의 사회계약론이나 일반의지(general society) 논의에서 나온 개념이다. 롤즈 스스로가 그의 『정의론』이 사회계약론을 좀 더 일반화하고 추상화시키려는 의도에서 쓰인 것으로 밝히고 있듯이 그가 제시하는 바람직한 사회의 명명이 '질서 잡힌'인 것은 한편으로 자연스러워 보인다. 이와 같이 고전에서 제기된 이상적 형태(ideal type)를 인용하는 경우들이 간간이 발견된다. 애덤 스미스의 『국부론』에 나오는 위대한 사회(great society) 역시 마찬가지이다.

모든 이가 인정하고 있고, ② 사회의 기본 제도가 일반적으로 이러한 원칙을 충족시키고 있으며 그 사실 또한 널리 주지되어 있는 사회이다. 이러한 경우 사람들은 상호간에 비록 과도한 요구를 하게 될지도 모르나 그 요구를 판정하게 될 공동의 입장을 인정하게 된다. 인간의 이기적 경향성이 서로간의 경계를 불가피하게 한다면 이러한 공공적인 정의감은 그들의 굳은 결합을 가능하게 해준다. 각자 서로 다른 목적과 의도를 가진 개인들 간에 공유되는 정의관은 동료 시민으로서 유대를 공고히 해주며 정의에 대한 일반적 욕구가 다른 목적들의 추구에 한계를 정해 준다. 우리는 이러한 공공적 정의관이 질서 잡힌 사회의 기본적 헌장을 구성하는 것으로 생각해 볼 수 있다.[30]

이러한 질서 잡힌 사회는 그 성원의 선을 증진하기 위해 세워지고 공공적인 정의관에 의해 규제되는 사회라고 규정된다. 이 사회는 모든 사람들이 타인들도 동일한 정의의 원칙들을 받아들이리라는 것을 인정하고 알고 있는 사회요, 사회의 기본적인 제도들이 그러한 원칙들을 만족시키고 있으며 또한 만족시킨다는 것이 알려져 있는 사회이다. 공정으로서 정의는 이 사회의 이념에 부합되도록 구성되었다. 원초적 입장에 있는 사람들은 선택된 원칙들이 공공적임을 받아들이게 되는 까닭에 그들은 정의관을 일반적으로 인정되는 기준으로서 그것들이 가져올 듯한 결과들에 비추어서 평가해야만 한다. 일부의 사람이나 심지어 전체가 이해하고 따르게 될 경우 훌륭하게 작용할 정의관이라 할지라도 이러한 사실이 널리 알려져 있지 않는 한 공지의 조건에 의해 배제된다. 정의관은 우리가 그것을 알든 혹은 전혀 모르든 간에 우리의 생활 조건에 의해서 정당화되어야 한다.[31]

---

30) John Rawls, *A Theory of Justice*, pp.4~5.

31) 같은 책, pp.397~398.

또한 질서 잡힌 사회는 그것이 갖는 공공적 정의관에 의해 규제된다. 이러한 사실은 그 성원들이 정의의 원칙들이 요구하는 대로 행위하고자 하는, 강력하고도 정상적으로 효력을 갖는 욕구를 지니고 있음을 의미한다. 질서 잡힌 사회는 시간상으로 지속되는 것인 까닭에 그 정의관은 안정(stable)될 것이다. 다시 말하면 제도들이 정의로울 경우 그러한 체제에 가담하는 사람들은 그에 상응하는 정의감과 그 체제를 유지하기 위해 그들의 본분을 다하려는 욕구를 갖게 된다.[32]

롤즈는 규범적으로 바람직한 사회를 상정한 것은 아니다. 질서 잡힌 사회는 옳음(정의)과 좋은(선)이 일치하는 사회라고 보고 있지만 이러한 사회가 우리가 지향해야 할 것이라는 실천적 메시지를 명시적으로 담고 있는 것은 아니다. 『정의론』의 마지막 부분에서 '정의는 선인가?'라는 물음은 이러한 일치가 쉽지 않음을 잘 보여주고 있다. 그에게 정의와 선이 일치하지 않는 경우 어디에 우선성이 있을까? 물론 그는 규범론자답게 좋음(선)에 대한 옳음(정의)의 우선성이 공정으로서 정의에 있어 중심적인 특성임을 드러내고 있다.[33] 질서 잡힌 사회는 루소 이후 사회계약론자들이 암묵적으로 추구해 온 바람직한 사회에 대한 하나의 지향이라고 할 수 있다. 제2차 세계대전 이후 진행되어 왔던 복지국가의 이상과 실천은 이러한 사회계약론의 시각에서 본다면 질서 잡힌 사회로 나아가는 사회적 모델의 한 형태였다고 할 수도 있을 것이다.

---

32) 같은 책, p.399.
33) 같은 책, p.28.

## 정의감과 사회정의의 연속성

롤즈는 정의감을 그것이 선천적으로 타고난 것이든, 후천적으로 사회적 학습을 거친 것이든 도덕감과 같은 하나의 감정(sentiment)으로 본 반면, 사회정의는 이해관계가 상충하는 사회에서 이득의 분배를 결정해 줄 사회체제를 선정하고 적절한 분배의 몫에 합의하는 데 필요한 원칙이라고 보았다.

롤즈는 사회계약론의 전통에 충실한 규범론자로서 정의의 원칙을 규명하는 방법으로 우선적으로 관념적인 사유에서부터 출발하고 있다. 이는 사회역사적인 연원이나 전제에서 출발하는 방법과 차별을 보이고 있다.[34] 일반적인 사회과학의 전제와 마찬가지로 인간을 이기적(self-interest)라고 할 경우 앞서 살펴본 초기 상태(origin position)와 무지의 베일(veil of ignorance)에서 인간의 선택은 최소극대화(maximin)일 것이라는 추상적인 추론에서부터 출발하는 것이 사회정의의 원칙이다. 이것은 인간의 초보적인 감정인 정의감과는 구별되는 합리적 선택의 선험적 결과라고 볼 수 있다.[35]

이러한 사회정의의 선험적 원칙이 사회와 역사적인 것과 연속적으로 연결될 수 있는 것이 바로 질서 잡힌 사회에서의 정의감과 도덕감이다. 이러한 사회에서 나타나는 정의감은 자연스럽게 사회정의의 원칙

---

34) 하이에크의 경우 '사회정의' 자체를 부정하지만, 사회적으로 유포되어 있는 이 관념을 추적하기 위해서 우선 이 개념의 역사성에서부터 논의를 출발하는 것과는 확연히 구분된다. 하이에크 사회정의론에 대해서는 후술한다.

35) 이러한 방법론에 대한 비판이 공동체주의자들에 의해 제기되었다. 인간을 관념적인 상태에서 추상적으로 상정될 수 있는 개별적 존재가 아니라 사회와 역사의 특수한 산물로 보아야 한다는 비판이다. 스테판 뮬홀·애덤 스위프트, 『자유주의와 공동체주의』, 김해성·조영달 옮김(한울, 2001) 참조.

으로 개인에게 내면화될 수 있다고 보았다. 이것이 바로 신자유주의자인 하이에크와의 근본적인 차이이다. 하이에크는 소규모 집단에서 나타나는 특수한 정의감들이 대규모 사회에는 그대로 적용될 수 없다고 보았다. 아니 오히려 이러한 감정이 유포되어 왜곡된 '사회정의'가 사회규범의 혼란을 초래하고 특정한 집단의 이해를 위해 이용되고 있다고 보았다.[36]

이 지점에서 롤즈적인 사회정의관과 신자유주의의 '법의 지배' 사이에 상당한 인식의 괴리가 있음을 발견할 수 있다. 사회정의를 보는 관점에 따라 이에 파생되는 국가의 재분배 역할이나 정부 정책의 지향성의 차이가 발생하게 된다. 사회정의의 문제를 둘러싸고 나타나는 롤즈적인 사회정의와 신자유주의의 이에 대한 부정이 현대 정치사상 논쟁의 가장 첨예한 쟁점이 되고 있다. 1990년대 이후 나타난 사회투자 국가론자 역시 롤즈적인 사회정의를 어떻게 받아들이냐에 따라 신자유주의자들에 대항하여 사회통합 및 그에 따른 정부역할과 정책을 달리하고 있다.


## 롤즈의 기여와 영향

복지국가의 철학적 배경을 제시해 준 학자로 롤즈를 꼽을 수 있다. 그러나 아이러니하게도 롤즈는 복지국가가 가장 융성한 북유럽의 학자가 아닌 자유주의 혹은 영국적 휘그 전통이 강하게 남아 있는 미국의 학자이다. 더구나 『정의론』의 초판이 나온 것은 1971년의 일이었다.

---

36) 이 책의 제3부 '신자유주의의 철학과 정책'의 제4장 「사회정의 비판」 참조.

그가 1958년에『공정으로서의 정의』를 발표할 당시뿐만 아니라 그 이후에도 미국에서 복지국가의 정책, 특히 재분배 정책이 롤즈의 최소극대화를 바탕으로 만들어진 적은 없다.

오히려 롤즈의 기여는 복지국가의 한계와 그에 대한 대안을 모색하는 유럽의 사회민주주의자들에게 더 많은 영향을 끼치게 된다. 1990년대 이래 서구 사회가 지식기반사회로 깊숙이 진입해 가고 사회적인 불확실성이 증가하게 되자 사회민주주의자들은 그 철학적 기반을 롤즈에서 찾는 경향이 나타난다. 평생고용이 무너지면서 주기적으로 찾아오는 실업에 대한 우려, 비정규직의 일상화, 고용불안의 증가 등으로 개인에게 부가되는 불확실성이 그 이전보다 급격히 증가하게 되자, 사민주의자들은 이와 같은 지식기반사회의 불확실성에 대해 사회 혹은 국가가 개인을 위해 해야 할 일들의 철학적 배경을 롤즈의 정의론에서 찾고 있다. '원초적 입장'과 '무지의 베일' 상황이 바로 지식기반사회에서의 불확실성과 아주 유사한 상황을 전제로 한 것이기 때문이다.[37] 롤즈는 스스로 '정치적 자유주의자'라고 했지만 역설적이게도 현대의 사회민주주의자들이 그들 정책의 철학적 뿌리를 롤즈에게서 찾고 있는 것이다.

---

37) Gøsta Esping-Andersen, *Social Foundations of Postindustrial Economies* (Oxford University Press, 1999), pp.145~169.

# 제2장_ 베버리지 보고서의 사회보험

## 복지국가의 탄생

롤즈의『정의론』초판이 1971년에 나왔지만 이와 같은 철학적 기반이 완성되기 훨씬 이전에 복지국가의 형태로 사회정의에 부합되는 인간다운 삶에 관한 정책들이 선행되었다. 복지국가의 탄생에 실질적 기초를 제공한 것은 롤즈의『정의론』이 아니라 1942년에 나온 베버리지(Beveridge) 보고서와 1936년에 정형화된 케인즈주의 경제학이었다. 먼저 이론적 기초에 들어가기 이전에 복지국가가 어떻게 등장했는지 시대적 배경을 살펴보자.

1945년 5월에 유럽 전쟁이 끝나자 노동당은 곧바로 거국 내각에서 탈퇴했고 집권 보수당은 7월에 총선거를 실시했다. 일반의 예상과는 달리 선거결과는 노동당이 총 640석 가운데 393석을 얻어 216석을 차지한 보수당을 크게 누르고 승리했다. 이는 노동당도 보수당도 예기치 못한 결과였다. 제1차 세계대전 이후 영국은 빠른 속도로 전전(戰前) 상태로 되돌아가려 했다. 그러나 제2차 세계대전 이후 국민들은 달랐다. 그들은 단순히 전쟁 이전인 1939년으로 되돌아가기를 원치 않았다. 사람들은 더욱 정의로운 새로운 영국에 대한 희망과 기대에 부풀어 있었다. 1942년에 출판된 베버리지 보고서는 그 내용의 딱딱함에도 불구하고 수십만 부가 팔릴 정도로 대중의 관심을 끌어 모았다. 그러나 당시로서는 그 급진적 성격 때문에 토리(Tory)들은 분노했고 처칠 정부는 이를 등한시했다. 이를 본 대중은 전후의 사회 재건 사업은 보수당이 아니라 노동당에게 맡겨야 되겠다는 생각을 하게 되었다. 베버리지 보고서에 대한 처칠의 냉담한 반응을 아직도 기억하고 있던 일반 국민들은 승리를 안겨준 전쟁 지도자에게 등을 돌리고, "미래를 맞이하자(Let Us Face the Future)"라는 구호를 내걸며 더 나은 새로운 사회체제를 약속하는 노동당에게 표를 던진 것이다. 영국인들의 새로운 관심은 과거의 위업이 아니라 앞으로 일궈야 할 미래에 있었다. 그리하여 노동당은 처음으로 의회 안에서 안정적 다수를 확보한 정부를 구성하여 전후의 영국 사회를 재조직하는 과업을 떠맡게 되었다.[1]

노동당 정부는 전후의 어려운 경제 여건 속에서도 과감한 정책으로 '복지국가'의 건설을 추진해 나갔다. 복지국가의 양대 기둥을 이룬 것은 국민보험제도와 국민보건사업이었으며, 이 둘은 1946년에 입법화되었다. 국민보험법(National Insurance Act)은 전쟁기간 중에 마련된 베버리지 보고서의 구상을 바탕으로 거기에 19세기 말 이래 일어났던 다양한 조치들을 통합한 것으로 질병, 실업, 노령 등 갖가지 위험에 처한 국민들에게 생계소득을 보장해 주는 종합적인 사회보험제도였다. 이 법은 피고용인, 고용인, 국가의 삼자가 갹출한 기금으로 실직자와 정년퇴직한 노령자에게 각기 실업수당과 노령연금을 지급해 주도록 했다. 그것은 또한 질병, 출산, 장례 등에 대한 수당, 고아와 과부를 위한 급여도 제공했다. 베버리지 보고서의 원제목이 『사회보험과 관련

---

1) 나종일·송규범, 『영국의 역사(하)』, 776~780쪽.

서비스(Social Insurance and Allied Service)』인 것에서 알 수 있듯이 모든 국민이 일정수준 이상의 삶의 질을 보장받을 수 있도록 사회보험이 제도화되어야 한다고 보았다.

노동당 정부는 사회보장제도를 보완하기 위해 산업재해보험법 (Industrial Injuries Act)을 통해 직업과 관련하여 재해를 당한 사람들에게 충분하고 폭넓은 보상을 제공했고 국민부조법(National Assistance Act)은 국민보험에 포함되지 않은 극빈자를 보살펴줌으로써 이제까지의 구빈 법에 종지부를 찍었다. 국민보건사업법(National Health Service Act)은 1948년 7월부터 시행되었는데, 이 법에 의해 영국민들은 계급이나 신분의 구분 없이 누구나 원하는 의사에게 무료로 치료를 받을 수 있게 되었다. 이런 획기적인 의료 혜택 덕분에 전통적인 많은 질병이 구축되었고 여기에 다른 사회보장의 혜택까지 겹쳐 전반적으로 국민보 건이 향상되었다. 유아사망률이 꾸준히 하락하여 1940년에 5.6%이던 사망률이 1970년에는 1.8%로 크게 떨어졌다.[2]

## 국가적 최소한

노동당에 의한 복지국가의 도입은 기존의 국가체제에 근본적으로 다른 성격을 부여했다. 당시 영국 경제가 자유방임형은 아니었다. 이보 다는 두 번의 전란을 겪으면서 통제경제가 국민들에게 더 익숙한 체제 였다. 그리고 스튜어트 왕가 이후 약자에 대한 사회복지적 배려는 영국 정치제도에서 꾸준히 내려온 전통이기도 하다.[3] 1870년대의 보수당은

---

[2] 같은 책, 781~783쪽.

[3] Eli F. Heckscher, *Mercantilism*, Vol.2(George Allen & Unwin Ltd., 1955), pp.256

'수정궁 선언'에서 '복지가 국가의 유일한 책무'임을 선언하기도 했다.

이러한 복지에 대한 전통이 있었지만 베버리지 보고서는 이전과는 전혀 다른 성격을 가진다. 바로 '국가적 최소한(national minimum)' 개념을 공식적으로 확인한 점이다. "사회보장이 국가와 개인의 협력에 의해 달성되어야 한다. 국가는 관리와 비용부담에 책임을 져야 한다. 국가는 사회보험을 설계함에 있어서 유인과 기회 그리고 책임 등을 묵살해서는 안 된다. 국가적 최소한을 책정함에 있어서 국가는 개개인이 자신과 그의 부양가족을 위해 그 최저한도 이상의 것을 보장하기 위한 자발적 노력을 할 수 있는 여지를 남겨주고 또한 그것을 격려해 줄 수 있어야 한다."[4] 국가적 최소한은 국민 최저생활 기준이며 이는 사회와 국가의 의무로 인식되고 국민에게 최저한도의 생활수준을 보장함을 의미한다.

이것이 이전의 복지체계와는 근본적인 전환을 가져온 점이다. 이전에는 국가나 사회가 개인의 빈곤에 대해 일정한 보전을 해주어야 한다는 온정주의(paternalism)적인 복지관은 지니고 있었으나 이것을 국가적인 의무나 책임으로 보지는 않았다. 반면 이 보고서에서는 국가적 최소한이란 원칙을 분명히 하고 이 원칙에 의해 복지체계를 전체적으로 재설계하려고 했다. 이에 따라 사회보험 전반을 수정하게 된다. 우파들에 의해 가장 공격을 받았던 원인인 사회보험의 강제보험적인 성격을 이들은 국가적 최소한을 보장하기 위해서는 필수불가결한 제도로 보았다.

국가적 최소한은 궁핍(want)을 극복하기 위해 필요한 사회적 기준으로 간주되었다. 이 보고서에서 사회보장계획의 목표는 능력에 따라 일하고자 하는 모든 시민들에게 어느 때나 그의 책임을 다하기에 충분

---

~261.

4) William Beveridge, *Social Insurance and Allied Services*(H. M. Stationery Office, 1942), pp.6~7.

한 소득을 가질 수 있게 보장해 줌으로써 궁핍을 추방하자는 데 있다. 베버리지는 궁핍을 질병, 무지, 불결 및 태만과 함께 영국 사회의 재건 과정에 가로놓인 5대 장애(Five Giants) 중 하나로 지적하고 이러한 궁핍을 해소하기 위해서는 첫째, 국민의 소득능력의 중단이나 상실에 대한 대비책으로 당시의 국가보험제도의 개선이 필요하고, 둘째, 소득기간 동안에도 가족적 필요에 따라 소득을 조절할 필요가 있다고 주장했다.[5]


## 궁핍으로부터 자유로운 길


베버리지는 궁핍을 5대 장애 중에서 국가적 최소한을 위해 가장 우선적으로 해결해야 할 과제로 보고 사회보험제도의 개선과 가족의 소득 조절을 제시했다. 궁핍을 몰아내기 위한 국가보험제도의 개선은 소득능력의 중단이나 상실에 대한 대비책이 필수적임을 의미한다. 소득이 중단되거나 단절되는 모든 주요 원인이 사회보험계획의 주제가 되어야 한다고 보았다. 실업자, 질병자, 고령자 및 미망인들이 사회조사에서 채택된 기준에 따라 생활할 만한 충분한 소득을 얻을 수 없다는 것이 판명될 때에는 사회보험의 급여액이 최저생활의 기준액에 미치지 못하거나 또는 필요한 기간 동안 지급되지 못했다는 것을 의미한다.

지급되는 보험급여는 사회조사기준에 알맞도록 조정되어야 한다고 보았다. 소득능력이 중단되거나 상실됨으로써 궁핍으로 몰리는 것을 방지하기 위해서는 당시 사회보험제도를 세 가지 측면에서 개선할 필요가 있다고 보았다. 첫째, 현재 대상 밖으로 제외되어 있는 사람들을

---

5) 같은 책, pp.7~8.

포섭할 수 있도록 그 대상을 확장할 것, 둘째, 현재 제외되어 있는 보험을 포섭할 수 있도록 범위를 확장할 것, 그리고 셋째, 급여율을 올릴 것 등과 같이 전반적인 복지의 대상과 범위의 확대 그리고 보험급여의 인상을 주장했다.

궁핍을 몰아내기 위해서는 소득이 중단되었을 때뿐만 아니라 소득 기간 동안에도 가족적 필요에 따라 소득을 조절할 필요가 있다고 보았다. 특히 어떤 형태로든지 아동수당이 필요하고 대가족에 대비하기 위해 급여의 일부로서 또는 급여에 부가해서 그러한 수당을 마련해 두지 않으면 소득중단에 대비한 사회보험에 만전을 기했다고 할 수 없다고 주장했다.


## 사회보험의 재분배 논쟁

여기서 문제가 되는 것은, 베버리지는 복지를 어느 정도 수준까지 계획했느냐는 점이다. 이는 복지모델을 어떻게 보느냐와 밀접하게 관련되어 있다. 전후 영국의 대표적인 사회복지 이론가인 티트무스(R. Titmuss)는 복지의 유형을 '사회 정책의 보완적 복지모델', '사회 정책의 산업적 성취수행 모델', '사회 정책의 제도적 재분배 모델'의 세 가지로 분류했다.[6] 티트무스는 복지 정책이 사회적 재분배 정책의 일환이 되어야 한다고 주장했다. 그러나 베버리지 보고서의 초안자들은 사회 보장제도의 목적을 재분배 정책까지 확대하지 않고 사회 정책에 보완적이고 산업이 잘 성취될 수 있는 수준까지만 고려했다. 이들은 기본적

---

6) 리처드 M. 티트무스, 『사회정책개론』, 김영모 옮김(일조각, 1980), 20~21쪽.

으로 경제 정책과 고용이 중요하고 이를 위해서 실업에 대해 적절한 사회 정책이 필요하다고 보는 입장이었다.

신자유주의자들의 주장은 이런 본래의 의도와는 관계없이 사회보장제도가 재분배 정책으로 전환되었고 특히 본래의 취지가 왜곡되었기 때문에 재분배 정책이 더 나쁜 정책이라고 비난하고 있다. 재분배 정책의 본래 목적은 사회적 상층으로부터 국가의 조세와 복지 정책 등을 통해 소득이 사회적 하층계층에 이전되도록 하는 것이다. 그러나 이런 원래의 취지와는 달리 재분배의 가장 큰 수혜자는 바로 대중민주주의의 다수를 차지하는 중산층이라는 것이다. 오늘날 이러한 소득의 재분배는 사회보험의 주요한 목적이 되어버렸다는 것이다. 소득의 재분배가 사회보장기구의 초기의 목적이 아니었다고 해도 독점적인 강제보험 체계는 다수의 시혜자들이 불행한 소수의 수혜자들에게 무엇을 줄 것인지 결정하는 게 아니라 다수의 수혜자들이 부유한 소수로부터 무엇을 가져올 것인가를 결정하는 체제로 바뀌어버렸다고 본다. 빈민을 구제할 목적이었던 기구가 점차 평등주의적 재분배의 도구로 전환되었다는 것이다.[7]

사회보장제도에 대한 재분배 논쟁은 신자유주의자들과 사민주의자들 간에 오랜 논쟁의 대상이었다. 왜냐하면 이것이 사회보장제도에 대한 정당성 문제에서 핵심적 쟁점의 하나이기 때문이다. 신자유주의자들은 국가에 의한 사회보험제도들에 대해 끊임없이 본래의 취지를 벗어나 중산층의 탐욕에 이용되고 있다고 보았다. 이들은 재분배 정책이 사회적 약자들에 대한 국가적 최소한을 제공하는 것이 아니라 중산층의 탐욕에 이용되어 필연적으로 왜곡되기 때문에 재분배 정책의

---

7) Friedrich A. Hayek, *The Constitution of Liberty*, pp.288~290.

현실적 정당성을 인정할 수 없다는 것이다. 그리고 사민주의자들이 지지하는 사회정의의 관념 역시 막연한 도덕감에 의해 주장되지만 이것이 정책에서 집행되는 관점에서 사회적 최소한을 위한다는 본래의 취지에서 벗어난다는 것이다. 따라서 사회보험 정책은 원래 취지와 달리 재분배로 이어지고 이 또한 가난한 자들에게 피해가 가고 중산층의 탐욕에 이용되는 이중의 왜곡을 가지고 오기 때문에 받아들이기 힘든 정책이라고 주장한다.

　　그러나 이는 사회보장제도의 취지와 집행을 지나치게 정파적으로 왜곡하고 있는 것이고 또한 이런 경향이 다소 있다고 하더라도 그 본질을 왜곡하는 것은 지나치게 우파적인 이념편향이라고 할 수 있다.


## 강제보험의 원칙

　　베버리지 보고서의 초안자들은 모든 국민들에게 국가적 최소한을 보장하기 위해서는 임의보험을 예외로 하고 강제보험의 형태로 사회보험을 유지해야 한다고 보았다. 이 보고서에 나타난 사회보장계획안은 전 국민을 고용노동자의 조건이나 수입액 등에 관계없이 평등의 관점에서 강제적으로 보험에 가입하게 함으로써 전 국민의 최저생활을 보장하려고 하는 사회보험을 주된 방법으로 하고 이에 불가피한 보충적 정책으로 갹출의 유무와 관계없이 급부 시에 필요한 조건으로서 국고로부터 현금을 지급하는 국가부조(공적부조)와 개인이 임의로 가입할 수 있는 임의보험을 마련하고 있다.

　　이런 강제보험의 성격을 유지하기 위해 보고서는 사회보험의 여섯 가지 원칙을 제시하고 있다.[8] 균등한 최저생활비 급부의 보장(flat rate of subsistence benefit), 보험료의 균등성(flat rate of contribution), 관리책임의 단일화(unification of administrative responsibility), 급부의 충분성(adequacy of benefit), 대상과 급부의 포괄성(comprehensiveness), 피보험자의 분류(classification) 등이다. 이는 균등한 비율에 의한 최저생활급여로서의 급부는 최저생활을 보장하기에 충분한 금액으로 하며 일률적으로 같은 액수로 하되 사고 발생 전 수입의 크고 작음을 묻지 않는다는 것이며 급부된 금액이 동액이기 때문에 보험료도 소득의 대소 혹은 빈부에 관계없이 동일하다는 것이다. 동시에 능률과 절약을 위한 관리 책임의 단일화로 각 보험 가입자는 모든 급부에 대해 주 1회 갹출하는 것을 원칙으로 하며 급부는 액수와 기간에 있어서 충분히 이루어지도록 하여 최저생활을 유지하는 데 충분하게 하려고 했다. 사회보험이 사회 각계각층의 국민을 포괄하고 또 생활을 위협하는 모든 사고를 포괄하도록 범위를 확대하고 있다. 이를 위해 피보험자의 계층을 고용·노동자, 자영업자, 가정주부, 실업자, 미성년자, 퇴직자의 6계층으로 재분류했다.

사회보험에 대한 주요한 수요는 실업, 질병, 생활수단의 상실, 퇴직, 여성의 혼인, 장례, 미성년자 그리고 신체적 질환과 무능력 등과 각종 우발적 사고, 화재, 도난 및 재해 등에 의한 그 밖의 원인에 의해 발생하는데, 그중 기혼여성의 수요와 아동의 수요(전제 A)와 일반적 포괄적 의료 및 요양에 대한 수요(전제 B)는 이와 별도로 규정했다. 이는 베버리지 보고서의 사회보험체계가 부부를 중심으로 한 핵가족 체계에 기반을 두고 있는 것을 의미하며 기혼 여성은 일자리가 필요한 대상이기보다 가정주부로 상정하고 있음을 의미한다. 이는 1940년대 영국의 가족

---

8) William Beveridge, *Social Insurance and Allied Services*, p.9.

구조를 반영하고 있기도 하다. 이러한 부부를 중심으로 한 핵가족 기반에 대한 전제는 50년 후 새로운 사회안전망과 사회투자를 기획할 때 변화된 가족구조를 고려해야만 하는 상황의 단초가 되었다.


## 의료보험과 소득보장

베버리지 보고서의 주요 내용에서 사회보장제도는 의료보험과 소득보장이 대표적인 정책들이다. 의료보험은 영국에 거주하는 모든 국민을 대상으로 질병의 예방, 치료 및 요양 등 정신적, 육체적 건강을 증진시킬 수 있도록 고안된 것이라고 할 수 있다. 특히 사회보장계획의 전제조건의 두 번째로 포괄적인 보건, 요양서비스를 제시한 것에서 볼 수 있듯이 의료보장을 국가의 당연한 의무이며 국민의 권리로 보장하려는 것이었다.

이에 따라 노동자를 포함한 전 국민에 대해 빈부의 상관없이 국민보험의 피보험자 여부를 묻지 않고 평등하게 원칙적으로 무료로 의료혜택을 받게 하고 있다. 이는 질병에 대한 조기 진단으로 질병 등으로 인한 노동의 중단을 예방하고 최소화하려는 목적에서 비롯되었다. 이 계획의 의료보장은 의료뿐만 아니라 사후의료까지도 책임지고 있는 강력한 보건대책으로 강구되었으며 개인은 스스로 건강을 유지하고 예방이나 조기 진단 사업에 협력할 것을 의무로 하고 있다.

베버리지 보고서는 사회보험계획에서 소득보장을 주요 목표로 하고 있으며 국민의 최저생활 이상의 소득을 보장해 주기 위해 다양한 프로그램들을 제시하고 있다. 이 보고서는 국가가 사회보험을 실행하는 과정에서 국민의 유인, 기회, 책임을 경시해서는 안 되며 최저생활을 보장하는 과정에서도 개인들이 자기 자신이나 가족들을 위해 최저생활을 보장하려는 자발적 행동의 여지를 남겨놓아야 하고 이는 장려되어야 한다고 주장했다.[9]

사회보장의 획기적인 내용은 보험급여 시 누구에게나 재산조사 없이 권리로서 급부를 받을 수 있게 하기 위해 균등갹출, 균등급부 방식을 보험가입자 누구에게나 강제적으로 적용하고 있다는 것이다. 이러한 사회보험을 공적 제도로서 강제시키는 것은 국민 모두에게 최저생활을 보장하기 위한 것으로 국민 각자는 최저생활을 위해 동일한 금액을 갹출하고 그 갹출액에 따라 동일 금액을 급부받아야 한다는 것이다. 최저생활을 위해서는 소득의 고저에 관계없이 균일하게 급부를 받으며 최저한도 이상의 생활정도에 대해서는 각자의 자유에 맡기고 있다. 여기서도 국가적 최소한을 제도화하고 있다.

강제보험의 예외로서 공적부조(National Assistance)와 임의보험(Voluntary Insurance)을 제시하고 있다. 공적부조는 사회보장으로 최저생활이 유지될 수 없을 때 재산조사를 거치거나 필요한 경우 재산조사 없이 국고에 의해 부조하는 제도이다. 이는 이전의 빈곤법에 나타난 수혜자의 굴욕감을 최대한 줄이기 위한 노력이었다. 재산조사 없이 국가는 국고에 의해 아동수당을 지급하도록 하고 의료의 기술과 비용을 사회적으로 제공하도록 건의했다. 최저생활을 사회보험으로 유지할 수 없는 경우에는 간단한 재산조사를 거쳐 공적부조를 지급하도록 했다. 이는 당시 갹출금을 불입하지 않고도 생계필요에 따른 혜택을 받는 노인연금, 맹인연금 등의 최저생활비 보조를 보다 간편하게 단일화하여 확대한 것으로 볼 수 있다.

---

9) 같은 책. p.7.

임의보험은 최저수준 이상의 생활을 자발적 의사를 장려하려는 취지로 인정하고 있지만 이것을 중요한 수단으로 보지는 않았다.

이러한 정책제안에도 불구하고 베버리지는 소득보장의 주도적인 입장은 국민이 되어야 하고 국가는 그 보조적 역할만 해야 한다고 주장했다. 이는 강제보험으로 최저한도의 생활을 보장하고 그 이상은 국민들의 자유로 본 것으로 공적부조가 남용되는 것에 대한 경계이기도 하다.

## 베버리지 보고서의 약점

베버리지 보고서는 사회복지체계에 새로운 전환점을 마련했다고 할 수 있다. 그러나 이런 평가에도 불구하고 몇 가지 문제점을 초기부터 알고 있었고 다른 한편 사전에 의도하지 않았던 결과들도 나타났다.

우선 가장 문제되는 것은 정부재정의 적자를 가속화시킬 수 있다는 점이다. 신자유주의자들도 인정하듯이 위대한 사회(Great Society)가 도래하면 사회보장의 문제가 완전히 해결될 수 있을 것이다. 그러나 그 단계에 이르지 못한 사회에서는 언제나 사회복지의 수요가 이를 뒷받침하는 정부 재정이나 사회적 재산보다는 더 큰 경향이 있다는 점이다. 사회의 총생산이 사회적 수요를 뒷받침하지 못한다면 빈곤의 문제는 해결되지 못할 것이다. 사회적 빈곤이 생기는 원인은 두 가지로 볼 수 있다. 한 가지는 사회적 생산이 사회적 수요에 미치지 못하여 그 간격만큼 빈곤이 존재할 수밖에 없는 경우이고 다른 한 가지는 사회적 생산은 수요를 넘어서지만 생산과 분배구조의 불균형에 기인한 계층간 격차로 인해 빈곤이 발생하는 경우이다. 이 빈곤의 원인이 어디에 있느냐를 두고 좌파와 우파의 선입관적인 해석이 다를 수 있다. 좌파들은 부의 불균형에 주 원인이 있다고 보는 경향이 있고 우파들은 총생산이 수요를 따라갈 만큼 '위대한 사회'에 이르지 못했다고 본다.

한 가지 분명한 사실은 재산권을 보장하고 있는 자본주의 국가에서 기계적인 평등으로 모든 사회적 부를 균등하게 나눌 수 없다는 것이고 이것 역시 인간의 노력의 결과나 이에 관한 공정성에서 바람직한 것은 아니다. 재산권과 경쟁의 결과를 용인하면서 사회적 불평등을 감소시키는 방법으로 적절한 한계 안에서 '국가적 최소한'을 어떻게 보장하느냐가 문제의 관건이다. 국가의 총생산과 생활수준 등을 고려하여 의회 등 국가에서 최소한에 대한 사회적 기준을 결정하고 이를 국가가 보장한다는 것이 베버리지 보고서의 핵심적 내용이다.

이런 관점에 관해 과연 인간이나 인간이 만든 제도인 국가가 이를 감당할 만큼 현명한가에 대한 의문부터 일어난다. 국가적 총생산이 수요를 따르지 못할 경우 한정된 자원으로 일정한 기준을 정해 사회적 최소한을 개인에게 재분배한다는 것은 이상적일지는 몰라도 현실적이지 않을 수 있다. 하이에크와 같은 학자들은 이런 사고방식이 전형적인 헤겔(Hegel) 식의 구성주의적인 사고로 인간과 제도는 이만큼 현명하지도 않고 인간은 이를 판단할 만큼의 완전 정보도 가지고 있지 못하다고 본다. 정보도 불충분하고 현명하지도 않으면서 사회적 궁핍을 종합적으로 해결하겠다는 것 자체가 인간의 오만으로 보일 수도 있다.

보다 현실적으로 드러난 문제는 인간의 이기심(self-interest)과 직접적인 관련이 있다. 사회적 안전망은 인간의 나태를 낳고 근로의욕을 감퇴시키면서 국가에 의존하려는 경향을 증가시켰다. 제도를 운영하는 복지전문가나 관료들은 그들의 이해관계를 관철하기 위해 사회적 필요보다 그들의 기관을 팽창시키고 재량을 확대하려는 속성을 가지고 있다. 이런 이기심이 복지제도의 본래 취지에서 벗어나 사회적 부를 불필요하게 낭비시키고 생산을 감퇴시키며 왜곡된 사회적 재분배를 낳고 있다는 것이다.[10]

복지국가는 무엇보다 국가의 재정적자를 누적시켰다. 사회적 안전망(social security)을 보장하려고 했지만 여기에는 예상을 뛰어넘는 복지재정이 필요했다. 그리고 사회적 기반이 50년을 경과하면서 서서히 변화되어 국가적 최소한이란 이상을 실현하기 위해서도 새로운 제도적 변화가 필요하게 되었다. 이제는 사회적 안전망보다 사회적 기회(social opportunity)가 더 요청되는 사회로 변화하고 있다.[11]

---

10) Milton and Rose Friedman, *Free to Choose*, pp.82~118.

11) Jane Jenson et al., "New Routes to Social Cohesion?" *Canadian Journal of Sociology*, Vol.28, No.1(2003).

# 제3장_ 케인즈의 유효수요관리*

## 부와 소득 불평등 비판

복지국가 사회 정책과 불가분의 관계에 있는 것이 바로 케인즈 경제학이다. 복지비용에서 민간이 갹출한 비용에 대한 부족은 정부지출에 의해 지급될 수밖에 없고 이러한 정부지출에 대한 정당성을 제공해 준 경제이론이 바로 케인지언 경제학이다. 케인즈의『고용, 이자 및 화폐의 일반이론(The General Theory of Employment, Interest, and Money)』이 출간된 1936년 무렵은 영국에서 고전적 자본주의에 대한 비판이 제기되고 이에 대한 수정주의적 견해로 페이비언 그룹이 영향력을 확대하고 있는 때였다. 케인즈 역시 이와 같은 지적 분위기에서 크게 벗어나 있지 않았다. 오히려 강단에 있던 마샬(Marshall)이나 피구(Pigou) 등 고전파 경제학자들의 전통적 견해를 비판하면서 거시경제학 전반에 관해 새로운 사고를 제시했다.

일반에 잘 알려져 있지는 않지만 케인즈는 부와 소득의 불평등에

---

* 여기서는 케인즈의 경제이론을 소개하려는 것이 아니므로 일반적인 경제학 서술 체계에 따르지 않는다. 복지국가와 후술하는 사회투자국가와 관련된 부분들만 간략히 살펴본다.

대해 지적하고 이를 시정하기 위해 정부개입과 정부의 확대가 필요하다고 보았다. "우리가 살고 있는 경제사회의 두드러진 결함은 완전고용을 성취하지 못한다는 점, 그리고 부와 소득의 분배가 자의적이고 불평등하다는 점에 있다"[1]고 사회철학에 관한 부분의 첫머리에서 밝히고 있다. 전자는 그의 일반이론 중 완전고용에 대한 원인과 처방에서 잘 나타내고 있지만 소득 불평등 문제에 관해서는 많은 설명을 덧붙이고 있지 않다. 그러나 이 둘은 동떨어진 문제가 아니라 상호 긴밀히 연관된 문제이다.

우선 케인즈는 성장의 원천에 관해 이전의 통념과 다른 해석을 내놓고 있다. 이전의 견해에 의하면 성장의 대부분은 부자들의 잉여에서 나오는 저축에 의존한다. 이것이 부의 큰 불평등을 사회적으로 정당화하는 강력한 근거 중의 하나이지만 현실은 오히려 이와 반대되는 측면이 있다. 완전고용이 달성되지 못한 상태에서 자본의 성장은 고소득층의 낮은 소비성향에 의존하는 것이 전혀 아니고 오히려 그 반대로 이를 저해한다. 케인즈의 절대소득가설에 의하면 소비는 소득이 증가하게 됨에 따라 증가하긴 하지만 그 소득에 대해 소비가 차지하는 상대적 비율은 줄어든다. 이는 고소득자들이 소비하지 않고 가지고 있는 저축이 유효수요를 늘리거나 성장을 직접 가져오는 것은 아니라는 것이다. 불완전고용 상태에서 저축은 필요 이상으로 많으며 소비성향을 증가시킬 수 있도록 소득의 재분배를 도모하는 것이 자본의 성장에 적극적으로 기여하게 될 것이라고 보았다.[2] 즉 재분배 정책 등으로 소득의 불평등을 줄이게 되면 소비성향이 높은 저소득층으로 부가 이전되고 이들에 의해 증가된 소비가 유효수요를 더 많이 창출할 것이

---

1) John Maynard Keynes, *The General Theory of Employment, Interest, and Money*, p.372.

2) 같은 책, pp.372~373.

라는 것이다. 소득 불평등을 줄이는 것과 유효수요확대를 통해 고용을 늘리는 것이 함께 이루어질 수 있음을 보여주고 있다.

그는 소득과 부의 상당한 불평등을 정당화하는 사회적, 심리적 이유가 있음을 인정하지만 1930년대 당시에 존재하는 것 같은 소득의 큰 격차를 정당화할 수 없다고 주장한다.[3] 특히 그는 상속세가 부의 세습과 불평등에서 중요한 역할을 해야 하는 것으로 보고 있다. 고소득자의 저축이 성장의 원천이라는 논리가 상속세를 인상하는 것에 대한 반대 논거로 이용되어 왔으나 이 논리가 타당하지 않다면 이는 상속세에 대한 우리의 태도에도 영향을 미친다고 보았다. 소득의 불평등을 정당화하는 데 약간의 이유가 있더라도 이것은 상속의 불평등에 그대로 적용되는 것은 아니기 때문이다.


## 누진세제와 실업보험

소득의 사회적 불평등과 유효수요관리에 동시에 영향을 미치는 대표적인 정책이 누진세(progressive tax) 제도와 실업보험이다. 이 정책들은 경기순환의 진동 폭을 줄이기 위해 일종의 자동안정 장치로 고안되어 경제와 사회 정책에서 오늘날까지 이용되고 있다.

누진세제는 비례세에 비해 고소득자가 상대적으로 더 많은 세금을 냄으로써 계층 간 가처분 소득의 상대적인 차이를 줄이게 된다. 누진세제가 적용될 경우 정부지출이 소비에 포함된다고 한다면 고소득층의 저축이 줄고 저소득층의 가처분 소득이 덜 줄어들기 때문에 유효수요

---

3) 같은 책, p.374.

가 증가할 수 있다고 보는 것이다. 누진세제는 계층 간 소득격차를 줄일 뿐만 아니라 유효수요 증대에도 기여할 수 있는 제도이다.

이를 경기순환의 측면에서도 살펴볼 수 있다. 불경기가 시작되고 소득이 떨어지기 시작하면 납세자들은 자동적으로 저납세자 계층으로 한 단계 이동하여 세금을 적게 내게 되고 따라서 소비수준은 크게 줄어들지 않을 것이다. 즉 정부가 일부러 세금을 인하할 필요가 없다. 경기가 과열되어 인플레이션의 위험이 닥칠 경우 소득도 높아져 납세자들은 자동적으로 고납세자 계층으로 한 단계 이동하여 세금을 많이 내게 되고 따라서 소비수준은 크게 늘어나지 않을 것이다. 즉 정부가 나서서 세금을 인상할 필요가 없다. 그래서 국민들의 소비수준은 경기가 침체되든 과열되든 일정한 수준으로 유지될 것이다.[4]

실업보험 역시 앞서 베버리지 보고서에서 살펴본 것처럼 소득재분배 정책으로 소득 불균형 해소에 도움이 될 뿐만 아니라 저소득층의 유효수요관리에서도 중요한 의미를 가진다. 저소득층이 일정한 유효수요를 가지고 있다면 이는 거의 저축으로 이전되지 않고 소비되는 경향이 있다. 저소득층에게 최저임금이나 최소한의 생활이 보장되는 경우 불완전고용에서 성장에도 도움이 되는 것이다.

또한 실업보험 역시 비슷한 자동안정 기능을 담당한다. 불경기가 닥쳐 노동자들이 실업상태일 때도 실업수당 덕분에 그들은 소비를 줄이지 않아도 된다. 다시 고용되면 실업수당이 중단된다. 그리하여 소비수준은 언제나 일정하게 유지된다. 안정장치들은 이처럼 경기순환의 방향과 반대되는 방향으로 작용하여 경제를 안정시킨다. 이에 불안했던 국민들의 심리도 안정될 수 있다.[5]

---

4) Todd G. Buchholz, *New Ideas from Dead Economists*, p.221.

5) 같은 책, p.221.

## 정부 지출에 대한 옹호

여기서 소비와 정부지출 간의 관계를 살펴보자. 케인즈에 의하면 공황 등 경기침체는 공급 측면에 의해서가 아니라 유효수요가 부족해서라는 것은 익히 잘 알려진 사실이다. 예컨대 1929년 대공황은 당시 주장되었듯이 과잉투자에 의한 것이 아니라 유효수요가 부족해서 일어난 비극이라는 것이다. 케인즈 이전의 경제학자들은 공황의 발생은 과잉투자에 의한 것이고 이에 대한 통화정책적인 대책은 이자율을 인상함으로써 투자를 줄여 과잉투자를 해소하는 것이라고 보았다. 케인즈는 "사실은 바로 그 반대였다. 1929년 미국에 엄밀한 의미에서 과잉투자가 존재했다고 주장하는 것은 어불성설이다. 사태의 진상은 그와는 다른 성격의 것이었다. 그 이전의 5년 동안 신투자는 총량적으로 엄청난 규모로 이루어졌었기 때문에 그 이상의 부가적 투자의 예상 수익은 빠른 속도로 하락하고 있었다. 선견지명이 있다면 자본의 한계효율이 전례 없이 낮은 수준으로 하락하고 있었음을 알았을 것이다"라고 보면서 "비정상적으로 많은 신투자가 장기간 지속됨으로써 일어나는 제반 사태에 대한 구제책으로서 이자율의 인상은 환자를 죽임으로써 병을 고치는 구제책의 부류에 속하는 것이다"라고 보았다.[6]

케인즈는 고전파 경제학자들이 상품생산을 통해 벌어들인 돈을 다른 상품에 소비하기 때문에 시장의 전체 공급과 수요는 균형을 이루고 공급과다 현상은 발생하지 않는다는 '세이의 법칙'에 근거하고 있다고 비판하면서 공급은 수요를 창출한다는 이 대단한 낙천적 이론을 인정하지 않았다. 세이의 법칙이 사실이라면 장기간의 실업이나 대공

---

6) John Maynard Keynes, *The General Theory of Employment, Interest, and Money*, p.323.

황은 발생하지 않아야 한다.[7] 그러나 현실에서 저축은 쉽사리 투자로 이어지지 않고 가계와 기업은 서로 전혀 다른 목표로 저축과 투자를 한다. 저축이 투자로 완전히 연결되지 못할 경우, 즉 가계의 저축이 기업의 투자를 초과할 경우 상품의 수요부족 현상이 나타나고 공급초과가 발생할 것이다. 기업은 노동자를 줄이려 할 것이고 실업자들이 늘어남에 따라 소비는 더 위축될 것이다. 이에 따라 불경기는 더 악화되는 경향이 있다.

케인즈는 부족한 유효수요를 늘리는 것이 불경기와 이에 따른 실업을 극복하는 방법이라고 보았다.

$$\text{Yd}(수요) = \text{C}(소비) + \text{I}(투자) + \text{G}(정부지출)$$

이 간단한 케인즈 방정식에 의하면 유효수요를 늘리는 방법은 크게 세 가지일 것이고 이 중에 어느 것을 늘리는 것이 현실적인가 하는 문제가 등장한다.

완전고용을 달성하고 건강한 경제를 유지하기 위해서는 가계는 소비(C)를 충분히 해야 하고 기업은 투자에 적극적이어야 한다. 이를 위해서 총소비량은 총생산량과 맞아 떨어져야 한다. 만약 사람들이 버는 돈을 모두 소비한다면(한계소비성향 = 1인 경우) 완전고용은 달성될 수 있다. 모두 소비하지 않고 저축을 하는 경우 그 돈은 기업에 의해 모두 투자되어야 한다.

소비성향을 높이는 대책으로 케인즈는 소득재분배의 정당성을 인정했다. "현대 사회에 있어서 과소고용에 대한 만성적인 경향은 과소소

---

7) Todd G. Buchholz, *New Ideas from Dead Economists*, p.212.

비, 즉 소비성향을 부당하게 낮게 만드는 사회적 관행과 부의 분배에서
그 원인을 찾아야 한다는 의견은 의심의 여지없이 정당하다. 왜냐하면
그와 같은 상황하에서는 고용의 평균수준을 보다 만족스러운 수준까지
고양시킬 그 밖의 수단이 없기 때문이다. 만약 투자를 상당히 증가시키
는 것이 실행불가능하다면 소비를 증가시키지 않고는 보다 높은 수준
의 고용을 확보할 수단이 없는 것이다."[8] 그러나 케인즈는 이런 소비성
향을 높이는 방법이 사실이긴 하지만 지나치게 강조되고 있다고 비판
하면서 투자의 증가에 의해서도 유효수요가 증대될 수 있다고 주장한
다. "나는 가장 현명한 방법은 양 전선에서 동시에 전진하는 데 있다는
것을 주저 없이 인정하고자 한다. 자본의 한계효율을 점진적으로 감소
시킬 목적으로 투자율을 사회적으로 통제해야 한다고 말하면서도 동시
에 다른 한편으로 소비성향을 증가시키기 위한 모든 정책의 채택을
지지하려고 한다. 왜냐하면 우리가 투자에 대해 무엇을 하든지 간에
현재의 소비성향을 가지고는 도저히 완전고용을 유지하기 어려울 것이
기 때문이다."[9]

그러나 현실적으로 소비와 투자를 늘려서 총수요가 총공급과 같아
지게 하는 것이 말처럼 쉽지가 않다. 고소득층일수록 소비성향이 낮고
모든 사람이 소득을 모두 소비하는 것이 아니며 투자는 이보다 훨씬
복잡한 변수들에 의해 움직인다. 투자는 단지 이자율의 증감에 따르는
것이 아니라 경제 환경, 기업가의 야성적 본성 등 다양한 동기에 의해
움직이기 때문에 투자가 유효수요가 부족할 때 이자율 저하로 활성화
되리라는 것은 너무 낙관적인 기대이다.

따라서 부족한 유효수요를 채울 수 있는 현실적인 방법은 정부지출

---

8) John Maynard Keynes, *The General Theory of Employment, Interest, and Money*, p.325.
9) 같은 책, p.325.

을 늘리는 것이다. 불충분한 수요가 불경기를 가져올 경우 세금인하 등으로 소비를 늘리거나 직접적인 정부지출을 통해 수요를 늘릴 수 있다. 이러한 정책적 아이디어를 구체화한 것이 바로 루즈벨트의 뉴딜 정책이다. "루즈벨트가 채택한 정책을 입안하면서 보좌관들은 학계뿐만 아니라 독일의 비스마르크, 영국의 페이비언, 그 중간 형태인 스웨덴의 초기 경험을 이용할 수 있었다. 1930년대에 출현한 뉴딜이 이들 사상을 반영한 것은 분명하다. 뉴딜은 경제의 기본구조를 개혁하고자 하는 정책요강을 포함하고 있었다. 그 가운데 어떤 것은 대법원의 위헌 판결을 받고 폐기되지 않으면 안 되었는데, 그 가운데 눈에 띄는 것은 국가부흥국(NRA)과 농업조정국(AAA)이다. 오늘날까지 그대로 현존하고 있는 것은 증권거래위원회, 국가노동관계위원회, 전국적 최저임금제가 그것들이다. 뉴딜은 또한 재앙에 대한 보장, 특히 사회보장, 실업보험, 공적인 생활보조 등을 마련하는 정책요강을 포함했다. 그 중에 가장 중요한 점증적인 정책은 고용진흥국의 고용창출사업(make work projects)이었다."[10]

루즈벨트가 당선된 1932년 대통령 선거는 하나의 분기점이 되었다. 이때부터 정부의 역할에 대한 일반국민의 인식과 정부에 부여된 실제적 역할에 중대한 변화를 기록했다. 국민생산에서 정부지출이 차지하는 비율이 급격히 늘어나고 정부에 의한 실업구제 프로그램들이 급증했다. 이런 정책변화에는 케인즈가 말한 유효수요를 확대하기 위해서는 정부지출을 늘리는 것도 효과적인 방법이라는 것이 대중의 인식에 심어진 것이 주요했다.

고전파 경제학에서는 정부지출을 늘리더라도 정부지출이 민간소비

---

10) Milton and Rose Friedman, *Free to Choose*, pp.84~85.

를 구축(crowing-out)하여 효과가 크지 않을 것이라고 보았다. 이는 정부 지출을 둘러싸고 케인즈주의와 벌어진 논쟁의 핵심 쟁점 중의 하나이지만 케인즈는 '장기에는 모두 죽는다'는 경구에서 보듯이 정부의 적극적인 역할을 주문하고 있다. 불경기에는 세입을 줄이거나 정부지출을 확대해서 수요를 확대하고, 발생하는 재정적자는 호경기에 세금을 더 거둬들여 균형재정을 맞춘다는 것이다. 따라서 정부는 불경기 때에는 고의로 재정적자를 내고 이 적자를 호경기 때 메워 나가야 한다고 주장한다.[11]

## 정부지출과 사회투자

케인즈와 이후 케인즈를 비판하는 학자들 간에 가장 큰 견해 차이는 정부의 역할과 정부지출에 관한 것이다. 케인즈는 유효수요 진작을 위해 정부가 소비나 투자에서 역할을 확대하는 것을 긍정하고 있다. "소비성향과 투자유인의 상호관계를 조정하고자 하는 일에 관련되는 정부기능의 확대는 19세기의 정치평론가나 현대 미국의 금융업자에게는 개인주의에 대한 가공할 침해로 보일지 모르지만 나는 그와 반대로 그것이 현존의 경제 제 형태의 근본적인 파괴를 회피하는 유일한 실행 가능한 수단이라는 이유로, 그리고 개인의 창의가 성공적으로 기능을 발휘하기 위한 조건이라는 이유로, 이것을 옹호한다." 그러나 케인즈는 개인의 이기심과 경제적 다양성을 근간으로 하는 수정자본주의를 옹호하는 것이지 이를 부정하는 전제적인 국가체제를 옹호하는 것은 아니

---

11) Todd G. Buchholz, *New Ideas from Dead Economists*, p.218.

다. "중앙통제는 물론 정부의 전통적인 기능의 현저한 확대를 수반할 것이다. 그러나 아직도 개인의 창의와 책임이 작용하여야 할 광범위한 영역은 남아 있다. 이 영역 내에서 개인주의의 전통적인 여러 가지 이점들이 여전히 그 효과를 지니고 있다." "개인주의는 만약 그 단점과 남용을 제거할 수 있다면 다른 어떤 체제와 비교해 보더라고 개인적 선택이 작용할 수 있는 영역을 크게 확대한다는 의미에서 개인의 자유에 대한 최선의 방패가 된다. 개인주의는 생활의 다양성을 위한 최선의 방패이기도 하다. 이 다양성은 과거 몇 세기에 걸친 가장 확실하고 가장 성공적인 제 선택을 구현하고 있는 전통을 보전하고 형형색색의 기호로 현재를 채색하며 또 전통과 기회의 시녀일 뿐 아니라 실험의 시녀가 되기도 하기 때문에 장래를 개선하는 가장 유력한 수단이다."[12]

케인즈는 전제주의적인 국가체제는 부정하지만 경제 정책에 대한 국가개입은 인정하고 있다. 이에 반해 케인즈를 반대하는 입장은 복지 국가의 정부지출이 보여준 의도하지 못했거나 과소평가된 부작용들로 인해 정부지출을 부정적인 시각에서 보고 있다. 경제학에서 통화주의자나 공공선택론자들은 대표적으로 정부의 역할과 정부지출에 대해 비판적인 입장을 취한다. 그들에게는 '최소의 정부가 최선의 정부'이며 정부지출은 필요불가결한 정도로 제한되어야 한다는 것이다.[13]

---

12) John Maynard. Keynes, *The General Theory of Employment, Interest, and Money*, pp.380~381.

13) 정부실패는 울프(Wolf)에 의해 비시장실패(non-market failure)라는 말로 처음 쓰였는데, 조직은 시장조직과 정부조직만 있는 것이 아니라 중간지대에 존재하는 재단, 교회, 국공립학교 등 다양한 형태의 비시장조직이 존재하기 때문이다. 울프는 이 비시장조직들의 실패 전반에 대해 비판하고 있다. Charles Wolf Jr., "A Theory of Nonmarket Failure: Framework for Implementation Analysis," *The Journal of Law and Economics* (April 1979), pp.107~139; Charles Wolf Jr,, *Markets or Governments: Choosing Between Imperfect Alternatives* (MIT Press, 1988), p.38.

1980년대는 이와 같은 신자유주의적인 경향들이 복지국가와 케인즈 경제학을 비판하면서 '작은 정부론'을 주도했다. 그러나 복지국가의 사회정의에 대한 가치와 원칙에 동의하는 중도적인 학자들에 의해 곧 이러한 우경화에 대한 반론이 제기되었다.

우선 이러한 사회투자국가론자들은 사회를 구성하는 세 기둥이 가족, 시장, 정부임을 분명히 하면서 정부는 필요악이 아니라 시장이나 가족만큼이나 여전히 중요한 역할을 한다고 보았다. "바람직한 복지사회의 틀을 위한 기본적인 이슈의 하나는 복지 생산을 어떻게 배분하느냐는 것이다. 이것은 시장, 가족 그리고 정부 사이에서 책임분배를 결정하는 것이다. 시장은 대부분의 수입이 고용에서 나오고 복지의 대부분이 시장에서 구매되기 때문에 시민의 복지에서 가장 중요한 원천이다. 가족에서 대표되는 친밀감의 상호작용은 전통적으로 복지와 안전의 다른 주요한 원천인데 특히 부양(care services)과 가족수입을 공동관리하는 측면에서 강조된다. 가족에 의한 복지 생산은 계속해서 아주 중요하다. 복지 생산에서 정부의 역할은 물론 시장과 같은 구매(purchase)나 가족과 같은 상호작용(reciprocity)이 아니라 집단적 연대의 형태(collective solidarity)를 반영하는 재분배적 '사회계약'(redistributive 'social contract')에 의존한다. 이 세 가지 복지의 기둥들은 각기 상호의존적이다. 가족은 정부처럼 이론적으로 시장실패를 흡수하고 시장이나 정부는 가족실패를 보완한다. 다른 두 기둥이 실패를 대체할 수 없는 곳에서 우리는 복지의 적자나 복지의 위기를 목격하게 된다."14)

이와 같이 정부를 필연적으로 실패하는 부정적인 존재가 아닌 현대 국가의 세 가지 기둥의 하나로 보는 견해가 가능한 것은 정부지출을

---

14) Gøsta Esping-Andersen, "Toward the Good Society, Once Again?" *Why We Need a New Welfare State*, pp.1~25.

바라보는 관점이 신자유주의자들과 판이하기 때문이다. 신자유주의자들은 정부를 무능하거나 부패한 존재로 보고 정부지출은 국민들의 세금이 낭비되는 경향이 있는 것으로 보고 있다. 특히 복지 정책에 지출되거나 재분배 정책에 지출되는 정부재정은 언제나 원래의 취지에서 벗어나 왜곡되어 결정되고 집행된다고 보는 경향이 있다.[15] 따라서 1970년대 이래로 복지에 필요한 재원문제가 제기되면 보수파들에 의해 '세금폭탄'으로 비난받게 되었다.

이러한 견해는 본말이 전도된 논리전개 방식이다. 학문적인 영역에서는 기회 평등이냐 혹은 결과 평등이냐 등의 논쟁이 있을 수 있지만 정치적 영역에서는 이런 전제들은 생략된 채 정부재정이 엉뚱하게 잘못 쓰이고 낭비되고 있다는 점만 강조하는 경향이 있다. 왜 정부지출이 늘어나게 되었는지에 관한 정당성이나 설명은 생략된 채 정부지출이 잘못 책정되고 집행에서 왜곡이 나타나고 있다는 현상만 강조해서 지적하고 있다.

논쟁의 핵심은 정부지출에 정당성이 있느냐는 것이다. 이 정당성이 사회적으로 합의될 수 있다면 논쟁의 초점은 지출에 나타나는 부작용을 어떻게 교정할 것인가 하는 방법론적인 문제로 전환하게 된다. 사회투자론은 정부지출의 정당성을 인정하지 않거나 이의 필요최소한을 주장하는 신자유주의적인 견해에 대해 새로운 정당성을 제기하는 것에서부터 출발하고 있다.

일반적으로 정부회계는 소비와 투자를 구별하고 있지만 사회적 회계는 예외적인 경우를 제외하고 그렇지 않다. 이는 사회적 생산물들이 비생산적이고 추가적인 결실이 없는 소비로 간주되는 경향이 있기

---

15) 이에 관해서는 신자유주의 편에서 구체적으로 서술하고 있다.

때문이다. 그러나 정부지출에 의한 소비는 미래를 위한 투자에 많이 쓰이고 있다. 현대 지식기반사회에서 정부지출 중에 가장 중요한 것은 '인적 자본'에 대한 투자로 이는 미래를 위한 투자이다. 사회투자국가는 사회적 자본을 강화하는 것과 관련이 있다. 사회적 제도에 투자하는 것은 경제적 인프라에 투자하는 것만큼 중요하다. 우리 사회의 도덕적, 사회적 재건은 우리가 얼마나 사회적 자본에 자발적으로 투자하려고 하느냐에 달려 있다고 볼 수 있다. 사회투자로서 정부지출은 악화(a bad)가 아닌 양화(a good)이며 경제 재건에서 필수적인 것이다.16)

사회투자국가에서는 전통적인 복지국가의 정부지출에 대해 인적 자본에 대한 투자나 미래를 위한 투자라는 새로운 관점을 제기하고 있다. 특히 기회의 평등을 위해 사회적인 약자들에게 이런 기회 부여를 위해서 정부지출은 필요하며 불가피한 측면을 보여주고 있다.17)

---

16) Ruth Lister, "Investing in the Citizen-workers of the Future," *Social Policy & Administration* (October 2003), pp.427~443.

17) 이 부분에 관해서는 후술한다. 이 책의 가장 핵심적인 논의가 사회투자와 지속 가능한 사회정의에 관한 것이며 이를 구체적인 정책으로 연결하기 위해 어떤 정책 대안들이 존재하는지를 살펴볼 것이다.

제3부

신자유주의의 철학과 정책

# 제4장_ 사회정의 비판

## 사회정의의 부정

고전적 자유주의에 가까운 자유주의자일수록 사회정의의 관념을 부정한다. 이들은 사회정의 개념은 미신과 같이 실재하지 않는 개념으로 특정 정치세력들의 필요에 의해 의제(擬制)된 것으로 보고 있다. 사회정의에 대해 가장 철저하게 비판한 자유주의자인 하이에크(F. Hayek)는 사회정의라는 개념 자체를 부정한다. 그는 오직 인간 행동에 대해서만 정의 여부를 규정할 수 있을 뿐이고 인격적 존재가 아닌 사회에 '사회정의'를 요구하는 것은 사회를 의인화한 것으로서 개념을 나누는 범주의 실수(category mistake)라고 주장한다.[1]

하이에크는 '사회정의'[2]를 종교와 비슷한 미신으로 보고 있다. "어

---

1) Friedrich A. Hayek, *Law Legislation and Liberty Vol. II: The Mirage of Social Justice*, p.31, 최병선, 「하이에크의 자유주의 사상과 정치경제학 이론」, 안청시·정진영 외, 『현대 정치경제학의 주요 이론가들』(아카넷, 2003), 65쪽 재인용.

2) 하이에크는 '사회정의'란 개념 자체를 인정하지 않는다. 그래서 그가 '사회정의' 혹은 사회정의와 관련된 '사회적'이란 말을 쓸 때는 작은따옴표를 사용하여 이런 그의 의사를 표현하고 있다. 이하에서는 전체적인 글의 흐름상 특별한 경우가 아니면 하이에크 원전에는 작은따옴표가 붙어 있음에도 불구하고 생략하기로 한다.

느 한 믿음이 거의 보편적으로 인정되고 있다고 해도 이것은 그 믿음이 타당하다거나 의미 있다는 것을 입증하는 것은 아니다. 이것은 마녀나 유령에 대한 일반적인 믿음이 이 개념의 타당성을 입증해 주는 것이 아닌 것과 마찬가지이다. '사회정의'의 경우 우리와 관련되어 있는 것은 이를 주장하는 사람들을 즐겁게 해주는 한, 우리는 정중하게 이를 조용히 내버려둬야 할 종교와 비슷한 단순한 미신일 따름이다. 그러나 이것이 타인들을 강제할 구실이 된다면 우리는 맞서 싸워야 할 종류의 미신이다. 그런데 사회적 정의에 대한 지배적 믿음은 현재 자유로운 문명을 위한 또 다른 가치들 대부분에 대한 심각한 위협인 것 같다."[3] 하이에크에 의하면 사회정의는 개인들이 자신의 주관적 의지에 따라 믿거나 말거나 자유인 미신이 아니라 타인에게 강제할 구실이 되는, 맞서 싸워야 할 미신이다. 하이에크가 이렇게까지 냉소적이고 비판적으로 보고 있는 사회정의는 서구사회에서 언제 어떻게 생겨 어떻게 유포되었을까? 하이에크에 의하면 실재로는 존재하지도 않는 미신에 불과한 이 '사회정의'의 관념이 생성되고 유포된 경로를 따라가 보는 것에서 사회정의의 의의를 찾아볼 수 있다.

## 사회정의의 생성과 유포

사회정의라는 표현을 사용하기 시작한 것은 비교적 최근의 일로 100년을 넘기지 못하고 있는데 18세기에 사회정의라는 표현은 주어진 사회 내에서 정의로운 행동규칙의 집행을 기술하기 위해 간간히 사용

---

3) Friedrich A. Hayek, *Law Legislation and Liberty Vol. II: The Mirage of Social Justice*, pp.66~67.

되었다. 이보다 먼저 '사회적'이란 수식어 자체가 과거 몇 백 년 사이에 발생했다고 하이에크는 보고 있다.4) 비스마르크 시대의 독일에서 '사회적'이라는 단어는 전 세계적으로 급속히 확장되었고 이 말이 사용된 모든 지역에서 다양한 의미를 파생했다. 이와 같은 의미의 다양성과 혼란은 부분적으로 이 말이 '사회'라는 말처럼 그 의미가 다의적이기 때문이다. 인간 사이에서 다양한 형태의 협동이 생산한 현상뿐만 아니라 이러한 질서를 촉진하고 공급한 행동을 기술하기 때문에 혼란이 가중되었다. 이 말이 행동을 설명하는 것으로 사용됨에 따라 점차적으로 훈계로 바뀌어갔다. 즉 전통적인 도덕을 대치하려는 합리주의자의 도덕을 위한 일종의 지침어로 바뀌었다고 본다. 그리고 점차로 '좋음'이라는 말은 도덕적으로 옳은 것을 지시하는 것으로 바뀌게 되었다고 보고 있다. 즉 초기에는 단순히 행동을 설명하기 위해 사용되었지만 차츰 가치판단이 함축된 의미로 전도되었음을 지적하고 있다. '사회적'이란 말이 처음에는 중립적인 언어였지만 규범적인 수준에서 '좋음'을 함축하는 의미로 사용되게 된 것이다. 그런 다음 이를 형용사로 하는 단어는 그 고유한 의미에 관계없이 규범적으로 도덕적인 의미를 함축하는 말로 자리 잡는 경향이 있다는 것이다. 사회정의가 이런 대표적인 예에 속하는 것으로 지적하고 있다.

더 나아가 그는 사회정의가 최초로 쓰인 선례를 존 스튜어트 밀(John Stuart Mill)에서 찾고 있다. 일반적 의미의 사회정의가 '분배적 정의'와 표현의 의미가 동일하게 사용된 것은 밀이 이 두 가지 용어를 명시적으로 동일한 것으로 취급한 때부터이다.5) "사회는 사회를 위해 똑같이

---

4) 프리드리히 A. 하이에크, 『치명적 자만』, 신중섭 옮김(자유기업원, 2004), 218쪽.

5) Friedrich A. Hayek, *Law Legislation and Liberty Vol. Ⅱ: The Mirage of Social Justice*, p.63.

크게 공헌했던, 즉 절대적으로 똑같이 공헌했던 모든 사람들을 똑같이 훌륭하게 취급해야 한다. 이것이 사회적 및 분배적 정의의 추상적인 최고 기준이다. 모든 제도들은 이러한 기준에 될 수 있는 대로 맞도록 만들어져야 하고 또한 모든 정직한 시민들의 노력도 이를 위해 투입되어야 한다."[6]

밀에 의해 학문적 논쟁에서 사용된 사회정의의 관념은 특정집단의 정치적 이해의 관철을 위해 사용되어 사회적으로 유포되었다고 하이에크는 보고 있다. 하이에크에 의하면 이렇게 생성된 사회정의는 정치논쟁에서 가장 애용되었고 가장 효과적인 근거가 되었다. 특정한 그룹들에게 유리한 정부활동을 요구할 때마다 그 요구는 사회정의의 이름으로 제기되고 있다. 특정한 조치를 사회정의 때문에 필요한 것처럼 보이게 하면 이 조치에 대한 반대는 급진적으로 약화된다. 사람들은 사회정의 때문에 특정한 조치가 필요한가 아니면 이 조치가 필요하지 않은가하는 문제에 관해서는 논쟁할 수 있다. 그러나 그들은 이 조치들의 근거가 된 사회정의가 정치적 행위를 조종해야 할 기준, 그리고 그 표현이 분명한 의미를 가지고 있다는 것에 대해서는 하등의 의심도 하지 않는다. 결국 오늘날 특정한 조치들을 지지하기 위해서 사회정의에 호소하지 않는 정치적 운동과 정치가는 없다고 보고 있다.[7]

더 나아가 그는 사회정의를 사회주의와 긴밀한 연관을 갖는 것으로 보고 있다. 사회정의가 처음부터 사회주의의 심장에 있었던 야망을 기술하고 있다고 본다. 그는 복지국가에서부터 사회주의의 야망이 숨

---

6) John Stuart Mill, *Utilitarianism* (1861), p.92, Friedrich A. Hayek, *Law Legislation and Liberty Vol. II: The Mirage of Social Justice*, p.63 재인용.

7) Friedrich A. Hayek, *Law Legislation and Liberty Vol. II: The Mirage of Social Justice*, p.65.

어 있다고 보고 복지국가를 사회주의와 마찬가지로 계획경제의 모순이 숨어 있다고 보았다.[8] 고전적 사회주의는 항상 생산수단의 사회화를 요구하는 것으로 규정되었다고 할지라도 이 요구는 주로 부의 '정의로운' 분배를 위해 중요한 것으로 여겼던 수단이었다. 그런데 나중에 사회주의자들이 복지국가를 통한다면 이 재분배는 상당한 정도로 큰 저항을 받지 않고서도 과세와 조세의 의한 정부 서비스로 달성될 수 있다는 것을 알게 되었다. 실제로 그들이 사회민주적인 개량적 방법으로 사회주의적 혁명을 포기한 이래 사회정의의 실현은 그들의 주요 약속이 되어버린 것이다.[9]

사회정의는 서서히 사회주의자로부터 모든 다른 정치적 운동뿐만 아니라 대부분의 도덕교사들 및 도덕설교자들이 인수받았기 때문에 그런 효과를 발생시킬 수 있었다. 이것은 특히 모든 기독교 종파들의 성직자들 대부분에 의해 수용되었던 것 같다. 이 종파들은 점차 초자연적인 계시에 대한 그들의 신뢰감을 잃어버리면서 천국의 정의의 약속을 세속적인 정의의 약속으로 대체시키는 새로운 '사회적' 종교에서 탈출구와 위안을 찾았던 것 같다. 로마 가톨릭 교회는 사회정의의 목적을 공식적인 교리의 일부로 만들기도 했다. 또한 현대의 다양한 권위주의 정부 또는 독재정부들도 그들의 주요 목표에 이에 못지않게 사회정의를 선언하고 있다.[10]

하이에크에 의하면 사회정의는 이와 같은 경로를 통해 대중적 흡입

---

8) Friedrich A. Hayek, *The Road to Serfdom: Fiftieth Anniversary Edition* (University of Chicago Press, 1994), p.34.

9) 같은 책, p.65.

10) 우리나라의 경우에도 신군부에 의해 등장한 제5공화국에서 국정지표로 '정의사회 구현'을 내세웠다.

력을 가지면서 빠르게 유포되어 갔다. 그러나 그 전파의 속도에 비해 그 내용의 공허함이 문제일 뿐만 아니라 이 공허한 개념에 의해 다른 가치들이 잠식되고 있다고 비판한다.

## 사회정의의 공허함

하이에크는 이와 같이 광범위하게 사회정의 개념이 유포되는 것과는 별개로 이를 주장하는 사람들조차 그 개념의 내용이 무엇인지에 대해 알고 있지 못하다고 개탄한다. 그가 확신하게 된 것은 사회정의라는 구호를 습관적으로 이용하는 사람들이 자신들이 이 구호를 가지고 무엇을 말하려고 하는지 스스로도 알지 못하고 있으며 또한 이들이 이유를 대지 않고도 그들 주상을 정당화할 수 있다는 생각으로 이 구호를 이용하고 있다고 비판한다.

그는 사회정의라는 개념을 비판하려고 할 때 언제나 허공을 때리는 것 같은 느낌을 받는다고 한다. 그가 사회정의라는 이상을 뒷받침하는 좋은 사례를 구성하려고 노력할 때마다 느끼는 것은 사회정의라는 표현은 전혀 내용도 없고 의미도 없다는 점이었다. 그가 사회정의라는 개념에 어떤 분명한 의미를 부여하려고 노력하면 할수록, 그것은 점점 더 와해되어 버렸다. 특정한 사례들에서 우리는 흔히 경험하는 직관적인 분노감은 정의의 개념이 요구하는 것과 같은 어떤 일반적 규칙에 의해서는 정당화될 수 없음을 발견했다고 한다.[11]

하이에크가 사회정의에서 내용이 비어 있다고 하는 것은 인간 감정

---

11) Friedrich A. Hayek, *Law, Legislation and Liberty* I, II, III, one volume edition (Routledge & Kegan Paul, 1982), p.16.

의 초보적인 수준의 도덕적 감정 이상의 그 무엇도 없다고 보기 때문이다. 그 이상의 내용이 없어 공허하다고 주장한다. 그리고 그 도덕적 감정이 낳은 여러 가지 의미에 대해 살펴보고 있다. 사회적 정의에 대한 요구로 표현되는 도덕적 감정은 보다 원시적인 조건 아래에서 개인이 속해 있던 작은 그룹의 동료 구성원들과 관련하여 그가 개발한 태도로부터 유래했다는 것은 별로 의심의 여지가 없다고 본다.[12]

여기서 '사회적'이란 의미를 도덕적 감정과 결부시켜 다시 한 번 살펴보자. 이러한 도덕적 감정은 '사회적'이란 말 그대로 사회적 의미를 가진 것에서부터 그 도덕률과 정치경제적 배경을 추적할 수 있음을 하이에크는 보여주고 있다. 우선 그는 정의의 개념 자체에 이미 사회를 내포하고 있으므로 사회정의는 하나의 중복에 불과하다고 본다.[13] 그러면서 사회정의의 형용사가 되고 있는 '사회적'이란 말의 역사적 의미와 그에 내포된 도덕적 함의를 보여주고 이를 비판하고 있다.

'사회적'이란 표현은 전체 사회, 혹은 모든 구성원들의 이해관계와 관련시킴으로써 그 표현은 점차 도덕적 인정이라는 압도적 의미를 얻게 되었던 것이다. 1870년대 이 용어가 일반적으로 사용되었을 때 그것은 당시 지배계급에게 이 계급이 아직 적절히 배려되지 못했던 많은 빈곤한 사람들의 후생의 증진에 더 힘써야 한다고 호소하는 의미로 사용되었다. 사회의 소외된 계층의 목소리는 정부의 각종 회의에서 별로 큰 비중을 받지 못했는데 '사회적 문제'는 이 계층의 복지에 대해서 책임을 인정하도록 상류층의 양심에 호소하기 위한 것으로 제기되었다. '사회 정책'은 일상적인 정책이었고 모든 급진적이고 선량한 사람들의 주요 관심사였다. 그리고 '사회적'이라는 표현은 '윤리적',

---

12) Friedrich A. Hayek, *Law Legislation and Liberty: Vol. II*, p.88.

13) 같은 책, p.78.

혹은 간단히 '선량한'이라는 용어 대신에 사용했던 것이다.[14]

하이에크가 사회정의의 내용이 비어 있다고 보는 가장 중요한 이유 중에 하나는 사회정의가 초보적 형태의 도덕감 이상의 그 어떤 추상적이고 일반적인 내용도 포함하고 있지 않다는 것이다. 이러한 도덕적 감정에서 시작된 '사회적'이란 의미와 사회정의에서 말하는 것은 초보적 도덕감 이상의 내용을 포함하지 못하고 있다고 지적한다. 하이에크 자신도 대면적 접촉이 많은(face to face) 작은 이웃들 간에 도덕적인 친밀감이 중요함을 부인하지는 않는다. 그러나 이러한 작은 사회의 친밀감이나 사회적 유대감이 사회 전체의 일반적 준칙으로 자리 잡을 수 있느냐에 회의적 시각을 보인다.


## 도덕감에 대한 우려

하이에크와 롤즈의 차이가 가장 극명하게 대립되는 지점은 도덕감을 일반이론으로 승화할 수 있느냐 아니면 이것은 일반이론에서 절제되어야 하느냐 하는 점이다. 롤즈의 경우에는 사회정의는 정의감에서부터 일어나서 이에 연속되는 감정(sentiment), 즉 정의감이나 도덕감이 일반적이고 추상적 원리에 접근하고 있다고 보는 데 반해 하이에크는 초보적 도덕적 감정이 일반적 준칙에는 오히려 방해가 될 수 있음을 지적한다.

'사회정의'에 대한 의무는 사실상 도덕적 감정의 주요 분출구, 선한 인간을 구분하는 특징, 그리고 도덕적 의식을 가지고 있다는 공인된 징표가 되었다. 사람들은 '사회정의'라는 이름으로 제기하는 갈등적인

---

14) 같은 책, p.79.

요구들 중 어떤 것이 타당한가를 말할 때는 때때로 당혹해하면서도, 그 표현들이 명확한 의미를 가지고 있다는 것, 그것이 어떤 높은 이상을 기술하고 있다는 것, 그리고 긴급히 수정을 요하는 기존의 사회질서의 심각한 결함을 지적하고 있다는 것에 대해 의심하는 사람은 거의 없다.[15]

일반적으로 사회에서 받아들여지고 있는 도덕은 명확한 실재나 내용이라기보다는 도덕감에 대한 이해와 별다른 차이 없이 받아들여지고 있다. 현대 사회에서는 도덕감이나 정의감이 사회정의로 받아들여지고 있는 경향이 있다. 하이에크는 대중적으로 받아들여지는 도덕감과 사회정의를 명확히 구분해야 한다고 주장한다. 도덕감이 소규모 그룹 내에서 존재할 수 있는 원초적 감정이라면 사회정의는 그 기능에서 이와는 별개로 고려되어야 할 법이나 제도와 같은 일반적인 규칙과 같은 차원에서 비판받아야 할 것으로 본다. '사회정의'에 대한 요구로 표현되는 도덕적 감정은 보다 원시적인 조건 아래에서 개인이 속해 있던 소규모 그룹의 동료 구성원들과 관련하여 그가 개발한 태도로부터 유래했다는 것은 별다른 의심의 여지가 없다. 그가 손수 알고 있는 자신의 그룹구성원들에 대해 그를 도와주고 그의 욕구에 그들의 행동을 적응하는 것은 아마도 인정된 의무였을 것이다. 이것은 그의 인격과 그의 처지에 관해 알고 있음으로써 가능하다. 그러나 거대한 혹은 열린 사회에서는 상황이 완전히 다르다. 이런 사회에서 모든 사람들이 제공하는 재화나 서비스는 그들이 알지 못하는 사람들 대부분에게 편익을 준다. 사회의 보다 큰 생산력은 어느 누구도 측량할 수 없을 정도로 범위가 확대된 분업에 기인한다. 상대적으로 개인의 대면적 접촉이 가능한 소규모 그룹을 넘어서고, 서로가 알지 못하는 대다수를 포함하

---

15) 같은 책, p.66.

는 교환과정의 이러한 확장은 소규모 그룹의 알려진 구성원들과의 관계에 적용되는 정의로운 행동규칙의 보호를 낯선 사람과 심지어 외래인들까지도 동일하게 인정함으로써 가능하다. 모든 다른 사람과의 관계에서도 동일한 정의로운 행동규칙을 적용하는 것이 자유로운 사회의 위대한 업적으로 간주되어야 한다.[16]

하이에크에 의하면 소규모 대면적인 접촉이 가능한 작은 사회에서 적용되는 규칙과 보이지 않는 손이 작용하는 대규모 분업이 진행되는 사회에 적용되는 규칙은 달라야 한다고 보는 것이다. 사랑이나 친밀감 그리고 정의감 등과 같이 서로 정서적인 공감이 가능한 사람들에게 적용되는 규칙들이 알지 못하는 사람 간에도 그대로 적용될 수는 없다고 본다. 친근한 사람들과 잘 알지 못하는 사람들에게 동일하게 적용될 수 있는 규칙은 정의감 같은 소규모 그룹에 적용되는 규칙과는 구별된다는 것이다.

더 중요한 것은 모든 다른 사람들과의 관계로까지 동일한 규칙을 확대하기 위해서는 소규모 그룹의 다른 구성원과의 관계에서 강제 집행되었던 규칙들 중 최소한 몇몇을 약화시켜야 한다는 것이다. 만약 낯선 사람이나 외래인들에 대한 법적 의무가 이웃이나 동일한 마을이나 도시의 주민들에 대한 법적 의무와 똑같이 되려면 후자의 의무는 낯선 사람들에게도 적용될 수 있는 것으로 감소되어야 할 것이다. 의심할 여지없이 역시 인간들은 항상 소규모 그룹에도 속하여 스스로 정한 친구들, 혹은 동료들에 대해 기꺼이 자진해서 보다 큰 의무를 지고 싶어한다. 그러나 몇몇 사람들에 대한 이러한 도덕적 의무는 법 아래에서의 자유의 시스템에서는 강제로 집행될 의무가 결코 될 수 없다.

---

16) 같은 책, p.88.

그와 같은 시스템에서는 어느 한 사람이 누구에 대해 특수한 도덕적 의무를 짊어지고자 하는가 하는 그의 도덕적 의무의 대상자 선정은 그 자신에게 맡겨야 한다. 법에 의해서는 결정될 수 없기 때문이다. 열린사회를 위해 의도된, 그리고 최소한 원칙적으로 모든 다른 사람들에게도 적용될 수 있어야 할 규칙시스템은 소규모 그룹에 적용되어야 할 것보다도 적은 내용을 가지고 있어야 한다.[17]

## 도덕적 감정은 열린사회에 적용 불가능

하이에크와 롤즈의 가장 큰 차이가 바로 이 지점에서 발견된다. 먼저 하이에크부터 살펴보자. 하이에크에 의하면 소규모 그룹과 대규모 사회에서 각기 가능한 것 사이에는 근본적인 차이가 있다. 소규모 그룹에서는 개인은 자신의 행동이 그의 몇몇 동료들에게 미치는 효과를 알 수 있고 규칙들은 그가 어떤 방법으로든 그들에게 해를 끼치지 못하도록 효과적으로 막을 수 있고 또한 특정한 방법으로 그가 그들을 심지어 도와줄 것을 요구할 수 있다. 위대한 사회(Great Society)[18]에서는 어느 한 사람의 행위가 다양한 동료들에게 미치는 많은 효과들은 그에

---

17) 같은 책, p.89.

18) '위대한 사회'는 단순하게 위대한 사회를 의미하는 것이 아니다. 애덤 스미스에 의해 처음 주요하게 쓰인 후 경제학자나 사회사상가들에게 이상적 사회(Utopia)의 한 형태로 간주된다. 이 세계에서는 물질적 풍요와 정신적 풍요가 인간을 빈곤이나 결핍에서 해방된 사회를 의미한다. 하이에크는 다른 곳에서 위대한 사회는 물질적 빈곤에서 해방된 경제적 풍요에 의해 재분배 문제나 사회적 갈등이 없어지는 사회를 의미한다(The Constitution of Liberty). 다른 사상가들(예컨대, 에치오니) 역시 위대한 사회를 비슷한 의미로 사용하고 있다.

게 알려져 있지 않다. 따라서 개인의 안내자로서 기능하는 것은 특수한 사례에서 나타나는 특수한 효과가 아니라 오로지 행동종류를 금지된 것으로 또는 요구되는 것으로 규정하는 규칙들뿐이다. 특히 그는 자신의 행동에 의해 편익을 얻게 되는 개별인간들이 누구인지 잘 알지 못한다.[19] 즉 구체적이고 개별적인 행위가 직접적으로 영향을 주고받는 소규모 그룹과 달리 대규모 사회에서는 추상적이고 일반적인 규칙과 규범에 의해 사회가 작동되어야 함을 의미한다. 달리 표현한다면 정의감은 소규모 그룹에 직접적으로 적용되는 관계에서는 타당한 규칙일지라도 대규모 사회에서는 오히려 경계해야 할 규범이라고 보는 것이다. 누구에게나 공평하게 규칙이 적용되기 위해서는 정의감과 같은 도덕감정과 구분되는 추상적이고 일반적인 규칙에 의해 사회가 운영되어야 한다고 본다.

소규모 그룹에서 거대한 열린사회로 이행하기 위해서는, 그리고 모든 다른 사람을 알고 있는 친구로 아니면 알고 있는 적으로 대우하기보다는 한 인간으로 대접하기 위해서는, 우리가 다른 모든 사람들에 대해 짊어지는 의무의 범위가 축소될 필요가 있다. 다시 말하면 개인적인 사정에 대한 사적인 친숙성에 기초를 두고 있는 모든 의무들은 강제로 집행할 수 없다. 정의로운 행동규칙을 지켜야 할 의무를 보다 넓은 영역으로, 궁극적으로는 모든 인간들에게까지 확대시키기 위해서는 동일한 소규모 그룹의 구성원들에 대한 의무를 약화시키지 않으면 안 된다. 우리가 타고날 때부터 이미 가지고 있는 도덕적 감정이나 윗세대로부터 전수된 도덕적 감정은 열린사회에서는 적용될 수 없다. 소규모 그룹에서나 가능하고 흔히 깊숙이 새겨진 본능을 충족시키는

---

19) Friedrich A. Hayek, *Law Legislation and Liberty: Vol. II*, p.90.

'도덕적 사회주의'는 위대한 사회에서는 불가능하다. 알고 있는 친구의 편익을 도모하는 데 목표를 두고 있는 어떤 이타적인 행위는 소규모 그룹에서는 매우 소망스럽지만 위대한 사회에서는 그렇지 못하다. 이것은 오히려 유해할 수도 있다.[20]

소규모 그룹의 규칙과 대규모 사회의 규범 간에 존재하는 이 불연속성이 하이에크와 롤즈를 가장 크게 구별해 주는 차이다. 하이에크는 도덕감이 소규모 그룹에서는 미덕일지 모르지만 대규모 사회에서는 오히려 해악이 될 수 있음을 강조했다. 도덕감은 대규모 사회를 운영하는 추상적이고 일반적인 규칙이 제대로 기능하지 못하게 하는 장애물이 될 수 있음을 경계하고 있다. 반면 롤즈는 이러한 도덕감이나 정의감이 대규모 사회에도 그대로 확장될 수 있음을 주장한다. 롤즈가 가장 이상적으로 생각하는 '질서 잡힌 사회'에서 규범으로서 사회정의가 용인되고 받아들여지기 위해서는 타고난 본성이든, 아니면 사회적으로 학습된 것이든, 인간이 도덕감을 지니고 이에 따라 살아가려고 하는 태도가 무엇보다 중요하다고 강조한다.[21]


## 사회정의는 법치주의의 장애

하이에크는 왜 이렇게 철저히 '사회정의'를 부정하고 이에 바탕이 되는 정의감이나 도덕감마저 대규모 사회에 적용되는 것을 그토록 경계했을까?

---

20) 같은 책, p.91.

21) John Rawls, *A Theory of Justice*, pp.365~398. 이 책의 앞부분에서 이미 언급하고 있기 때문에 여기서는 생략한다.

그는 사회가 제대로 운영되기 위해 가장 우선적으로 고려되어야 할 법치주의가 '사회정의'의 미신에 의해 침해받을 수 있다고 보았기 때문이다. 그리고 복지국가나 행정국가에서 이러한 현상이 너무나 자주 그리고 체계적으로 일어나고 있다고 보았기 때문이다.

'사회정의'라는 구호는 대부분의 사람들이 느끼는 것처럼 불행한 사람들에 대한 호의를 순박하게 표현하는 것이 아니라 오히려 그것은 왜 요구하는지에 대한 실질적인 이유도 댈 수 없는 어떤 특수한 이익의 요구에 사람들이 동의해야 한다는 논리로 이용당하고 있다고 하이에크는 보고 있다. 그는 '사회정의'에 호소하는 것이 우리의 도덕적 민감성에 미쳤던 파괴적 효과를 추적하려고 노력했음을 밝히고 있다. 그리고 이러한 노력 중에 탁월한 사상가들마저 경솔하게 그 구호를 이용하고 있음을 반복적으로 목격했음도 밝히고 있다.[22)]

하이에크를 위시한 자유주의자들이 '사회정의'를 부정하는 가장 근본적인 이유는 사회정의의 관념이 권력의 자의적인 남용을 불러오기 때문이라고 본다. 그에 의하면 사회정의에 대한 요구가 궁극적으로 국가권력을 비대화하고 급기야 개인의 자유를 제약하는 최대의 위험요인임을 역설하고 있다. 사회정의의 요구는 단지 정부가 정부기능을 수행하는 과정에서 일정한 보편적 규칙을 준수할 것을 요구할 뿐만 아니라 정부가 추가적인 업무를 담당하고 새로운 책임을 떠맡을 것을 요구하게 된다. 이 과정에서 개인과 집단의 지위가 정부의 행위에 더 많이 의존하게 되면 될수록 이들은 정부가 분배적 정의에 대한 구체적 계획을 갖도록 요구하게 될 것으로 본다. 그 결과 다른 개인과 집단의 지위를 정부가 통제하지 않을 수 없게 되고 사회정의의 요구가 만들어

---

22) Friedrich A. Hayek, *Law Legislation and Liberty: Vol. II*, p.97.

내는 독특한 자기가속적(self-accelerating) 경향성을 강화하게 된다는 것이다.[23]

대중민주주의하에서 다수의 결정이 사회정의의 이름으로 집행되는 경향이 있고 수적 다수를 확보한 계층이 자신들의 이해관계를 사회정의의 이름으로 관철시키려는 경향이 증가하게 된다. 무제한적인 민주제도는 새로운 행태의 '민주적'이지만 허위에 지나지 않는 도덕규범들을 양산하게 된다. 이런 것들은 민주정부에 의해 규칙적으로 수행되는 일, 또는 이런 제도를 잘 이용해서 일어나는 일은 모두 정의로운 것으로 여기게 만든다. 정부에 의해 점점 더 많은 소득분배가 이루어진다는 사실이 알려지면서 아직 시장이 작동하는 범주 안에 놓여 있는 집단조차 자신들 몫이라고 생각하는 것을 확보하기 위해 정부에게 더욱 많은 것을 요구하게 된다. 정부의 지원에 힘입어 특정한 집단의 요구가 충족된다면 그런 일이 생길 때마다 다른 집단 또한 상응하는 요구를 할 자격이 생겨나는 법이다. 의회가 특정한 집단에게 혜택을 줌으로써 다른 많은 사람들 또한 비슷한 대우를 받을 수 있으리라고 기대하게 되는데, 바로 이것이 '사회정의'를 요구하는 기초가 된다고 본다.[24]

하이에크는 허구적 '사회정의'의 관념이 자의적인 권력의 남용이나 공익을 가장한 특수집단의 사익을 정당화하는 수단이 되고 있다고 보는 것이다. 사회정의가 언뜻 보기에는 지극히 도덕적인 것처럼 보이지만 이 개념이야말로 자유사회가 전체주의로 들어서게 만드는 트로이의 목마라고 규정한다.[25]

---

23) 같은 책, p.68.

24) Friedrich A. Hayek, *Law Legislation and Liberty: Vol. III: The Political Order of A Free People* (Routledge & Kegan Paul, 1979), p.12.

25) Friedrich A. Hayek, *Law Legislation and Liberty: Vol. II*, pp.65~67.

# 제5장_ 법치주의의 강조

## 복지국가의 재분배 정책 비판

하이에크가 그토록 '사회정의'를 비난했던 이유는 이 관념이 복지
국가의 철학적 기반이 되었기 때문이다. 정부기능에서 가장 비난받아
야 할 것은 권력의 자의적 남용이며 이를 통해 무원칙하게 정부에
의한 자의적 재분배 정책이 실시되는 것이다. 개인의 자유와 재산권을
위협하는 사회정의와 복지국가의 정책은 하이에크가 사회주의만큼이
나 불신하는 잘못된 철학과 정책이었다. 따라서 신자유주의자들을 이
해하기 위해서는 사회정의의 관념만큼이나 복지국가에 대한 그들의
비판을 살펴볼 필요가 있다.

하이에크는 사회주의와 복지국가가 권력을 통한 자의적 재분배
국가를 추구한다는 의미에서 근본적으로 차이가 없다고 보았다. 오히
려 복지국가[1]가 사회주의보다 훨씬 더 지능적인 재분배 국가라고 주장

---

1) 하이에크에 의하면 welfare state(복지국가)는 영어에서는 상대적으로 새로운 것
이며, 1935년 이전에는 잘 알려져 있지 않는 개념이었다. 독일어인 Wohlfarhtstaat는
그 나라에서 오랫동안 사용되었으며 그것이 묘사하는 것도 독일에서 처음으로 발전
했기 때문에 이 영어 단어는 독일어에서 유래했을 것으로 보고 있다. 복지국가의 현
대적 개념은 1870년경부터 독일의 아카데믹한 사회정책가들(Sozialpolitiker) 혹은 강당

한다.[2] 그는 프랑스 2월 혁명과 파리코뮌이 있었던 1848년부터 제2차 세계대전이 막을 내린 대략 1948년까지의 시기를 유럽 사회주의의 세기로 보았다. 이 기간 동안에 사회개혁을 향한 노력은 주로 사회주의의 이상으로부터 영감을 받았고 사회주의는 대부분의 주도적 지식인들을 사로잡았으며 사회가 불가피하게 나아가는 궁극적인 목표로 광범위하게 인식되었다. 이러한 발전은 영국이 사회주의적 실험에 뛰어들었던 제2차 세계대전 이후에 절정에 달했다. 러시아 소비에트에 대한 서구 지식인들의 실망감이 사회주의 퇴조의 가장 중요한 원인이 되었다.[3]

신자유주의자들이 보기에 현실 사회주의의 쇠퇴가 바로 그들이 말하는 자유주의와 자본주의의 승리로 이어지고 사회정의의 이상이 모두 패퇴했다는 것을 의미하지는 않았다. 사회주의적 이상 혹은 사회정의를 실현하는 새로운 방법으로 복지국가를 발견했기 때문에 구사회주의자들은 굳이 사회주의라는 방식에 의존할 필요가 없었다고 보고 있다. 그들이 목표로 하는 사회정의 실현을 위해 가장 중요한 정책

---

사회주의자(Socialist of the Chair)들에 의해 처음으로 완전하게 발전되었으며 비스마르크에 의해 최초로 실행되었다. 페이비언들과 피구(A. C. Pigou) 및 홉하우스(L. T. Hobhouse) 같은 이론가들이 고안하고 조지(L. George) 및 베버리지(W. Beveridge)가 실행했던 영국의 복지국가는 처음에는 독일의 예에서 커다란 영향을 받았다. 피구와 그 학파가 제시한 이론적 기초가 'Welfare economics'로 알려졌기 때문에 'welfare state'라는 용어의 수용이 더욱 용이했다. 루즈벨트가 비스마르크와 조지의 전철을 밟을 무렵 그 기초는 미국에서도 잘 준비되어 있었으며 1937년 대법원이 제정한, 미국헌법의 '일반복지' ·조항이 적용되었기 때문에 이미 다른 곳에서 사용되었던 '복지국가'라는 용어를 자연스럽게 수용하게 되었다. Friedrich A. Hayek, *Law Legislation and Liberty: Vol. II*, p.102 재인용.

2) Friedrich A. Hayek, *The Constitution of Liberty*, pp.256~257.

3) 같은 책, pp.253~256.

수단인 재분배 정책이 '생산수단의 사회화'라는 극단적 방식보다 복지국가를 통해 훨씬 유연하게 수행될 수 있음을 발견하게 된다. 복지국가를 통해 사회주의자들은 명목상으로 사적 산업을 그대로 남겨둔 채이에 대한 정부의 통제를 확대함으로써 사회주의의 실질적 목표였던소득재분배를 더욱 쉽게 달성할 수 있다는 사실을 발견하게 된다. 이는사적 소유의 철폐와 재산 몰수라는 극단적인 사회주의적 방식을 피해가면서도 보다 효과적으로 그들이 지향하는 가치를 달성할 수 있다는사회주의자들의 인식이 확산되었다고 하이에크는 보고 있다.[4] 복지국가는 사회주의를 대처할 새로운 형태의 재분배 국가라고 신자유주의자들은 보고 있는 것이다.

신자유주의자들이 복지국가에 대해 경계를 늦추지 않는 이유는정책의 목표와 방법을 명확히 구분하지 못하는 혼돈에 있다고 보았다.자유주의자들 역시 현대 국가가 단순히 법과 질서의 유지를 넘어 광범위한 비강제적 활동영역이 존재함을 인정하고 있다. 또한 이를 위해조세를 통해 그 재정을 뒷받침할 수도 있다고 생각했다.[5] 문제는 정부활동의 목적이 아니라 방법이다. 순수한 서비스 활동의 규모가 일반적인 부의 성장만큼 증가하지 않을 이유는 없고 개인의 자유를 제약하지않고도 제공할 수 있는 공동의 필요가 존재하는 것을 자유주의자들역시 인정하고 있다. 사회가 부유해짐에 따라 공동체가 자립할 수 없는사람들에게 최소생계 수준을 제공하는 것을 부인하지도 않는다. 정부는 사회보장과 교육 같은 영역에서 일정한 역할을 맡거나 심지어 주도권을 행사할 수도 있다고 보았다. 특정한 개발투자 영역에서 일시적으로 보조금을 지급하는 경우도 역시 용인할 수 있다. 그러나 이러한

---

4) 같은 책, pp.256~257.

5) 같은 책, pp.221~228.

서비스 제공에서도 문제가 되는 것은 정부의 많은 복지활동들이 자유에 대한 위협이 되는 이유는 단순한 서비스 활동으로 나타나더라도 실제로는 강제력 행사를 구성하고 특정한 분야에서 배타적 권리를 주장하는 기초가 되기 때문으로 보고 있다. 정부의 처음 정책목표와 달리 그 수행방법이 국가의 권력행위를 수반하고 이에 덧붙여 특정분야에서 경쟁을 배제한 배타적 독점을 조성하기 때문이다.[6]

복지국가의 가장 중요한 이상은 롤즈가 주장한 것처럼 최소극대화를 실현하기 위한 가난한 사람들에 대한 심각한 물질적 결핍으로부터의 보호, 즉 모두에 대한 최저생계수단의 보장이다. 또 한편 현재 주어진 생활양식의 보장이며 한 개인 혹은 집단이 누리는 수준을 다른 것들과 비교하여 상대적 격차의 해소에도 주요한 관심을 갖는다. 신자유주의자들이 경계하는 것은 최저생계수단의 보장보다 상대적 격차의 해소를 위한 정책들과 긴밀한 관련을 가지고 있다. 이를 복지국가에 영감을 준 주요 야심과 밀접히 연관된 것으로 보고 있다. 다소간 정의로운 재화의 분배를 보장하기 위해 정부의 권력을 이용하려는 욕구들이 존재하는 것이다. 이것은 정부의 강제권이 특정한 사람들로 하여금 특정한 사물을 얻을 수 있도록 보장하는 데 사용되는 것으로 자유로운 사회와 조화될 수 없는 것이다. 이는 국가권력에 의해 모든 사람에게 예외 없이 동등한 대우를 하는 것이 아니라 특정집단의 이익을 위해 상위계층의 사람들에게 차별과 불평등한 대우를 필요로 하는 것으로 나타난다. 소득세에서 비례세가 아닌 누진세의 적용은 그 대표적인 사례일 것이다. 상이한 사람들 간의 차별과 불평등한 대우, 이것이 '사회정의'를 목표로 하고 주로 '소득재분배자'가 된 복지국가의 유형

---

6) 같은 책, pp.257~258.

이다. 이것은 사회주의 및 강제적이며 본질적으로 자의적인 방법으로 되돌아갈 수밖에 없다고 신자유주의자들은 보고 있다.[7]


## 대중민주주의에 대한 불신

재분배 정책이 본래의 정책목표와 달리 특정 계층의 이익을 위해 합법적으로 사용될 수 있는 제도적 원인이 바로 근대 민주주의의 역사적 성과라고 할 수 있는 대중민주주의의 제도적 결함에 있다고 자유주의자들은 보고 있다.[8] 대중민주주의하에서 우리는 국민의 의사를 반영하기 위해 특정한 절차를 선택한다. 그러나 실제로는 그런 절차를 통해 다수 국민의 공동의지(common will)에 부합되는 결과가 나오는 경우가 거의 없으며 오히려 민주주의의 이름으로 대의제를 통해 특정 계층을 위한 결과가 나오는 경우가 허다하다.

대중민주주의의 제도 아래에서 국민 대표기관의 다수파가 법률을 만들고 정부를 움직이는 것이 민주주의가 작동할 수 있는 유일한 형태라고 믿어진다. 우리는 민주주의의 기본 원리에 대해 깊은 신뢰를 갖고 있기 때문에 이 원리가 구현하고 있다고 오랫동안 간주되어 온 특정한 정치제도를 습관적으로 옹호하고 이 제도에 대한 비판을 자제하는 경향이 있다. 그러나 신자유주의자들에 의해 이 제도가 빚어내는 부작용에 대한 우려의 목소리가 나오고 있다. 이들에 의하면 민주적 과정만 일단 지킨다면 정부권력에 대한 다른 일체의 제한이 불필요하다고

---

7) 같은 책, pp.259~260.

8) Friedrich A. Hayek, *Law Legislation and Liberty Vol. III: The Political Order of A Free People*, pp.17~24.

하는 환상 속에 비극의 씨앗이 숨어 있다고 본다. 이런 생각은 민주적으로 선출된 국민의 대표가 '정부권력을 행사'하는 데 대해 과거에 존재했던 어떠한 제한도 가해서는 안 된다는 믿음으로 이어지는 경향이 있음을 지적한다. 이러한 경향의 결과로 특정집단을 이롭게 할 어떤 정책을 실현하자면 다수파를 조직해야 하는데 이로 인해 새로운 형태의 자의성과 편견이 생겨나며 다수결 원리가 순수하게 구현하고자 했던 정신과는 상반되는 현상이 벌어지게 된다. 대의제는 무제한 권력을 가지게 되면서 오히려 역설적으로 스스로 중요하다고 간주하는 법치주의의 일반적인 원리를 확산시키는 데 실패하게 되었다. 이런 제도 아래에서는 다수파가 다수파로 남아 있기 위해서는 다른 집단의 특수이익을 편들어 주면서 그들의 지지를 확보해야 하기 때문이다.[9] 국민의 다수 의사를 반영하기 위해 사람들이 고안한 제도적 장치가 오히려 국민의 의사와는 상관없는, 전혀 의도하지 않은 결과를 낳는 경우가 허다하다.

유권자들은 특정집단을 위한 정치적 요구가 일반이익(general will)에 관련된 것이라는 확신에서가 아니라 그들의 요구를 들어주는 것이 자신들의 이익에도 도움이 될 것이라고 믿는 경향이 있다. 즉 의회정치 과정에서 자신의 특수이익을 관철하는 대가로 다른 집단의 이익 역시 수용하려는 경향이 있다. 이는 물론 국익이나 일반이익과는 별개의 문제이며 반대로 일반이익을 희생하면서까지 자신들의 이익을 흥정하려는 경향이 있다. 신자유주의자들에 의하면 '사회정의'라는 것은 실로 이와 같은 특정한 민주적 제도의 산물에 불과하다. 국민의 대표들이 어떤 집단에게 혜택을 부여하기 위해서는 도덕적 정당성이라는 명분을

---

9) 같은 책, pp.19~21.

만들어낼 필요성이 있기 때문이다.10)

　실제로 사람들은 다수가 특정집단에게 특별한 혜택을 정기적으로 베풀어주는 것이 어느 의미에서는 정의로운 일이라고 믿기도 한다. 이것은 다수파가 되기를 원하는 각 정파가 표의 향배에 중요한 영향력을 지닌, 이를테면 농민이나 노조원들에게 특혜를 주겠다고 약속하는 것이 마치 정의나 기타 도덕적 고려와 관계 깊은 것처럼 주장하는 것이나 다를 바가 없다. 현재의 체제 아래에서는 어느 소수파 이익집단이라도 자신의 이익을 관철시킬 수가 있다. 그들은 다수파를 설득하는 것이 아니라 지지를 철회하겠다고 위협함으로써 그 목적을 달성할 수 있다. 다수파가 되기 위해서는 그 소수를 끌어안아야만 하는 다수의 약점을 이용하는 것이다. 그러므로 의회가 수많은 이익집단들에게 특혜를 베푸는 것이 마치 정의로운 일이거나 한 것처럼 꾸며대는 것은 한마디로 우스운 일이라고 신자유주의자들은 주장한다. 순진한 몇몇 사람들이 이익집단의 선전공세에 현혹될 수도 있고 의회가 정의의 이름으로 자신의 행동을 정당화할 필요가 있기도 하다. 그러나 엄밀히 말해 우리가 오늘날 다수의 뜻을 담고 있다고 믿는 투표제도는 다수가 옳고 그르다고 판단하는 바를 제대로 반영하지 못하고 있다고 신자유주의자들은 보고 있다.11)

　의회는 각 이익집단의 주장을 구분해서 판단하기보다 흥정과 타협에 따라 그들에 대한 정책을 결정한다. 이 과정에서 동원되는 '다수의 의지'란 허구에 찬 명분에 불과하고 실제로는 다른 사람들의 희생을 전제로 특정집단에게 혜택을 주는 장치 노릇을 하게 된다. 정책이란 것이 각 이해당사자들이 타협을 본 산물에 지나지 않는다는 인식이

10) 같은 책, pp.32~33.

11) 같은 책, p.33.

확산되면서 오늘날 일반인들에게 '정치'는 혐오의 대상으로 자리 잡게 되었다. 정치인은 오직 공공의 이익에만 전념해야 한다고 믿는 고상한 사람들의 눈에는 특정한 이익집단의 비위를 맞추기 위해 각종 특혜를 베푸는 의회의 현실이 타락 그 자체로 비칠 것이 분명하다. 현실은 다수파가 다수 국민이 진정으로 원하는 것보다 다수를 구성하는 집단들의 지지를 확보하기 위한 방안의 마련에 더 골몰한다는 것을 보여준다. 이익집단이 지지를 미끼로 내거는 숱한 요구를 거절할 처지가 못되기 때문에 다수파 정부는 '힘이 닿는 한 모두' 그들의 청탁을 들어주어야 한다.

신자유주의자들은 대중민주주의에 의한 다수결 제도가 원래의 취지에 맞지 않게 일반이익에 복무하는 것이 아니라 특정집단의 개별적인 이익에 휘둘릴 수 있음에 주목했다. 이들 역시 대중민주주의가 언제나 특정집단의 이익에 함몰되는 것으로 보지는 않았다. 수많은 하위집단의 지지에 의존하면서 무한 권력을 가진 정부형태만이 이런 문제점을 안고 있다고 보았다. 최상급의 사법기관이 의회가 특정집단에게 유리한 정책을 펴나가지 못하도록 견제한다면 이런 병폐를 막을 수 있다고 보았다.[12]

그러나 대중민주주의의 속성상 일반이익이 아니라 특정집단의 이익을 위해 정부정책이 오도될 수 있음에 주목하고 있으며 현실에서 자주 이런 현상이 목격된다고 보고 있다. 대중민주주의에서 주요한 정책결정기관이 의회에서 이루어지는 입법이 바로 이와 같은 병폐를 합법화시키는 수단이 되고 있다고 본다.

12) 같은 책, pp.34~35.

## 의회 입법의 문제점

대중민주주의에서 다수파의 의사 혹은 특정집단의 이익이 일반이
익보다 앞서는 것을 합법화시키는 수단이 바로 대의제하에서 입법과정
이라고 신자유주의자들은 보고 있다. 이 때 법이란 그들이 주장하는
고유한 의미의 법이 아니라 의회에서 이루어지는 실정법을 지칭한
다.13) 이는 법의 의미 그 자체가 상실되었다고 본다.

로크의 생각과 달리 소위 말하는 입법부가 일반원칙이라는 의미의
법만 제정하는 데 그치는 것이 아니라 '입법부'가 결의하면 어떤 것이
든 '법'이라고 불리게 된다. 따라서 변질된 '법' 개념은 옛 의미를 전부
잃게 되면서 초기의 입헌주의 지도자들이 이름 붙였던 '자의적 정부의
명령'이라는 뜻으로 바뀐 것이다. 정부의 일이 '입법부'의 주 업무가
되었고 입법은 보조적인 차원으로 전락했다고 보고 있다.14)

일반법규를 제정하는 일에 국한되지 않는 전능한 주권적 의회
(sovereign parliament)라는 것은 자의적 정부와 다를 바 없다. 더 나쁜
것은 그 정부가 설령 하고 싶어도 어떤 종류든 원칙을 따를 수 없고
오직 특정집단들에게 특혜를 베풂으로써 연명할 수밖에 없다는 것이
다. 차별대우를 통해서 권위를 세워야 하는 처지에 빠지게 된 것이다.
실정법적인 입법으로 모든 것이 가능해진 전지전능한 의회는 개인의

---

13) 하이에크는 고유한 의미의 법과 의회에 의해 제정되는 법률 혹은 실정법을 명
확히 구분한다. 이러한 구분의 이유는 의회에 의해 제정되는 절차적 정당성만으로
실정법이 정당하다고 주장할 수 없음을 밝히기 위함이다. 실정법의 이름으로 특정집
단의 이익을 옹호하는 법률이 고유한 의미의 법이 아님은 물론, 법률의 이름으로 행
해지는 특수이익의 옹호를 비판하고 있다.

14) Friedrich A. Hayek, *Law Legislation and Liberty Vol. III: The Political Order of A Free
People*, pp.168~169.

자유의 죽음을 의미하는 것이다. 이제 자유헌법이란 것이 더 이상 개인의 자유를 보장해 주지 못하며 그보다는 의회의 다수파가 마음 내키는 대로 행동해도 좋은 허가증 같은 것이 되고 말았다. 우리는 개인의 자유 아니면 의회의 자유 중 하나를 선택하는 상황에 직면하고 있다고 보고 있다.[15]

입법에 대한 통제가 사라진 무제한적 입법부가 등장하면서 순전히 선의의 동기에 의해 자의적 권력행사를 억제하는 규범이 무너졌다고 본다. 자선적 차원에서 이루어지는 일일지라도 일단 법 앞에서의 평등 대우 원칙을 깨뜨리면 그로 인해 자의적 권한행사가 범람하게 된다. 이것을 숨기기 위해 '사회정의'라는 공식이 동원된다. 이 개념의 의미가 정확하지는 않지만 한 가지 분명한 것은 바로 이 개념에 의해 특정집단에게 유리한 정책을 펴지 못하게 막아주는 장치들을 무너뜨릴 수 있다는 것이다. 일단 이런 선례가 용인된다면 누군지 잘 드러나지 않는 사람들을 희생하면서 다른 다수의 지지를 확보하려는 방법은 아주 손쉽게 이용될 수 있다. 그러나 이런 식으로 정부나 의회가 일단 인심을 얻게 되면 나중에는 각종 요구를 거절하기 어려워진다. 그리고 '마땅히 대접받아야 할 이유'가 아니라 '정치적 필요'에 의해서 누가 정부재원으로 혜택을 볼 것인가가 결정된다.[16]

입헌주의에 의해 통제되지 않는 입법부는 협상 민주주의(bargaining democracy)의 온상이 되고 이는 집단 이익의 노리개로 전락하게 될 소지가 높아진다. 정부는 수많은 특수이익을 만족시켜 줌으로써 다수의 뜻을 결집하도록 강요받는다. 이런 성격의 협상 민주주의는 민주주의의 원리와는 아무런 상관도 없는 것이다.[17]

---

15) 같은 책, pp.169~170.
16) 같은 책, pp.170~171.

## 법치주의의 회복

신자유주의자들이 사회정의를 부정하고 실정법의 자의적 권력 사용을 경계하는 이유는 명확하다. 대중민주주의가 도입된 이후 입헌적인 통제를 받지 않는 의회권력이 '법'이란 이름으로 특정집단, 특히 다수를 차지하는 중산계층의 이익을 위해 개인의 재산권을 자의적으로 침해하기 때문이다. 그리고 법의 이름으로 특수집단을 위한 재분배가 권력에 의해 자의적으로 이루어지기 때문이다.

이런 상황에서 무엇보다 중요한 것은 고유한 의미의 '법의 지배'를 부활시켜 자의적인 권력의 남용을 막고 이를 통해 개인의 자유와 재산권을 보호하는 것이다. 그리고 실정법이 아니 입헌적 질서에서 꼭 들어가야 하는 조항들이 있다. 즉 명백하게 긴급하다고 판단되지 않는 평상시에는 개인의 사적 영역을 보호하기 위해 제정된 정의의 일반원칙에 따라서만 각자가 하고 싶어하는 일이 제한받거나 특정한 어떤 일을 하도록 강제당해야 한다는 것이다.[18]

그리고 헌법의 기본조항에서는 물론 정부의 기능을 직접 규정하기보다 단순히 정부의 강제력 행사를 제한하는 데 초점을 맞추게 된다. 이를 통해서 얻고자 하는 것은 자유의 우선성과 개인 재산권의 신성불가침이다. 이들이 대중민주주의에서도 그토록 회복하고자 하는 것은 고전적인 '법의 지배'이며 고전적 법치주의의 회복이다. 로크 이후 변화된 새로운 노동계급의 정치적 진출이나 고전적 자본주의가 낳았던 빈익빈 부익부의 폐해보다는 자의적 권력사용에 대한 폐해가 더 크고 위험하다고 보는 것이다.

---

17) 같은 책. p.165.

18) 같은 책. p.180.

이들에게 중요한 것은 재분배가 가능하게 된 사회정의가 아니라 개인의 재산권과 자유가 최대한 보장되는 입헌적 법치주의의 회복인 것이다. 복지국가나 사회투자국가에서 사회정의가 자유와 평등을 모두 포함하는 새로운 사회계약의 원칙이라고 한다면 신자유주의는 이와 같은 사회정의를 근원적으로 부정하고 있다.

신자유주의와 사회투자국가 간의 논쟁의 중심 지점은 사회정의를 인정하느냐 아니면 부정하느냐에 달려 있다. 그리고 정치경제적으로 이 개념에 대한 인정여부는 이해관계와 밀접히 연관되어 있다. 사회정의를 긍정하는 복지국가나 사회투자국가에서는 개인의 자유와 재산권은 입법에 의해 제한될 수 있다고 보는 반면 사회정의를 부정하는 신자유주의자들은 가장 중요하게는 법에 의한 재분배를 거부하고 재산권에 대한 권력적 개입을 부정하고자 하는 요구에서 비롯되었다.

신자유주의자들이 사회정의를 부정하고 난 뒤에 강조하는 것이 바로 법치주의이다. 이는 자의적 권력사용을 억제하는 것이 사회의 생산력 발전에 가장 기여하는 첩경이라고 보는 것이다.

신자유주의와 사회투자국가의 철학적 논쟁의 지점은 사회정의를 인정하느냐의 문제이며 법치주의는 사회정의와 양립될 수 없느냐의 문제이다.

# 제6장_ 복지국가를 둘러싼 쟁점들

## 자유지상주의와 재분배적 자유주의

신자유주의자들 역시 자유와 평등이 프랑스 혁명 이후 가장 중요한 두 가지 가치라고 하는 데는 동의한다. 이 두 가치 중에 자유를 지고한 것으로 보면서 평등을 어떻게 받아들일 것인가에 따라 자유주의는 자유지상주의(libertarianism)와 수정주의적 혹은 재분배적 자유주의로 분류된다. 자유지상주의는 평등 요소의 고려를 위해서 개인의 자유를 억제하거나 희생시킬 수는 없다고 보는 관점이다. 로크 이후 고전적 자유주의들에 의해 주장되었던 것으로 평등에 대한 자유의 우선성을 강조하고 재산권의 신성불가침을 옹호하는 입장이다. 이들이 특히 강조하는 것은 개인의 재산권과 소유권에 대한 침해를 인정하지 않으려는 것이다.

이에 반해 재분배적 자유주의는 개인의 자유를 침해 불가능한 것이 아니라고 보며 사회적 필요에 의해 일정한 제한이 가능하다고 본다. 지나친 자유의 보장이 사회적 빈부의 격차를 발생시키거나 기회의 평등을 저해할 경우 자유의 본질적인 내용을 침해하지 않는 일정한 범위 내에서 제한이 가능하다고 본다. 특히 이는 조세체계와 깊은 연관

을 갖고 있고 재분배 정책을 용인한다는 측면에서 재분배적 자유주의
로 불린다.

재분배적 자유주의는 자유와 평등의 균형점을 찾아보려는 노력의
산물이다. 앞서 살펴본 롤즈는 로크에 의해 시도되었던 사회계약설을
현대적으로 재해석해서 새롭게 집대성한 인물로 평가받고 있다. 로크
가 사회와 공동체에 대한 자유의 우선성과 개인의 재산권 보호를 강력
히 주장했다면 롤즈는 개인의 자유와 재산권에 대한 제한이 가능하다
고 보았다. 그는 자유와 평등의 문제에 대해 로크와 같은 고전적 자유주
의자들과 달리 균형점을 찾으려 했고 그에 대한 균형점의 산물이 사회
정의였다.

이러한 수정주의적 견해는 뚜렷한 이론적 접점을 찾거나 명쾌한
해답을 내놓지 못하는 한계들이 있다. 절충적인 시각의 대부분이 그렇
지만 이론적 합의 이전에 자유와 평등을 대체할 만한 새로운 개념에
대한 합의에도 이르지 못하고 있는 실정이다. '배분적 정의', '사회적
형평', '공정(fairness)' 등 몇몇 개념이 있지만 개념 자체의 절충적 모호
성뿐만 아니라 그 구체적인 내용에서는 주장하는 사람에 따라 다양한
상이함을 보여주고 있다. 이들 간에 공통분모를 찾는다면 자유나 평등
의 극단적 가치를 부인하고 이를 모두 고려해야 한다는 문제의식 정도
일 것이다.

복지국가는 이런 절충론에 기반해 있고 이때 핵심적인 개념이 베버
리지 보고서에 나와 있었던 것처럼 국가적 최소한(national minimum)이
었다. 국가적 최소한은 개인의 자유를 일정부분 제한해서라도 공동체
적인 평등을 추구하겠다는 의식이다. 이런 개념 규정에도 불구하고
얼마만큼 자유를 제한하고 얼마만큼 평등을 보장할 것인가 하는 문제
는 여전히 남아 있다. 그리고 자유를 제한할 때 정치영역에서만 제한할

것인지 아니면 포괄적으로 제한할 것인지에 관해서도 다양한 이견이 있을 수 있다.[1] 재분배적 자유주의에서 가장 중요하게 남아 있는 내용적인 결함이기도 하고 이는 절충론의 태생적 한계이기도 하다. 이런 복지국가의 국가적 최소한 개념이 보다 정형화된 것이 바로 롤즈의 사회정의에 관한 개념이었다. 자유와 평등의 긴장관계를 설명할 수 있는 이론적 개념으로 진화한 것이 최소극대화 원칙이고 이것이 재분배적 자유주의의 가장 온전한 이론으로 평가받고 있다. 노직은 바로 이 재분배적 자유주의의 내용적인 수정주의를 비판하면서 보다 근본주의적 자유주의로 돌아가려는 시도를 하고 있다.[2] 일반적으로 롤즈의 '공정으로서 정의'를 현대 자유주의의 전형으로 보고 있지만 시장보다 좀 더 평등주의적인 재분배에 대한 믿음으로 이는 재분배적 복지국가의 지지로 이어진다. 로크로 가장 잘 대변되는 고전적 자유주의의 핵심이 소유권에 대한 주장이라고 할 때 노직이 진정한 자유주의자이고 롤즈는 수정주의자라고 할 수 있다.

자유지상주의자와 재분배적 자유주의자 간의 논쟁에서 가장 핵심적인 것은 복지국가를 인정하는지에 관한 것과 이를 위해 요구되는 과세의 정당화 가능성이 중심이 된다. 신자유주의자들이 제기하고 있는 복지국가의 비판 역시 복지국가의 국가적 최소한을 거부하는 것과 이에 따르는 재분배 정책, 특히 과세 정책에 대한 거부감이 본질적인 영역에 속한다.

---

1) 공동체자유주의에서 학자들 간의 핵심적인 쟁점 중에 하나가 바로 여기서 주장하는 범위가 정치적인가 포괄적인가 하는 것이다. 이들은 이에 관해 다양한 견해를 내놓고 있지만 이들을 하나로 묶을 수 있는 근거는 이들이 자유지상주의를 지양하고 재분배적 자유주의를 수용하고 있다는 점이다.

2) 노직의 『무정부, 국가, 유토피아(Anarchy, State, and Utopia)』는 롤즈의 사회정의관을 재분배적 자유주의로 보고 신랄하게 비판하고 있다.

## 기회 평등과 결과 평등

자유와 평등의 문제에서 복지국가, 신자유주의 그리고 사회투자국가론 모두 자유의 고유한 영역을 보호하고 존중해야 한다는 점에서 어느 누구도 부인하지 않는다. 문제는 자유를 인정하면서 평등 역시 어떻게 보장해야 하느냐에서 차이가 드러난다. 신자유주의자들은 자유의 우선성을 주장하면서 평등을 위해서 어떤 자유침해도 허용될 수 없다는 입장인 반면 복지국가나 사회투자국가에서는 사회적 필요에 의해 수인 가능한 한도 내에서 그 일부를 제한할 수 있다는 것이다. 이때 가장 쟁점이 되는 것은 역시 기회 평등과 결과 평등에 관한 것이다.

기회 평등은 어떤 이론에 의해서도 당위론적으로 보장되어야 한다. 차이가 있다면 그 범위와 내용일 것이다. 그리고 기회가 형식적인 것을 넘어서 내용에서도 실질적으로 동일해야 하는가 아니면 형식적인 법적 평등이 법치주의를 실행하는 데 적합한가 하는 것 정도이다.

신자유주의자들은 기회 평등이 문자 그대로 해석되듯이 모든 사람들이 '완전히 같은 기회를 갖는다'는 의미의 평등은 불가능하다고 본다. "기회의 평등은 인격적 평등, 즉 법 앞에서의 평등이 무엇을 의미하는가를 보다 상세하게 표현하고 있는 데 지나지 않는다. 그리고 인격적 평등과 마찬가지로 기회의 평등이 의미 있고 중요한 것은 사람들이 유전적, 문화적인 특징이 서로 다르고 이에 따라 서로 다른 인생을 바라고 그것을 추구할 수 있다는 바로 그 이유 때문이다. 인격적 평등과 마찬가지로 기회의 평등도 자유와 전혀 모순되지 않는다. 오히려 이것은 자유의 본질적인 구성요소이다. 만일 어떤 사람들이 자신들이 그럴 만한 자격을 갖추고 있는 인생의 어떤 특정 지위를 얻으려고 하는데, 단순히 인종적인 배경이나 피부색이나 종교를 이유로 이것이 거부되고 만다면 이것은 그들의 '생활, 자유 및 행복의 추구'에 대한 권리를 침해하는 것이다. 이것은 기회의 평등을 부정하고 더 나아가서 어떤 사람들의 이익을 위해 다른 사람들의 자유를 희생하는 것이다. 그러나 모든 이상이 그러하듯이 기회 평등도 완전히 실현하기란 불가능하다."[3)

신자유주의자들에 의하면 기회의 평등은 법 앞의 인격적 평등을 의미하는 것이고 이것은 가문이나 종교나 국적이 아니라 실적과 깊이 관련되어 있다. 이들은 문화적 엘리트들이 냉소적으로 바라보는 물질적 발전이나 만능의 위력을 지닌 돈과 재산을 성공의 상징으로 중시한다. 이는 달리 표현한다면 봉건적인 가문이나 종교가 중요한 것이 아니라 개인의 재능, 행운, 노력의 중요성을 강조한 것이기도 하다. "전통적 기준, 즉 가문과 혈통을 받아들일 의사가 별로 없음을 반영하는 것이고 그리하여 실적은 이에 대한 명백한 대안이 되었고 재산의 축적은 실적을 측정하는 데 있어서 가장 손쉽게 사용할 수 있는 기준이 되었다." 이에 이어 기회 평등을 강조하는 결과로 "인간의 활력을 막대하게 끌어내어 미국을 더욱 더 생산적이고 동적인 사회, 사회이동이 일상다반사로 되어 있는 사회로 만들었다는 점이다. 이 밖에 또 하나의 당연한 결과로 나타난 것은 의외일 수도 있지만 자선활동의 폭발적 증가이다. 이 폭발은 부의 급속한 성장에 의해 가능하게 된 것이다. 이것은 실제로 비영리 병원이나 개인의 기부로 설립된 대학이나 빈민구제를 목적으로 한 허다한 자선단체의 모습으로 나타나기에 이르렀으며 이것은 특히 기회의 평등을 촉진할 것을 포함하는 이 사회의 지배적인 가치관에 근거를 두는 것이었다."[4)

신자유주의자들은 기회 평등을 법 앞의 인격적 평등으로 보고 있고

---

3) Milton and Rose Friedman, *Free to Choose*, pp.87~88.

4) 같은 책, pp.88~89.

이 역시 완전히 보장되는 것은 불가능하다고 보았다. 역사적, 문화적 차이의 현실적 제약을 용인할 수밖에 없다는 것이고 이런 정도의 기회 평등만이라도 사회를 역동적으로 만들어 활력을 불어넣고 폭발적인 생산력 증대가 가능하다고 보았다. 그러나 복지국가나 사회투자국가가 강조하는 기회의 평등은 이런 형식상의 평등을 넘어서는 것이다. 신자유주의자들이 주장하는 기회 평등은 봉건적 제약이 많은 사회나 중상주의적 특혜나 지대가 많이 남아 있는 곳에서는 여전히 주요하다. 그러나 이것만으로 기회 평등이 보장되는 것이 아니라고 본다. 현대 사회에서 보다 본질적인 것은 출발을 위한 조건의 평등을 보장해 주는 것이다. 이는 상속이나 경제력 등 법 앞의 평등 이전에 갖추어져야 할 조건의 평등이 문제가 되고 이를 보장하는 사회가 보다 나은 사회라는 것이다.

철학적 차이에 따라 기회 평등에 대한 범위와 내용은 상이할지라도 이들은 모두 기회 평등에 관해서는 쉽게 동의한다. 그러나 결과의 평등에 대해서는 상당한 이견을 보이고 있다. 신자유주의자들은 결과의 평등을 근본적으로 부정한다. "평등이 문자 그대로 동일성으로 이해되어서는 안 된다. 인격적 평등이나 기회의 평등을 증진시키는 정부의 정책은 자유를 증진시키는 반면 '모든 사람에게 공정한 몫'을 달성하려는 정부의 정책은 자유를 축소시킨다. 만일 사람들이 무엇을 손에 넣어야 할 것인가를 '공평'이라는 기준에서 결정하기로 한다면 무엇이 공평한가를 누가 결정하느냐"는 현실적인 의구심을 가지고 있다.[5] 게임의 룰을 지키기 위한 공정한 경기의 운영자는 정부가 될 수 있지만 게임의 결과에 대해 이를 국가의 자의적인 권력으로 재조정하려는 것은 법치주의에 정면으로 위배된다고 보고 있다. "결과의 평등이라는 목표는

---

5) 같은 책, p.90.

지식인들 간에는 거의 종교적 신념에 가까운 것이 될 정도임에도 불구하고 또 정치가들의 연설과 법률의 전문을 화려하게 장식하는 것임에도 불구하고 이를 진정으로 지지하는 사람은 거의 없다. 말로는 지지한다고 하지만 정부의 행동이나 평등주의적 감정을 매우 열렬히 품고 있는 지식인들의 행동이나 대중의 행동이나 한결같이 이에 배치되고 있다"고 보고 있다. 이는 사회정의를 도덕감으로 포장된 미신에 불과하다고 보는 것과 동일한 인식의 연장선이다.

반면 복지국가나 사회투자국가에서는 전적인 결과의 평등은 부인하지만 결과 평등의 지향에 관해서는 일부 용인하려는 태도를 보이고 있다. 이에 관해 핵심 개념이 지금까지 보아온 국가적 최소한이나 사회적 최소한 개념이다. 모든 개인이 자기 책임하에 인생을 살지만 경쟁의 결과에 따라 탈락자(underdog)에 대해 어떤 사회적 배려를 해서 패자부활이 가능한 사회적 안전망과 기회를 부여할 것인지에 관해서는 이를 인정해야 한다는 입장이다. 이때 결과 자체에 수정이 필요하다면 사회적으로 용인되는 수준에서 재분배 정책이 가능하다고 본다.

결과의 수정에 대한 주체 역시 신자유주의자들과 복지국가 혹은 사회투자국가론은 확연한 인식의 차이를 드러낸다. 신자유주의자들은 정부를 불신하기 때문에 국가에 의한 재분배를 거부한다. 대신 민간이 알아서 자율적으로 하는 기부가 최선의 방법이라고 생각한다. 부가 증가하면 인간은 문화적이고 지적인 소비취향이 생기거나 혹은 타인에 대한 배려로 기부를 통한 사회적 환원에 관심을 갖게 된다는 것이다. 반면 복지국가는 이런 온정적인 태도에 전적으로 의존해서는 사회적 안전망이 보장되지 않는다고 보고 국가에 의한 강제적 재분배 수단이 필요하다고 본다. 이런 개입의 근거는 물론 사회정의의 원칙에 의한다. 사회투자국가는 최근의 경향이 사회적 온정주의가 더 이상 확산되기보다는 오히려 사회적 배제(exclusion)를 낳고 있다고 보고 있다. 사회적 배제는 두 가지 영역에서 일어나고 있는데 한 가지는 가난한 사람들이나 그의 자녀, 혹은 그가 속한 공동체가 일하는 공동체와 유리되어 가난이 대물림되는 현상이 나타나는 것이고 다른 하나는 소위 사회적 상층계급에서 이런 경향이 나타난다는 점이다. "상류층의 사회적 배제에 대처하는 것은 빈곤에 대처하는 것만큼 중요하며 또한 복잡하다. 어떤 상황에서는 상층부에서 경제적 불평등의 새로운 원천이 나타나고 있는 것으로 보이는데 이에 대한 대처는 쉽지 않다. 그 예의 하나로 승자독식 시장의 확산을 들 수 있다."[6] 문제는 이러한 사회적 배제가 상류층에만 나타나는 것이 아니라 중산층으로 확산되는 경향이 있다는 점이다. "사회적 유대라는 측면에서 가장 중요한 집단은 새롭게 부자가 된 기업가들뿐만 아니라 전문적이고 재력이 있는 중간계급의 구성원들이다. 왜냐하면 그들은 공적 공간에서 퇴출하도록 위협하는 구분선에 가장 가깝게 있기 때문이다." "이런 이유들 때문에 복지국가의 개혁이 안전망을 축소하는 방식으로 이루어져서는 안 된다"는 것이다.[7] 사회투자국가에서는 복지국가와 같이 국가가 획일적이고 전 사회적인 안전망을 구성하는 방법보다는 사회투자와 공동체적 기부문화의 양면에서 이루어져야 한다고 보고 있다.

---

6) Anthony Giddens, *The Third Way and Its Critics* (Polity Press, 2000), pp.116~117.

7) Anthony Giddens, *The Third Way: The Renewal of Social Democracy* (Polity Press, 1998), p.107.

## 상속과 재능

신자유주의자들 역시 자유의 우선성을 인정하지만 고전적 의미의 평등을 부정하는 것은 아니다. 이들에게 평등의 의미는 단연코 기회의 평등을 의미한다. 달리 표현한다면 결과의 평등만이 아니라 결과지향적인 평등을 인정할 수 없다는 견해이다. 자유로운 경쟁이 살아 있는 사회를 위해서는 만인에게 평등한 기회가 보장되는 것이 최상이며 법과 제도는 이런 기회의 보장을 위해서 존재해야 한다는 것이다. 공정한 게임(fair ground)을 만들어줌으로써 국가의 임무는 끝난다고 본다. 그리고 공정한 규칙이 적용된다면 경쟁의 결과는 행운(luck)과 재능에 의해 결정되는데 이 결과에 대해서는 개인들은 자기 책임이라는 것이다. 이때 문제가 되는 것이 행운에 의해 경쟁의 결과가 영향을 받을 수 있는데 이런 행운에 의한 경기결과 역시 정당한 것이냐 하는 문제이다. 신자유주의자들은 이것 역시 경기의 한 구성 요소로서 이를 인정해야 한다고 본다. 인간의 세계에서 행운에 의해 좌우되는 요인을 제거할 수 없을 뿐만 아니라 경기의 결과에서 행운에 작용한 것이 얼마인지를 계량화하여 사회화할 객관적 능력이 인간에게는 없다는 것이다. 특히 정부가 이런 요소를 고려하여 경기의 결과에 대해 인위적인 개입을 한다는 것은 행운에 의한 요소를 용인하는 것보다 더 큰 부작용을 낳는다고 본다. 철저하게 이 영역에서 신자유주의는 국가나 정부의 의도(intention)와 능력(capability)을 불신한다.[8]

이러한 극단적인 견해에 의하지 않더라도 행운에 의한 결과의 일부에 대해 조세 등을 통한 재분배를 인정해야 하느냐 하는 것은 여전히

---

8) Friedrich A. Hayek, *Law Legislation and Liberty Vol II: The Mirage of Social Justice*, pp.51~53.

신자유주의와 재분배적 자유주의자나 사회투자국가론자 사이에서 이견이 존재하고 있다. 가장 큰 쟁점이 있는 영역은 상속에 관한 것과 타고난 재능의 우연성과 이를 인정할 것인지에 관한 것이다.

상속은 인간의 재능이나 노력과 상관없이 일어나는 가장 우연적인 상황이지만 이것이 인간의 삶에 미치는 영향은 지대하다. 복지국가의 견해에 의하더라도 상속에 대해 부정적이고 상속세를 긍정적인 견해들이 우세하다. "이것은 상속세에 대한 우리의 태도에 영향을 미친다. 소득의 불평등을 정당화하는 데 약간의 이유가 있다고 하더라도 이것은 상속의 불평등에 그대로 적용되는 것은 아니다."9) 상속이라는 우연적인 승계에 의해 자신의 능력이나 노력과 관계없이 특정한 개인에게 남겨지는 불로소득에 대해 공정한 기회의 관점에서 재분배가 일어나야 한다고 보는 것이다. 사회투자국가 역시 이런 견해에 동의하고 있다. "우리는 부의 상속에 의한 기본적인 불균형성을 묵인해서는 안 된다. 상속은 삶의 불평등으로 인식되며 수혜자의 능력과 동기에 관계가 명확하지 않기 때문에 합리적인 해석에서 공정한 기회와 양립할 수 없다."10)

이에 반해 신자유주의자들은 상속이나 재산권이 새로운 창조의 원천이라고 보았다. 일부 사회적 일탈이 일어나기도 하지만 신흥부자들이 흔히 탐닉하는 조야한 쾌락은 이미 부를 상속한 이들에게는 아무런 매력이 없다고 보고 상속에 관해서도 긍정적인 평가를 갖는다. 부모로부터 상속을 통한 선발은 적어도 남다른 기회를 부여받은 자들이 사회에 가치 있는 작업을 위한 교육을 받을 기회를 가질 개연성이

---

9) John Maynard Keynes, *The General Theory of Employment, Interest, and Money*, p.374.

10) David Miller, "What is Social Justice?" in Nick Pearce and Will Paxton(eds.), *Social Justice: Building a Fairer Britain* (IPPR, 2005), pp.3~20.

높다. 이들은 부(富)라는 물질적 이득이 이미 낯익은 환경에서 성장하게 될 테고 그것이 당연한 까닭에 물질의 추구가 더 이상 만족의 주된 원천이 아니라는 강점을 갖는다. 사회적 상승의 과정은 때로 몇 세대에 걸치게 마련이라는 주장에 일말의 타당성이 있고 어떤 사람들은 대부분의 힘을 생계에 바치는 대신 선택하는 어떤 목적을 이루기 위해 자신을 헌신할 시간과 재력을 지녀야 한다면 상속은 최상의 선택기제가 된다고 보았다.[11] 이런 견해의 밑바닥에는 상속에 대해 정부가 관여하여 공정한 게임의 룰을 만들겠다는 정부에 대한 불신과 행운을 결과의 한 요소로 수용하려는 인식이 전제되어 있다.

다른 하나의 우연적인 요소로서 재능을 들 수 있다. 재능은 유전적인 요인을 포함해서 이는 개인의 노력의 결과가 아니라 타고난 우연이다. 이 우연적인 요소에 대해 어떤 견해를 취할 것인지도 철학적 가치판단에 따라 상이하다. 우리가 익히 짐작하는 대로 신자유주의자들은 재능을 개인의 노력과 함께 행운처럼 우리가 경기의 일부로서 용인해야 한다고 보고 있다. 반면 롤즈는 이를 어떤 의미에서 공동의 자산으로 간주한다. 롤즈를 비롯한 재분배적 자유주의자들은 개인의 재능을 그런 재능을 갖지 못한 다른 사람들의 목적을 위한 수단으로 사용할 수 있다고 보며, 이를 위해 강제노동에 비유되는 조세체계를 용인하고 있다. 반면 사회투자국가론자들은 선택과 행운에 관해서 제기되는 불공정을 구별할 현실적인 정보와 능력이 없기 때문에 이를 용인하는 것이 보다 현실적임을 지적하고 있다. "정치적 사회정의에 대한 실질적인 가르침은 행운의 대량제거를 목표로 하지 않는다. 대신 우리가 할 수 있는 것은 나쁜 행운으로부터 사람들을 지키는 것이고 행운의 누적

---

11) 프리드리히 A. 하이에크, 『자본주의냐 사회주의냐』, 215쪽.

된 결과를 낮추는 것이다. 사회적 최소한을 보장하는 정책들은 이러한
목적들의 기초를 만족시킨다."12)


## 복지국가의 사회주의적 속성

기회 평등과 결과 평등에 대한 의견이 철학적 가치에 따라 다르듯이
복지국가를 바라보는 기본적인 시각에서도 철학적 가치에 따라 큰
편향을 보인다. 신자유주의자들은 복지국가 자체를 사회주의와 유사한
성격을 갖는 것으로 극단적으로 이해하는 경향도 존재한다. 이미 1950
년대 무렵에 사회주의는 더 이상 지식인 사회에서도 대중 속에서도
호소력을 갖지 못하고 역사 속으로 사라질 운명이며 이에 대한 대체가
사회정의의 환상을 좇는 사람들에게 필요하다고 보았다. "1950년대
초에 일어난 커다란 변화는 사회정의의 달성을 위한 특수한 방법이라
는 의미의 사회주의는 붕괴했다. 이것은 그 지적 호소력만 잃은 게
아니라 대중들에 의해서도 포기되었으며 각지의 사회주의 정당들은
그 신봉자들을 적극적으로 뒷받침할 수 있는 새로운 프로그램을 찾고
있는 중이다. 그들은 자기들의 궁극적인 목표인 사회정의의 이상을
포기하지 않았다. 그러나 그들이 이 목표를 달성할 수 있기를 바랐던
방법, 또한 '사회주의'라는 명칭을 얻게 해주었던 바로 그 방법은 기각
되었다. 그 명칭은 현존하는 사회주의 정당들이 채택하게 될 새로운
프로그램으로 이전될 것이다. 그러나 이전의 특정한 의미에서 사회주
의는 이제 서구사회에서는 죽어버렸다."13) 신자유주의자들이 평가하

12) David Miller, "What is Social Justice?" pp.7~10.

13) Friedrich A. Hayek, *The Constitution of Liberty*, pp.254~255.

기에 사회주의는 더 이상 사회정의를 추구하는 좌파들에게 현실적인 방법이 될 수 없기 때문에 사회정의의 환상을 추구할 새로운 방법이 강구되었다고 본다. 바로 그것이 복지국가라는 것이다.

"옛 사회주의자들은 우리가 이미 재분배 국가의 방향으로 지금까지 표류해 왔으며 이제 믿을 수 없는 생산수단의 사회화를 추진하는 것보다 이 방향으로 밀어붙이는 것이 훨씬 쉬워 보인다는 사실을 발견했다. 그들은 명목상으로 사적 산업으로 남아 있는 것들에 대한 정부의 통제가 확대됨으로써 몰수라는 좀 더 장대한 정책의 실질목표였던 소득재분배를 더욱 쉽게 달성할 수 있다는 사실을 깨달은 것으로 보인다."[14] 이들에 의하면 복지국가나 사회주의나 사회정의라는 목표를 달성하려는 목적에서 동일하며 이들은 본질적으로 일반의 믿음과 달리 차이가 없다고 보는 것이다. 단지 차이가 있다면 목표를 추구하는 수단에서 혁명적인 방식이 아니라 점진적인 의회를 통해 이루어지고 재분배라는 국가정책을 통해 수행되기 때문에 현실적으로 대중들의 저항을 줄이면서 그들의 목표를 달성할 수 있다고 본다.

신자유주의자들도 현대 국가에서 최소생계 수준을 보호해야 한다는 의무 자체에 대해서는 굳이 반대하지 않는다고 한다. 그러나 이것이 시행되는 복지국가적인 방법에 문제가 있다고 본다. "순수한 서비스 활동의 규모가 일반적인 부의 성장만큼 증가하지 않을 이유는 없다. 집단행위에 의해서만 충족될 수 있고 개인의 자유를 제약하지 않고도 제공될 수 있는 공동의 필요가 존재한다. 우리가 점차 부유해짐에 따라 공동체가 항상 자립할 수 없는 이들을 위해 제공해 왔으며 시장의 외부에서 제공될 수 있는 최소생계수준이 점차 올라가리라는 것은

---

14) 같은 책, p.257.

부인하기 힘들다. 또한 정부는 아무 해도 끼치지 않고 유용하게 이러한 노력들을 돕거나 주도할 수 있다."15) 이러한 서비스가 제공되어야 하는 근거로 사회정의란 허구적 개념에 기초하고 있을 뿐만 아니라 그 수행 방법이 단순히 서비스를 제공하는 것이 아니라 국가의 강제력을 동원 한다는 점이다. 특히 재분배를 이유로 조세 정책 등 법과 제도로서 개인의 재산권에 대한 강제적 침해가 일어나는 것이 복지국가의 가장 큰 폐단이라고 본다.

## 복지국가의 정책 수혜계층

신자유주의자들의 복지국가 비판은 이런 목표와 방법의 강제성과 자의성을 넘어 명목상의 수혜계층과 실질적인 수혜계층이 다르다는 데 더 큰 문제가 있다고 주장한다. 복지의존성이나 도덕적 해이와 같이 복지급여에 의해 노동의욕을 감퇴시키고 사회적 배제를 재생산하는 복지체계에 문제가 있다는 정도의 비판을 넘어서 원래 의도와는 달리 사회적 저소득층이나 소외계층이 아니라 대중민주주의의 다수를 차지 하는 중산층에 그 혜택이 돌아가고 오히려 상류층과 저소득층은 재분 배 정책의 희생자들이라고 보는 것이다.

모든 사회보장제도가 '디렉터의 법칙(Director's Law)'을 따르고 있다 고 보고 있다. 즉 "공공지출은 주로 중산계층을 위한 것이며 가난한 자와 부유한 자가 비용을 크게 부담"하는 것이다.16)

---

15) 같은 책, p.258.

16) George J. Stigler, "Director's Law of Public Income Redistribution," *Journal of Law and Economics*, vol.13(April 1970), p.1; Milton and Rose Friedman, *Free to Choose*, p.107

이와 같은 신자유주의자의 재분배 정책 왜곡에 대한 인식은 곳곳에서 나타난다. 사회정의의 이름으로 특수집단 중에서 다수를 차지하는 중산층의 탐욕을 위해 왜곡되어 나타난다는 하이에크의 견해나 복지제도의 허점을 이용하여 일하는 사람보다 실업상태에서 더 많은 여가와 자산을 즐기는 복지의존자들에 대한 프리드만의 비판이 있다.

이 같은 극단적인 반대는 아니더라도 이들이 재분배에 가지는 반감은 여실히 드러난다. 오늘날 이러한 소득의 재분배는 사회보험의 주요한 목적이 되었다. 소득의 재분배가 사회보장기구 초기의 공인된 목적은 결코 아니었다고 해도 독점적인 강제보험 체계는 다수의 시혜자들이 불행한 소수의 수혜자들에게 무엇을 줄 것인지 결정하는 게 아니라 다수의 수혜자들이 부유한 소수로부터 무엇을 가져올 것인가를 결정하는 체제로 바뀌어버렸다. 빈민을 구제할 목적이었던 기구가 점차 평등주의적 재분배의 도구로 전화했다. 소득을 사회화하고 또 그럴 만한 가치가 있다고 생각되는 사람들에게 화폐, 또는 그와 유사한 편익을 배분하는 수단을 마련함으로써 복지국가는 사회주의로 대체되어 버렸다는 것이 자유주의자들의 시각이다. 복지 정책은 공동체가 빈곤을 막고 최소한의 복지수준을 보장할 의무를 갖는다는 초기의 목적에서 이탈하여 공동체가 모든 사람의 '공정한' 지위를 결정짓고 그것이 각자 받을 만하다고 생각하는 몫을 배분할 권력을 획득하는 순간 그 본래의 정책 목적과 다른 재분배수단이 되어버렸다는 것이다. 정부가 특정 서비스를 제공하는 배타적 권력을 갖게 되면 자유는 심각하게 위협받는다. 목적을 성취하기 위해 권력은 개인에 대한 자의적 강제로 사용될 수밖에 없다고 본다.[17]

재인용.

17) Friedrich A. Hayek, *The Constitution of Liberty*, pp.378~379.

물론 이러한 비판에 대해 복지국가나 사회투자국가를 옹호하는
입장에서는 복지 정책이 처음의 의도와는 달리 일부 왜곡이 나타나고
있는 것을 시인하지만 이와 같은 부작용 때문에 원래의 정책 취지가
사라지는 것은 아니라고 본다. 더 문제가 되는 것은 복지급여를 받는
대상자들이 복지 수혜에 의존하여 복지의존이 만성되어 사회적 배제가
일어난다고 보는 것이다. 따라서 이들이 어떻게 하면 다시 일하는 직장
으로 돌아와 복지 재정의 부담을 줄여주고 인간다운 삶을 다시 영위할
수 있는가 하는 점에 더 근본적인 초점을 맞추고 있다.

# 제7장_ 신자유주의 경쟁 정책

## 자본주의 정책의 꽃

산업 정책이 사라지고 난 시장에는 무엇이 남아 있을까? 근대 자본주의에서 본래적인 시장에 산업 정책이 설 자리는 없었다. 근대 자유주의 정신인 '법의 지배'에서 가장 근본이 되는 것은 만인에 대한 법 앞의 평등이었다. 이는 특정인에 대한 구체적 억압을 배제하는 동시에 다른 한편에서는 특정한 사람이나 특정한 산업에 특혜를 주지 않는다는 것을 의미한다. 시민혁명이 성취했던 가장 큰 경제적인 성과는 절대 왕정시대에 특정 산업이나 특정 개인에게 주어졌던 특권과 프랜차이즈를 인정하지 않고 만인이 자신의 자유의사에 의해 '공정한 경기장(fair ground)'에서 경쟁을 한다는 것을 의미한다. 국가는 시장에 대한 자유방임(laissez faire)을 인정하고 공정한 경기장을 유지하는 심판으로 역할을 하는 것이다.

그런 점에서 경제적으로 자본주의를 채택하고 정치적으로 민주주의를 근간으로 하는 국가 체계에서 가장 근본이 되는 정책은 경쟁 정책이다. 자본주의는 사적 자치를 근본으로 하고 사적 자치의 영역에 맡겨두어 해결될 수 없는 문제들에 국가가 개입하는 것이 원칙이다.

개인의 재산권과 계약의 자유가 법률로써 보장되는 가운데 시장에서 개인이나 기업은 자신들의 자유의사에 의해 거래와 기업 활동을 하게 된다.

자본주의 경제에서 가장 중요한 것이 시장이며 이 시장을 직접 규율하는 정책이 경쟁 정책이다. 이러한 의미에서 경쟁 정책은 시장에 대한 가장 직접적인 정책이며 국가에 의한 다른 정책분야보다 가장 근본적인 정책이다. 경쟁 정책은 기업 간 거래와 계약에 대한 직접적인 규율이며 그 대상이 자본주의 경제활동의 주체인 기업에 대한 일차적인 통제이다. 관념적인 의미에서 시장을 상정한다면 시장에 대한 직접 규율이 경쟁 정책이고 다른 국가정책은 경쟁 정책 다음에서 이루어지는 정책으로 볼 수 있다. 노동, 조세, 재정, 복지, 교육 등은 시장의 질서를 규율하고 그 뒤의 문제인 것이다. 시장질서가 잡히고 난 뒤에 그에 필요한 노동자와의 계약문제가 제기될 수 있으며, 국가 재원확보를 위한 조세와 재정문제가 등장하고 경쟁의 탈락자들 보호를 위한 복지문제가 파생하며 다음 세대를 위한 교육문제가 고려될 수 있는 것이다.

경쟁 정책이 가장 근본적인 자본주의 시장질서에 대한 규제라면 이 영역에서 역시 자유와 평등의 문제가 심각하게 내재되어 있을 것이다. 기업 개인들의 자유를 최대한 보장할 것인가 아니면 이 영역에서도 생산자 간 사회적 형평을 고려할 것인가 하는 것이 근본적인 정책목표로 제기될 것이다. 구체적으로는 대기업집단에 의한 경제력 집중을 어떤 방식으로 해석하고 어느 수준에서 사회적으로 용인할 것인가 하는 문제가 등장한다.

이러한 점에서 경쟁 정책 역시 이데올로기의 한 하위분야이며 다른 분야보다도 이데올로기에 대한 더 큰 교육적인 영향력을 가지고 있다.

경쟁 정책은 우리 사회의 보다 커다란 움직임들이 반영되고 그 움직임들이 적게나마 중요하게 강화 또는 생성되는 소우주(microcosmos)라고 생각하는 것은 무리가 아니다. 이데올로기적 하위분야 사이의 벽들은 투과성을 지니고 있다. 한 하위분야에서 이기거나 진 싸움은 다른 하위분야에서 유사한 싸움의 승패에 영향을 미칠 것이다.[1]

## 소비자후생의 극대화

자유주의자들에게 경쟁 정책의 정당한 목적은 오로지 소비자후생의 극대화이다. 현재 반트러스트 법률들은 이 장점들이 결여되어 있는데 이는 정책목적으로 소비자후생 극대화에 상충되는 목적들을 도입했기 때문이며 그중 중요한 것이 소기업들의 생존 또는 안락이다.[2] 같은 정책 내에 상충된 정책목적을 하나의 정책수단을 통해 실현한다는 것은 원초적으로 불가능한 것이며 정책 일관성을 유지할 수는 없는 것이다. 더구나 반트러스트 정책과 같이 한편에서는 소비자후생 극대화라는 자유주의적 정책과 다른 한편에서는 소생산자 보호와 같은 평등지향적인 정책이 같은 정책수단으로 시행될 경우 당연히 그 정책은 정치적 사회적 상황에 따라 정책목표가 좌우로 흔들릴 수밖에 없다.

자유주의적 경쟁 정책은 반트러스트법이 소비자 지향적인 법으로서 기초적인 경제이론을 이용하여 어떠한 시장구조나 행위들이 해로우며 어떠한 것이 유익한가를 판단해야 한다고 본다. 소비자들이 기술적

---

1) Robert H. Bork, *The Antitrust Paradox: A Policy at War with Itself* (Basic Books, 1978), p.10.

2) 같은 책, p.7.

인 제약들이 허용하는 만큼 최대로 그들의 욕구를 충족시킬 수 있도록 사회의 경제적 자원이 배분되었을 때 소비자후생이 극대화된다. 이러한 의미에서 소비자후생은 국부(國富)를 지칭하는 또 하나의 용어일 뿐이다. 따라서 경쟁 정책은 물질적 번영을 선호하지만 번영이 분배되거나 사용되는 방법에 대해서는 관심을 갖지 않는다.[3] 한 가지 오해가 없어야 할 것은 자유주의자들이 국부의 분배를 아예 무시한다는 것이 아니라 적어도 경쟁 정책의 목적은 소비자후생 극대화라는 정책목적에 집중해야 하고 소득분배 등은 다른 정책수단을 통해 해결해야 한다는 입장이다. 즉 다른 법률들이 다룰 사항이라는 것이다.

소비자후생이라는 용어가 경쟁 정책에서 쓰일 때 이는 사치금지적 또는 윤리적 요소를 갖는 것이 아니라 소비자들이 시장에서 자신들의 욕망을 표시하여 자신들이 부(富)라고 생각하는 것들을 정의할 수 있게 해준다. 경쟁 정책은 누가 부유하거나 가난해야 하는가를 결정하는 절차가 아니며 공해를 줄이기 위해 부를 얼마만큼 써야 하는가를 결정할 수도 없다. 경쟁 정책은 어떠한 합법적인 생산물들이 소비자들에게 가장 유리한 조건 밑에서 생산되고 판매되도록 요구함으로서 전체적인 부를 증가시킬 수 있는가에 관심이 있을 따름이다.

경쟁 정책의 임무는 기업들이 소비자들의 욕구에 반응하게 만드는 강력한 경제적 메커니즘을 보전하고 아울러 개선·강화하는 것이다. 사회적 관점에서 보면 이 과정은 두 가지 면에서 고찰될 수 있을 것이다. 첫째, 가용 생산인력과 재료를 다양한 산업 간에 할당 또는 배분하는 것, 둘째, 각 산업 내의 다양한 생산수단들을 최대의 산출량을 생산해낼 묶음들로 효과적으로 통합하는 것이다. 이 두 요소들을 배분적 효율

---

3) 같은 책, p.90.

(allocative efficiency)과 생산적 효율(productive efficiency)이라고 지칭할 수 있다. 이 두 유형의 효율이 우리 사회의 부, 또는 소비자후생의 수준을 결정짓는 전체적 효율(overall efficiency)을 이루는 것이다. 경쟁 정책의 모든 임무는 소비자후생의 증가를 이루지 못하거나 그 감소를 초래할 정도로 생산적 효율을 손상하지 않으면서 배분적 효율을 증대시키는 노력을 하는 것이라고 요약할 수 있다.[4]

## 대중적 반기업 정서

경쟁 정책은 원래 자유로운 사적(私的) 과정을 자유롭게 지킬 목적으로 이에 대한 제한된 간섭을 하는 것으로 착상되었다. 이는 자유시장제도를 보전하려고 자유빙임(laissez faire)을 완화했다. 최소한의 정부간섭이 있는 자유로운 시장을 유지하려는 것이 경쟁 정책의 원래 도입취지였다. 이 때문에 경쟁 정책은 집산주의적, 국가통제주의적, 간섭주의적 그리고 궁극적으로는 권위주의적인 경제적 이념에 대한 저항의 상징물이 되었다.[5]

미국의 반트러스트 정책은 한 세기를 거치면서 본래적 경쟁 정책과는 다른 많은 변화를 겪어 왔다. 특히 1960년대부터 1970년대 중반까지 소규모 경쟁자의 보호와 경제력 분산을 반트러스트의 명시적 목적으로 인정하려는 경향이 증가하여 매우 경직적이고 강력한 반트러스트 정책이 시행되었다. 국가통제주의의 기본 관념들이 서서히 반트러스트를 비집고 들어와 자리를 잡았다. 반트러스트법의 본성과 맞지 않는 이데

---

4) 같은 책, p.91.

5) 같은 책, p.418.

올로기들이 이 법에 침입했기 때문에 반트러스트가 위기에 처하게 된 것이다. 국가통제주의와 간섭주의 이데올로기들이 반트러스트의 강력한 상징적 의미와 교육적 힘을 차지하게 되는 것은 자유민주주의적, 자본주의적 사회질서를 떠받치는 이데올로기에 커다란 손실이 되었다. 반트러스트에 드러난 대중적 반기업 정서(anti-corporate populist sentiment)는 몇 가지 추세를 낳았다. 첫째, 자유시장이라는 이상으로부터 규제된 시장이라는 이상으로 이행, 둘째, 전체의 후생보다도 특정집단의 후생을 염려하는 경향, 즉 국민후생 전체보다도 개별적 소생산자 집단의 후생을 위한 정책 시행, 셋째, 자유와 성과에 따른 보상이라는 이상에서 결과의 균등과 지위에 따른 보상이라는 이상으로의 이행이다. 이 경향들은 공통적으로 반자본주의적이며 권위주의적 사조이다.[6]

자유시장은 개인의 책임하에 기업이 효율적인 생산을 통해 시장에서 상품을 판매하고 보이지 않는 시장기구가 사회적 후생을 극대화하는 제도를 말한다. 이 경우 정부가 공정경쟁을 위해 개입할 일은 필요한 최소한에 그쳐야 한다. 그것은 독점적 시장지배력을 확보하여 소비자의 이익을 침해하고 사회적 생산을 감소시키면서 독점이윤을 추구하려 할 때와 같이 극히 제한적인 상황에 국가가 개입하는 것을 의미한다. 현실적으로 특정 기업 혹은 특정 개인이 어떤 시장에서 지배력을 확보하기는 쉽지가 않다. 그리고 독점이윤을 확보할 만큼 시장지배력이 있는 기업일지라도 그 지배력을 현실화시켜 독점이윤을 얻기는 더 힘들다. 그러나 공황의 경험과 급격한 산업의 재편 등을 경험한 대중들은 발단(incipiency) 단계에서부터 독점의 발생을 방지해야 한다는 것으로 확대해석하는 경향이 있다. 각종 형태의 경쟁 정책에 대한 제한이

6) 같은 책, pp.418~419.

입법화되었다. 합의하여 경쟁을 배제하는 약정들, 예컨대 수평적 가격 고정, 시장분할, 기업결합을 당연위법으로 제도화하는 입법이 행해졌다. 더 중요한 것은 배제적이라고 생각되는 행위나 약정들 예컨대 수직 결합, 복합결합, 배타적 거래, 연계판매, 가격차별 등등에서 자동배제 이론과 발단이론이 적용되었다는 것이다.[7] 경쟁 정책의 영역이 자유시장 원칙에서 규제된 시장으로 전화하게 되었다.

이러한 규제된 시장은 국민 전체의 후생보다는 특정기업의 후생을 염려하는 결과를 낳았다. 분배적 효율이나 생산적 효율의 관점에 의하면 시장의 자율적 힘에 의해 기업은 다양한 형태로 결합한다. 기업의 효율은 재화와 용역의 생산비용을 낮추거나 또는 가치를 높임으로써 소비자들에게 이익을 주게 되어 있다. 경쟁 정책에서 소생산자 이익을 보호하기 위해 위에서 본 다양한 형태의 규제들은 궁극적으로 소비자의 후생을 희생해서 소생산자들의 이익을 보호하는 장치가 되었다. 이는 기회의 균등을 바탕으로 자본주의적인 자유경쟁이 더 이상 경쟁 정책에서 고유한 본래의 목적을 수행하지 못함을 의미한다. 규제제도를 통해 만들어진 다양한 형태의 산업적 장벽은 자율적인 경쟁을 원초적으로 방해했다.


## 결과 평등의 지향

경쟁 정책에서 작용하고 있는 관념들은 사회 전체에서 지배적 위치를 차지하려는 더 큰 관념인 평등이나 사회적 형평 등의 특별한 한

---

7) 같은 책, p.160.

형태이다. 전체 후생보다는 집단의 후생에 대한 염려 그리고 불분명하나마 강력한 평등주의적 철학이 본래의 경쟁 정책의 목표와 상충되어 녹아들게 되었다. 자유시장에서 경쟁은 기회균등이라는 이상을 반영하는 반면에 소규모 기업들 및 효율이 떨어지는 기업들에 대한 경쟁 정책의 오랜 염려는 결과의 균등에 대한 선호를 반영하는 것이다. 자유로운 경쟁에서는 결과가 균등하지 못하므로 법으로 더 많이 간섭하라는 압력이 가해지는 것이다. 느린 사람을 빠르게 한다는 것은 법의 강제력이 닿지 않는 일이므로 그렇게 해서는 결과의 균등이 성취될 수 없고 단지 빠른 사람을 잡아당겨야 성취될 수 있다.[8] 이 이유 때문에 현대의 경쟁 정책이 그렇게 오래 우월한 효율의 주장을 인정하려고 하지 않았는지 모른다. 이것이 일부 의견에서 효율의 증대가 소규모 기업 또는 고군분투하는 기업의 경우에만 허용될 수 있다고 노골적으로 밝힌 이유일 것이다. 성공적인 기업이 이루는 효율증대에는 '경쟁상 이점' 또는 '진입장벽'이라는 이름이 붙여졌으며 경쟁 정책이 적용될 수 있는 수단을 통하는 경우에 효율증대는 금지되었다.

경쟁 정책은 본래 경쟁의 보호라는 본래의 목적에서 평등주의적 이데올로기로 제도화되어 갔다. 기회가 아닌 결과의 균등이라는 열망에 근거한 평등주의는 경쟁 정책에서나 사회 전반에 있어서 상태의 균등이 성취될 전망은 없으나 경쟁 정책은 그런 방향으로 나가는 데 따르는 비용을 보여주고 있다. 첫 번째 가장 분명한 비용은 효율의 억제에 의한 부의 파괴이다. 상태의 균등이 증진되려면 정부가 민간부문에 침투해야 할 필요성이 커지기 때문에 두 번째 비용은 정부의 권한이 더 커진다는 점이다. 세 번째 비용은 자유시장이 정부에 의해

---

8) 같은 책, p.422.

규제되는 시장으로 대체된다는 것이다.[9]


## 의회 내의 반기업 정서

의회 내에서는 언제나 대중적 반기업 정서, 즉 성공적인 기업을 성공했기 때문에 처벌하고 싶어하는 생각이 있다.[10] 이런 예들은 무수히 많다. 예컨대 미국 카터 대통령이 국민의 희생을 강요하는 에너지 계획을 발표하자 의회 내에서는 석유회사들로 하여금 정유회사를 분해하게 하여 그들에게도 해가 가도록 해야 한다고 주장했다. 이들에게 산업의 효율성이나 소비자후생보다도 경제력이 집중된 대기업에 위해를 가할 수 있다는 사실 자체가 중요하게 여겨질 수도 있음을 보여주고 있다. 국민들이 에너지를 공급원인 기업들에게 고통을 가해 의욕을 저하시키는 일이 전혀 무분별한 짓이라는 사실은 큰 문제가 되지 않을 수 있다. 유권자들은 강한 대중적 성향을 가지고 있기 때문에 의회에서도 이런 성향이 강하게 흐르는 것이다. 자본주의의 요새인 의회에서 시장이 수행하는 기능들이 거의 알려져 있지도 않고 인정되지도 않고 있다.

또한 의회는 이익집단활동(interest group politics)의 광장인데, 경쟁정책에 관련된 법률들은 많은 특정이익들에 영향을 미친다. 조세법들이 이익집단활동이 복잡한 입법 노력에 미친 영향을 잘 예시해 주고 있다. 그 결과가 다수 목표들이 경합하고 이익집단들이 남다른 취급을 요구할 만한 그럴듯한 이유가 있는 조세분야에서는 받아들여질 수도

---

9) 같은 책, p.423.

10) 같은 책, pp.412~413.

있다. 그러나 공공이익을 위한 경쟁제고라는 유일한 원칙이 지배하게
되어 있는 경쟁 정책분야에서는 이를 용인할 수 없다. 개별적 이익집단
의 이익을 위한 정책이 아니라 자본주의 시장 전체가 제대로 작동하도
록 기능하는 정책이기 때문이다. 그러나 경쟁 정책에서도 예외 없이
집중된 소수의 생산자 그룹의 이익을 위한 시장 규제들이 입법화되고
있는 것이 현실이다.

또 다른 의회의 특성은 의회가 합리적 경쟁 정책의 세부사항들을
만들어낼 것으로 기대할 수 없다는 점이다. 하나의 집합체로서 의회는
찬성과 반대를 요구하는 문제들을 결정하거나 올바른 일반원칙을 채택
하거나 또는 상세한 타협 결과들을 반영하는 법률을 만들어낼 수는
있다. 그러나 개개 의원들의 장점이 무엇이든, 의회 전체는 합법적
경쟁 정책 형성에 필요한 일련의 빈틈없는 일관된 사고를 제도적으로
할 수가 없게 되어 있다. 그만한 크기라면 어떤 집단도 그 일을 해낼
수가 없을 것이다. 대규모 집합체들은 하나의 단위로 조리 있게 사고하
지 못하는 것이다.[11] 이러한 조직의 특성은 그 집단의 고유한 합리적
정책대안을 창출하기보다는 대중의 정서에 영합하는 정책을 입안할
개연성을 항상 내포하고 있음을 의미한다.


## 경쟁 정책의 비일관성

현재의 경쟁 정책은 경쟁의 보호라는 본래의 정책목표와 소생산자
이익 보호를 통한 경제력 집중의 완화라는 두 개의 서로 상충된 목적을

---

11) 같은 책, p.412.

가진 히드라의 정책이 되어버렸다. 한 가지 정책 수단이란 몸통에 반대의 정신을 가진 두 개의 머리를 가진 괴물처럼 운영되고 있다. 이 히드라는 정치적 상황이나 경제여건에 따라 어느 한쪽의 머리로 사고하고 행동하다가 어느 순간 정치상황이 변화하거나 경제여건이 반대쪽으로 움직일 때 다른 머리로 사고하고 정책을 지배한다. 한마디로 정책의 일관성이 없이 정부의 자의적 필요에 의해 정책이 오락가락할 수 있음을 의미한다.

경쟁 정책의 비일관성은 경쟁 정책을 담당하는 정부 기관의 재량이 확대되면 확대될수록 증폭된다. 두 개의 상반된 정책목표를 담당하는 정부기관은 대중의 정서가 반기업적인 경향이 농후할 때는 경제력 집중 완화에 치중하게 되고 시장상황이 악화되어 경기부양의 필요가 있을 경우에는 대기업에 대한 규제를 완화한다. '불공정행위'를 판별하거나 제소하는 것이 행정당국의 고유한 권한이 되면 기관의 재량적인 판단에 따라 자의적으로 제소할 수도 있고 하지 않을 수도 있기 때문이다. 이는 권력자의 의지에 따라 정책이 춤출 수 있음을 의미한다. 만약 경쟁 정책에서 발전된 소생산자 보호를 위한 규제들이 일관성 있게 철저히 적용되었으면 경제에 미친 손실이 엄청났을 것이므로 그 해악이 즉각 분명해졌을 것이다.[12]

이론과 그 적용이 일치하지 않는다는 것은 경쟁 정책의 대상인 기업들이나 그 업무를 대행하는 반트러스트 변호사들에게 익히 알려져 있다. 이 비일관성 때문에 기업들은 사업행위를 계획함에 있어서 기업에 불리한 법적용의 사례가 있지만 정부가 소송을 제기할지는 불확실하며 법원도 기업에 불리한 방향으로 적용할지는 상황에 따라 다양하

---

12) 같은 책, p.420.

게 해석될 여지가 남아 있다. 상반된 두 개의 정책목표에 기초한 반트러스트법은 종국에는 법률적 판단의 문제가 아니라 사업적인 문제가 되어버리고 마는 것이다.


## 반경쟁적 교육효과의 영향력

경쟁 정책은 20세기 초반 셔먼(Sherman)법으로 입법화된 이후 자유시장의 이상으로부터 규제된 시장이라는 이상으로 움직여왔다. 이 추세는 매우 지배적이어서 반트러스트법이 자유시장의 신뢰에 기초한 공공정책에서 중요한 상징물이었고 대단히 교육적인 영향력을 지니고 있다. 현재 반트러스트법은 시장의 부적절함에 대한 그릇된 관념들 위에서 운영되고 있어 정부 간섭의 필요성이 없고 심지어 간섭이 해로운 경우조차도 정부 간섭의 필요성을 가르치고 있다.

반트러스트는 그 직접적인 경제적 중요성과는 비할 수 없을 정도로 강력한 교육적 영향력을 가지고 있다. 반트러스트법의 진정한 전제와 효과는 거의 알려져 있지 않지만 그 겉모양, 공식적 구실과 주장은 널리 홍보되어 있다. 저명한 경제학자 중에도 집중된 산업 내의 거대한 회사들을 분해할 경제학적 논리는 없지만 이러한 분해에는 찬성한다고 말한다. 사람들은 대기업의 우월한 성과를 결코 이해하지 못할 것인데, 그 회사들을 해체하게 되면 적어도 자유시장이 보존할 가치가 있는 중요한 것임을 보여주리라는 것이 그의 논리였다. 자유시장은 신뢰할 수 없기 때문에 지속적이고 파격적인 정부의 간섭이 필요하다는 견해이다.

사람들은 기업들이 계속적으로 공공이익에 반하게 행동하고 있는 것을 정부가 알아내고 있다고 알고 있다. 끝없이 반복되는 이 교훈은 설사 매우 잘못된 것이라도 서서히 자본주의의 지적·도덕적 정당성을 잠식하고 있다.

경쟁 정책은 이 정책이 규율하고 있는 단위 정책 영역을 뛰어넘어 더 넓게 우리 사회 내의 보다 큰 움직임에 복잡하게 연결되어 있다는 것도 밝혀둘 가치가 있다. 반트러스트는 시장기능을 직접적이고 명시적으로 다루는 이외에도 일반인들의 자유시장과 자본주의에 대한 태도에 독특한 상징적 및 교육적 영향을 미치고 있다. 자본주의 제도는 선례가 없는 경제적 성과 및 개인의 가치를 강조하는 사회문화적 분위기를 가져올 뿐만 아니라 이 제도가 생성, 훈련시키고 힘을 갖게 하는 부르주아 계급 때문에 안정적이고 자유로운 민주정권을 가능케 한다. 반트러스트는 자본주의 이데올로기의 핵심에 뻗쳐 있으며 이 법의 운명은 그 이네올로기의 운명과 깊이 관련되어 있다.[13]

### 경쟁 정책의 개혁 방향

자유주의 시각에서 보는 경쟁 정책은 세 부류의 경쟁제한적 행위를 규제하는 방식으로 개혁되어야 한다고 주장한다. 첫째, 경쟁자들 또는 잠재적 경쟁자들 간의 가격 고정 또는 시장분할약정과 같은 수평적 약정에 의한 경쟁억압, 둘째, 매우 큰 시장점유율을 갖게 되는 수평결합(어떤 시장에서든 중요 경쟁자가 셋 미만만 남게 되는 결합), 셋째, 경쟁자를 시장에서 몰아내고 경쟁자의 진입을 막거나 지연시키며 또는 기존

---

13) 같은 책, p.425.

경쟁자를 징벌하려고 하는 계획적 약탈, 치열한 경쟁을 약탈과 혼동하지 않도록 주의해야 한다.

반면 현재 제도 안에서 경쟁제한적인 행위로 간주되는 행위들은 그 제한의 근거가 합리적이지 않으므로 허용되어야 한다고 본다. 생산적 경쟁활동의 통합에 부수적인 가격, 판매지역, 거래거절 및 기타 경쟁억압에 관한 약정은 허용되어야 한다. 반트러스트법은 소규모의 수평결합, 모든 수직 및 복합결합, 수직적 가격유지 및 시장분할, 연계판매, 배타적 거래 및 소요량 구매계약, '약탈적' 가격인하, 가격 '차별' 등 유익한 행위를 더 이상 염려하지 말아야 한다. 반트러스트는 내부성장 또는 10년 이상 경과한 기업결합으로 이룩된 어떠한 기업규모나 산업구조도 염려하지 말아야 한다.[14]

---

14) 같은 책, p.406.

# 제8장_ 신자유주의 조세 정책

## 재분배의 중심논쟁

정치를 '사회적 자원의 권위적 배분'이라고 표현하지 않더라도 정부가 하는 기본적인 역할은 시장이나 민간으로부터 조세를 징수하여 그 세원을 바탕으로 각종 정책에 재정적인 지원을 하는 것이다. 정부의 역할이 시장의 경쟁 결과에 대해 어떤 방식으로 개입하는지는 정부규제 이외에 재정에 의해 가장 확실하게 표출된다.

자유방임주의에 의하면 준칙에 의한 재정수입 확보를 위해 비례세를 도입할 것이다. 이는 정부의 역할을 기회의 평등이란 고전적인 자본주의 관점에 의한 재정 운영 방식이다. 반면 사회정의나 사회적 형평을 강조하는 입장에서는 기회의 균등뿐만 아니라 결과의 균등까지 고려해야 한다. 따라서 경쟁의 결과로 나타난 소득에 대해 정치적 재조정이 필요하다. 이러한 입장에서 도입될 수 있는 조세 정책이 누진세제이다.

조세와 재정 정책에서 세출보다는 세입에 관한 정책이 경쟁의 결과에 대한 보다 직접적인 통제이다. 개인이 갖는 소득을 기준으로 조세 정책에 의해 소득세를 공제하고 난 나머지 가처분 소득이 개인이 실질적으로 사용가능한 경제활동의 대가이기 때문이다.

조세 정책에서 비례세를 도입하느냐 아니면 누진세를 도입하느냐에 따라 시장에 의해 결정된 소득을 다시 한 번 사회적인 조정을 통해 개인지출의 총액인 가처분 소득으로 결정한다. 복지국가의 다양한 재분배 정책이 있지만 가처분 소득에 직접적인 영향을 미치는 누진세 제도가 가장 핵심적이고 직접적인 재분배 정책의 수단이다.


## 적정 소득에 관한 논쟁

누진세 제도가 널리 수용되는 주요 원인 중의 하나는 다수가 적정 소득(appropriate income)을 합법적이고 사회적으로 바람직한 보수형태로 간주하게 되었기 때문이다. 이는 소득이 공급한 서비스의 대가와 관련된 것이 아니라 사회가 적절한 상태라고 간주하는 임금에 의해 보상받아야 한다는 관념이다.[1]

기업가적 노력이나 혁신적 생산활동에 의해 주어질 수도 있는 고액의 이득을 불필요한 것, 혹은 사회적으로 바람직하지 않은 것으로 바라보는 태도는 그들의 시간을 고정봉급, 또는 공정임금으로 판매해 온 사람들의 정신상태에서 나타난다.

그러나 공정임금의 관념은 스스로의 위험과 책임하에 자원을 관리하는 직업을 가진 사람이나, 그의 주요 목적이 스스로의 소득에서 나온 통제력으로 자원을 증가시키려는 사람들에게는 아무 의미가 없다. 마치 특정 기술의 획득, 또는 특정 지식의 획득이 전문직의 조건인 것처럼 그들에게 자원의 통제는 그들의 재능을 발휘하는 조건이다. 이윤 및

---

1) Friedrich A. Hayek, *The Constitution of Liberty*, p.400.

손실은 이러한 사람들에게 자본을 재분배하는 주요한 메커니즘이지 그들의 현재 생계를 유지시키는 수단이 아니다.

경상순익이 경상소비를 목적으로 한다는 관념은 봉급생활자에게는 자연스럽지만 주요 목표가 회사를 설립하는 것인 사람들의 생각과는 동떨어진 것이다. 소득개념 자체도 그들에게는 일반적으로 소득세로 인해 그들에게 강제된 하나의 추상개념이다. 임노동자가 아닌 독립적 경제활동 주체들에게 소득은 기대와 계획의 시각에서 그들의 지출능력을 현재 수준 이하로 떨어뜨리지 않으면서 그들이 지출할 수 있는 자금의 추정치이다.[2]

이에 반해 적정 소득의 개념은 다분히 산술적인 추정치이다. 어떤 개인이 노동시장에 투입되기 이전까지 그 개인에게 교육 등 투자비용이 얼마나 소요되었는지를 고려하고 현재 하고 있는 노동강도와 노동의 질을 사회적으로 고려한다면 얼마 성노가 적정한시 산출할 수 있다는 관념이다. 이는 시장에서 역동적인 혁신이 일어날 수 있고 그 대가로 개인은 일상적인 수준 이상의 초과이윤을 획득할 수 있다는 것과는 사뭇 다른 아디이어에서 출발하고 있는 것이다.

자본주의적 유인구조가 혁신이나 우연을 통한 초과이윤을 획득하는 것을 인정함으로써 시장의 역동성을 불러일으키는 제도라고 할 때 적정 임금 관념과 누진세 제도는 이런 시장의 유인구조와는 상반된 관념을 내포하고 있다.

---

2) 같은 책, p.400.

## 유복한 노동계급을 위한 누진세

19세기 후반에 누진세를 주장했던 사람들은 이 제도의 목적이 희생의 평등이고 소득재분배 수단은 아니라고 강조했다. 이런 점에서 '온건한 정도'의 누진성만 적용할 수 있고 '지나친 적용'은 당연히 비난받게 될 것이라고 주장했다. 그러나 이러한 시도들은 곧 포기되었고 누진성을 주장한 애초의 근거였던, 좀 더 공정한 소득분배 수단으로서 누진성을 강조하게 되었다. 전체 조세에 대한 누진율이 방어될 수 있는 유일한 근거는 소득분배의 변화의 타당성이고 이는 과학적 주장에 기초한 것이 아니라 다수의 선택에 의해 결정된 분배패턴을 사회에 부과하려는 시도, 즉 정치적 공준으로서 인식되었다.[3]

누진세를 인정하는 초기의 정치적 요구는, 누진세 도입 없이는 공공지출의 막대한 증가를 감당하기 힘들기 때문에 가난한 사람들의 조세부담을 줄여주기 위해서 이를 실시해야 한다는 것이었다. 자유주의자들에게 이는 순전히 하나의 신화에 불과했다. 고소득자, 특히 최고소득자 계층에 고율로 부과된 조세수입은 전체 조세수입과 비교하면 상당히 적어 나머지가 부담하는 것과 어떤 차이도 없다고 주장한다. 더구나 누진세의 도입 이후 오랜 기간 이득을 얻은 이들은 극빈층이 아니라 가장 많은 유권자를 제공하는, 전체적으로 유복한 노동계급이나 중간계급의 하위계층이었다.

누진세 제도를 통해 가장 부담이 가벼워진 계층은 가장 많은 유권자를 제공하는 중간소득자들이고, 반면 상층과 하층 유권자들은 총조세에서 훨씬 무거운 비례적 부담을 졌다고 주장한다. 이는 누진세 제도를

---

3) 같은 책, p.393.

입법화하는 세율 적용 과정에 다수의 중간계층에게 유리하도록 제도를 설계하는 것이 충분히 가능하다고 보기 때문이다. 이 경우 비례세와 같이 일률적으로 적용되는 준칙에 의하지 않는 자의적으로 조정된 과세표준과 과세율이 특정 집단이나 계층에게 유리하게 설계될 수 있다는 것이다.

다시 말해 비례조세원리가 포기되면 이득을 얻는 것은 빈곤층에 있는 사람들이 아니라 오히려 가장 큰 투표권을 갖고 있는 계급들일 수 있는데 누진세제는 투표력이 큰 이들 중간소득자층에게 빈곤계층과 유사한 수준의 낮은 세율을 적용하는 방식으로 운용될 가능성이 높다는 것이다.


## 누진세의 불투명성

누진세는 준칙에 의한 조세원리에서 벗어나 있기 때문에 제도의 설계자나 입법가들의 의도에 의해 편의적으로 왜곡될 충분한 개연성을 내포하고 있다. 현대와 같이 조세체계가 복잡해지면 복잡해질수록 그 개연성은 증가한다. 전문가가 아니면 이해조차 할 수 없는 복잡한 체계는 준칙이 없을 경우 그 자의성이 보다 쉽게 개입한다.

비례세와 달리 누진세는 상이한 사람들이 짊어져야 할 상대적 부담이 어느 정도인지 알려줄 어떠한 원리도 제공할 수 없다. 이는 차별의 정도를 제한하는 어떤 기준도 없이 부자들에 대한 차별을 선호하여 공식적으로 보여줄 수 있는 이상적인 누진율이 없기 때문에 세제가 고소득자에 대한 반감으로 이들에게 불합리하게 고율로 적용되는 것을 막을 조세원칙이 없다.[4]

민주주의가 공정해지기 위해서는 행동을 취할 때 일반원리에 인도
되어야 한다. 누진세와 같이 소위 채택된 원리가 공개적인 차별을 도입
하고 설상가상으로 다수에 의한 소수의 차별을 초래하는 곳에서는
조작된 정의의 원리가 자유재량의 다른 형태에 불과하게 된다. 필요한
것은 하나의 준칙이다. 그 준칙은 다수가 다수라는 이유만으로 그들에
게 적용되지 않는 규칙을 소수에게 적용할 권리가 없다는 민주주의의
일반원리에서 파생되는 개념이다. 이런 점에서 누진세 제도는 민주주
의의 토대와 근본적 원리에 대한 침해라고 자유주의자들은 보고 있다.

## 총 조세수입에 누진세의 미미한 기여

누진세 도입의 신화에는 복지국가에서 급증한 조세지출을 보존하
기 위해 누진세제가 필요하다는 것이다. 사회복지에 막대한 재원이
필요하지만 비례세로 일률적으로 세금을 거두게 될 경우 중하층의
사람들에게 부담은 늘어나는 반면 세입으로서의 역할은 미미할 것으로
보고 있었다. 따라서 세금을 낼 여력이 있는 부유층에게 이를 부담하게
함으로써 세입 자금을 확대할 수 있을 뿐만 아니라 재분배에도 기여할
것이라는 주장이다.

앞서 살펴본 것처럼 누진세가 원래 제도 도입의 취지대로 재분배
수단이 되고 있는지는 별론으로 하고 재분배의 역할을 하는 것은 사실
이다. 그러나 그보다 제도 도입의 더 큰 정당성이 되었던 총 조세수입에
서 차지하는 기여도에 관해서는 실증적인 연구가 필요하다. 미국과

---

4) 같은 책, p.397.

영국 등에서 나타난 연구 결과들은 일반의 상식과는 달리 그 효과가 크지 않다는 것이다. 이 두 국가의 전체적인 조세체계에서 누진세의 기여분은 총 조세수입의 2.5%에서 8.5% 사이이고 국민총생산의 0.5% 에서 2% 사이라는 것이다. 이 수치는 누진세가 사회적으로 필요한 조세수입의 유일한 방법이 아님을 보여주고 있다.[5]

---

5) 같은 책, pp.394~395.

# 제9장_ 신자유주의 노동 정책

## 사적 강제로서의 노동조합

자유는 '강제의 부재'이다. 자유는 법의 지배에 의해 모든 사람에게 적용되며 특정한 개인이나 집단에게 차별적 처벌을 반대할 뿐만 아니라 특혜 또한 반대한다. 자유주의자들은 노동조합이 법의 일반적 준칙이 통하지 않는 유일한 특권적 기관으로 변해 있다고 주장한다.

임노동은 자본가와 노동자 간에 체결되는 전형적인 사적 계약이다. 이는 자본주의의 근간이 되는 개인의 자유의사에 의한 사적 계약이 지켜지는 고유한 영역이었다. 노동조합은 임노동의 사적 계약을 사적 강제로 대체해 놓았다. 그리고 자본주의 경제에서 예외적으로 이러한 사적 강제가 실정법의 보호를 받고 있다.

모든 법률 아래에서 자유의 원리에 반해 노동조합이 행사할 수 있도록 허용된 강제는 주로 동료 노동자들에 대한 강제이다. 노동조합이 고용주에 대해 행사할 수 있는 진정한 강제력이 무엇이든 이것은 다른 노동자들을 강제할 수 있는 일차적 권력의 결과이다. 노동조합이 이러한 원하지 않는 지지를 강요할 권력을 상실한다면 고용주에 대한 강제력 행사는 그 힘을 상실할 것이다.[1]

노동조합의 강제력은 노동조합이 모든 노동자에게 이득을 준다는 헛된 신념을 조장하면서 단순히 심리적이고 도덕적인 압박에 기초해 있다. 그들이 모든 노동자는 자신의 계급을 위해 노동조합의 행동을 지지해야 한다는 일반적인 공감대를 형성하는 데 성공하게 되면, 강제는 반항하는 노동자로 하여금 자신의 의무를 다하게 만드는 정당한 수단으로 수용된다.

이러한 강제력의 원천은 노동계급의 표준적인 삶이 빠르게 성장한 것은 노동조합의 노력 때문이고 그들의 노력을 통해서만 임금은 계속해서 가능한 한 빠르게 성장할 수 있다는 신화에 기반한다. 그러나 비록 노동조합이 행사하는 도덕적 압력이 매우 강력하다 하더라도 그들이 실질적인 위해를 가할 권력을 가질 수 있을 정도로 충분한 것은 아니다. 노동조합이 사실상 동료의식을 강제할 목적으로 개발해 온 것은 바로 이 강제의 기술이다. 그들에게 실질적인 권력을 줄 수 있는 것은 '조직행동'이라 불리는 강제이다. 모든 노동자들의 공통이해 추구에 제약될 것이기 때문에 노동조합은 반대자들을 자신들의 명령에 복종시키는 데 주력한다.[2]

## 노동공급 통제와 임금

노조가 강제력을 확보하려는 주요한 목적은 노동 공급의 독점을 통해 임금을 상승시키는 것이다. 노동조합의 합법화는 그들의 주요 목적의 합법화 그리고 목적을 이루는 데 필수적인 것, 즉 그들의 독점적

1) Friedrich A. Hayek, *The Constitution of Liberty*, p.383.

2) 같은 책, pp.367~368.

권리를 승인하는 것으로 이해되었다. 노조는 점점 합법적이고 이기적인 목적을 추구하는 집단으로 여겨지고, 동등한 권리를 가진 경쟁적인 이해세력들에 의해 견제되어야 할 집단이 아니라 공공선을 위해서 모든 노동의 배타적이고 포괄적인 조직화라는 목적을 반드시 지지받아야 하는 집단으로 간주되었다.[3]

한 기업이나 산업의 모든 잠재적 노동자를 효과적으로 통제할 수 있는 노조는 고용주에 대해 거의 무제한적인 압력을 행사할 수 있다. 노동시장에서 독점적 지위를 이용하여 노동시장의 수요자인 자본가로부터 독점적 이득을 취할 수도 있다. 그러나 중요한 것은 이러한 행동으로부터 나온 총 이득이 고용상태에 있거나 그렇지 않은 모든 노동자들에게 이득이 되는 것은 아니라는 사실이다. 노동자들은 공급을 제한함으로써, 즉 노동을 일부 배제시킴으로써 자유시장의 임금수준 이상으로 실질임금을 상승시킬 수 있다. 높은 임금으로 고용될 수 있는 사람들의 이득은 결과적으로 저임금 직종에 고용될 사람들, 또는 실업자들의 이해와 항상 대립하는 것이다.[4]

노조가 고용주로 하여금 특정 임금에 동의하도록 하고 그보다 낮은 임금으로 고용을 하지 못하게 할 수 있다. 이 경우 고정임금은 좀더 낮은 임금에 고용될 수 있는 사람을 몰아내는 다른 수단과 마찬가지의 효과를 가진다. 그 전제는 고용주들은 노조가 다른 사람을 내몰 수 있는 힘을 가지고 있다는 사실을 알 때 그 임금에 동의할 것이라는 점이다.

노조가 노동임금의 상승을 불러왔다는 신화는 모든 노동임금에 적용되는 것이 아니라 노조에 속한 일부 노동자들에게 국한된 것이다.

---

3) 같은 책, p.364.
4) 같은 책, p.365.

노조가 시장균형점 이상으로 실질임금을 올리는 데 성공한다는 것은 다른 집단을 희생시키고 특정 집단에게만 이득을 주는 것이다.

모든 피고용자의 실질임금이 실업을 대가로 해서 노동조합의 활동에 의해 상승될 수 있는 반면 특정 산업, 또는 직종의 노조들은 강제로 다른 사람들을 보수가 적은 직종에 머물게 함으로써 자기 조합원들의 임금을 높일 수 있다. 오늘날의 노조들은 전적으로 특권의 결과인 불평등의 주요 책임자라는 데 의문의 여지가 없다는 것이 자유주의자들의 시각이다. 노조 역시 다른 이익집단과 마찬가지로 그들의 집단이익을 위해 같은 노동계층의 희생을 바탕으로 그들의 임금을 증진시키고 있다고 본다.[5]


## 완전고용의 환상


자유주의자들은 케인즈의 완전고용 정책은 실질임금을 하락시키는 인플레이션을 통해 이루어지는 일시적 현상에 불과하다고 보았다. 실업을 극복하는 것이 중요한 정책목표일 때 명목임금을 상승시킴으로써 화폐환상에 의해 노동자들은 실질임금 하락을 체감하지 못하고 지출을 확대하고 자본가들은 확장된 수요를 바탕으로 생산을 늘리고 이를 통해 고용의 확대가 가능하다는 것이 케인즈의 주장이다. 직접적으로 화폐임금을 낮추는 것은 너무 고통스럽고 기간이 오래 걸리기 때문에 현실적으로 정책 수단으로 삼기는 곤란하다. 따라서 그는 화폐가치 하락을 통해 이것이 가능하다고 결론 내렸다. 노동이 완전고용을 유지

---

5) 같은 책, p.366.

하기에 너무 높은 화폐임금을 요구한다면 화폐임금의 실질가치가 노동자들의 생산성보다 커지게 되어 물가상승 압박을 가져올 것이다. 그러면 개별 노동조합들이 물가상승으로 하락하는 화폐가치를 만회하기 위해 그 이상의 화폐임금 증가를 고집할 것이고, 노동조합의 집합적 노력은 점증하는 인플레이션을 가져올 것임을 의미한다.

노조는 장기적으로 모든 노동자들이 획득할 수 있는 실질임금 수준을 본질적으로 변화시키지 못하고 사실상 이를 상승시키기보다는 하락시킨다. 화폐임금의 경우에는 인플레이션을 통해 지속적인 상승이 가능하고 노조 행위의 효과는 화폐 환상을 통해 화폐 정책을 지배하는 원리에 의존한다. 케인즈적인 교리나 그에 따르는 화폐당국들의 정책들에 의하면 현재의 노동조합 정책들은 계속적으로 점증하는 인플레이션으로 이어지게 될 것이다. '완전고용'에 대한 집착이 명시적으로 모든 실업에 대한 책임을 노조로부터 덜어주고 완전고용을 유지시킬 의무를 화폐당국 및 재정당국에 부가하게 된다. 그러나 화폐당국이나 재정당국이 실업을 양산하는 것을 막는 유일한 방법은 실질임금의 초과상승에 대해 인플레이션으로 대응하는 것뿐이다.[6]

자유주의자들이 보기에 더욱 비극적인 결과는 완전고용과 인플레이션의 연속적인 악순환에서 가격 상승을 막기 위해 화폐 발행을 억제할 경우 더 큰 실업을 불러올 수 있다는 점이다. 경제가 인플레이션 기대와 맞물리게 될 때 현존 고용량의 많은 부분이 계속적인 화폐 확장에 의존하기 때문에 그것을 멈추려는 시도는 급속히 대량실업을 야기할 수 있다는 것이다.

---

6) 같은 책, p.372.

## 노조에 대한 법적 보호 비판

노조가 정당성을 갖는 가장 중요한 근거는 그들이 노동자들의 권익, 특히 임금을 보호한다는 것이다. 그러나 자유주의자들에 의하면 노동조합 소속 노조원들의 시장가격보다 높은 임금의 보장은 경쟁적 관계에 있는 다른 노동자를 희생한 대가라고 보고 있다. 그리고 고용보호라는 명분도 인플레이션을 통한 실질임금의 하락에 의해 가능하다고 본다. 자유주의자들에 의하면 노동의 시장가격이 내려가면 노동 수요는 시장의 수요공급 원리에 의해 자연적으로 확대되는데, 이를 인위적으로 고정임금을 설정하여 막아 놓는 것은 인플레이션을 통해 실질임금을 하락시킴으로써 임금하락이라는 동일한 결과를 가져온다. 이때 문제는 노동시장에서 자체적으로 고용확대를 위한 임금상승을 가져오지 못하고 화폐 정책이나 재정 정책을 불필요하게 경유하게 된다는 것이다. 이 부작용으로 노동시장과는 직접적인 상관이 없는 물가상승을 가져온다.

자유주의자들에 의하면 노조의 노동자 권익보호나 고용보호라는 신화는 그 정당성을 갖지 못하고 있으며 노조는 실질적으로 그 구성원들의 특수이익 확보를 위한 이익집단에 불과하다. 더구나 이들의 활동수단으로서 사적 강제를 법률로서 보장함으로써 국가가 이들에게 독점적 이득을 부여하고 있다.

더 큰 문제는 이러한 노동 정책의 확대는 노동부문에서 조정기제로서의 시장을 제거하고 행정명령체계에 의한 시장의 대체가 일어난다는 것이다. 시장의 질서를 정책으로 할 경우 정부 감독은 전체 경제를 조정해야 하고 최종적으로는 단일한 중앙권력으로 집중된다. 정부가 '총괄적인 임금정책'을 시행할 가능성이 증가한다. 통일적인 임금정책은 당사자 간 사적 계약에 정부가 결정자로 전환됨을 의미한다. 강제력을 지닌 공식적인 조정 및 중재기구의 설립 및 임금위원회의 창설을 통해 임금이 점차 당국의 자의적인 결정에 의해 정해지는 상황에 처해지게 된다. 더 나아가 임금이 시장의 힘보다 몇몇 '정의(justice)'의 개념으로 정부에 의해 주도될 때 노동 정책은 사회 전체의 중앙계획 및 행정체제로 전환함을 의미한다. 경제체제를 유지할 수 있는 유일한 방법은 정부가 임금을 결정하는 것이 되어버린다.[7]

자유주의자들은 앞서 살펴본 것처럼 노조가 그 정당성을 상실하고 있고 노동 정책에 정부가 개입하는 것은 시장을 권위로 대체하는 것이기 때문에 노조에 대한 법적 보호수단들을 폐지해야 한다고 주장한다.


## 노동에서 법치의 회복

자유주의자들에 따르면 노동조합의 사적 강제를 막지 못할 때 정부는 그 실패를 치유하기 위해 다른 곳에서 고유의 기능을 넘어서도록 내몰리게 되며 자의적인 업무수행을 할 수밖에 없게 된다. 노동 영역에서 법치의 기본원리인 준칙에 의해 정책이 자리 잡지 못하고 제 세력 간 교섭과 중재에 의해 무원칙하게 운영되는 것을 목격한다. 실제로 이 현상을 치유하는 데 필요한 것은 법치의 원리로 돌아가는 것이며 입법기관과 행정기관이 이를 일관되게 적용하는 것이다.

자유에 대한 치명적인 위협을 피할 수 있는 방법 중에서 현 정책이 이미 포기했던 원리들에 다시 따르도록 하는 것보다 좋은 정책은 없다.

---

7) 같은 책, pp.374~375.

노동조합 문제는 특정 문제에 대한 임시변통적인 결정으로 만족스럽게 해결될 수 없고 모든 영역에서 균일하게 고수될 수 있는 원리의 일관된 적용을 통해서만 해결될 수 있다.

　자유사회를 유지하는 오직 하나의 원리가 존재한다. 즉 그것은 모두에게 평등하게 적용될 수 있는 일반적이고 추상적인 규칙의 집행을 제외한 모든 강제의 엄격한 금지이다.[8]

---

8) 같은 책, p.375.

# 제10장_ 신자유주의 복지 정책

## 공적부조와 사회보장

자본주의 경제체제는 개인 간 경쟁을 근간으로 하고 있기 때문에 필연적으로 승자와 패자를 낳는다. 승자와 패자가 결정되지 않은 사전적 상황에서 경쟁의 결과에 대해 패자에게 인정되어야 하는 필요최소한의 사회적 관용은 무엇일까? 롤스(J. Rawls)는 경쟁 결과에 대한 원초적 무지의 상태(veil of ignorance)에서 허용되어야 하는 합의가 사전적으로 가능하다고 보았다. 그리고 무엇보다 공동체가 그 사전적 합의를 바탕으로 사회적 약자에 대한 필요최소한의 보호를 제공해야 한다고 할 수 있다. 인간에게 필요최소한은 주거와 의식일 것이다. 그리고 시장에서 탈락한 혹은 일시적으로 퇴출된 대표적인 사회적 약자는 자활 능력이 약한 노인, 질병에 의한 환자, 시장에서 퇴출된 실업자가 대표적인 경우이다. 노인, 환자, 실업자에 대한 사회적 보호의 합의는 쉽게 도출될 수 있는 사회적 의무이다. 문제는 이러한 보호를 허용하는 수준이며, 이에 대한 자유주의자들의 입장은 단호하다. 필요최소한을 넘어서 시장을 왜곡하거나 사회적 재분배로 이어지는 것은 결단코 허용할 수 없다는 입장이다.

공동체적 생활양식이 남아 있던 봉건사회에서 사회적 약자에 대한 구제는 공동체의 의무로 간주되었다. 공동체가 도시의 성장과 자본주의의 발달에 따라 붕괴되고 사회적 약자 보호는 시장에 맡겨둘 수 없게 됨에 따라 이러한 서비스는 국가가 담당하게 되었다. 그리고 자유주의자들이 바라는 '위대한 사회(Great Society)'가 되면 자연스럽게 넘쳐나는 사회적 잉여를 바탕으로 사회가 자율적으로 해결해 나갈 수 있을 것이다. 하지만 공동체적 유대가 해체되고 시장이 그 기능을 할 수 없는 현 단계에서는 국가가 이 분야를 담당한다. 공적부조는 모든 국가에서 다양한 형태로 제공되고 있으며 이것은 과거 공동체의 빈민법이 현대적 조건에 적응한 것으로 볼 수 있다. 자유주의자들에게도 산업사회에서 이러한 시설의 필요성은 가난한 사람들의 절망적 행위로부터 보호해야 한다는 점에는 동의한다. 그러나 그 공적부조의 정도는 명확한 한계가 필요하다고 보았다. 저소득층이나 보호대상이 사람들에게 근로의욕을 상실하게 해서는 안 되며 그들이 사회적으로 재생할 수 있도록 자조적 노력을 유도하는 선에서 서비스가 실시되어야 한다고 주장한다.

자유주의자에게 인내 가능한 사회보장의 한계는 어디까지일까? 복지문제에 관해서도 가장 쟁점이 되는 지점은 바로 여기이다. 사회적 형평을 허구적인 개념으로 보듯이 사회보장에 대한 허용범위도 아주 제한적이다. 앞서 언급했듯이 필요최소한의 공적부조는 사회적 책임의 일부이며 국가가 이를 담당할 수 있다고 본다.

생존과 건강은 궁극적으로 개인의 책임이며 개인은 이러한 위험에 대비해야 한다. 능력이 있는 개인은 이를 위해 저축과 보험으로 독립적으로 문제를 해결함이 원칙이다. 그렇지만 개인들이 스스로 대비할 수 있고 대비해야만 하는 것에 관계없이 노인, 실업자, 환자 등의 최소

필요량을 공급해 주는 것이 공인된 대중의 의무가 되면, 그리고 그 도움이 개인들의 노력을 감소시킬 정도로 보장되면 그들의 삶의 일반적인 위험에 대해 사회가 책임을 부담하는 단계로 진화하게 된다.

복지국가의 등장과 함께 사회보장에서 가장 심각한 문제를 야기한 것은 강제적인 사회보험의 도입이었다. 고령, 산업재해, 장애, 독립능력 부재, 실업에 대한 대비 등 새로운 사회적 요구들에 대해서 국가기관 혹은 이에 파생된 특수조직들이 서비스의 유일한 공급자이자 보호대상자 모두가 소속되어야 하는 통합조직의 형태를 가지게 되었다. '사회보험'은 처음부터 강제보험을 의미했을 뿐 아니라 정부에 의해 통제되는 단일조직의 의무가입을 의미한다. 단일조직이 효율성이 좀 더 클 것이라는 추측과 행정상의 편의 때문에 단일조직으로 법제화하게 되었다. 이것은 때때로 도움이 필요한 모든 사람들에게 한 번에 충분한 공급을 보장할 수 있는 유일한 방법이라고 주장되었다.


## 강제보험의 재분배 기능

복지국가의 사회보험은 공적부조나 생존에 필요최소한의 단계를 넘어서 본래 정책의 취지와 상관이 없는 재분배 기능으로 사회보험이 작동하는 순간 복지 정책은 제 기능을 상실하고 또 하나의 재분배 정책으로 전환된다고 자유주의자들은 주장한다.

사회보험이 복지 정책이 아닌 재분배 정책으로 전환되는 일정한 조건이 있다. 우선 단일한 조직을 통한 독점 위치에서 국가 혹은 특수기관이 그 관련 업무를 총괄해야 한다. 예컨대 의료보험의 경우 모든 국민이 이 보험에 강제적으로 가입해야 하고 보험혜택의 수요자들에 대해서도 통제권을 행사해야 한다. 의료의 체계와 수가를 국가가 단일한 조직으로 운영하는 것이다. 경쟁이 없는 독점적 상태에서 의료보험 제도는 관료적 결정과 이해관계에 좌우되게 된다. 다음 조건이 바로 여기에서 출발한다. 이제 다른 대체재가 없는 상태에서 독점력을 행사하는 의료보험 전문기구는 사회적 필요를 스스로 결정하는 단계에 접어든다. 시장의 수요와 공급 그에 따른 자율적 가격결정이 아니라 '사회적 표준'으로 스스로 결정한 지표에 의해 가격과 공급량을 결정하는 단계로 발전한다.

그 다음은 그 관료적 의료기구를 장악한 국가권력에 의해 좌우된다. 만약 민주주의 국가에서 다수 중산계층의 이익을 대변하는 정권의 경우 그들의 이해관계에 따라 의료체계가 정해진다. 이때 복지 정책의 근본적인 취지를 넘어서 '사회적 형평'을 실현한다는 이유로 자의적인 입법에 의해 의료보험체계를 결정하고 따라서 법[1]의 근거도 없이 의료보험의 비용부담을 수단으로 해서 소득의 이전이 발생한다고 보았다.

개인의 선택이 가능한 사적 보험과 강제적 사회보험의 내용상의 차이부터 먼저 살펴보자. 사적 행위자는 계약에 근거하여 특정서비스만을 제공할 수 있다. 즉 사적 행위자는 수혜자의 의도적인 행위들과는 별개로 발생하고 객관적인 기준에 의해 확증될 수 있는 필요만을 공급할 수 있다. 그리고 사적 행위자는 이와 같이 예측가능한 필요만을 제공할 수 있을 뿐이다. 우리가 진정한 보험체계를 어떻게 확장하든, 그 수혜자는 계약에 따라 충족된 것 이상을 얻을 수 없을 것이다. 즉 그는 자신이 처한 환경에서 자신에게 필요하다고 판단된 모든 것을

───────────────

1) 이때 법률은 실정법을 의미하는 것이 아니라 '법의 지배'에서 말하는 법이다. 대중민주주의 아래에서 입법 역시 자의적인 입법권력의 수단으로 전락할 가능성이 많기 때문이다.

얻지는 못할 것이다.

반면 독점적 정부서비스는 계약에 따른 요구에 관계없이 필요에 따른 배분원리에 기초해 이루어질 수 있다. 자유재량적인 권력을 가진 기관만이 획일적인 '사회적 표준'을 달성하기 위해 개인들에게 그들이 '반드시' 가져야만 하는 것을 주고 그들이 '반드시' 해야만 하는 일을 하도록 만들 수 있는 위치에 있게 될 것이다. 그 기관은 또한 바람직해 보이는 방향으로 개인 또는 집단 사이에 소득을 재분배하는 위치에 있게 될 것이다. 이것이 중요한 논점이다. 비록 모든 보험이 위험의 공동부담을 포함하고 있지만 사적인 경쟁보험은 사전에 지정된 집단으로부터 다른 집단으로 인위적인 소득 이전을 가져올 수 없다.

## 복지전문가의 함정

복잡성이 증대함에 따라 특정분야는 그 분야의 전문가들이 주도하게 된다. 조직 내의 전문가는 그 조직의 효율성 증대에 기여한다. 효율성에 대한 일반의 믿음은 특정분야의 일은 그 분야의 전문가가 맡는 것이 더 낫다는 견해가 지배하게 된다. 이러한 경향은 사회의 복잡성이 증가할수록 더 많이 요청된다. 사기업의 경우에 이는 권장할 만한 일이다. 가격수용자인 무수한 개별 기업들은 시장에 보다 적합한 제품으로 혹은 보다 효율적인 조직으로 그 시장에서 이윤을 남기게 된다. 암묵적 지식(tacit knowledge)은 그 분야에 오래 천착한 전문가가 경험을 축적함으로써 얻을 수 있으며 이를 통해 다른 경쟁자에 비해 보다 많은 이윤을 창출할 수 있다. 이는 자본주의 사회에서 권장할 일이며 사회적 발전이나 생산성 향상에도 도움이 된다.

그러나 공공정책의 영역에서는 사정이 달라진다. 우선 특수기관들이 대부분 독점적 지위를 가지고 있으며 가격책정뿐만 아니라 수요와 공급을 그들 스스로 정하는 경향이 있다. 더 중요하게는 그 기관의 존립이나 팽창에 대해 사회적 요구에 부응하기보다는 그들의 전문가적 판단이 선행한다고 믿고 있다는 점이다. 특수 이익집단으로 작용할 가능성이 높음에도 불구하고 그들 스스로는 공익과 사회안전을 위한다고 진심으로 믿고 있다.

노동, 농업, 주택, 교육, 복지 등의 분야에서 발견될 수 있는 새로운 종류의 전문가들은 특정 제도장치의 전문가들이다. 이 영역에서 생성된 조직들은 이에 정통하기 위해서는 한 개인의 모든 시간을 들여야 할 정도로 복잡하게 성장했다. 제도 전문가는 반드시 그 제도의 가치를 판단하는 데 필요한 모든 것을 아는 사람은 아니지만 보통 그 조직을 완전히 이해하는 유일한 사람이고 그는 꼭 필요한 사람이 된다.

새롭게 만들어진 특수업무의 제도전문가들은 주저 없이 자신이 잘 알고 있는 제도를 옹호하는 특성을 보인다. 이것은 단순히 그 제도의 목표를 인정하는 사람만이 흥미를 가지며 인내를 갖고 그 세부사항에 정통하려고 하기 때문이 아니라 오히려 그러한 노력이 다른 사람들에게는 전혀 가치가 없기 때문이다. 점점 더 많은 정책영역에서 거의 모든 공인된 '전문가'들은 대부분 정책의 근저에 놓인 원리의 옹호자들이라는 사실은 상당히 중요하다. 반면 국지적 이해가 아닌 일반 균형적인 입장에서 제기되는 비판은 비전문가의 아마추어적 의견으로 무시되는 경향이 있고 현존하는 제도의 원리를 수용할 준비가 안 된 사람들의 견해로 간주되어 심각하게 받아들여지지 않고 정책결정의 토론에서 전혀 영향력을 갖지 못한다.[2]

이들은 특정 영역에서 부분 최적화(partial optimization)를 추구하는 대표적인 집단이다. 실업전문가에 실업문제보다 세상에서 더 우선하는 가치는 없다. 의료보험 전문가 역시 마찬가지다. 사회적 재화의 일반균형에 그들은 관심을 갖지 않는다. 국민의 세금으로 인한 국가재원이나 강제사회보험을 통한 재원 모두 그 특정한 정책영역에서 사용되는 것이 바람직하다고 인식하고 있다. 그들은 사회적 재원의 우선순위에서 자신들이 종사하는 영역이 비가역적으로 우선한다고 생각한다.

## 재산조사의 함정

복지 정책에 대한 일반적 복지표준이 만들어지면서 대상집단들의 자조력 여부와 그들이 만들어낸 각자의 기여분의 크기에 관계없이 법이 정한 일정한 복지의 혜택을 향유한다. 이러한 체계하에서 질병에 걸렸거나 고령인 사람들은 빈곤 여부나 그들 스스로 대비할 수 있는지 여부와 관계없이 부양되고 있다.[3]

실업급여나 의료보험 보조, 혹은 국민연금 등에서 가장 기초적인 조사는 수혜 대상인 사람의 현재 상태를 파악하는 것이다. 모든 개인은 동일한 조건에 있지 않다. 그 대상자에게 필요한 사회적 복지표준도 다양할 수밖에 없다. 따라서 공공기관이나 복지단체 등에서 복지혜택을 지원하기 위해서는 그 대상자의 현재의 상황을 파악해야 한다. 이를 위해서는 재산조사(means test)가 선행되어야 한다. 재산조사 없이 제한된 제정으로 일정 금액 이상을 일괄적으로 지급하는 것은 어떤 대상자에게는 필요 이상의 지원이 될 수도 있고 어떤 대상자에게는 필요한

---

2) Friedrich A. Hayek, *The Constitution of Liberty*, pp.379~380.

3) 같은 책, p.381.

것보다 더 적게 지원될 수도 있기 때문이다.

그러나 이러한 재산조사는 현실적으로 불가능하다. 개인의 프라이버시 문제도 있고 무엇보다 대상자들에게 실질적 재산조사를 한다는 것은 사회적 약자에 대한 이중의 고통일 수 있기 때문이다. 이러한 현실적인 이유로 빈곤한 모든 사람에게 동일한 최소생계비를 보장하는 것은 이 최소생계비가 그 곤궁이 증명된 상태가 아닌 상태에서 지급된다는 점과 개인적인 기여에 따른 방식이 아니라는 문제점을 갖는다.

개인의 곤궁 정도에 기초해 복지 서비스를 제공한다는 것이 기본전제가 되어야 하는데 이를 위한 재산조사를 여러 가지 사정으로 반대하는 비합리적 태도는 실제적인 도움이 필요한 사람들이 열등감을 느끼지 않도록 하기 위해서는 모든 사람이 곤궁에 관계없이 도움을 받아야 한다는 터무니없는 요구로 이어졌다. 이것은 일반적으로 곤궁한 사람들을 지원하는 조치들이 취해지면서 동시에 그들로 하여금 자신들이 획득한 것은 스스로의 노력 또는 장점의 산물이라고 느끼게 하는 상황을 초래했다.[4]

재산조사와 같은 실질조사 없이 이루어지는 복지 정책은 개인의 현재 경제적 상황을 은폐함으로써 다수의 사람들이 복지의 혜택을 받을 수 있는 길을 열어놓았다. 한계나 생활의 곤궁 정도가 은폐되고 사회적으로 증명될 필요가 없어졌기 때문에 개인들은 입법 등을 통해 사회적 표준을 만들고 그 표준에 따라 조그마한 노력으로 국가로부터 재정지원을 받을 수 있게 된 것이다. 여기서부터 강제적인 소득이전과 재분배의 길이 열린 것이다.

강제보험을 통해 획득된 공공재정에서 나온 최초의 지원의 결과

---

4) 같은 책, p.388.

사람들은 약간의 대가만을 지불하고 획득할 수 있는 것을 자신들의 권리로 인식하게 되었다. 물론 이렇게 강제적인 소득이전을 법적 권리로 만드는 것은 그들이 특수한 필요의 영역에 존재할 때만 정당화되고 그들이 여전히 구호의 대상이라는 사실을 바꾸지는 않는다.

그러나 이러한 성격은 거의 모든 사람이 구호의 대상이 됨으로써 자신들이 구호의 대상이라는 사실 자체를 망각하거나 희석시키게 된다. 국민이면 누구나 누릴 수 있는 당연한 혜택이나 권리로 생각하게 되는 것이다. 또한 거의 모든 사람에게 이 권리가 부여되는 반면 그들이 수혜하는 많은 부분이 좀 더 부유한 소수의 주머니에서 추렴되기 때문에 비용구조에 둔감해진다. 사회보장의 원칙 중의 하나가 기여도에 의한 배분이 될 수도 있지만 이 지점에서 그 전체 제도가 은폐되어 개인들은 자신들이 대가를 지불한 것이 무엇이고 대가를 지불하지 않은 것이 무엇인지를 더 이상 알 수 없게 된다.[5]


## 노인복지와 부양가족

고령화 사회가 다가오면서 가장 문제시되고 있는 것이 노인복지와 부양가족 문제일 것이다. 이 제도를 잘못 운영할 경우 우리 세대의 문제를 다음 세대에게 부담지우는 문제로 이어지기 때문이다. 이것은 아직 대부분 깨닫고 있지 못한 규모로 미래의 정책을 좌우하게 될 문제들을 양산할 것이다.

자유주의자들이 보는 노인복지의 가장 큰 문제점은 인플레이션과

---

5) 같은 책, p.381.

복지재원 확보의 악순환이다. 자본주의 사회에서는 기본적으로 생계를 자기 책임하에서 꾸려나가고 당연히 그 개인은 노년을 대비해 저축을 하거나 보험을 들어둘 것이다. 그리고 생애주기를 미리 예측하고 그에 따라 소비를 적정하게 배분하게 된다. 이때 중요한 것이 화폐가치의 안정성이다. 현재 저축이 인플레이션 때문에 10년 혹은 20년 후, 은퇴한 시점에서 실질소득이 터무니없이 감소해 버린다면 그는 자조력을 상실하고 국가의 지원을 받아야 하는 생활보호대상자로 전락해 버린다는 것이다. 반면 정부는 복지국가에서 과도하게 책정된 사회표준을 맞추기 위해 재원을 확보하는 방식으로 주기적인 화폐팽창으로 인플레이션을 구조적으로 야기하게 된다는 점이다. 인플레이션으로 실질소득이 감소한 노인들이 복지의 대상자가 되고 국가는 복지재원 마련을 위해 통화팽창으로 인플레이션을 야기하고 이것은 실질소득 감소로 이어져 노인복지 대상자를 확대 재생산하는 악순환을 반복한다고 본다.

대부분의 유럽세계에서 노인들이 생계수단을 상실하게 된 것은 정부의 책임 때문이라고 본다. 신뢰를 유지하는 데 실패하고 통화안정을 방기함으로써 정부는 퇴직하는 세대들이 퇴직 후를 대비하여 저축한 많은 부분을 상실하도록 했으며 곤경을 피하기 위한 노력에도 불구하고 많은 사람이 부당하게 빈곤에 직면하는 상황을 초래했다.[6]

다음으로 노인복지가 기여분에 관계없이 적정수준을 보장할 때 야기될 수 있는 문제들 살펴보자. 정부가 개별적인 필요나 자조의 노력을 고려하지 않고 적정수준의 복지를 보장해 주고자 할 때 심각한 문제가 발생한다. 일단 국가가 이런 사회보장의 공급을 독점하면 거의 변함없이 밟게 되는 중요한 두 단계가 있다. 첫째는 그 보호가 기여를

---

6) 같은 책, pp.382~383.

통해 권리를 갖게 된 사람뿐 아니라 아직 그렇게 살 시간이 되지 않은 사람에게도 제공되는 것이다. 그리고 둘째는 연금의 지급기일이 될 때 연금은 그 목적을 위해 추가적 수익이나 자본이득으로 주어지는 것이 아니라 현재 만들어진 자본 및 소득결실의 이전을 통해 지불된다는 점이다.

## 의료보험

의료보호가 개인의 안녕과 행복을 위해서 필수적인 요소임은 부인할 수 없다. 복지국가에서도 의료보호의 필요성을 전적으로 인정하고 있다. 그러나 문제는 이러한 개인의 주관적 '필요'와 사회적으로 인정할 수 있는 '객관적 기준'의 불일치가 국가재정에 과도한 압박으로 이어질 수 있다는 점이다.

의료보험의 성장이 바람직한 방향이란 점은 부인할 수 없지만 국가에 의한 강제 의료보험체제가 입법화되고 나면 의료체계에서도 일반적인 사회보험에서 나타나는 고질적인 문제들이 재현된다. 환자들의 도덕적 해이(moral hazard)와 의료보험의 의존성이 의료재정의 고갈을 불러온다.

환자가 리스크를 자기책임하에서 관리할 경우에 부담하게 되는 의료비를 국가나 공공기관이 보존해 준다는 사실 자체로 환자에게 건강에 대한 주의의 부족을 불러올 수 있고 불요불급한 의료 혜택에 의존할 가능성이 증가한다.

이와 같은 문제가 발생하는 가장 근본적인 원인은 개인이 의료의 필요를 객관적으로 증명할 수 있는 방법을 찾기 힘들기 때문이다. 노인

문제에서는 연령제한으로 최소한의 기준을 마련할 수 있지만 의료의 경우에는 이와 같은 기준이 없다. 더구나 의학기술의 발달은 의료수요에 대한 기대를 상승시키고 이에 따라 의료재정의 부담은 증가한다. 또한 자기책임하에서 의료가 서비스될 때에는 통상적인 경제적 능력과 소득에 근거하여 의료서비스의 수준을 결정하지만 국가에 의해서 강제적으로 관리되는 체계하에서는 위험을 국가에 부담시킬 수 있는 길이 열리게 된다.[7]

모두에게 제공될 수 있고 제공되어야만 하는 의료서비스의 객관적이고 결정 가능한 표준이 존재한다는 개념, 이것은 베버리지 체계 (Beveridge scheme)의 토대가 되는 개념인데 오늘날과 같이 의술이 급변하는 영역에서 모두에게 제공될 수 있는 평균적인 서비스는 의료의 질이 조야할 수밖에 없다고 본다.[8] 의료서비스가 경제적 근거를 무시하고 인도주의적 관점에 의해서 의료보험이 정당화될 때 그 의료서비스는 사회가 부담할 수 있는 능력 이상의 지출로 이어지기 때문이다.


## 실업

자유주의자들에게 실업의 가장 중요한 원인 제공자는 노동조합이다. 노조에 의한 노동시장의 경직성이 실업을 발생시키고 그 실업에 따르는 사회적 비용을 실업보험이나 실업급여의 형태로 국가에 전가시킨다는 것이다.

모든 서구국가에서 광범위한 실업보상 체계의 주요 특성은 그것이

---

7) 같은 책, p.385.

8) 같은 책, p.386.

노동조합의 강제행위가 지배적인 노동시장에서 작동한다는 것이고 노동조합은 그들의 임금정책으로 평가하려는 목적을 가진 강력한 노조의 영향력하에서 계획되었다는 것이다. 노동시장에서 노조의 강제력의 행사는 자본가에게 동일한 임금 총액의 상한선하에서 고용의 감소를 강요하게 되고 이에 따라 실업이 증가하게 된다. 자유로운 노동시장에서 가격기구에 의해 완전고용이 달성될 수 있지만 노조가 독점적 지위를 획득하여 임금협상에서 독점력을 행사할 경우 비노조원이나 취업희망자들이 상대적으로 희생을 강요받는다. 그리고 이에 대한 부담을 시장이나 노조가 지는 것이 아니라 국가가 실업자에게 실업급여를 보전해 주는 것으로 문제를 해결하려는 것이 복지국가에서 나타나고 있는 일반적인 실업대책의 유형이라는 것이다.[9]

다른 한편에서는 복지국가에서 구조화된 실업 유형의 하나는 일할 수 있는 능력과 자격이 있음에도 불구하고 실업급여 등 국가의 사회안전망에 의존하여 생활하려고 하는 자발적 실업이 증가한다는 점이다. 이는 사회보장에서 나타나는 또 하나의 도덕적 해이 현상이다.

---

9) 같은 책, p.388.

# 제11장_ 신자유주의 교육 정책

## 의무교육

자유주의자들 역시 의무교육의 중요성을 인정한다. 공동체의 구성원으로서 그 사회의 가치를 배우고 공동의 생활 방식을 흡수하는 데 의무교육은 중요한 역할을 한다. 부모 또는 보호자에게 자신들의 보호하에 있는 아이들에게 어떤 최소 수준의 교육을 시키도록 사회가 요구하는 것은 당연하다고 본다. 현대 사회에서 최소 수준 이상의 의무교육은 기초지식과 신념을 동료들과 공유할 수 있게 해주며 민주주의 실현을 위해서도 일정 기준 이상의 교육이 구성원 누구에게나 요구된다.

한 사회가 공유하는 가치는 특정한 표준이 필요하다. 자유주의자들도 이러한 표준 없이는 평화로운 공존이 불가능하다고 보고 있다.[1] 그러나 동시에 모든 교육이 명확한 가치에 의해 인도되어야 한다는 것은 공공교육 체계의 진정한 위험요소라고 본다. 특히 중앙집중화되고 정부주도적인 교육체계가 당국의 통제하에 있을 경우 인간의 정신을 권력이 억압할 가능성에 대해 항상 경계를 한다. 의무교육이나 정부

---

1) Friedrich A. Hayek, *The Constitution of Liberty*, p.377.

가 재정을 지원하는 일반교육이 오늘날 정부에 의해 운영되는 교육제
도를 필요로 하는 것을 의미하지는 않는다.

정부가 직접적으로 대중에게 접근하기 쉬운 대부분의 학교를 관리
할 때 교육내용에 대한 통제권을 정부에 맡겨두어야만 하는 것은 아니
라고 본다. 교육이 우리에게 어떤 목적을 성취할 수 있는 최선의 방법을
제공해 주는 것이라 하더라고 이것이 보편적으로 예외 없이 적용되는
것을 원하지는 않는다. 자유주의자들은 목적이 단일해지는 것은 더
원치 않는다. 교육문제 역시 어떤 기준에 의해 결정되는 문제이고 가치
에 대한 직접적 물음이나 가치와 관련된 물음이다.

가치의 문제에 대해 신뢰할 수 있는 근거는 다른 사람보다 나은
분별력이라고 할 수 있다. 교육 전문가 등이 더 나은 분별력이 있다는
합리적인 근거는 없다. 만약 중앙집권화되고 전국적인 교육체계를 갖
춘 국가에서 특정 집단이 과학적 이론이란 명분으로 획일적인 교육을
실시할 경우의 위험을 언제나 그들은 경고하고 있다. 어떤 문제에 과학
적 해답을 가지고 있다고 믿는 특정 집단의 이론에 의해 정부교육
체계와 모든 기초교육이 지배될 수 있는 가능성은 전체 교육체계를
중앙명령에 종속시킬 수 있다는 위험을 경고한다.[2]

사실상 인간의 정신을 지배할 수 있는 교육능력을 높게 평가하면
할수록 이러한 능력을 어떤 단일한 당국의 손아귀에 쥐어주는 것이
얼마나 위험한 것인지 점점 더 확신하게 된다. 이 문제에 대한 해결책은
정부가 교육의 분배자로서가 아니라 새롭게 발견된 권력의 사용으로부
터 개인을 보호할 수 있는 공정한 보호자로서 역할을 자임할 때 가능하
다고 본다.[3]

---

2) 같은 책, p.380.
3) 같은 책, p.381.

## 교육기회와 평등

제한된 자원으로 고등교육의 기회가 모든 사람에게 부여되지는 못한다. 고등교육을 위한 비용은 물적 자원 및 인적 자원 측면에서 부유한 국가에서조차 부담이 크기 때문에 인구의 많은 부분에 고등교육을 제공하려는 희망은 모든 사람에게 교육기회를 제공하려는 희망과 충돌을 빚는다. 제한된 교육지출로 최대의 경제적 성과를 얻어내려는 사회는 상대적으로 소수의 엘리트에 대한 높은 수준의 교육에 집중해야 할 것으로 보인다. 이것은 국민 다수의 교육기간을 연장시키는 것보다는 가장 진보된 유형의 교육을 받은 인구의 일부분을 증가시킨다는 것을 의미한다. 그러나 이런 정책은 민주주의에서 가능한 것으로 보이지도 않고 누가 그 기회를 갖는지에 관해 당국이 결정하는 것이 바람직한 것도 아니다.[4]

실제로 중요한 문제는 고등교육의 기회를 가지는 사람을 선발하는 방법이다. 여기서 고전적 자유주의자의 교육관과 세대 간 형평의 문제가 극명하게 나타난다. 어떤 개인의 재능이 우연성에 의해 타고나듯이 고등교육을 뒷받침할 만한 재력을 가진 환경에서 태어나는 것 역시 우연성에 기인한다고 본다. 사회정의를 위해 모든 사람은 동일한 기회에서 출발해야 한다고 열렬히 주장하는 사람들의 동기는 충분히 납득이 되지만 그들의 정의는 비현실적이고 실현불가능한 이상이라고 본다.[5]

학문적 또는 과학적 추구에서 예외적인 능력을 보이는 사람에게 가족의 재산과 관계없이 그것을 이룰 수 있는 기회가 주어지는 것이

---

4) 같은 책, p.382.

5) 같은 책, p.386.

공동체에게 이득이 된다. 그러나 이런 재능을 사전적으로 확인해서 투자를 할 객관적인 검증 방법이 없다. 기회라는 의미 자체가 다른 사람에게는 기회의 박탈을 의미한다. 일부 운과 재능이 있는 사람이 기회를 잡을 것이고 그 제도적인 제한 내에서 개인은 합리적 행위의 결과로 기회를 갖는 사람과 그렇지 못한 사람이 생겨날 것이다.

이와 같은 객관적으로 재능을 검증할 방법이 없고 다른 경우와 같이 우연성에 의해 기회가 결정될 가능성이 많을 경우 우호적인 가정 환경의 이점을 향유하는 일부 사람들이 있다는 것은 사회적 자산이라고 본다.[6]

여기서 다시 자유주의자들이 주장하는 국가의 간섭을 받지 않는 독립 자산가의 중요성을 보게 된다. 자유주의자들은 독립 자산가들의 가정환경이 재정적인 지원을 뒷받침하고 사회적 잉여를 창조적인 영역에 사용하여 지식의 생산이 가능하다고 보고 이것이 사회적 기여가 될 것이라고 본다. 중요한 교육이나 창조의 밑바탕이 국가가 만든 의무 교육의 틀에 의해 생기기보다는 자유로운 독립적 환경에서 발생될 가능성이 더 많고, 가정이 획일화되지 않은 이런 우호적 교육과 연구의 공간이 될 수 있다고 보는 것이다. 제도교육을 제공하는 학교 못지않게 가정에서 다양하게 이루어질 수 있는 교육의 중요성을 강조한다. 지식에 대한 열정이 있고, 이 열정은 가족을 통해 전수되기 쉬운 것이기 때문에 교육에 상당한 관심을 가진 부모들이 물질적인 희생을 통해서라도 아이를 위해 이와 같은 교육환경을 보존해야 한다고 본다.[7]

---

6) 같은 책, p.386.

7) 같은 책, p.386.

## 대학과 연구

고등교육에 대한 지원 역시 다른 모든 영역과 마찬가지로 수혜자의 편익에 의존하는 것이 아니라 공동체 전체가 향유할 수 있는 결과적인 이득에 의존해야 한다. 이 경우 의학, 법률, 공학처럼 투자적합성의 측정이 비교적 정확한 영역에서는 투자로 커다란 수익을 볼 수 있는 사람들이 자본을 빌리고 이후에 증가된 소득으로 되갚을 수 있는 방식을 적용할 수 있을 것으로 본다. 문제는 기초학문 분야와 같이 그 편익이 공동체 전체에 돌아가지만 단기적으로 투자에 대한 회수가 쉽지 않은 영역에서는 연구수행의 전망과 성향을 보이는 사람을 지원해야 한다고 자유주의자들은 본다.

지식 진보를 지원하는 문제는 학문의 자유와 밀접히 관련되어 있다. 학문의 자유는 대학의 연구에 대한 정치적 간섭에 거의 전적으로 대항하는 것이었다. 이러한 통제와 간섭은 비단 정치권으로부터 벗어나는 것만을 의미하지는 않는다. 외재적인 당국의 지시에 대한 반대 못지않게 저명한 과학자나 학자로 구성된 원로원에 의한 모든 연구에 대한 지시와 단일계획에도 반대한다.

대학이 자유로울 수 있는 것과 지적 창조의 원천이 될 수 있는 것은 문제선택의 자유가 있기 때문이다. 대학은 새로운 사상의 개념과 그 추구에 최선의 조건을 제공해 줄 수 있는 상이한 학파 대표자들의 상호접촉 기회를 제공할 수 있다. 이미 알려진 방향의 커다란 진보는 어느 정도 알려진 목적을 목표로 하는 의도적인 작업조직에 의해 가속화될 수도 있다. 그러나 진보의 결정적이고 예기치 못한 진전은 계획에 의한 작업의 결과라기보다는 대학의 자유로운 환경에서 그 기회를 이용하게 할 수 있을 때 발생한다.[8]

이를 위해 일정한 자격을 갖춘 연구자들의 임기를 보장하는 제도가 뒷받침되어야 한다. 이러한 신분보장 문제보다 더 중요한 오늘날의 위험은 명백한 외부의 간섭보다 연구의 재정적 필요가 증가함에 따라 자금줄을 쥐고 있는 사람이 갖게 되는 통제력이다.[9] 일반적으로 믿고 있는 것보다 중요한 기술진보의 많은 부분이 개인의 노력에서 나온 것이다. 때로는 아마추어적 관심을 추구했던 사람, 또는 우연히 자신의 문제를 발견한 사람들에 의해 진보가 이루어진 예가 많다. 따라서 자유주의자들은 연구에 대한 재정적 지원도 목표설정과 명령지시적 지원보다는 다양성 속에서 인간 개인의 발전을 촉진하는 방향으로 이루어져야 한다고 주장한다.

---

8) 같은 책, p.389.

9) 같은 책, p.392.

제4부

# 사회투자국가의 철학과 정책

# 제12장_ 지속가능한 사회정의

## 베버리지 보고서 50년 이후

1992년 영국 노동당은 공식기구로 법제화하지는 않았지만 사회정의위원회(the Commission on Social Justice)를 발족했다. 베버리지 보고서가 나온 지 50주년을 기념하여 만들어진 위원회이지만 단순히 베버리지 보고서를 회고해 보는 것에 그치지 않고 현재를 진단하고 앞으로 국가정책을 어떻게 이끌어가야 할지에 관한 장기적 비전을 담아내고자 했다. 베버리지 보고서에 근거한 복지국가 정책은 환경의 변화에 직면해 있었을 뿐만 아니라 그 자체로부터 이미 한계에 부딪히고 있었다.

영국의 경우 3명 중 1명의 아동이 가난 속에서 자라고 있고 일할 수 있는 노동의 1/5이 일자리가 없으며 백만 명이 넘는 사람들이 수입보조(Income Support)에 의존해서 생활한다. 이보다도 전반적으로 광범위하게 침체된 사회 분위기가 문제이다. 열심히 일하는 사람들과 자신과 가족들의 보다 나은 삶을 꿈꾸는 사람들에게 그들 자신과 자녀들의 미래가 안정적으로 보이지 않는 것이 더 문제이다. 일자리에 대해 걱정하고 범죄에서 안전한지를 염려하며 노후를 불안해하고 정치를 불신하는 현실이 존재한다. 1950년대보다 소득 수준은 세 배 증가했지만

사람들은 그들이 세 배 더 행복하다고 생각지는 않는다.[1]

영국 노동당이 베버리지 보고서가 나온 지 50주년을 기념하기 위해 만든 사회정의위원회는 2년여의 노력 끝에 영국 사회 전반에 대한 진단과 앞으로 나아갈 방향에 대한 청사진을 제시했다. 이들은 선거용 프로그램이나 강령(manifesto)을 제시하는 것과 같은 손쉬운 해결책(quick fix)을 내놓는 것이 아니라 10년이나 15년 후인 2010년을 내다보고 보다 장기적인 비전을 제시하고자 했다. 그들의 목적은 그 나라가 직면한 문제를 설명하고 사회개혁과 경제적 갱신의 비전을 개발하고 이러한 디자인을 현실로 만들기 위한 전략을 제시하는 것이었다.

우선 베버리지 보고서가 나온 50년 전과 달리 현재는 상당한 변화가 있다. 변화의 내용과 속도로 인해 정책입안자의 의지, 돈, 기술적 정교함이 있더라도 50년 전 정책 내용을 갱신하는 것으로는 더 이상 제대로 된 처방이 나올 수 없다. 보다 본질적인 변화가 필요한 것이다. 베버리지는 지속적인 완전고용을 지향했지만 오늘날 우리들은 구조적인 실업과 저고용에 직면해 있다. 당시에 여성은 가사 노동에 머물러 있는 것으로 보았지만 오늘날 여성들은 거의 절반 이상이 직장생활을 하고 있다. 그리고 예전에 고령의 인구들은 거의 연금 생활자들로 대부분이 가난했지만 오늘날 고령인구에서도 잘사는 사람과 못 사는 사람의 격차는 확연해지고 있다.

정치적으로도 중대한 변화가 있었다. 제2차 세계대전 직후에 사람들은 의회가 선의를 갖고 정책 사안에 대해 가장 정통하고 잘 처리할 것이란 믿음이 있었다. 그러나 오늘날 사람들은 그들 스스로를 단순히 정책의 수용자로 생각하는 것이 아니라 그들 스스로를 위해 더 많은

---

1) Commission on Social Justice/IPPR, *Social Justice: Strategies for National Renewal* (Vintage, 1994), p.15.

결정을 하고 싶어한다.

또한 세계화에 따라 일국적인 진단과 문제해결은 더 이상 예전과 같은 위력을 발휘하지 못한다. 예컨대 10억의 중국 노동력은 국제적인 노동시장에서 주요한 변수이며 무역의 비중이 날이 갈수록 높아지고 있다. 일국적 수준에서 금융의 감독과 규제는 실효적이지 않게 되었다. 어느 나라가 일국의 수준에서 독자적으로 남아 있는 것은 점점 더 불가능한 일이 되어간다.[2]

보다 중요하게는 베버리지 보고서에 의해 추진되어 왔던 사회 정책들이 한계를 드러냈다는 점이다. 복지국가에서는 사회적 약자들에 대해 보장하는 최소한의 사회안전(social security)을 사회보험(social insu-rance)의 형태로 지급했다. '요람에서 무덤까지' 사회적 최소한(social minimum)이 보장되는 사회가 보다 좋은 사회라는 전제하에서 누진세를 근간으로 하는 조세 정책과 이를 재분배하는 방식으로 사회보험이 활용되었다. 이런 사회 시스템은 신자유주의적 비판이 제기하고 있는 것처럼 관료적인 팽창과 복지의존의 심화로 국가의 재정난으로 이어진다고 본다. 위에서 아래로 내려오는 혜택 배분에 의존하게 되기 때문에 복지국가는 비민주적으로 운영될 뿐만 아니라 복지국가의 동력은 보호와 관심이지만 개인의 자유에 대한 충분한 여지를 제공하지 않는다. 몇몇 복지제도의 형태는 관료적, 비효율적이고 소외를 발생시킨다.[3]

사회보험의 형태로 지출되는 복지의 증가는 복지 의존성을 심화시키고 국가가 제공하는 혜택에 기생하는 사람이 증가하게 되는 경향을 보인다. 도덕적 해이는 사람들이 보험의 보장을 이용하여 자기들이 보험 든 리스크를 다시 규정하여 보다 주의를 덜 기울이는 방식으로

---

2) 같은 책, pp.15~17.

3) Anthony Giddens, *The Third Way: The Renewal of Social Democracy*, pp.112~123.

행동을 변경할 때 발생하는데, 이것이 점점 더 심화되는 자기가속적인 속성을 보이는 경향이 있다.[4]

인도주의의 입장에서 실업, 질병, 장애 등에 충분한 부조를 제공하는 것이 사회적으로 요청될 수 있지만 사회보험 급여가 많을수록 오히려 도덕적 해이가 높아질 수 있다. 도덕적 해이는 단기간보다 장기간에 걸쳐 심화되는 경향이 있다. 사회적 습관이 장기간 축적되어 보험급여로 생활하는 것이 정상으로 여겨지는 데까지 이를 수 있다. 심각한 급여 의존성은 사회적 보호를 요청하는 경향이 강화되고 건강을 핑계로 결근하는 경우가 많아지며 구직이 줄어드는 현상을 낳을 수 있다. 원래 의도한 목적을 성취하든 아니든 급여 혜택은 한 번 만들어지면 나름대로 자율성을 갖는다. 이렇게 되면 기대는 고정화되어 이익집단들은 자신의 입장을 굳히게 된다.[5]

우리의 관심은 복지국가의 정책에 예상하지 않았던 심각한 결함이 있다면 이에 대한 반성이나 수정이 정책의 내용에 머무느냐 아니면 그 정책들을 낳은 사회적 사상까지 부정하느냐에 달려 있다. 앞서 신자유주의자들의 견해에서 볼 수 있듯이 신자유주의자들은 구체적 정책의 내용뿐만 아니라 이들이 낳은 사회사상, 즉 '사회정의'까지 허구적 개념이라고 부정한다.

### 사회정의의 새로운 해석

신자유주의자들의 비판에 대해 사회투자국가론자들은 사회정의의

---

4) Friedrich A. Hayek, *Law Legislation and Liberty Vol. II: The Mirage of Social Justice*, p.72.

5) Anthony Giddens, *The Third Way: The Renewal of Social Democracy*, pp.62~63.

중요성을 여전히 강조한다. 오히려 가난과 궁핍 그리고 상대적인 소득 격차에 따른 양극화에 대한 대안의 핵심적 사상으로 사회정의를 더 적극적으로 해석하려는 경향이 있다. 물론 사회정의를 구현해 나가는 방법들이 복지국가의 실패의 경험을 살려 다른 혁신적인 전략이 필요함을 인정한다. 그러나 사회정의의 관념 자체는 1세기를 넘게 서구에서 중도개혁을 이끄는 힘이었고. 오늘날에도 여전히 적실성을 갖고 있다고 본다.[6] [7]

사회투자국가론자는 불평등을 감소하는 데 더 적극적으로 노력하며 사회정의 추구에 관심을 지닌다. 사회적 협력과 취약자에 대한 보호 등 다른 중도개혁적 가치들은 사회정의라는 영속적 관심사에서 갈라져 나온 것이다.[8]

그러나 사회정의를 말할 때 전통적 사회민주주의 견해라고 규정한 것과는 결정적 거리를 두었다. 사회정의 추구는 종종 결과의 평등에 대한 우선적인 강조와 동일시되었다. 결국 노력과 책임을 간과한 것이다. 사회민주주의는 창조성, 다양성, 성취보다는 무지한 순응과 연관되었다. 사회정의는 경쟁력과 직업창출에 미치는 영향과 거의 무관하게 항상 증가하는 공공지출과 동일시되었다. 사회보장 혜택은 공동체정신

---

6) David Miller, "What is Social Justice?" pp.3~5.

7) 영국 노동당의 싱크 탱크인 IPPR(the Institute for Public Policy Research)은 2005년에 *Social Justice: Building a Fairer Britain*을 출판한다. 이는 1994년에 사회정의와 그에 따른 새로운 국가쇄신전략을 제기했던 *Social Justice: Strategies for National Renewal*이 출간된 10주년을 기념하여 만들어졌다. 1997년 토니 블레어에 의해 생성된 노동당 정권에서 그들이 제시했던 사회정의와 그 전략들이 과연 얼마나 정책에 적용되고 이에 따른 성과가 있었는지에 대해 점검을 해보고자 IPPR이 연구한 결과를 묶어 발표한 내용이다. 동일한 이름으로 출판된 두 책은 사회정의의 관점에서 본 영국 중도좌파들의 성취와 한계를 모두 볼 수 있다는 점에서 유의미하다.

8) Anthony Giddens, *The Third Way and Its Critics*, p.38.

과 진취적 자세를 너무 자주 억눌렀다. 권리를 책임보다 우선시해서 상호의무와 후원이 줄어드는 결과를 낳았다.[9]

사회투자국가에서 바라보는 사회정의관은 전통적 사민주주의의 사회정의관과는 일정한 거리를 유지하고 있다. 단순히 '사회적 최소한'을 보장한다는 결과 평등적인 견해를 넘어서 개인의 자율과 독자성을 손상하지 않으면서 사회적 최소한을 보장하려는 견해이다. 우선 여전히 유효한 함의를 지니고 있는 사회정의의 네 가지 내용을 우선 살펴보고 새로운 사회정의에 관한 해석을 덧붙인다.


## 사회정의의 네 가지 원칙[10]

사회징의의 사상은 서구 사회에서 1세기가 넘도록 중도좌파 정치의 배후에서 견인력(driving force)이 되어왔다. 이것은 무엇보다도 사회민주주의 정당과 신자유주의 혹은 마르크시스트를 구별하는 사상이었다. 사회정의를 추구하는 것은 사회가 재형성될 수 있으며 이에 따라 주요한 사회적, 정치적 제도가 변화하며 그래서 각 개인들이 편익을 공평하게 나누어 가질 수 있으며 책임을 공평하게 부담하여 공동체에서 더불어 살아갈 수 있다고 믿는 것이다. 신자유주의자들은 사회정의가 자유

---

9) 같은 책, p.7.

10) 여기에 열거된 네 원칙은 David Miller, "What is Social Justice?" in Nick Pearce and Will Paxton(eds.), *Social Justice: Building a Fairer Britain* (IPPR, 2005)을 요약·정리한 것이다. 이는 한 연구자의 개인적 차원에서 제시된 원칙이라기보다는 *Social Justice: Strategies for National Renewal*의 10주년을 기념하여 IPPR에서 개최된 집단적 연구의 결과이다. 서구 중도개혁주의자들이 2000년 이후 현대적 사회정의를 어떻게 보고 있는지 확인할 수 있는 가이드라인이 될 수 있기 때문에 이를 요약·정리해 보았다.

시장 경제에 파괴적이기 때문에 이를 거부하고 마르크시스트는 정치는 항상 경제의 노예이지 주인이 아니고 그래서 사회적 분배는 경제적 혁명 없이는 변할 수 없는 것으로 생각하기 때문에 사회정의를 거부한다. 20세기의 경험에 의하면 이런 비판은 지지를 받기 힘들다. 부와 수입이 사회 전반에 걸쳐 어떻게 분배되느냐 하는 문제에서 의미 있는 변화가 나타났다. 교육과 취업기회, 주거와 보건, 노령인구, 여성의 권리, 소수인종, 장애인 문제 등 나열할 수 있는 목록은 끝이 없다. 이런 변화가 정치적으로 다루어졌고 사회정의에 몰고하는 정부에 의해 소개되었으며, 대개는 그들에 반대하는 우파 정부에서도 남아 있었다. 20세기를 사회정의의 시대라고 하더라도 이는 과장이 아니다.11)

그럼 21세기에도 중도개혁 정부가 추구해야 할 사회정의 아젠다는 여전히 유효한가? 한 가지 이유는 사회정의로 규정될 단일한 목표는 없는 대신 우리가 관심을 가져야 할 서로 다른 확고한 선과 악들에 화답해야 할 일련의 목표들이 있다. 공정하게 교육기회를 가지는 것은 불행히도 주거나 보건을 공정하게 하는 것과 다른 접근을 요한다. 이것은 어떤 개인의 사회적 선과 악에 대한 총괄적인 총합으로서 단일한 '정의의 흐름'을 위한 철학적 요구를 운명짓는 데 실패했음을 의미한다. 교육여건이 나쁜 지역에 사는 사람이 보통 이상의 지역병원이 있다고 해서 장점과 단점이 서로 상쇄되는 것은 아니다. 우리는 사회적 선들을 구분해서 사회 전체에 걸쳐 공평히 분배되기를 원한다. 게다가 공정한 분배로 간주되는 것은 문제가 되는 지점에서 특정한 선들에 의존하는 것이다.

사회정의에 관련된 사업들이 완결되어지지 않는 또 다른 이유는

---

11) Nick Pearce and Will Paxton(eds.), *Social Justice: Building a Fairer Britain*(IPPR, 2005), p.3.

기술적인 변화와 사회적 변화에 의한 아젠다들로 새로운 이슈들이 등장하기 때문이다. 예컨대 증가한 환경문제의 중요성을 생각해 보자. 이 경우에 사회정의 문제 역시 등장하는가? 물론이다. 자연적 아름다움이 보존될 때처럼 환경적 이득이 창조될 때 사람들이 다른 정도의 편익을 얻는 반면 공해나 오염물질이 이 지역에 미치는 오염으로 다른 종류의 곤란을 겪기 때문이다. 일반적인 정책이 미래 세대를 위해 환경보호를 목표로 하고 있을 때 우리는 환경이 주는 편익과 손해를 현재 세대 사이에서 공평하게 분배할 필요가 있다.

사회정의가 점차 다양한 윤리와 다양한 문화로 특징지어지는 사회에서 가지는 함의를 생각해 보자. 이런 사회에서 우리는 기회 평등을 어떻게 이해해야 하는가? 사회정의는 특정한 윤리적 종교적 집단이 일자리와 질 높은 교육을 받지 못할 때 개인과 집단을 향한 정의가 어디까지 확장되어야 히는가? 이런 경우 불평등과 싸우기 위한 정책들을 적용해야만 하는가?

우리는 21세기에 우리를 위한 사회정의는 무엇을 의미하는지 다시 생각할 필요가 있다. 우리가 다시 생각해야 하는 것은 사회정의의 근본적 원칙이 아니라 이들을 우리가 직면한 새로운 환경에서 어떻게 실행하느냐에 관한 것이다. 정치철학자들은 사회정의를 이해하는 새로운 방법들을 발견할 것이다. 여기서는 1994년 사회정의위원회에서 제기되었던 네 가지 원칙을 중심으로 살펴볼 것이다.[12]

─────────────

12) 앞서 지적한 사회정의위원회에서 제시한 네 가지 원칙을 밀러는 10년 후 이 보고서 후속작업으로 진행된 평가에서 다시 네 가지로 재정의한다. 유념할 점은 밀러의 견해는 연성 사민주의 입장에 서 있다는 것이고 이는 사회적 평등에 무게중심을 두던 전통적 사민주의자들과는 일정한 거리를 두고 있다는 점이다. 기든스나 에스 핑-앤더슨 역시 결과 평등 지향적인 사회정의에 비판적이면서 개인의 자율성이나 창조성을 무시하지 말아야 하고 이들이 성취한 업적에 대해서도 정당한 보상을 인정해

- 평등한 시민권(Equal citizenship) : 모든 시민은 시민적, 정치적 그리고 사회적 권리와 이 권리를 효과적으로 집행할 수 있는 수단을 동등하게 부여받는다.

- 사회적 최소한(The social minimum) : 모든 시민은 필수적인 요구를 적절히 충족시킬 자원들에 접근권을 가져야 하며 오늘날 사회에서 안정적이고 자부심을 영위할 수 있는 생활이 허용되어야 한다.

- 기회의 평등(Equality of opportunity) : 인간 삶의 기회, 특히 일자리와 교육의 기회는 그들 자신의 동기와 적성에 의존해야지 성(性), 계급, 인종과 같은 부적절한 특성에 의존해서는 안 된다.

- 공정한 분배(Fair distribution) : 공정한 시민권 또는 사회적 최소한의 일부를 형성하지 않는 자원들은 불공정하게 분배될 수 있지만 이 분배는 개인의 취사선택과 같은 관련된 요소를 반영해야만 한다.

## 평등한 시민권

평등한 시민적, 정치적 권리의 사상은 민주사회에서 오랫동안 인식되어 왔지만 우리는 여전히 모든 사람이 동등한 정도로 권리를 향유하는지 확신을 갖지 못하고 있다. 시민권의 가장 기초적인 것은 절도, 폭력, 위협이나 학대 없이 일상생활을 영위할 개인의 안전에 관한 권리이다. 이것은 현재 모든 사람에게 동일하게 향유되는 권리가 아니다. 예를 들면 인종적 학대, 폭력주의, 일반적인 범죄의 공포를 동네에서 겪은 적이 있는지를 물었을 때 경제적으로 부유한 동네보다는 경제적

---

야 한다는 입장이다.

으로 열악한 동네에서 훨씬 자주 이런 일이 발생한다고 조사되었다. 전체적인 범죄율은 감소하는 경향이 나타나는 사회에서도 사회 그룹사이의 불균형은 증가하는 경향이 있다. 남녀 모두 개인적 안전에서 여성들은 남성들보다 개인 간 폭력에 더 자주 노출되고 있다. 이것들은 평등한 시민권 원칙에 어긋나는 일들이다.

사회정의의 이른 측면들은 종종 간과되고 있다. 우리는 상층에서 내려다보는 방식(top down terms)으로 생각하는 경향이 있고 정부에 의해 추진되는 정책도 이런 방식이 주종을 이룬다. 그러나 이에 못지않게 중요한 것이 개인의 안전에 관한 권리는 모두에 의해 동등하게 향유되어야 한다는 점이다. 사회정의는 보통의 사람들이 어떻게 행동하느냐 그리고 평등한 존경의 문화가 폭넓게 존재하느냐에 달린 문제이기도 하다. 여성들은 언어와 육체적 괴롭힘으로부터 자유로워져야 하고 인종적이나 종교적 소수자들 역시 학대나 공격을 받지 않아야 한다. 법이 부분적으로 역할을 할 수 있지만 사람들이 자발적으로 시민들의 평등한 권리를 존중하는 원칙을 받아들이고 행동하게 하는 대체물이 될 수는 없다. 일상생활에서 사회정의가 의미하는 것을 이해하는 것은 우리의 학교 교육과정의 일부로 채택되어 시민교육(citizenship education)에서 중심 요소가 되어야 한다.

평등한 시민권의 다른 측면은 정부에 영향을 미치는 권리로서, 선거가 중요하기는 하지만 선거에서 투표하는 권리 이상의 그 무엇이다. 현재 정치적 영향력의 배분은 부, 소통능력, 경제적인 힘 등 다른 종류의 자원을 가진 사람들에게 유리하게 뒤틀려 있다. 우리가 이 분야에서 완전한 평등을 얻을 수 있다고 생각하는 것은 비현실적일지라도 우리가 균형을 다시 찾으려는 노력을 할 수 있는 방법은 있다. 일반적으로 시민들은 대의민주주의하에서 직접의제를 설정하기보다는 정치권에 의해서 주어진 의제에 찬반으로 반응하는 경우가 많다. 이는 투표나 여론조사에서 일반적으로 행해지는 방법이다. 평등한 시민권을 위해서는 피상적인 여론조사를 넘어선 무엇인가를 해야 한다. 주요한 새로운 정책 주도권(policy initiative)은 의회만이 아니라 시민들의 포럼 등에서도 제기되지 못할 이유는 없다. 시민들이 수동적으로 의견을 받아들이는 것을 넘어서 담론의 생산에 참여하고 경우에 따라서는 주도적 역할을 할 때 시민권은 좀 더 평등해질 것이다.

세계화에 따라 평등한 시민권은 이민정책이나 인종적 소수자 문제에서 더 중요해지고 있다. 한국에서도 세계화에 대응하는 방식으로 이러한 정책적 배려가 요청되고 있다.


## 사회적 최소한

이것은 때때로 평등한 시민권의 한 부분으로 취급되지만 사회적 최소한이 평등의 원칙(principle of equality)은 아니다. 차라리 이것은 정치철학자들이 풍요의 원칙(principle of sufficiency)라고 부르는 것이다. 즉 자원의 최소한은 모든 사람이 가져야 하지만 최소한 이상의 자원을 어떻게 분배해야 하는지에 관해서는 직접적으로 언급하지 않고 있다. 이것이 문제가 되는 자원이 소득일 때 분명해진다. 사회적 최소한은 모든 사람에게 최저임금, 연금, 실업급여 등 어떤 형태이든지 간에 음식과 옷 그리고 다른 생필품을 충족시켜 주는 생계수입(living income)이 있다는 사상을 포함한다. 그러나 사회정의는 다른 사람이 이보다 더 많은 것을 얻는 것을 방해하지는 않는다.

사회적 최소한은 소득에 국한되어 적용되기는 하지만 종종 사회적 논의가 일어나기도 한다. 예컨대 가난에 대한 관습적인 규정은 사회적으로 평균적 소득의 50~60%보다 적게 받는 사람들에 관련되어 있다. 이것이 중요한 요인이긴 하지만 이것이 유일한 것은 아니다. 관련된 문제들은 이보다는 더 넓은 것이다. 사람들은 주어진 조건하에서 적절한 삶을 영위하기 위해서 무엇을 가져야만 하는가? 이것은 사회적 최소한의 다른 차원, 즉 적절한 건강관리(adequate healthcare)에 접근할 권리와 같은 문제를 가져온다. 여기서 문제는 의학적 진보는 현재 제공되고 있는 자원보다 질병을 다루는 데 더 큰 잠재적 능력을 의미하기 때문에 적절한 기준(a standard of adequacy)이 무엇인지 규정하는 것이다. 우리는 모든 시민이 합법적으로 부여받은 것이 무엇인지 기준을 설정해야 한다. 사회정의의 일반적 원칙만으로 적절한 건강관리가 무엇을 포함하는지 우리에게 알려주지 못한다. 일단 최소한이 결정이 되면 모든 사람이 그 기준의 건강관리에 접근권을 가져야 하며 자원이 부족할 때 지불능력이 아니라 필요에 따라 자원들이 배분되어야 한다. 이것은 시민들 사이에서 미래에 성과 있는 방법이 제공되어야 할 영역의 하나이다. 건강관리 포럼은 사람들을 초청하여 의료적 대우의 다른 형태를 위해 우선순위를 알려주어야만 하고 그들에게 필수적인 것과 재량적인 것의 대우가 차이가 있는 것이 무엇인지를 알려주어야 한다. 대안적인 방법의 하나로 적절한 처우가 무엇인지 명확하지 않을 경우에는 사람들에게 의료보험 중에서 어떤 종류는 구매하려고 하는지 그리고 어떤 가격에 구매하려고 하는지 사람들에게 물어보고 증거들을 모으는 것도 한 가지 방법이 될 것이다.

다른 사회적 최소한의 차원은 한 개인이 사는 물리적 환경의 질이다. 이에 관한 사회정의의 내용 역시 적절한 보건관리와 유사하다. 이동을 위한 충분한 기회(sufficient opportunity for mobility) 역시 사회적 최소한

이 작용되어야 할 내용들이다.

더 논쟁적인 두 번째 이슈는 사회적 최소한이 '능력에 따라 생산하고 필요에 따라 분배 받는다'는 옛 슬로건처럼 시민들에게 다시 사회에 기여하도록 요구하는 원칙과 결합해야만 하느냐에 관한 것이다. 기여의 요구는 이것이 광범위하게 받아들여지는 상호성의 원칙(principle of reciprocity)에 부합해야 한다는 근거에 의해 뒷받침되고 있다. 동료들에 의해 창출된 자원으로부터 편익을 얻은 시민들은 무언가를 그들이 그럴 능력과 기회가 있는 한 그 전체에 기꺼이 되돌려주어야만 한다. 이 논쟁의 다른 측에 모든 시민은 그가 일을 하든 아니든 그 사회의 구성원인 한 기초적 수입을 보장받아야 한다는 사람들이 있다. 관련된 실제적인 이슈는 사회 안전과 다른 편익을 받은 사람들이 할 수 있는 일을 기꺼이 받아들이거나 다른 방법으로 사회적 기여를 보여주어야 하는 조건에 제한받느냐 하는 점이다.

호혜주의 요건(reciprocity requirement)은 원칙으로 바람직한 것이다. 사회적 최소한을 보장하기 위해 필요한 재화와 서비스들은 하늘에서 내려온 만나처럼 저절로 떨어진 것이 아니라 다른 사람의 생산물에 의존하고 있고 일하지 않고 기초적 수입을 받기만 하는 사람은 동료들에게서 불공정한 이익을 취하고 있기 때문이다. 어려운 점은 우리가 원칙을 실행에 옮길 때 그리고 우리가 사람들이 어느 수준에서 기여하는 것이 기대되는지를 말할 때 일어난다. 여기서 우리는 지금까지 일어났던 것보다 더 넓은 관점을 취할 준비를 해야만 한다. 특히 우리는 유급 노동에 의한 기여만을 동일하게 취급할 것이 아니라 어린이를 돌보거나 점점 더 중요해지고 있는 노령인구를 돌보는 것과 관련된 일을 인식해야만 한다. 여기서 일하는 사람들은 국가로부터 소득 지원을 위해 가치를 인정받아야 한다. 편익을 받는 사람들이 유급 일자리를 통해 환급할 의무가 있다면 무급으로 육아나 노령인구를 돌보는 일을 무급으로 하고 있는 사람들에게 적절한 지원을 해야만 할 것이다.


## 기회의 평등

기회 평등은 사회정의의 가장 기초적 원칙으로 오랫동안 인식되고 있지만 종종 이해되지 않는 점은 이것의 함의가 현존하는 우리 사회가 조직된 방식에 비해 얼마나 급진적인가 하는 것이다. 이것은 단순히 일자리와 고등 교육의 자리를 위해 열린 경쟁을 허용하는 문제가 아니다. 이것은 이보다는 더 넓고 더 많은 것이 요구된다.

핵심적인 사상은 사람들이 그들이 추구하기로 결정한 직업에서 얼마나 성공하든지 간에 개인의 인생 기회는 개인의 능력과 동기에만 의존해야 한다는 것이다. 이것은 성(gender), 인종, 부모의 사회적 계급과 같은 현존하는 인생의 기회에 영향을 주는 수많은 요소들을 배제하는 것이다. 그래서 이것은 무엇보다 일과 교육의 자리가 분배될 때 효과적인 차별방지 절차가 필요하다. 이것은 일하고 학업을 완수할 수 있는 능력에 기초해서 사람을 선택할 뿐만 아니라 사람들이 처음의 지점에서 지원이 방해받거나 거부되지 않는 것을 확신시키는 일을 의미한다. 이를 확신시킬 목적으로 입법이 현재 이루어졌지만 사회정의는 여전히 이러한 차별들을 방지하기 위해서 수많은 독립적인 관료와 위원회에 의해 만들어지고 이용되고 있는 절차와 선택들에 의존한다.

기회 평등을 보장하기 위해 공정한 절차가 구직과 교육을 위해 지원하는 시점에서 이루어지는 것으로 충분치 않다. 그들이 가족배경이나 여타의 것이 다를지라도 관련된 기술과 능력을 익힐 동일한 기회를 가져야만 하는 것은 필수적이다. 우리가 취해야 하는 강력한 교훈은 태어나서 처음 몇 년간에 어린이의 경험이 인생의 기회에서 얼마나 큰 영향을 미치는가 하는 점이다. 예컨대 미국의 저명한 한 연구는 전문직 가족에서 태어난 어린이는 3세까지 복지수혜를 받고 있는 같은 나이의 저소득층 자녀보다 두 배 이상의 어휘력을 가졌고 이런 격차는 성장과 더불어 계속 확대되는 것을 밝혔다. 이것은 부분적으로 교정될 수 있는 불평등으로 낮 시간 동안 예비학교 프로그램에서 비슷한 환경을 만들어줌으로써 언어와 다른 능력을 아이가 발전시키도록 도울 수 있다.

달리 말하면 이 원칙은 18살과 같은 어느 한 시점에 사람의 기회가 모두 동등해져야 하는 것을 의미하는 것이 아니라 가능한 한 기회가 동등해져야 하며 사람들이 모든 잠재력을 실현할 수 있어야 한다는 것이다. 같은 이유에서 우리는 가족배경에서 차이 등이 항상 중요하게 작용하기 때문에 현실적으로 모든 사람들에게 동등한 출발을 부여할 수는 없다. 중요한 것은 다양한 기회의 사다리를 제공하는 것이며 예를 들어 18살에 대학에 갈 기회를 갖지 못한 사람이 능력과 동기를 발현하기 위해 나중에라도 그런 기회를 가질 수 있도록 하는 것이다.

동등한 기회에 대한 우리의 이해는 문화적 차이에도 역시 민감해야만 한다. 이는 세계화 시대에 여러 인종이나 종교적 차이에 기인된 다양성을 인정해야만 함을 의미한다. 서구 사회에 비해 소수자 문제는 한국에서는 아직은 큰 사회적 파장을 일으킨 적은 없지만 앞으로 이 문제는 점점 더 중요해질 것이다. 다른 민족이나 인종 혹은 종교적 차이에도 불구하고 인권적 차원에서 기회보장의 문제는 중요한 사회적 쟁점이 될 것이다.

여기까지 우리가 초점을 맞춘 것은 기회의 중요한 요소로서 일자리와 교육에 대한 접근권이었지만 부의 세습에서 발행하는 중요한 불평등을 간과하고 있다. 이것은 불평등한 인생의 기회에 영향을 미치고 수혜자의 동기나 능력과 관련이 없는 것이기 때문에 이것은 합리적 해석에 의해 동등한 기회와 양립될 수 없다.

우리는 여론이 세습된 부의 부정의(injustice)에 관해 왜 그렇게 관심이 없는지 의아해한다. 이것은 대규모 상속이 적은 수혜자에게 귀속되고, 상속의 형태에 대해 잘 알지 못하기 때문이기도 하다. 최근의 연구는 이런 상황에 직면해서조차 많은 사람들이 상속세를 내는 데 주저하고 다른 사람들은 현재의 제도 안에서 다양한 선택들을 하며 제도가 예측하지 못한 측면을 이용하는 진화된 상황도 보이고 순수한 수혜자들의 측면에서 여전히 큰 불평등을 남기고 있다. 조세체계의 효과성에 관한 일반적으로 숙명론적인 회의감은 별론으로 하고 이런 관점을 가져오는 주요한 요소들은 개인보다는 가족이 보상에 더 적합한 단위였고 그래서 어떤 사람이 그가 모은 재산을 가질 자격이 있다면 그들의 아이들에게 물려줄 만하다고 여기는 생각을 중시하는 것이다.

이 문제에 천착하는 대부분의 정치철학자들은 이 상속에 대한 사상이 혼돈스러운 것을 알고 있고 사회정의가 작용하는 한 우리는 어떤 저점의 수준 이상의 상속이 세금으로 거두어져야 하고 이런 형태의 상속을 받지 못하는 일반사람들에게 분배되는 체제를 목표로 해야만 한다고 주장한다. 상속으로 부를 물려주려는 것은 경제적으로 바람직한 저축이나 투자 이면의 강력한 동기에서 출발한다. 그러나 이는 상속의 수혜자들이 왜 불균등하게 많은 상속을 받는지를 설명하지 못한다. 상속이 복권처럼 우연히 이루어지는 행운이고 사회정의 관념을 침해하지 않는 것처럼 간주될 수 있는가? 상속은 교육의 특권과 같은 다른 유리한 점과 관련되어 있는 것이 일반적이다. 기회 평등의 관점에서 본다면 특권적 지위는 단순히 복권과 같은 횡재로만 볼 수 없는 측면이 있다.

이제 평등의 문제에서 기회 평등만큼이나 논란이 될 수 있는 결과의 평등에 관해서 살펴보자. 사람들에게 인생의 기회가 일자리 기회를 포함해서 동기와 능력에 의존해야 하는 것은 명백한 원칙이지만 이 동기와 능력 또한 사람들에게 균등하게 배분된 것은 아니다. 기회 평등의 사회가 출신 계급이나 인종과 같은 인구적 배경을 완전히 제거하는 것은 아니다. 저소득층 자녀와 정치지도자의 아들이 통계적으로 동일한 기회를 가져야 한다고 강변하는 것은 잘못된 견해일 것이다. 이는 능력과 동기가 모두 후천적인 환경의 차이에만 기인한다고 볼 수 없을 뿐더러 개인의 기회는 선천적 혹은 후천적 차이에서 오는 요소들을 고려하지 않을 수 없기 때문이다. 이것이 결과의 평등을 완전히 무시할 수 없는 이유이다.

다른 한편 경제적 성공과 관련된 것이 능력이나 재능과 관련된 유전적 요소만이 아니라 개인을 둘러싸고 있는 환경과도 연관되어 있다. 바람직한 사회는 사회적 이동(social mobility)이 보다 많이 일어나는 사회이다. 상속이나 후천적 환경에 영향을 받을 수밖에 없지만 개인들이 생래적으로 지니고 태어났거나 후천적으로 체화되었거나 개인이 가진 동기와 능력을 바탕으로 기회가 보장되는 사회가 보다 정의로운 사회일 것이다.

## 공정한 분배

　이 원칙은 평등한 시민권의 내용이 아닌 부분에 속하는 자원들의 불균등한 분배를 허용하는 것으로 사회적 최소한을 지지하기 위해 필요한 원칙은 아니다. 소득이나 삶의 질을 위해 필요한 직업만족도 환경의 편익 등이 인간에게 중요한 문제이기는 하나 이 모든 재화들이 모든 사람에게 균등하게 분배되는 것은 불가능하다. 이것이 정의가 요구하는 것도 아니다. 문제는 우리가 어떤 불평등이 정당화되고 그 근거는 무엇인지 따져볼 때 복잡해진다.

　정치철학자들은 종종 선택에서 발생한 불평등과 운에 의해 발생한 불평등의 차이에 의해 이 문제에 대답한다. 만약 같은 시간에 한 사람은 수입을 얻기 위해 노동을 하고 다른 사람은 휴식을 취한 경우를 생각해 보자. 처음의 사람은 더 많은 수입을 위해서 휴식을 포기한 것이고 다른 사람은 그 반대의 경우로 이 경우는 사회정의에 관한 한 크게 문제될 것이 없다. 이와 다른 경우를 생각해 보자. 어떤 여성이 질병으로 인해 일을 할 수 없다면 그녀가 소득을 상실한 것은 불운의 결과이고 그녀가 이런 결과를 감내해야 하는 것은 불공정하다. 그래서 제안된 공정한 분배의 원칙은 사람들이 크든 작든 특정한 몫에 대해 개인적인 책임이 없다면 사람들은 동등한 자원을 가져야만 한다는 것이다.

　이것은 첫눈에는 매력적으로 보이지만 이 원칙은 심각한 어려움에 직면한다. 사람의 행운에서 모든 요소를 제거하려고 하는 것은 점점 어려운 일이 된다. 우리가 특별한 육체적 특성과 정신적 능력을 갖고 태어난 것은 행운이다. 혹은 어떤 개인이 합법적인 사업에서 예상 이상의 성공을 거둘 수도 있다. 이 역시 행운에 기인한 측면이 있을 것이다.

　공정한 배분의 관점에서 보면 이와 같이 성공의 결과가 재능에 의한 것이든 행운에 의한 것이든 이를 사회적 장치로 완전히 재분배한다는 것은 비현실적인 일이다. 적정한 조세 정책으로 이에 대해 사회적 환원이 적정선에서 이루어지면 될 것이다.

스포츠 스타 등에서 볼 수 있는 특별한 재능에 기인한 소득을 초과 수입이라고 조세를 통해서 환원한다는 것 역시 명확한 원칙이나 근거를 찾기는 힘든 일들이다. 경쟁의 결과가 개인의 능력에 의한 것이든, 행운에 의한 것이든 그 결과는 존중받아야 할 필요가 있다.

문제가 되는 것은 자신의 능력이나 노력과 관계없이 개인에게 닥친 불행을 사회적으로 어떻게 어느 수준에서 보전해 주느냐의 문제이다. 앞서 살펴본 사회적 최소한이 이를 위한 한 가지 원칙이 될 수 있을 것이다.


## 지속가능한 사회정의

사회정의는 막연히 개인의 책임과 무관하게 사회적 책임을 묻는 것이 아니다. 복지국가의 사회정의는 개인의 책임을 묻는 데 취약하여 지속가능성(sustainability)을 갖지 못했다. 복지국가에서 사회정의를 강조했음에도 불구하고 왜 이것이 50년도 지나기 전에 스스로 한계를 드러내며 신자유주의에 밀리는 상황에 직면했는가? 21세기 사회정의 문제는 이에 대해 대답하여야 한다. 그리고 지속가능한 사회정의(sustainable social justice)의 내용이 무엇인지에 대한 해답을 찾아야 한다.

사회정의의 지속가능성을 말할 때 가장 우선적으로 제기되는 문제는 역시 복지국가의 실패에 대한 반성이다. 복지국가의 사회보험 중심의 정책들이 관료적 팽창주의와 시민들의 도덕적 해이, 복지 의존성을 강화했기 때문이라는 것은 이미 공지의 사실이 되었다. 복지국가의 실패 원인을 제도와 정책에서 찾기 이전에 가치와 철학의 문제에서 반성한다면 어떤 의미가 있을까?

앞서 살펴본 바와 같이 중도개혁적 시각에 의하면 자유와 평등 문제가 20세기 후반에 균형점을 찾은 개념이 바로 롤즈의 사회정의 개념이었다. 이 사회정의 개념은 여전히 21세기에도 유효한 철학적 기반이 될 것이다. 그럼 이 사회정의 개념에 내포된 의미에서 어떤 강조점의 차이가 복지국가의 사회정의가 지속성을 갖지 못하게 했는가? 이에 대한 해답이 또한 21세기의 중도개혁 시각에서 '지속가능한 사회정의'의 내용이 될 것이다.

적극적 참여와 '개인의 책임' 그리고 결과보다는 기회의 평등이 지속가능한 사회정의에서 강조되어야 할 내용들이다.[13] 이 중에서 가장 먼저 고려되어야 할 것이 바로 직극적 침여의 문제이다. 복지 의존성이나 도덕적 해이는 의도하지 않은 사회적 배제를 가중시키는 측면이 있다. 노동에 참여하기보다는 실업 상태에서 복지급여와 나태로 편익을 최대화하려는 복지 수혜자들에 의해 의도하지 않은 실업이 장기화되는 데는 개인의 책임 역시 큰 문제로 등장한다. 이와 같은 의도하지 않는 실업이나 사회적 배제로부터 개인의 책임성 강조와 적극적 참여의 필요성이 요청되고 있다.

왜 참여가 문제가 되는가에 대한 의문들이 있을 수 있다. 적극적 참여를 독려하는 것은 빈곤에 저항하는 최고의 무기이자 공평한 소득 배분에 대한 최대의 보장이다. 노동시장에 대한 많은 사람들의 참여는 빈곤에서 벗어나는 결정적 요소이다. 근본적으로 참여에 부여된 중요

---

13) Frank Vandenbroucke, "Foreword: Sustainable Social Justice and Open Co-ordination in Europe".

성을 정당화하는 것은 평등의 개념이다. 사회적 삶에서 참여가 타인과 자기존중으로부터 존경을 얻는 데 중요하며 사회에 적극적으로 참여할 수 있는 기회는 모든 사람들의 권리가 되어야 하는 근본적 기회의 하나이다. 롤즈에 의하면 '사회적 우선재(social primary goods)'는 사회정의가 공정하게 분배해야 하는 것들인데 자기 존중(self-respect)은 사회적 우선재 중에서 가장 중요한 것으로 이해되었다.[14] 롤즈는 '질서 잡힌 사회(well-ordered society)'에서 자기존중은 모든 사람에게 동등한 시민권의 공적인 인정이라고 보면서 누구든지 개인적인 차원에서 자기존중의 가치를 가진다고 보았다. 그러나 자기존중이 이와 같은 개인적 차원에 머물러 있지 않고 사회적 차원에서도 확인되어야 한다고 강조했다. 이를 위해서는 개인이 자신이 속한 집단에 참여하여 자기 존재를 확인하는 것이 중요하다고 보았다. 질서 잡힌 어떤 공동체에 속한 개인은 이 속에서 자신의 이해관계를 가지며 그의 동료들로부터 인정받는 자신의 열정을 확인하고 싶어한다. '적극적 참여'는 단지 경제적 이유에서만이 아니라 가장 중요한 사회적 우선재로서 자기존중을 실현하기 위해서도 필요한 것이다.

이러한 규범적인 견해에 의하면 적극적 참여는 노동시장에 참여만이 아니라 다양한 사회적 참여를 포함한다. 사회적 우선재로서 적극적 참여는 단지 노동시장의 참여에 국한될 수 없다. 참여는 존경과 자기존중을 증진시키는 데 가능한 다른 활동들을 포함한다. 이것은 친구 가족을 돌보는 일, 자원봉사로서 사회적 혹은 문화적 일, 교육을 포함한다. 이런 관점에서 증가하고 있는 노동시장에서 여성은 가사에서 남성의 참여를 목표로 하는 정책을 견인하고 사회적 참여는 활동적인 노령인

---

14) Gøsta Esping-Andersen, *Why We Need a New Welfare State* (Oxford University Press, 2002), p.6

구를 지지한다. 노인은 더 이상 의존의 대상이 아니라 사회적 기여를
할 수 있는 생산적 인구이다.

사회정의가 지속가능성을 갖기 위해서는 이전의 복지국가 식의
사회정의에 무엇이 문제였는가의 진단에서 출발하는 것이 복지국가가
안고 있었던 누적적 재정적자, 만성적 실업, 사회적 배제, 지역공동체의
슬럼화와 공동화 등을 막을 수 있는 사회정의에 대한 해답의 실마리가
될 것이다.

이를 위해 연성 사민주의자들은 복지국가에서 보다 개인의 적극적
참여가 그 해답이 될 수 있음을 제시하고 있다. 제도와 정책은 개인이
자기 책임을 지니고 인생을 영위할 수 있도록 이를 뒷받침해 주는
것에 궁극인인 책무가 있는 것이다. 이를 위해서 개인이 사회화 과정에
있는 동안의 노력이 무엇보다 중요하다. 영아와 유아일 때 지식기반사
회에 적응할 수 있는 사질에 사회기 투자함으로써 개인의 독립성과
책임성을 키워주는 일이 무엇보다 중요하다. 또한 성인에게 고용가능
성(employability)을 높이는 제도적 장치를 마련함으로써 재취업이 보다
원활해지는 고용환경을 만드는 것이 중요하다. 사회적 안전(social secu-
rity)에 집중하는 것이 아니라 사회적 투자(social investment)에 집중하는
것이 중요하다.

# 제13장_ 지식기반사회로의 변화

## 복지국가 기반으로부터의 이탈

서구에서 사회정의를 주장했던 중도개혁 세력들이 20세기 중반 이후 그들의 정치적 가치와 철학을 실현할 수 있는 제도적 모델로 삼은 것이 바로 복지국가였다. 마르크스 식의 중앙통제경제나 일당 독재의 정치체제가 아니라 점진적인 개혁을 의회제도를 통해 추구할 수 있다는 신념에 근거한 것이 서구에서 이들 중도개혁 세력들이었다. 1990년대 이후 기든스(A. Giddens)가 '제3의 길'을 주장하고 있지만 원형적인 제3의 길이 바로 유럽 사회민주주의였다. 이들은 사회주의적인 혁명 방식도, 프랑스 혁명 이후 등장한 고전적 자본주의도 부정했다. 20세기에 들어와서 마르크스와 같은 급진적 혁명을 부정하고 투표권 확대에 따라 의회제도 내부에서 점진적인 사회주의 이상 실현이 가능하다는 일군의 흐름들이 나타났다. 독일 사회민주당의 카우츠키나 영국의 페이비언 협회는 이런 흐름의 대표적인 것들이었다. 물론 이 수정주의 노선은 전통적인 좌파나 우파 모두에서 비난을 받는다. 마르크시스트들은 이를 개량주의 혹은 수정주의로 비판했고 우파들은 공산당의 변종이라는 의구심을 놓지 않았다.

그러나 점진적인 사회민주주의 노선을 지지하는 쪽에서 본다면 이는 좌와 우의 양극단을 지양하고 새로운 환경에 조응하는 좌파적 가치를 제도권 내부에서 점진적으로 실현해 보려는 이상이 있었다. 자본주의가 성장하는 과정에서 일어난 원시적 축적과 이에 동반된 부익부 빈익빈 현상, 그리고 봉건제에서 해방된 빈자들이 가진 유일한 생존의 원천인 노동의 불안정성, 20세기 초반 전 세계적인 불안을 증폭시켰던 공황, 이와 같은 요소들은 더 이상 고전적 자본주의가 제도로 기능하고 있지 못하며 사회적 불안정과 개인의 소외를 해결할 수 있는 제도적 개선이 필요함을 의미한다.

이에 대한 사회민주주의적인 대안이 바로 복지국가였다. 이는 앞서 살펴본 바와 같이 몇 가지 철학적 가치와 사회적 경제적 제도들로 운영됨을 의미한다. 복지국가는 사회정의란 이상을 구현하기 위해서 그 당시 사회경제석 토대에 적합하다고 여겨지는 몇 가지 전제들의 기반 위에 서 있다.

만약 이런 사회경제적인 기반에 변화가 온다면 더 이상 복지국가의 모델이 제 기능을 발휘하기는 힘들 것이다. 21세기에 사회정의의 가치를 추구하더라도 더 이상 복지국가의 모델이 중도개혁 세력의 대안이 될 수 없음은 바로 복지국가의 기반이 변화했기 때문이다.

복지국가의 기반이 된 전제들이 무엇이었고 이들이 베버리지 보고서 이후 50년간 어떤 변화를 거쳐 왔는지를 우선적으로 살펴보아야 한다. 그럼 사회정의의 가치를 지향하면서도 변화된 현실에 조응하는 제도와 정책이 무엇인지도 자연스럽게 드러날 것이기 때문이다.

우선 여기서 지적해 두어야 할 것은 이런 논의들이 유럽에서는 중도좌파란 범주로 사고되고 이해되었지만 현대적 의미에서는 중도개혁이라고 하는 것이 보다 정확한 표현일 것이다.[1] 사회정의의 철학적 배경이 바로 정치적 자유주의라고 평가되는 롤즈의 정의론에 기반해 있고 다른 한편 전통적인 사민주의의 토대가 되었던 대규모 육체노동자의 계급적 이해를 벗어나 보다 개인과 기업의 자유를 존중하면서 사회정의를 실현하려는 철학과 정책을 전통적 의미의 중도좌파라고 할 수는 없기 때문이다. 또한 중도적 개혁의 일반적 특성으로 변화와 개혁의 속도와 폭을 기준으로 삼는다고 한다면 여기서 중도개혁은 점진적이고 단계적인 개혁을 추진하고 있기 때문이다.

## 경제적 세계화와 국가주권

가장 우선적으로 나타나는 경제적 요인은 바로 세계화의 문제이다. 이전 케인즈 식의 국민경제는 현실적인 가정들이 아니다. 우선 복지국가는 케인즈 식의 국민국가를 가정하고 출발하는 사회모델이었다. 물론 국제무역이 존재하고 있지만 이것이 국민경제의 결정적 변수는 아니었다.[2] 그러나 1990년대 이후 세계에서 케인즈 식의 국민경제를 바탕으로 하는 유효수요관리 정책은 한계를 드러냈다. 일국 내에서 통화정책과 재정 정책은 더 이상 기대하는 효과를 발휘하기에는 역부족이 되었다. 특히 국제금융이 활성화되고 자본의 국제적 이동이 자유로워짐에 따라 통화정책은 새롭게 이해되어야 했다. 그리고 국제 무역에서 교역량 증가는 일국 수준의 고용 정책이나 수요관리 정책은 새로운 변수들에 관한 고려를 요구받고 있다. 가장 중요한 변화는 세계

---

1) 중도개혁 혹은 중도좌파에 관한 논의는 이 책의 제5부 결론 부분에서 보다 자세히 검토할 것이다.

2) John Maynard Keynes, *The General Theory of Employment, Interest, and Money*, 제23장.

금융시장의 역할 확대로 이것은 점점 더 실시간(real-time) 처리를 바탕으로 작동한다. 통화 교환 거래를 통해 하루 1조 달러 이상이 회전된다. 무역 거래에 비해 금융거래 비율은 지난 15년 동안 다섯 배가량 증가했다.

'불연속 자본(disconnected capital)', 즉 기관에 의해서 관리되는 자금은 다른 형태의 자본에 비해 1970년 이후 전 세계적으로 1,100퍼센트나 증가했다. 미국에 근거지를 두고 있는 기관 투자가들만도 1996년 7월 자산으로 11조 1,000억 달러를 점하고 있다. 민영화된 연금 기금, 그리고 연금 사업 계획에 자금을 조달하는 유동 채권은 이런 거대한 금액들 중의 기본적인 요소들이다. 1995년에 미국의 연금 기금, 뮤추얼 펀드, 재단 기부금은 기관 주식으로 3,310억 달러를 차지했다. 그러므로 경제적 세계화는 엄연한 현실이다. 금융시장의 수준에서는 '완전히 세계화된 경제'가 존재한다. 세계화는 경제적 상호 의존에 관한 것을 넘어서 우리의 생활에서 시간과 공간의 변형에 관한 것이기도 하다. 경제적이든 아니든 먼 거리에서 일어난 사건들은 그 어느 때보다 더욱 직접적이고 즉각적으로 우리에게 영향을 미친다. 역으로 우리가 개인적으로 취한 결정들은 종종 세계적인 의미를 갖는다. 케인즈주의적 경제 관리의 토대가 되었던 권력을 포함하여 국가가 가지고 있던 권력이 약화되고 있다는 의미에서 세계화는 국민국가로부터 멀리 벗어나고 있다.[3]

이러한 세계화는 국내적으로는 산업의 양극화를 낳는 경향이 있고 경쟁은 더 이상 국내 수준에 머물지 않고 국제적인 차원에서 이루어진다. 세계시장으로 규모가 확대되면서 그만큼 경쟁도 치열해지고 격화되었다. 개발도상국에 의한 도전은 부분적으로 낮은 임금에 바탕을

---

3) Anthony Giddens, *The Third Way: The Renewal of Social Democracy*, pp.29~33.

230  제4부 사회투자국가의 철학과 정책

두고 있다. 이것은 단순한 금액이 아니라 생산품의 원가를 결정하는 노동의 질과 생산성을 강조한다. 예컨대 독일과 스페인의 시급제 차이는 생산성 차이에서 상쇄된다. 국제적으로 서양에 대한 경쟁적 도전은 단순히 가격에만 의존하는 것이 아니라 생산성, 품질, 그리고 혁신에 바탕을 두고 있다. 교육을 받아 컴퓨터를 운영할 수 있는 수리적 능력을 가진 인구가 전 세계적으로 6억 이상에 이르고 있다. 인도에서는 대학 교육 수준을 가진 사람이 6,000만에 이른다. 인도의 실리콘 벨리 '방갈로르'에서는 첨단 기술력을 가진 컴퓨터 소프트웨어 디자이너들은 서양국가의 고객과 인공위성으로 연결되어 있다. 그들은 경쟁관계에 있는 미국인 임금의 1/8 정도로 일한다. 한국의 18세 이상의 80%는 고등교육을 받았다.[4] 국제적 경쟁의 성격이 20세기적인 단순한 비교우위만으로 설명할 수 없을 만큼 복잡해지고 있는 것이다.

새로운 세계 경제 질서는 온순하지 않다. 경제적 산업적 변화는 지속적으로 적어도 교육과 경제적 힘에 대한 경제질서에 고통의 대가를 지울 것이다. 보호주의가 정답이 아니라고 믿는 사람들에 대한 도전은 모든 사람이 급진적으로 바뀐 주변여건 속에서 생과 번영을 위한 새로운 길을 찾을 것을 요구하고 있다.[5]


## 생산과 일자리의 변화

세계화에 따른 변화 못지않게 정보화가 가져온 변화 역시 생산과

---

4) Commission on Social Justice/IPPR. *Social Justice: Strategies for National Renewal*, pp.69~70.

5) 같은 책, p.72.

일자리 구조를 변화시키고 있다. 국제 교역에서 새로운 산업기술은 근무 장소에 상관없이 국내 경제를 빠르게 침범하고 있다. 변화의 속도가 많은 사람들을 숨을 못 쉬게 할 만큼 급격하다. 기업에서 변화는 크게 세 가지로 요약된다. 첫째, 기업의 '계층 간소화(delayering)'로 중간 계층의 핵심 보호망인 인사, 재정 그리고 기획에서 중간 간부의 일을 없애고 있다. 둘째, 기업의 규모축소(downsizing)로 조직을 자율운영단위(self-governing units)로 나누면서 핵심기능에 집중하고 나머지 기능은 협력업체에 외주를 준다. 셋째, 기업의 네트워킹(networking)으로 조직의 효율을 극대화하기 위해서 협력과 조정의 사슬을 서로 연결한다.

산업기술의 지속적인 발전을 통해 일자리들의 내용이 변화하면서 전 세계적으로 수많은 비전문적이고 일상적 일자리들이 자동화로 소멸되어 가고 있다. 독일의 공학 도제 시스템에서 도제들은 6년의 견습과정을 보내는 데 반해 이러한 기술의 반감기는 단지 4년에 불과하다고 예측되고 있다. 급격하게 변화하는 시장과 기술 때문에 지금 사회생활을 시작하는 사람들이 일생동안 5~6번 정도 직장을 바꿀 것으로 보고있다. '누적적인 학습(cumulative learning)'이 삶의 표준을 결정할 것으로 보이고 있다.

이와 같은 경제를 신경제(new economy)라고 할 수 있다. 신경제의 특성은 대량 맞춤(mass customization), 가치부가(value added), 권한위임(empowerment), 개인보다는 팀(teams), 사람이 자산(assets are people), 다중기술(multiskilling), 학습중시(learning), 신뢰(trust) 등이다. 이에 반해 구경제는 대량 생산(mass production), 효율성(efficiency), 명령과 통제(command and control), 개인중시(individuals), 물건이 자산(assets are things), 거래의 중시(trade for life), 훈련중시(training), 계약(contract)이 중심이 된다. 구경제에서 신경제로 경제 환경이 변함에 따라 생산과

일자리에서도 변화가 생기고 있는 것이다.

산업의 기술과 공정에 높은 투자가 이루어질지라도 우리는 이들을 사용할 수 있는 조직이 여전히 필요하다. 사람과 기술의 잠재력은 수직적 계서제와 업무의 명확한 구분을 강조하는 전통적인 라인 조직 구조를 가진 회사에서 충족되어질 수 없다. 복잡한 시장에서 경쟁력 우위를 갖기 위해 기술변화와 연구를 추구하는 성공적인 회사는 산업적 생산 시스템을 벗어나고 있다. 전통적 산업사회의 회사는 육체노동을 정신 노동과 분리시키고 정신노동자에 물건을 만드는 것을 기대하지 않았고 육체노동자에게 창의적인 것을 요구하지도 않았다.

구모델은 숙련 생산의 혁신과 개선이 대량 생산의 효율성과 결합된 '대량 맞춤'의 새로운 시스템으로 대체되었다. 이는 생산의 근본적 재조직을 요구하는데, 무엇보다 의사결정의 분권화, 명령의 불필요한 사슬을 제거하는 것, 팀워크와 협력을 고무하는 것이다.

오늘날 지구적 경제에서 부의 창조는 기업과 국가가 생산을 통해서 부가하는 가치에 의존하다. 낮은 기술은 낮은 투자, 낮은 생산성, 낮은 가격, 낮은 이익 그리고 낮은 임금으로 귀결된다. 번영을 얻고 유지하기 위한 유일한 방법은 높은 부가가치의 생산을 통해서이며 이는 참여적 인 기업에서 현대적 기술과 장비를 이용하는 숙련된 사람을 요구한다. 공공정책의 목표는 회사들이 지구적 경쟁에 저항하는 것이 아니라 이러한 변화하는 요구에 적응하려는 기업을 돕는 것이다.


## 가족 내 변화

베버리지가 보고서를 쓸 당시 여성의 지위는 부모가 중심의 되는 가정 내에 있었다. 1949년 영국 노동자 3명 중 1명이 여성이었지만 오늘날 그 비율은 거의 2명 중 1명이 여성이고 이미 많은 영역에서 여성이 노동력의 다수가 되었다. 1950년대 초반 첫째 아이가 태어난 여성은 가족을 돌보면서 평균 10년간 고용 밖의 상태에 있었지만 1980 년에 이르면 그 기간은 9달로 급격히 떨어진다. 대부분 산업국가들에서 여성을 위한 경제적 기회의 증가는 별거, 이혼, 동거 그리고 한 부모 가족의 증가와 동시에 일어났다. 남성 가장, 여성 주부로 특징지어지는 전통적 핵가족은 인구에서 줄어들어 소수가 되고 있다. 이혼 경험이 있는 사람들도 급격히 증가하고 있다. 또한 한 부모 가족이 증가하는 것도 이혼의 경우든, 결혼 이력이 없는 경우든, 지속적인 추세이다.

이혼과 한 부모 가족 또는 의붓 가족의 증가는 가족의 붕괴로 이어지고 이는 여성과 아이들이 많은 경우 가난에 빠져들고 있다. 이런 경향은 한 부모 가정에서 양부모가 다 있는 경우보다 더 자주 발생한다. 사회경제적 혁명은 우리 모두에게 영향을 주지만 이것의 가장 큰 희생자는 전통산업에서 퇴직한 노령인구와 낮은 교육과 기술로 산업에 진입할 기회를 갖지 못한 젊은이들이다. 제조부문에서 고용의 감소는 산업화된 대부분의 나라에서 일어나는데 이는 과거에는 좋은 임금과 안정된 숙련직을 가질 것으로 기대되는 남성들에게 막대한 영향을 미치고 있다. 새로운 직업들이 창출되고 있지만 이들 대부분은 서비스업 분야이고 파트타임이며 숙련 산업 노동자가 받을 수 있는 임금보다 낮은 임금이 주어진다. 임금이 좋은 직장은 대부분 높은 수준의 교육을 요구한다. 남성들은 점점 가장의 역할을 여성과 나누게 된다. 경우에 따라서는 가족 부양에 남성들이 전혀 도움이 되지 못하는 경우도 일어나고 있다. 경제적 변화는 전통적 남성성과 이것이 의미하는 자녀부양의 의미에 의문을 던지고 있다. 국내적 관계에서 이 변환에 의해 만들어진 요구는 광범위하다. 첫째, 가족관계에서 어머니와 아버지 그리고 자녀 사이의 관계에서 재조정이 일어난다. 둘째, 고용주 입장에서 유연한 고용 패턴의 새로운 수요가 발생하는 반면 전통적으로 가정 내부의 문제로 간주되던 육아나 노인부양 등의 다른 조치들에 대한 지원이 요구된다. 셋째, 정부 입장에서 사회보장 시스템과 육아 그리고 사회적 서비스의 근본적 검토가 필요해지고 있다.

고용에서 여성들의 증가하는 참여는 가정에서 남성의 참여와 병행되지 않는다. '새로운 남성'의 낙관적 수사에도 불구하고 여성이 여전히 가정에서 대부분의 가사를 책임진다. 일반적으로 여성들은 가족 내부에서나 밖에서나 서비스 분야 노동자이다. 그러나 조금의 변화들의 조짐이 보이고 있다. 1960년대 초반과 비교하면 여성은 일상적인 가사노동에 보내는 시간이 줄어들고 있고 남성들은 조금 늘어났다. 게다가 '시간예산' 분석은 어머니는 가사노동 시간이 줄어들었고 아버지는 노동시간이 줄어들어 부모 모두 자녀를 위해 보내는 시간이 늘어났다.

파트타임 노동을 하는 여성들은 낮은 지위와 낮은 임금에도 불구하고 고용, 가족 그리고 개인적 레저 간의 균형을 맞출 수 있기 때문에 이런 균형에 만족하고 있는 것으로 조사되고 있다. 그러나 남성에게 풀타임 고용이나 여성에게 파트타임 고용이나 불안정하고 불만족스런 유형이다. 새로운 도전은 점차 고용이 유연한 형태를 취하여 남성이나 여성에게 더 많은 선택을 주어 그들이 고용, 가족, 교육, 공동체 활동 그리고 레저를 다양한 방식과 다양한 공간에서 할 수 있게 하는 것이다. 다른 말로 하면 우리는 피고용인 특히 가족 책임을 가진 경우에 고용에 반대하기 위해서가 아니라 지지하기 위해서 유연한 일자리들을 만들 필요가 있다.

## 계층 간 이동과 인구 변화

지난 40년이 넘는 동안 지위나 가문에 의한 존경의 힘은 급격히 줄어들었다. 모든 시민의 동등한 가치에 관한 믿음이 과거 어느 때보다 넓고 확고히 자리 잡았다. 전통의 중요성이 줄어듦에 따라 더 많은 이슈들이 개인적 결정에 좌우된다. 우리가 무엇을 입고 어떻게 투표하고 무엇을 먹고 어떤 일을 하고 어디서 사는지 이 모든 일들이 두 세대 전에는 출생에 의해 결정된 귀속적 지위에 따라 결정되는 경향이 있었다. 그러나 이제 더 이상 그렇지 않다. 사회는 더 유동적이고 개방되었지만 또한 더 점차 불평등도 증가하고 있다.

아마도 계층 간 이동의 가장 큰 힘은 교육제도에서 더 많은 참여와 성취를 포함한다. 고등교육에서 참여는 오랫동안 소수에게 주어지는 깃이었지만 오늘날 이것은 수많은 사람들이 회구하는 일이 되었다. 계층에 관계없이 대부분의 사람들이 대학에 진학하고 있다.

세 가지 과정이 병렬적으로 진행되고 있다. 첫째는 전통적 계서제의 형태가 줄어들고 있다. 둘째는 더 유연하고 다양한 삶의 양식들이 발전하고 있다. 교육에서 성인의 삶 그리고 은퇴의 단선적 진행이 더 복잡한 과정에 의해 보충되고 있다. 교육과 훈련은 생애주기를 통해 일어난다. 고용은 청장년기 고용을 통해 양육과 부양책임과 뒤섞여 있다.

세 번째 변화는 반갑지 않은 것으로 사회적 경제적 배제이다. 일자리, 교통, 정치, 교육, 주거, 레저시설에서 배제는 점차 명백해지고 사회를 짓누르는 특성이 되고 있다. 지역 사회에서 실업의 누적적인 불이익, 나쁜 주거 그리고 열악한 학교 여건은 단지 경제만이 아니라 은행, 가게, 일자리까지 부족한 지역과 결합되어 있다.

현대 국가가 계층 간 이동이 예전보다 더 자유로워졌다고 하더라도 이것이 바로 계급이 죽었음을 의미하는 것은 아니다. 오늘날에도 여전히 계급문제가 남아 있다. 그리고 이런 불평등은 심화되거나 상속되는 측면이 강하다.

다른 한편 고령화 사회의 도래이다. 많은 노인 인구들이 활동적이고 건강하지만 정부는 점차적으로 노인인구의 복지 수급권, 의료 및 다른 서비스에 의해서 노동인구에게 지워진 점을 염려한다. 일반적으로 '부양자 비율'이 증가하고 있는 추세이다. 비참하고 무력한 지역 보호 서비스의 상태는 우리가 부양의 재정적 그리고 사회적 고려를 심각하게 받아들이지 않고 있음을 시사한다. 퇴직한 사람들은 사회에서 이미 많은 생산적인 일을 했다. 그러나 노령인구 수가 늘어나면서 누가 부양할 것인가 그리고 어떻게 비용을 지불할 것인가에 대한 질문이 더욱더 심각해지고 있다.

# 제14장_ 사회투자국가를 위한 전략

## 사람에 대한 투자가 핵심전략

사회투자국가는 공동체의 윤리와 시장 경제의 역동성을 결합할 수 있다고 믿는 이론이다. 사회투자 전략의 핵심에는 경제적 기회 (economic opportunity)의 확대가 경제번영의 원천일 뿐만 아니라 사회정의의 토대가 된다는 믿음이 있다.

지속적인 혁신과 더 나은 제품의 질에 대한 경쟁적인 요구는 개인에게 국가 경제의 쇄신을 위한 헌신할 기회를 요구한다. 이것은 다시 강한 사회제도, 강한 가족, 그리고 강한 공동체를 요구한다. 이들은 인간과 기업이 성장하고 적응하고 그리고 성공할 수 있는 바탕이 된다. 신자유주의자들은 불안정성을 변화를 위한 자극으로 활용하는 데 반해 사회투자국가는 안정이 변화의 기반임을 주장한다. 또한 사회투자국가는 안정을 소득의 재분배만을 통해서라기보다는 기회의 재분배를 통해서 성취하려고 한다.

국가가 발전하는 방법은 개인, 가족, 기업, 공동체 그리고 정부가 사회경제적 변화에 단순히 수동적으로 대응하는 것이 아니라 적극적으로 이러한 변화를 추동하는 데 있다. 이것은 여전히 적게 내는 세금과 편익이 많은 정책을 추구하는 사회 정책만의 문제는 아니다. 현대 사회가 안고 있는 취학 이전 교육에 대한 저투자, 장기 실업 그리고 연금의 빈곤 문제가 단순히 일시적 처방으로 치유되지 않는다. 이들은 사회, 경제 그리고 정치적 구조에 뿌리박혀 있는 문제이며 이들은 함께 다루어져야 한다.

사회투자는 경제적 번영과 사회적 재생의 씨앗이기 때문에 중요하다. 사회투자는 부와 복지를 동시에 진작시킨다. 투자는 공공영역과 사적 영역 그리고 이들의 파트너십에 의해 경제의 미래 생산력을 증가시킨다. 그러나 오랫동안 우리는 아동들의 인생의 기회, 기술력, 산업과 기반시설, 그리고 우리의 공동체에 충분히 투자하는 데 실패해 왔다. 지난 수십 년 동안 소비는 급격히 증가해 왔다. 그러나 우리의 사회적 기반은 저투자되어 왔고 사회는 분열되어 왔다.

사회투자국가의 핵심적 주장은 사회투자를 통해 경제적 사회적 정책이 긴밀히 연결되어 있으며 이들은 동전의 양면이라는 점이다. 성장(growth)과 생산성(productivity)의 높은 지속은 기회(opportunity)와 안전(security)을 사회적으로 보장하는 길이 될 것이다. 따라서 사회투자국가는 일과 복지, 노동시장과 가족정책, 유급노동과 무급노동, 경제적 세대이전과 사회적 세대이전, 시장구조와 정치적 조직 간의 상관성을 인정한다. 경제 정책과 사회 정책이 분리될 수 없다는 것은 경제성장 없이 사회정의도 없다는 것 이상의 의미이다.

경제 정책과 사회 정책을 연결짓는 네 가지 방법이 있다. 첫째, 낮은 교육수준, 실업, 열악한 건강, 높은 범죄율에서 연유하는 사회적 불평등은 경제성장의 발목을 잡는다. 이를 해결하기 위해 직접적인 수단으로 정부나 시장이 개입할 수 있다. 사회투자국가는 간접적인 방식으로 도시나 지역의 각 부분들에 투자를 규제하거나 재화와 서비스의 요구를 조절함으로써 정책 목표를 달성할 수도 있다.

둘째, 사회정의가 실업자에게 급여를 지급하는 방식보다는 기회에 대한 투자를 통해 추구되는 사회에서 투자는 경제 성장에 직접적으로 기여한다. 가장 중요한 자원이 인적 자본인 글로벌 경제에서 사람에 대한 투자는 사회정의와 국가 경쟁력에 기여한다.

셋째, 비즈니스는 금융과 재정제도, 공동체 조직들, 교육 기관, 기술 이전 센터, 학교, 성인교육학교, 문화체육시설의 네트워크가 번성하는 지원적인 사회환경에서 번창한다. 사람이 잘살 수 있는 풍부한 사회 조직들은 비즈니스 역시 번성하게 한다. '사회자본'은 인간, 재정 그리고 실물 자본으로서 경제적 산출에 중요한 역할을 한다.

마지막으로 시장은 그것이 노동시장이든, 자본시장이든, 서비스재 화시장이든, 자연의 힘이나 신의 힘에 의해 창조된 것이 아니다. 이들은 가치, 제도, 규제와 정치적 결정의 산물이다. 시장은 정치적이고 그 구조가 산출을 결정한다. 예컨대 최저임금제도는 저임금을 중심으로 한 고용주들에게 비용 상승을 가져오지만 이것이 그 임금수준을 용인 할 수 있도록 하기 위한 생산성 향상의 강한 동기가 된다. 비슷하게 환경세와 환경규제는 기업에게 새로운 비용을 부가하는 것이지만 가장 중요한 효과는 기업들이 저공해로 생산할 수 있는 방법을 찾게 만든다. 현명한 규제는 신자유주의자들에 의해 불필요하게 제기되는 생산성 하락의 문제를 잠재울 수 있을 것이다.

세계화에 따라 국가 간, 기업 간 경쟁이 치열해지고 있다. 사람에 대한 투자가 더 절실해지고 있다. 사람에 대한 투자가 사회투자전략의 핵심이다.

## 공정과 번영을 위한 사회투자

사회투자국가는 신자유주의와 마찬가지로 경제적 미래가 재화와 서비스 부문에서 성공적인 국제무역에 의존한다는 것을 믿는다. 차이점은 사회투자국가는 새로운 세계 경제에서 성공이 비용을 절감하려는 노력보다는 생산물의 질을 높이는 것에 기초한다는 확신을 갖는 것이다.

사회투자국가는 평등주의적인 경향과 마찬가지로 빈부의 격차를 줄이고 공정하고 적절한 이익분배 시스템을 확보하려고 한다. 그러나 평균주의자들이 주로 소득재분배를 추구하는 데 반해 사회투자국가는 인간의 직업 생애에서 초기의 분배가 나중의 소득재분배만큼이나 중요하다고 믿는다. 사후적으로 소득을 재분배하기보다는 높은 질의 노동과 소득을 가질 수 있도록 육아와 교육을 통해 예방적으로 투자하는 것이 더 중요하다고 본다. 그래서 사회투자국가는 우선적으로 일하고 저축하고 소유할 수 있는 기회를 재분배하는 데 주력한다.

사회투자전략은 경제 정책의 사회적 결과와 사회적 변화와 사회적 분열의 경제적 결과를 모두 인식한다. 사회투자국가는 소득, 권력과 기회의 불평등들을 개혁하려고 노력하는 사람은 분배 못지않게 생산에 관심을 기울여야만 한다고 주장한다. 새로운 세계 경제에서 사회정의는 무엇보다 전통적 사회민주적인 재분배보다 경제적 기회와 부의 창출에 관심을 갖는다. 이를 실현할 수 있는 주요 메커니즘은 유급 일자리와 무급의 보살핌(caring) 일자리에 의해 지원받는 것이다. 사회투자국가는 유급과 무급 일자리의 재분배를 추구하고, 고용에서 부정의(injustice)를 마감하려고 노력하는 국가이다.

과거에 국가들은 원자재의 자연적 혜택에 기초하여 번영했다. 이것은 현재에도 여전히 중요하다. 예를 들면 영국의 경우 북해의 석유 같은 물리적 원자재와 영어라는 문화적 원자재가 영국 경제의 주요한 자산이다. 그러나 이들이 그들 자신의 경쟁력의 기초일 수는 없다. 석유와 다른 천연자원은 세계시장에서 누구든 자유롭게 접근할 수 있다. 번영하는 국가나 회사는 천연자원에 그들의 숙련 노동자와 최신의 기술력을 결합하여 부가가치를 창출하는 국가들이다.

일본은 가장 성공한 철강수출국이지만 철강을 위해 필요한 자원들은 거의 수입에 의존하고 있다. 영어는 영국의 문화산업에 큰 잠재적인 이점을 주고 있지만 이 이점은 그들이 이 문화자원을 최대한 활용할 수 있는 창조적이고 상상력이 풍부한 사람들을 배출해 낼 때 현실화된다.

자유시장주의자들의 중요한 주장은 저비용, 저임금, 낮은 사회적 보호가 몇몇 개도국에서 보듯이 국가경쟁력의 기초라는 것이다. 사회투자국가는 생산성이 향상되어야만 고임금 역시 보장된다고 본다. 1992년 12월 클린턴 정부 최고 경제회의에서 애플 컴퓨터 회장인 스컬리(John Sculley)는 정책결정자가 직면하는 전략적 문제를 핵심적으로 지적했다. "당신들은 높은 기술(high skills)을 원하느냐, 아니면 낮은 임금(low wages)을 원하느냐?"

지식기반사회에서 국가들이 직면하는 문제는 우리 삶의 수준을 어떻게 하면 깎아내리느냐가 아니라 삶의 수준을 얻어내느냐에 달려 있다. 이를 얻기 위해서 지식집약산업(knowledge-intensive industries)에서 고부가가치를 얻은 상품과 서비스를 판매하도록 정책프로그램이 개발되어야 한다. 꾸준히 상향되는 국민의 기술을 위한 전략, 이들이 활용하는 기술, 이들이 일하는 조직 그리고 이들이 생산한 재화와 서비스가 1980년대 이래 빠르게 성장하는 경제에서 주요했다. 이들은 사회적 포용과 기회에 우선순위를 두는 경제들이었다.

신자유주의자들이나 자유시장주의자들은 항상 그들 정책의 경제적 결과에 대해서는 관심을 집중하지만 자유시장경제의 사회적 결과는 너무 자주 외면한다. 사실 케인즈 경제의 50년 전이나 오늘날이나 마찬가지로 시장 혼자만으로 최적(optimal)은 말할 것도 없고 만족할 만한 경제적 산출을 낳지 못했다. 1920년대의 자유방임 자본주의가 지속가능하지 못했고 케인즈적인 개입주의를 요구한 것처럼 성공적인 현대 자본주의 경제 역시 자유시장이 파괴하는 사회제도와 규범에 의존하고 있다. 예컨대 '고용과 해고가 임의적인' 카지노 자본주의 문화는 노동자들의 충성도(employee loyalty)를 파괴한다. 카지노에서 빠르게 도는 카드처럼 빠른 회전의 추구는 기업들 간의 성공적인 협력의 기초를 해친다. 장기투자 수익보다 단기 배당에 집중하는 것은 성장하는 시장점유율의 기초가 되는 안정성을 해칠 수 있다.

## 사회투자의 여섯 가지 경제전략

사회투자국가의 미래를 위한 경제 전략은 여섯 가지 원칙으로 집약된다. 첫째, 규제되지 않는 시장은 경제성장과 사회통합을 스스로의 힘으로 만족스럽게 결합시키지 못한다. 이 시장은 사실 저성장과 높은 불평등으로 최악의 경제 상황을 가져올 수도 있다. 자유시장경제의 대안은 중앙통제경제(command economy)가 아니다. 시장은 사회적 경제적 이해관계에 의해 형성되고 규제될 필요가 있다. 그러나 시장을 폐지하자는 것이 아니다.

둘째, 효율성 개념은 '부가가치(value-added)' 사상에 의해 성공의 척도로서 보충되어야 한다. 미래에 사람은 생산물의 원자재에 덧붙인 가치로 대가를 받게 될 것이고 두뇌의 지적 힘(brainpower)을 적용하는 것을 통해 그들이 부가한 가치에 의해 보상받을 것이다. 효율성은 시장에서 살아남기 위해 필요하지만 충분하지는 않다. 혁신(innovation)이 핵심적 요인이다. 우리가 무엇을 만드는가 하는 것은 우리가 얼마나 싸게 만드는가 하는 것만큼 중요하다. 예컨대 반도체칩을 파는 것은 포테이토칩을 파는 것보다 돈을 벌기에 유리하다.

셋째, 노동은 비용이 아니라 자원으로 간주돼야 한다. 세계적인 비즈니스 리더들은 오늘날 성공의 핵심으로 그들이 고용한 사람들의 질을 꼽는다. 사람을 생산적으로 고용하는 데 실패하는 것은 경제적인 바보짓이다. 동적이고 복잡한 경제체제에서 가외성(redundancy)과 실업은 항상 일어난다. 도전은 이것이 영속적으로 되는 것을 막는 데 있다. 마찰적 실업은 불가피하지만 장기 실업은 물리쳐야만 할 악이다.

넷째, 고임금은 소비자이기도 한 노동자들에게 폭넓은 재화와 서비스를 살 수 있게 하고 레지 시비스의 성장 영역에서 고용을 확대히는 데 필수적인 높은 수요를 진작시키는 능력을 주기 위해 필수적이다. 주요한 목표는 가능한 한 많은 고임금 직종을 창출하는 것이어야 하지만 낮은 지위의 일자리가 사라지지는 않을 것이기 때문에 우리는 직장 유동성(mobility)을 위한 기회 역시 창출해야 한다. 교육, 훈련 그리고 이익체계 개혁이 이러한 열정을 위한 핵심적 열쇠이다.

다섯째, 사회통합이 경제적 가치를 갖는 것처럼 사회분열이 경제적 비용을 초래하기 때문에 경제 전략은 사회통합을 무시할 수 없다. 이것이 현대 경제의 부메랑 효과이다.

여섯째, 숙련, 연구, 기술, 육아, 공동체 발전 등에 사회투자는 지속 가능한 성장의 선순환에서 처음과 끝에 해당한다. 투자는 성장의 과실을 어떻게 사용하느냐는 결정에서 핵심이다. 우리는 오늘 소비를 위해 성장을 사용할 수도 있고 내일 우리 자신의 미래를 위해 투자할 수도 있다. 우리가 우리 모두에게 투자한다면 기술 진보와 인간 재능으로 미래세대를 위해 경제적 번영을 약속할 수 있다.

경제 번영을 위한 이 전략은 사회정의가 의존하는 부를 만들 뿐만 아니라 이 전략이 사회정의를 위한 계획에서 본질적인 요소들을 구성한다. 제2차 세계대전 이후 중심적인 도전은 남성을 위한 완전고용을 지속하는 것이었다. 국가 보험 체계는 궁핍에 대항하는 베버리지 십자군이었을 뿐만 아니라 그 스스로 경제 주기의 불안정성으로부터 자본주의를 지키는 케인즈주의의 실험이기도 했다. 실업수당을 통해 경기 침체의 시기에 수요를 부양함으로써 케인즈와 베버리지는 경제 정책과 사회 정책이 연결되어 있음을 확신했다. 수용관리는 유럽 수준에서 근본적인 이슈로 남아 있긴 하지만 이것은 저소비(under-consumption)에 대한 대응이라기보다는 저투자(under-investment)의 문제를 해결하기 위한 정책수단으로 인식되어야 한다. 이런 관점은 복지국가의 현존하는 개념에 주요한 도전이 되고 있다. 복지국가는 경제적 실패에서 완충역할을 하는 안전망(safety net)에서 경제적 성공을 위한 트램폴린(trampoline)[1]으로 변화해야 한다. 복지국가의 새로운 종류는 투자주도 경제전략(investment-led economic strategy)에 맞출 수 있을 것을 요구한다.

---

1) 트램폴린은 서커스단에서 선수보호를 위한 탄력이 좋은 그물망을 말한다. 이는 네트(net)가 평면적인 그물인 것에 대해 수직적 상승이 가능한 그물을 상징한다. 즉 복지국가의 안전망(safety net)이 단지 사회보험을 통해 기초생활을 보장하는 평면적인 것이라면 사회투자에서는 그물이 단지 보호에 그치는 것이 아니라 새롭게 사회적 상승의 기회를 보장해야 한다는 점을 강조하기 위해 사용한 용어이다.

## 사회투자의 여섯 가지 복지전략

21세기에 인생의 유연한 패턴에 대한 요구, 빨리 변화하고 불안정한 노동시장, 가족구조와 가족생활에서 변화는 복지국가가 더 야심적이고 권한을 가지는 역할을 요구하고 있다. 위에서 지적했던 여섯 가지 경제 원칙에 어울리는 복지전략(welfare strategy) 역시 여섯 가지가 필요하다.

첫째, 모든 사람이 가난에서 자유로워지는 것이 사회정의의 심장이 며 유급노동자들에게 가난에서 벗어나는 가장 빠른 길은 공정임금(fair wage)으로 좋은 일자리(good job)를 갖는 것이다. 복지국가는 무엇보다 도 먼저 일생동안 사람들이 일, 가족 그리고 레저가 균형을 이루는 것을 돕는 것을 통해 개인적 독립을 진작시키도록 디자인되어야만 한다.

둘째, 사회정의를 성취하기 위해 우리는 국부(國富)를 증가시킬 뿐 만 아니라 이를 더 공평하게 분배해야만 한다. 고비용 사회 안전 예산은 경제적 실패의 신호이지 사회적 성공의 신화가 아니다. 효율적인 경제 정책이 좋은 사회 정책의 중심이다.

셋째, 사회 안전은 개인적 수준에서 사회적, 경제적 변화를 관리하 는 믿음과 능력에서 온다. 이러한 믿음과 능력을 제공하는 것을 돕는 일이 복지국가의 일이다. 새로운 보편주의는 일이 잘못되었을 때 편익 을 주는 데 기초한 것이 아니라 그들이 올바르게 가고 있다는 확신을 주는 서비스에 투자하는 데 기초한다. 원하지 않는 지속되는 실업 등의 연속성을 위한 응급서비스가 아니라 인생의 기회를 확장하는 것이 가능케 하는 것에 중심을 두는 적합함(fitness)에 있다. 새로운 복지국가 에서는 육아에서 훈련 그리고 노인요양에 이르는 서비스가 현금으로서 기회나 안정만큼 중요하다.

넷째, 사회전략의 중심에는 가족을 위한 전략이 있다. 가족이 어떤 형태이든 강한 가족을 만드는 전략이 중요하다. 좋은 질의 육아의 경제적, 사회적 가치는 너무 오랫동안 무시되어 왔다. 안정된 가족의 심장에는 부모와 다른 육아담당자의 무급노동이 있다. 이 무급노동은 일터에서 그리고 복지국가 조직에서 가족친화적 정책에 의해 인식될 필요가 있다.

다섯째, 편익체계뿐만 아니라 그 서비스를 통해 사회 정책의 근본적 열정은 개인의 자율성과 선택을 증진시키는 것이어야 한다. 예컨대 노령인구에서 공동체의 보살핌이 필요하고 여성은 더 이상 경제적으로 남성에 의존되지 않아야 한다.

여섯째, 베버리지 보고서의 범주들, 고용과 실업, 청년과 노령, 기혼과 미혼 등은 더 유연해졌다. 오늘날 역시 사람들은 고용과 실업, 청년과 노령 그리고 많은 수의 사람들이 이혼자, 동거인 혹은 재혼의 형태로 존재한다. 현대 복지국가는 '전형적(typical)' 사람의 낡은 모델에 기초한 것이 아니고 이런 유형의 사람이 존재하지도 않는다. 범주가 획일적이고 관료적이기보다는 개인적이고 유연해야만 하고 이는 오늘날 사람들의 대부분이 변화하고 복잡한 생애주기에 기인한다.

사회투자국가의 비전은 야심차고 이상주의적이다. 이것은 우리 사회를 번영하는 공동체, 강한 가족과 사회적 유동성에 의해 자리매김되도록 할 것이다. 이 사회에서 우리는 우리 자신의 삶과 우리 가족의 삶과 국가의 진로에서 차이를 만들 수 있을 것이다.

# 제15장_ 투자(Investment):
## 평생학습을 통한 부가가치 창출

## 지식경제의 확대

20세기 전반의 진보주의 시기에 미국의 중도개혁 정치는 급속한 산업화와 도시화에 내응해 근본적으로 재형성되었다. 뉴딜(New Deal) 정책이 국가, 노동조합과 대기업 간의 협조에 토대를 두게 되었다.

그런데 오늘날은 과거와 달리 '거대한 제도'가 과거와 같은 사회계약을 더는 이행할 수 없는 상황이 되어가고 있다. 냉전이 종식되고 새로운 세계시장과 지식경제가 도래하면서 국가의 중앙정부가 경제생활을 관리하고 지속적이고 확대되는 광범위한 사회적 혜택을 제공할 수 있는 능력이 영향을 받았다. 우리는 관료적이고 하향적인 정부에 대한 유럽의 선호나 정부를 통째로 해체하려는 우파의 열망을 모두 피하는 구조를 도입할 필요가 생겼다.

복지국가의 한계에서부터 지식경제에 걸맞은 정책들이 필요해지고 있다. 새로운 진보의 초석은 기회균등, 개인의 책임, 시민과 공동체의 결집이라고 말한다. 권리와 함께 책임이 뒤따르는 것이다. 우리는 스스로를 보살필 수 있는 길을 찾아야 한다. 이제는 거대한 복지국가의 제도가 그렇게 해주길 기대할 수 없기 때문이다. 공공정책은 부의 재분배에 집중하는 것에서 부의 창출을 촉진하는 쪽으로 변화되어야 한다. 정부는 기업에게 보조금을 제공하는 대신에 세계경제에서 기업이 혁신하고 노동자가 더욱 효율적인 조건에서 일하도록 만들어주어야 한다.[1]

대량생산경제에서 노동자들이 고등교육을 받거나 잘 훈련된 대중들일 필요는 없다. 대부분의 피고용인들에게 요구되는 것은 소수의 계획자(planners)와 감독자의 명령에 충실히 따르는 것이다. 전체를 위한 생각은 이들이 해도 그만이다. 그러나 새로운 높은 성과 조직(high-performance organizations)는 평평한 계서제와 팀 조직으로 구성원들의 높은 수준의 기술과 창조력에 의존한다. 관리계층이 사라짐에 따라 일선조직의 노동자들이 업무의 많은 부분에 대해 책임을 지게 되었다. 그들의 일은 품질관리에서 생산 스케줄에 이르기까지 예전에 감독관들이 주로 하던 일이다. 이것이 지식경제의 두드러진 특성으로 일선 노동자에 대한 업무의 성격이 달라짐에 따라 이들을 위한 교육과 훈련도 이에 맞게 변화해야 한다.

개인뿐만 아니라 기업과 국가에도 교육과 훈련은 경제적 안전의 기초가 되었다. 이미 OECD는 산업사회에서 1/10의 일자리가 매년 사라질 것으로 전망하고 있다. 지금 취업을 시작한 사람들은 일생동안 평균 6번 정도 일자리가 바뀔 것으로 예상되고 있다. 이에 동반된 리스크는 주로 수준의 하락을 의미하지 상승을 의미하지는 않는다. 예를 들면 노르윅(Norwich)에 있는 38살의 소프트웨어 디자이너는 "나는 내 뒤에서 올라오는 새내기들과 비교할 때 이미 구식이 되었다"고 고백했다. 미국 노동부에 따르면 오늘날 습득된 기술의 절반이 3년에서

---

1) Anthony Giddens, *The Third Way and Its Critics*, pp.2~3.

5년 안에 낡은 것이 될 것이라고 한다. 교육과 훈련만으로 실업문제를 해결할 수는 없다. 현대 경제에서 개인 안전은 더 이상 직장에서 나오는 것이 아니라 일생을 통해 지속될 있는 기술에서 나온다.[2]

이미 출현해서 진행되고 있는 지식경제에서 기회와 투자는 이에 맞추어 조정되어야 하며 교육과 훈련 역시 이에 적합한 것이어야 한다. 모든 아동들과 성인들이 그들의 잠재력을 전부 드러낼 수 있으려면 우리는 사회와 경제적 혁명이 필요하다. 우리는 오래되어 사라지는 일자리보다 더 빨리 새로운 일자리를 만들어내는 경제를 창조해야 한다. 비효율적이고 분열된 노동시장 대신에 공정함과 유연성이 남녀 모두에게 고용, 가족, 교육과 레저가 그들 인생의 서로 다른 무대에서 다른 방법으로 허용되어야 한다.


## 사람에 대한 투자

사회투자국가에서 가장 중요한 것이 바로 사람에 대한 투자이다. 지식기반사회에서 경쟁력은 다른 물질적 기반이나 부존자원이 아니라 인적 자본이다. 세계화의 물결 속에서 사람뿐만 아니라 다른 생산요소들의 이동이 자유로워지고 있다. 이런 환경에서 경쟁력의 원천은 바로 사람이다. 앞으로 국가가 경쟁력을 확보하기 위해서는 사람의 경쟁력을 확보하느냐에 달려 있다. 따라서 국가와 사회의 자원배분에 있어서도 가장 중요한 것은 사람에 대한 투자이다.

물론 사람에 대한 투자 역시 전통적 견해에 의하면 몇 개의 정책

---

2) Commission on Social Justice/IPPR., *Social Justice: Strategies for National Renewal*, pp.120~121.

영역에서 동시에 이루어져야 한다. 우선 태어나서부터 일자리를 갖게 되기까지 교육에 투자되어야 하고 일할 나이에 이른 성인에게는 일자리가 보장되어야 한다. 그러나 이 일자리는 국가나 사회에 일방적으로 요구하기보다는 자기 책임하에 독립적으로 이루어지는 것이 바람직하다. 지식기반사회에서는 일자리의 유동성이 증가하고 평생직장의 개념이 사라졌기 때문에 기술변화와 사회환경 변화에 적용할 수 있는 평생학습이 중요하게 된다. 그리고 평생직장 개념이 사라지면서 보통 개인의 일생에서 주기적으로 실업의 상태가 발생할 수 있다. 이 실업 상황에서 이를 뒷받침할 사회적 안전망이 갖추어져야 한다. 그러나 이 안전망은 복지국가와 달리 의존성을 증대시켜 만성적인 실업으로 이어지는 것을 미연에 방지하고 새로운 기회를 찾을 수 있는 방식으로 제도적 설계가 이루어져야 한다. 평균수명의 연장은 개인에게 축복이기도 하지만 사회적 부담이기도 하다. 노령화 사회에서 노령인구가 사회적 부담이 아니라 사회적 자원으로 활용될 수 있는 방안에 대한 모색이 절실히 요구되고 있다.

이와 같은 생애 주기에서 가장 중요한 것은 역시 사람에 대한 투자이다. 그리고 이 투자는 평생학습의 관점에서 진행되어야 한다. 생애주기에 따라 필요한 교육 투자를 개략적으로 살펴보면 다음과 같다.

- 보편적인 유아교육: 보육에 대한 새로운 투자와 관련된 3-4세 어린이에 대한 보편적 교육. 3세 어린이의 85%와 4세 어린이의 95% 이상이 취학 전에 양질의 유아교육을 받을 수 있도록 하는 것이 목표가 될 수 있다.
- 기초 학습력(Basic skills) 제고: 7세 어린이들이 산수능력과 문자습득을 할 수 있도록 기초교육이 강화되어야 한다. 또한 장기실업자들 역시

이러한 기초 학습능력이 보장되어야 한다.

- 모든 청소년들을 대상으로 높은 학습성취도 실현: 단일한 평가제도를 통해서 14~19세에 이른 청소년들이 고등교육을 받을 학생과 직업훈련을 받을 학생으로 나누어지고 이것이 양 선택에 대한 위화감으로 이어지는 것이 아니라 모든 청소년들에게 아카데믹한 학습과 직업 학습이 적성과 흥미에 따라 균형을 이룰 수 있게 한다.

- 직업훈련 투자: 사용자에 의해 이루어지는 투자로서 영세기업을 제외한 모든 기업은 직업훈련에 전 종업원에 대해 최소한의 투자를 할 것을 요구받는다.

- 대학 교육의 확대: 이를 위해 새롭고 더 공정한 금융지원(funding) 체계를 갖출 것.

- 학습은행제(Learning Bank): 평생학습을 지원하는 제도로 장기목표는 삶의 과정에서 모든 개인들은 수능시험(A Level)이나 그것과 동등한 시험들을 떠나서 3년에 상응하는 교육과 직업훈련을 확실하게 받을 수 있게 해야만 한다.[3] 학습은행제는 사적·공적 자본을 증가시키고, 정부, 고용주, 개인들의 기부를 통해 교육과 직업훈련의 자금을 끌어모을 것이다.

## 가능성의 재분배

사회투자국가는 결과의 평등보다는 기회의 평등을 더 중요하게 생각한다. 그러나 기회의 평등을 강조하기 위해서는 두 가지 전제가

---

3) 영국의 대학과정은 3년이다. 따라서 이는 대학을 못간 사람에게 3년의 직업교육을 실시하고자 하는 의도이다.

필요하다. 하나는 부와 소득이 세대 간에 재분배되어야 한다는 것이다. 그렇지 않으면 잘사는 사람들은 자식들에게 유리한 입장을 이전시키기 때문에 한 세대에서 증가된 기회의 불평등은 다른 세대에서 더욱 증폭될 것이다. 다른 것은 발전할 수 있는 기회가 제한된 사람들 혹은 다른 사람들이 잘살 때 뒤처진 사람들에게 사회적 보호가 있어야 한다는 것이다. 그들이 충만한 삶을 살 기회가 부정되어서는 안 된다. 사회투자국가에서 '사회적 보호가 없이는 업적주의도 없다'는 원칙을 만들 수 있다고 한다.[4]

교육은 가능성을 재분배하는 가장 핵심적인 정책이다. 사회투자국가는 이 점을 강조하면서 인간의 잠재력 개발이 '일이 일어난 후의 재분배'를 가능한 한 대체해야 한다고 주장한다.[5] 교육과 훈련은 사민주의 정치가들의 빈곤의 순환 고리를 깨기 위한 새로운 전략으로 수행되어야 한다. 진보된 교육기술과 기술훈련은 대부분의 산업국가에서 특히 빈곤 계층과 관련하여 명백히 필요하다. 훌륭한 교육을 받은 국민이 어느 사회에서나 요망된다는 것은 누구도 부인할 수 없다. 교육에 대한 투자는 오늘날 정부의 필수사업이고 '가능성의 재분배'를 위한 핵심기반이다.[6]

그러나 신자유주의자들에게 이는 또 다른 허구로 보일 수 있다. 동일한 출발점에서 있다는 기회균등의 가정 자체가 비현실적이며 제한된 인적·물적 자원으로 고등교육의 기회는 제한적일 수밖에 없다고 본다. 교육이 직접적으로 불평등을 감소시키는 것이 아니라 오히려 교육 기회의 차이가 불평등을 확대재생산할 수도 있음을 지적한다.

---

4) Anthony Giddens, *Where Now for New Labour?* (Polity Press, 2002), pp.39~40.

5) Anthony Giddens, *The Third Way: The Renewal of Social Democracy*, p.51.

6) 같은 책, p.56.

사회투자국가 역시 교육이 광범위한 경제적 불평등을 반영하고 있으며 이것을 사회적 포용의 중요한 원천으로 다루어야 한다고 본다. 비자발적 배제를 방지하는 데 노동력에 편입되는 것은 절대적으로 필요하다. 노동은 다양한 이익을 가져다준다. 그것은 개인의 소득을 창출하고 일상의 안정감과 목표 의식을 제공하며 전체 사회의 부를 창조한다.[7]

높은 실업률은 무제한적으로 지속되는 후한 실업 급여와 배제현상에 기인해 노동시장 하층부에서 나타나는 빈약한 교육수준과 관련이 있다.


## 지식경제의 교육

적어도 서구 선진국에서는 제조업이 산업에서 차지하는 비율이 계속 하락하고 있다. 아직까지 지식경제는 모든 것을 지배하고 있지는 않지만 순조롭게 그런 방향으로 나아가고 있다. 지식경제는 세계화와 더불어 경제활동의 본질에서 주요한 전환을 기록하고 있다. 통신기술 이외에 정보기술은 권능을 부여하는 신경제 매개체가 되지만 그 행위자들은 지식 노동자들이다. 그들은 통신망으로 연결된 노동자이며 과거와 달리 물질적 재화를 직접 생산하지 않는 사람들이다. 이러한 노동자들의 기술은 회사가 갖는 가장 가치 있는 형태의 자산이다.

인적 자본 개발에서 핵심적인 힘은 교육이 되어야만 한다.[8] 경제적 효율과 시민적 응집을 촉진할 수 있는 것은 충분한 공적 투자이다.

---

7) 같은 책, p.57.

8) Anthony Giddens, *The Third Way and Its Critics*, p.17.

교육이 지식경제에 정태적으로 투입되는 것은 아니며 교육 자체는 지식경제에 의해 변형된다. 전통적으로 교육은 인생을 위한 준비로 여겨졌으며 이는 교육이 점점 더 광범위하게 유용해짐에 따라 지속되는 태도이다.

교육은 개인이 일생동안 자신을 계발할 수 있는 능력에 초점을 맞추어 재규정될 필요가 있다. 정통적인 학교와 기타의 교육기관들은 다른 다양한 교육제도에 둘러싸이고 어느 정도 파괴되기 쉽다. 지식경제에서 학습은 필수적이다.9)

사회적으로 배제된 계층의 사람들이 노동력으로 편입되는 방식은 '가능성의 재분배'를 실현하는 과정으로 이해되어야 한다. 우선 세대 간 문제로 빈곤층의 아동이 교육의 기회를 통해 성장한 후에 노동력으로 편입되는 과정이다. 지식경제가 확대되고 고용 기회를 갖기 위해서는 지식산업에 적합한 인적 자원으로 성장해야 한다. 이러한 일은 정부가 할 수 있을 뿐만 아니라 경우에 따라서는 민간기업에 의해서도 일어날 수 있다. 그 예의 하나로 모스 캔터의 연구작업에서 볼 수 있다. 1990년대 초 벨 애틀랜틱 사가 시작한 프로그램을 들 수 있는데 그들은 여러 학교에 컴퓨터 전산망을 설치하고 학생들이 집에서 사용할 수 있도록 최신 컴퓨터를 제공했는데 이를 통해 학생들은 쌍방향 학습활동을 위한 네트워크에 접속할 수 있었다. 대부분의 학생들은 빈곤가정 출신들이었고 관련 학교들은 거의 붕괴 상태였다. 그러나 그때부터 그 학교들은 전국적인 본보기가 되었고 한편 회사는 교육 서비스 부문에서 자료전송을 운용하는 새로운 방식을 발견하여 이득을 얻었다.10)

---

9) 같은 책, pp.20~21.

10) 같은 책, p.27.

정부는 평생교육을 강조하고 개인들이 어린 나이에 시작해서 일생 동안 지속할 수 있는 교육 프로그램을 개발해야 한다. 직업을 바꾸는 데 특별한 기술 훈련이 많이 필요하기도 하지만 더 중요한 것은 상황을 인식하고 정서적으로 받아들이는 능력을 개발하는 것이다. 정책은 무조건적 국민보험 급여에 의존하는 대신에 저축, 교육자원과 다른 개인적 투자 기회를 이용하도록 장려하는 방향으로 나아가야 한다.

## 영국 노동당의 교육 정책

1999년에 발표된 블레어와 슈뢰더의 공동선언문은 인적 자원 육성책으로서 교육의 중요성을 새삼 강조했다. 지식경제에서 교육이 '한 번만의' 기회가 되어서는 안 되며, 교육, 훈련, 기회의 평생 활용을 위해 평생 이용 가능한 권리가 되어야 한다는 것이 현대세계에서 가장 중요한 보장임을 재확인하고 있다.

영국에서 '일하는 복지(welfare to work)' 프로그램으로 당시 9만 5,000명의 청년들이 일을 찾을 수 있도록 했다. 학교 졸업 이후의 교육을 개혁하고 그 질을 높여서 인생 후반기의 적응 가능성과 고용 가능성을 증진하고 교육과 훈련 프로그램을 현대화해야 한다고 주장한다.

교육은 교육 자체로 그치는 것이 아니라 일자리 만들기 정책에서 가장 중요한 부문이며, 또한 복지 예산의 부담을 줄이는 가장 확실한 길이고, 사회적으로 배제된 계층을 다시 포용할 수 있는 사회개혁의 프로그램으로 보고 있다.

# 제16장_ 기회(Opportunity): 생활을 위한 일자리

## 고용가능성

기술, 생산, 직업 그리고 기업이 모두 빨리 변화하고 있는 세계에서 일자리의 안전(job security)보다는 고용 안전의 원천으로서 고용가능성 (employability)이 더 중요하다. "실업이란 왜 너는 평생 종사할 직장을 잃었느냐의 문제가 아니라 너는 왜 새 직장을 구하지 않느냐(Unemployment is not about why you lost your last job: it's about why you don't get a new one)의 문제이다."[1]

직업은 우리 생활의 중심이다. 유급이든 무급이든 이것은 우리의 필요를 충족시키고 부를 창조하고 자원을 배분한다. 이것은 개인적 정체성과 자기만족, 사회적 지위와 관계의 원천이다. 또한 직업은 부와 복지의 심장이다. 우리에게 고용은 개인의 기회와 분리할 수 없다. 이것은 유급의 일자리가 생산적인 일의 유일한 형태라는 의미는 아니며 우리가 일중독(workholics)의 나라를 만들기를 원해서이기 때문도 아니다. 우리 사회와 경제는 수백만의 사람들이 가족과 공동체에서

---

1) Commission on Social Justice/IPPR., *Social Justice: Strategies for National Renewal*, p.154.

하고 있는 무급의 일 없이 기능하지 않다. 이 일은 미래에 고용 정책과 새로운 사회 안전 시스템 안에서 인식되어야 한다. 그러나 여전히 유급의 직업이 가난을 벗어나는 최선의 방법일 뿐만 아니라 대부분의 사람에게 남부럽지 않은 생활의 표준을 성취하는 유일한 방법이다. "일은 복지의 일부분이지 복지와 반대되는 개념이 아니다(Work is part of welfare, not its antithesis)." 복지국가에서는 복지가 실업을 위한 급여로서 이해되었지만 일 없이는 정의도 존재하지 않는다.[2]

고용가능성이 중요하게 된 가장 큰 원인은 산업구조와 노동시장의 변화로부터 일어난다. 베버리지 보고서가 나온 1940년대에서부터 거의 50여 년 동안 고용안전성이 가장 중요한 노동 정책이었다. 산업사회에서 대규모 기업의 육체노동자들은 한 직장에서 평생고용의 형태로 평생직장을 보장받았다. 주로 10대 후반 혹은 20대 초반에 철강, 자동차, 조선 등 대규모 사업장에 취직을 하면 큰 문제가 없는 한 이들은 정년퇴직까지 고용안전이 보장되었다. 이에는 물론 강성 노동조합의 정치적 힘과 노동당의 지지가 큰 뒷받침이 되었다. 한 세대 전만 하더라도 산업사회 노동력의 40~50%가 육체노동 종사자였고 이는 주로 제조업에 집중되었다. 그러나 현재 많은 나라들의 육체노동 종사자 비율이 전체 노동력에서 20% 이하이며 그 비율은 더욱 하락하고 있는 추세이다.[3] 이들에게 기술변화는 큰 문제가 되지 않았다. 대규모 사업장에서 정형화된 업무과정에 의해 기계적으로 정규 노동시간 동안 정해진 업무지침을 수행하면 되는 일이었다. 이 과정에서 새로운 혁신이나 학습은 큰 비중을 차지하지 않았다. 달리 표현한다면 평생고용의 보장과 함께 기술조건의 변화가 크지 않아 노동자들은 비교적 안정적

2) 같은 책, p.151.

3) Anthony Giddens, *The Third Way and Its Critics*, p.43.

인 업무지침에 의해 수동적으로 일하여도 크게 문제가 되지 않았다.

정보기술의 확산으로 비숙련 노동자의 수요가 줄어들었고 이에 따라 그들의 취업기회와 임금 역시 줄어들었다. 동시에 기술을 가지고 있거나 고학력 노동자들은 생산성과 소득을 높일 수 있었고 훨씬 더 앞서가게 되었다.[4] 급격한 산업구조의 변화는 노동시장의 성격 자체에 영향을 미쳤다. 이제 더 이상 비숙련 대규모 노동의 중요성이 날이 갈수록 약화되었다. 또한 직업에서 기술이 시간에 따라 빨리 변화함에 따라 20세 초반에 익힌 기술로는 산업현장에서 지탱하기 힘들어졌다. 특정 직종에 종사하고 있는 경우라도 그 직종에 대한 새로운 기술의 연마가 필수적으로 동반되었다. 또한 평생직장의 개념이 급격히 사라지게 되었다. 이러한 상황에서 실업에 대한 고전적 이해는 더 이상 설 자리가 없다. 일생에 적어도 5~6번의 직장변화가 불가피한 고용환경 속에 개인이 노출되어 있다면 주기적인 실업을 불가피한 현실로 받아들여야 한다. 실업 자체가 두려운 것이 아니라 실업 이후에 새로운 일자리를 가질 기회를 갖지 못하는 것을 더 두려워해야 하는 상황이 도래한 것이다. 고용가능성은 이렇게 주기적으로 발생하는 실업에 새로운 고용기회를 부여하는 일이다.


## 완전고용의 변화

신자유주의적인 견해에 의하면 고용의 궁극적인 책임은 각 개인의 것이라고 한다. 그들은 정부개입은 단지 실업의 원인이 될 뿐이며 시장

---

4) 같은 책, p.95.

의 유연성에 의한 낮은 임금이 그 해답이라고 주장한다. 반면 사회투자
국가에서는 고용이 개인의 책임 못지않게 정부의 책임임을 강조한다.
정부는 높고 안정적인 고용 상태를 유지할 책임을 진다. 이것은 개인의
효용을 증가시키기 위해서뿐만 아니라 전체로서 사회통합(cohesion of
society)을 위해서도 필요하다. 우리 사회에는 아직 높은 노동윤리가
살아 있다. 그들은 돈을 벌기 위해서만 아니라 일을 통한 보람을 위해서
도 계속 일하기를 원하고 있다. 베버리지 보고서에 완전고용은 직장을
잃은 사람과 다른 직장을 구하는 사람의 차이만이 특정시기의 실업으
로 존재하는 상태라고 말한다. 이러한 개념은 여전히 유효하다. 그러나
이 완전고용의 개념은 베버리지 보고서 당시와는 현실적용에서 많이
달라져 있다.

현대의 완전고용(full employment)은 남자나 여자 모두에게 직업세계
가 근본적으로 변화해 있음을 인정하는 데서부터 출발한다. 1950년대
완전고용은 남자들에게 전일근무제(full time)로 평생고용의 개념이었
다. 1990년대 이후에는 완전고용은 남녀 모두에게 잦은 직업의 변동을
의미하고 파트타임과 풀타임, 직장에 고용된 경우와 자영업(self-
employment), 고용뿐만 아니라 어린이나 노인을 위해 시간을 보내는
일, 더 낳은 직장을 위해 교육과 훈련을 받는 경우 모두를 포함하는
개념이다. 40년 전 전형적인 노동자는 산업시설에서 풀타임으로 일하
는 남성이었다. 오늘날 전형적인 노동층에서 서비스업에 파트타임으로
일하는 여성의 비중이 높아가고 있다. 오늘날 운송업 종사자보다 어린
이를 보육하는 데 종사하는 노동자들의 숫자가 더 많아지고 있는 추세
이다.5)

---

5) Commission on Social Justice/IPPR., *Social Justice: Strategies for National Renewal*,
pp.153~154.

고용문제의 고민은 사회마다 조금씩 다른 양상으로 나타난다. 유럽 연합(European Union)의 경우에는 더 많은 일자리를 창출하는 데 정책의 초점이 맞추어져 있는 반면 미국의 경우에는 더 나은 일자리 창출에 주안점이 있다. 현대의 고용 정책에서는 이 두 가지에 추가하여 고용이 누구에게 분배되느냐 하는 것 역시 중요하다. 즉 일자리를 누가 갖고 누구는 갖지 못하느냐(who gets, or does not get, the jobs) 하는 문제도 주요한 정책적 관심이다. 따라서 완전고용을 위한 현대의 정책관심은 세 가지 목표로 좁혀진다. 첫째, 고용 자체를 늘리는 문제로 노동시장은 노동에 대해 증가하는 수요로 확대될 수 있다. 둘째, 고용과 실업이 공정하게 분배되도록 하는 일이다. 노동시장에서 가장 불이익받는 사람들에게 특별한 배려가 있어야 한다. 셋째, 더 나은 고용기회들이 만들어져야 한다. 그리고 이 기회들은 공정한 보상과 좋은 조건을 만들어야 한다.[6]

## 고용구조의 변화

고용구조의 변화를 가져온 가장 큰 동인은 물론 세계화와 정보화로 대변되는 기술 변화에 있다. 세계화의 심화는 정보기술 혁명에 깊은 영향을 받은 한편 지식경제 자체가 세계화되었다. 신속한 정보의 확산은 전통과 관습을 해체했고 삶에 대한 보다 적극적이고 개방된 접근을 강요했다. 급속한 과학혁신과 밀접한 관련이 있는 것처럼 세계화는 또한 새로운 리스크를 창조하는 데 직접적으로 기여한다. 그것은 리스

---

6) 같은 책, pp.154~158.

크를 감수하는 역동적인 면과 위협적인 면 모두 효과적인 관리에 중요
성을 부여한다.[7]

　기술변화에서 가장 자주 인용되는 것이 고용 없는 성장에 관한
신화이다. 일부 직종에서 고용 없는 성장이 일어날 수도 있지만 이것이
모든 직종에 일반적인 현상은 아니라고 본다. 성장은 여전히 더 많은
일자리에 대한 수요를 만들고 있는 것으로 OECD 보고서에도 나타나
고 있다. 수요는 고용과 투자 그리고 혁신의 주요한 원천이 되고 있다.
비숙련 남성노동에서 특히 고용 없는 성장이 자주 발생하기는 하지만
빠른 성장은 여전히 낮은 실업이 가능하게 한다.[8]

　반면 세계화와 정보화는 고용구조에서 그 이전과는 다른 특성들을
보이고 있다. 가장 우선적으로 고려해야 할 것이 세계적으로 치열한
경쟁을 겪고 있는 교역재의 세계적 이동과 이에 따른 국내부분에서의
비중 감소이다. 교역새 부분에서 국제적으로 경쟁이 격화되고 있는
데 높은 산출이 필연적으로 많은 일자리를 의미하는 것은 아니다. 대부
분의 제조업과 일부 서비스 영역에서 주로 발생하는 교역재 시장은
부를 창출하는 엔진으로 여전히 남아 있다. 영국의 경우 1993년과
1995년 사이에 엔지니어 부분에서 산출은 3% 증가한 데 반해 전체
고용은 오히려 3% 하락했다. 이 부분은 생산성을 향상시키고 부가가치
를 빨리 증가시키면서 세계시장에서 우리를 더 경쟁적으로 만들고
삶의 질을 유지하고 개선하는 데 필요한 부를 창출하고 있다.

　그러나 지구적 경쟁이 모든 영역에 미치는 것은 아니다. 우리 아이
의 보육과 교육을 인도의 봄베이에서 할 수는 없으며 노령인구의 간호

---

7) Anthony Giddens, *The Third Way and Its Critics*, p.130.

8) Commission on Social Justice/IPPR., *Social Justice: Strategies for National Renewal*,
p.164.

와 간병을 타이완에 맡기기는 아직 시기상조이다. 버스 운전사, 기차 철도원, 공원 관리자 그리고 다른 분야의 공공서비스에 종사자들은 여전히 자국 내에서 고용하는 것이 일반적 추세이다. 사람과 공공서비스에서 개발과 관리는 노동집약적 산업이 많고 이 일의 사회적 가치는 우리의 지출구조에서 기꺼이 반영되어야 하는 몫이다.

지난 20년간 산업화된 사회의 고용 성장은 다양한 서비스 분야에 집중되어 왔다. 스웨덴에서 1970년대 이래 전체 순 고용성장에서 80% 이상이 사회적 서비스에서 일어났고 대부분은 여성들에게 새로운 일자리로 주어졌다. 반면 미국의 일자리 '기적'은 주로 사적 서비스 영역에서 생산성 향상이 거의 없이 일어났다. 대부분 저임금과 노조가 없는 상태에서 고용이 보호받지 못하면서 이러한 변화가 생겼다. 유럽에서는 거의 이러한 변화가 없었지만 미국에서 앞으로도 이러한 고용은 계속될 가능성이 짙다. 이러한 환경 속에서 사회적 일자리는 고용을 확대하는 중요한 원천이 된다. 이는 단순히 일자리를 창출한다는 것이 아니라 사회적 자본의 일부로서 새로운 재생산을 위한 사회적 원천이다.


## 공정한 기회와 합당한 보상체계

복지국가에서 가장 문제가 되었던 것이 만성적인 실업이었다. 이는 개인뿐만 아니라 사회의 불행이다. 개인은 사회적으로 배제되어 실업을 당연한 일상으로 받아들이고 새로운 기회를 가지려는 노력을 하지 않게 된다. 그리고 복지급여에 의존하여 살려는 경향이 강해진다. 이는 곧바로 국가적 부담으로 작용한다. 만성적 실업은 곧 국가에 만성적인 의존을 의미하며 이는 만성적인 국가 재정 부담으로 이어진다. 이에

대한 가장 바람직한 처방은 개인이나 국가를 위해서 실업 상태를 벗어
나 개인이 재활 의지를 가지고 일자리를 갖는 것이다. 국가와 사회는
개인의 사회적 배제 상태에서 벗어나 포용될 수 있도록 제도적으로
뒷받침하는 것이 중요하다.

- 노동수요를 증가시키기: 정부는 국제적, 지역공동체적, 국가적인 수
  준에서 특히 공적, 사적 투자를 증대시킴으로써 지속가능한 방식
  속에서 수요를 증가시키는 정책들을 추구해야만 한다. 교역부문에
  서 높은 생산성 성장은 저고용 성장을 의미한다. 비교역재 분야에서
  직업성장이 이루어져야 하고 삶의 질은 이 분야의 성장에 의존한다.
  이 분야에서 해야만 할 일이 부족한 적은 없다.

- 실업과 고용의 공정하고 효율적인 배분: 우리는 새로운 직업(Job),
  교육(Education), 직업훈련(Training)이 결합된 JET 전략으로 장기실업
  자와 편모를 일터에 복귀시키기 위해 제안한다. JET는 여섯 가지
  목표를 가질 것이다.

- 피고용인의 열의와 고용기회를 조화시킨 재고용 서비스를 창조하
  는 것:
    - 직업훈련과 교육을 사람들의 고용가능성(employability)을 증진시
      키기 위해 사용하는 것.
    - 실업에서 자고용(self-employment)으로 갈 수 있는 능력을 가진
      소상공인을 지원하는 것.
    - 편부모가 좋은 보육시설을 이용하도록 돕는 것.
    - 경제적 낙후 지역에 노동중계시장을 활성화할 것.

- 임금보조금을 등록된 장기 실업자와 가치 있는 직장을 다시 연결 시키는 데 사용할 것.

• 남성과 여성은 삶의 주기의 다양한 각각의 단계에서 일과 가족을 조화시킬 수 있어야만 한다. 우리는 다음과 같은 것을 해야만 한다.
  - 남성과 여성의 직업 사이의 차별을 줄여야만 한다.
  - 남성과 여성을 위한 가족 친화적인 고용을 촉진해야만 한다.
  - 풀타임 노동자의 노동시간을 감축을 장려해야만 한다.
  - 차별과 싸우고 동등한 기회를 촉진해야만 한다.

• 가치 있는 고용: 유급노동은 적당한 소득, 사회적 네트워크, 개인적인 충족을 위한 수단이어야만 한다. 현명한 규제는 작업장과 경제를 더 효율적이고 더 공평하게 만든다.

우리는 갈등적인 임금협상 체계의 문제와 소득 인플레이션이 고용에 부과하는 위험성의 경고를 고려한다. 시간당 최저 임금은 네 가지 이유로 중요하다. 착취를 멈출 것이고, 사회보험급여에 드는 돈을 절약할 것이고, 빈약한 유급노동자의 숙련도를 적절하게 증가시킬 것이고, 사람들에 대한 투자를 촉진할 것이다. 일에서 최저 법적 권리는 공평한 노동 유연성을 촉진할 것이고 파트타임 노동자 시장을 평등하게 만들 것이다. 우리는 더 큰 효율성에 필수적인 위원회(trust)를 창조하기 위해 작업장에서 더 큰 민주주의를 주장한다. 노조는 개인을 방어하고 성공적인 기업을 창조하는 데 있어서 중요하다. 우리는 또한 노동협의회 (works councils)와 종업원주주위원회(employee share-ownership trust)의 발달을 주장한다. 공평하고 유연한 노동시장의 토대로서 정부는 사회협약(Social Chapter)에 가입을 결정해야만 한다.


## 시장의 역동성 인정

전통적인 좌파들은 시장경제의 토대를 중앙집중화된 정부의 통제로 대체하고 시장경쟁을 전략적 보호정책으로 대신하여 가격 메커니즘을 산업계획으로 바꾸고 시장이 추동해 내는 이윤을 공적 보조금과 특별정책에 의한 시혜로 대체하는 것을 여전히 추구하고 있다.[9]

연성 사민주의자들은 시장의 역동성을 인정하며 국가가 시장을 대체할 수 없다는 것을 받아들인다. 성공적인 시장체제는 그 어떤 경쟁적 경제체제보다 월등히 뛰어난 번영을 산출한다. 실제로 탈공산주의 경제의 잔해 말고는 시장경제에 대한 대안적 경제체제란 더 이상 존재하지 않는다. 시장교환이 경제적으로 성공하는 가장 중요한 이유는 시장 메커니즘이 생산자들과 거래자들, 그리고 소비자들에게 끊임없는 신호를 보내기 때문이다. 통제경제는 이러한 형태의 계속적인 조정을 해낼 수 없었다.[10]

기업가의 에너지와 결합된 시장경제는 어떤 다른 형태의 경제체제보다 대단한 역동성을 지니고 있다. 그러나 부의 창출에 내재하는 역동적 힘 자체가 시장이 대처할 수 없는, 경제적 침체나 기술변화의 결과에 따른 일자리 상실로 야기되는 사회적 분열 등 막대한 사회적 비용을 초래한다. 또한 시장은 인적 자본을 스스로 양성할 수 없으며 정부와 가족, 공동체가 이러한 일을 해야만 한다. 시장경제는 그 사회적 여파가

---

9) Anthony Giddens, *The Third Way and Its Critics*, p.34.

10) 같은 책, pp.35~36.

시장과는 다른 수단으로 다루어져야 하는 외부효과를 발생시키기도 한다.[11]

산업 정책은 시장의 역동성을 인정하면서도 지식경제에 적합한 정부개입의 형태로 나타난다. 신자유주의가 경쟁을 자본가의 이익 중심으로 사고하는 데 반해 사회투자국가는 고용과 복지에 더 큰 비중을 두고 정책 방향을 제시한다는 점에서 차이가 있다.

## 적극적 노동시장 정책

빈곤으로부터의 최선의 보호는 좋은 일자리를 갖는 것이다. 적절한 최저임금 상태에서 높은 고용률을 보이는 사회는 그렇지 않는 사회에 비해서 훨씬 더 나은 복지 상태에 놓일 수 있다. 높은 세금이 생길 수 있고 실업수당보다 바람직한 공공재에 돈이 지출될 수 있다.[12] 이런 점에서 정부는 단순히 경제적 실패의 재앙에 대한 수동적 수용자가 아니라 고용의 적극적 행위자가 되어야 한다고 본다. 정부의 역할은 크게 두 가지로 나누어질 수 있다. 하나는 노동의 수요를 창출하는 것이고 다른 하나는 변화하는 노동시장에 특히 사회적으로 배제되어 빈곤을 겪고 있는 계층에게 기회를 부여하고 노동시장에 편입될 수 있도록 교육과 훈련을 지원하는 것이다.

적극적 노동시장 정책을 위해 변화하는 노동시장의 상황 인식이 전제되어야 한다. 한 세대 전만 하더라도 산업사회 노동력의 40~50% 가 육체노동 종사자였고 주로 제조업에 집중되었다. 그러나 현재 많은

---

11) 같은 책, p.36.

12) Anthony Giddens, *Where Now for New Labour?*, p.17.

나라들의 육체노동 종사자 비율이 전체 노동력에서 20% 이하이며 그 비율은 더욱 하락하고 있는 추세이다.[13]

정보기술의 확산으로 비숙련 노동자의 수요가 줄어들었고 이에 따라 그들의 취업기회와 임금 역시 줄어들었다. 동시에 기술을 가지고 있거나 고학력 노동자들은 생산성과 소득력을 높일 수 있었고 훨씬 더 앞서가게 되었다.[14]

사회투자국가의 적극적 노동시장정책은 이와 같은 현실 인식에서 출발한다. 사회적으로 배제되어 빈곤 상태에 있는 실업자들에게 지식기반사회에 적합한 교육과 훈련을 제공해야 한다. 새로운 노동시장에 적응하기 위해서는 그 노동환경에 맞는 인적 자본이 필요하고 이를 뒷받침하기 위해 정부재정이 지출되어야 한다. 예전의 복지예산이 실업급여 등 소모적이고 만성적인 수요를 위해 소진되었다면 이제는 보다 적극적으로 노동의 기회를 제고할 수 있는 분야로 이전되어야 한다. 그리고 이와 같은 정책의 결과로 고용이 확대된다면 한편으로는 실업급여 등의 복지 예산을 절약할 수 있고 새로운 고용에 따른 조세수입을 확대할 수 있어 정부재정도 그만큼 여유가 생긴다고 본다.

사회투자국가에서 복지급여는 자유주의자들과 마찬가지로 복지급여에 대한 의존을 낳아 만성적인 사회적 배제와 정부재정의 소진을 야기하는 것이다. 그러나 이에 대한 대책은 서로 판이하다. 사회투자국가는 복지병으로 불리는 이러한 왜곡을 시정하기 위해서 자유주의자의 처방과 같은 복지예산 삭감은 바람직하지 않다고 본다. 복지 지출수준은 그대로 유지되면서 정책은 지식기반의 노동시장에 맞춘 교육과 훈련으로 대체되어야 한다고 강조한다.

---

13) Anthony Giddens, *The Third Way and Its Critics*, p.43.

14) 같은 책, p.95.

## 신중도의 노동 정책

이와 같은 적극적 노동시장에 대한 견해의 피력은 1999년 런던에서 영국과 독일 정부가 유럽 의회선거를 앞두고 발표한 '유럽의 사회민주주의자들을 위해 전진하는 제3의 길'이란 공동선언문에서 잘 나타난다. 이 선언문에는 유럽의회선거에서 노동자들의 관심을 사려는 정략적 의도가 깔려 있지만 적극적 노동 정책에 관해 노동의 공급 측면과 수요 측면을 모두 집약해서 표현하고 있다.

일자리 창출이 가장 시급한 정책과제임을 제시하고 노동공급 의제로서 시장의 힘을 인정하는 한편 조세감면 등 우파적인 정책수단을 인정하고 지식기반사회에서 중소기업을 지원하며, 이러한 일을 위해 역동적 정부의 역할을 강조한다. 다른 한편 노동수요 측면에서 일자리와 훈련을 제공하는 새로운 사민주의 정책을 제시한다. 선거용과 선언적인 구호가 많지만, 그들이 정책적으로 전통적 복지국가 유형에서 벗어나 교육과 일자리 기회의 확대를 위해 적극적인 노력을 하려는 것만은 인정할 수 있다.

## 신혼합경제

사회투자국가는 경제성장 메커니즘과 복지국가에 대한 구조적 개혁이 조화를 이루는 보다 더 폭넓은 공급중시 정책의 발전에 주목한다. 새로운 정보경제에서 인적 자본이 경제적 성공의 핵심으로 자리 잡게 되었다. 이러한 형태의 자본 개발은 교육, 커뮤니케이션, 그리고 사회하부구조 시설 면에서 광범위한 사회적 투자가 요구된다. 가능한 곳에서는 어디서나 인적 자본에 투자하라는 원칙은 복지국가에도 그대로 적용되어 사회투자국가로 재구축될 필요가 있다.[15]

신혼합경제의 창출은 일국적이며 초국적인 규제와 탈규제의 균형에 의존한다. 구좌파는 많은 문제의 원인을 기업의 탓으로 돌리고 있다. 기업의 권력은 명백히 정부와 국제적 입법에 의해서 통제될 필요가 있다. 하지만 기업이 일자리 창출의 가장 중심적인 역할을 수행함을 전통적인 좌파들도 부인하기 어려울 것이다.

거의 모든 산업국가에서 25년 전보다 더 많은 일자리가 존재한다. 미국에서는 그 기간에 45%의 일자리가 더 창출되었고 캐나다도 거의 같은 수의 일자리를 창출했다. 미국에서 창출된 새 일자리의 높은 비율 가운데 거의 50%는 숙련 직업이거나 전문적인 직업이었다.[16]

구경제에서의 혁신은 보통 연구, 개발, 생산의 분리된 과정이 낳은 산물이있다. 지식기반경제에서 혁신은 네트워크와 협력적 벤처에서 나온다. 회사는 새로운 아이디어와 새로운 기술을 발전시키기 위해 점점 공급자와 고객의 네트워크에 의지하고 있다.

연구와 혁신의 네트워크가 가진 중요성을 인식하는 것은 정부나 국가보다는 민간부문에서 더 진척되었다. 정부는 독점이 초래될 수 있는 경우를 제외하고는 제휴를 강화하는 정책을 추구해야 한다. 그런데 대부분의 독점은 선도자인 중소기업들에게는 문제가 되지 않는다. 연구집단에 대한 산업투자를 위해 혹은 산업과 연구기관 간의 협력을 위해 세금혜택을 제공할 수 있으며 중소기업과 대학 혹은 다른 유사기관들 간의 혁신을 위한 협력을 위해서 개척사업 교부금이 제공될 수도 있다.[17] 산업 정책의 측면에서 적극적인 사회적 자본, 혁신에서 보다

---

15) 같은 책, p.52.

16) 같은 책, p.76.

확장된 정부의 역할을 제시할 수 있다. 덴마크의 사례를 들어보면 덴마크 경제는 중소기업이 지배적이며 최첨단 경쟁과 상호의존 네트워크를 혼합하고 있다. 정부와 산업계의 정책입안자들은 전체 경제의 경쟁력을 제고시키는 수단으로 기업 간의 합작을 강화시킬 방법을 모색했다. 정부의 간섭은 직접적인 보조금에 초점을 맞추는 것이 아니라 경제발전과 경쟁력의 '구조적 조건'에 집중했다.[18]

## 중소기업 지원

사회투자국가 역시 새로운 산업질서에서 가장 중요한 것으로 평가되는 첨단기술과 지식기반산업을 주도할 중소기업의 혁신을 유도하고 지원하는 것에 산업 정책의 역점을 둔다.

1999년 블레어와 슈뢰더의 공동선언문에서도 '현대적 사민주의자들은 중소기업의 옹호자가 되어야 한다'고 주장했다. 이 선언문의 한 부분을 중소기업 육성에 관해 할애할 만큼 산업 정책으로서 중소기업 정책의 중요성을 강조했다.

이는 미래의 지식기반사회에서 새로운 성장과 일자리를 위한 가장 큰 잠재력을 가진 부분으로 인식했기 때문이다. 다양한 영역의 개인들이 경제적 창의성을 발전시키고 새로운 사업의 아이디어를 창조하는 기회를 강조했다. 이를 위해 금융에 접근이 용이해야 하고 기업설립이 쉽도록 행정 부담을 덜어주도록 노력했다.

연성 사민주의의 산업 정책은 자유주의와 같은 정치한 이론을 제시

---

17) 같은 책, p.80.

18) 같은 책, p.81.

하지는 못했지만 지식경제에서 중소기업의 역동성을 인정하고 정부가
이를 지원하는 것이 새로운 고용의 창출과 복지 향상에 필수적이라고
보았다.

# 제17장_ 안전(Security): 현명한 복지국가 만들기

## 전통적 복지체계에 대한 반성

베버리지 보고서가 1942년에 발표될 당시 그가 가장 관심을 가진 영역은 사회보험이었다. 이는 그의 보고서 원제목에서도 여실히 드러난다.[1] "사회 안전을 위한 계획의 주요한 특징은 이것이 사회보험의 체계라는 것으로 힘을 얻는 데 방해가 되거나 파괴하는 데 대항하고 결혼, 출산 혹은 사망에 따른 특별한 지출을 지원하는 것이다"고 베버리지는 밝히고 있다.

1930년대를 회고하고 1950년대를 전망할 때 베버리지는 사람에게 예견되는 위기에 대항해서 사람을 보호하는 복지국가의 필요를 보았다. 그의 계획은 질병, 장애, 실업, 노령과 사망이 가장의 임금을 가족으로부터 빼앗아갈 때 보장된 수입을 제공하는 것이었다. 국가의료체계(National Health Insurance)나 가족 수당 그리고 국가보험(National Insurance)을 채택하여 1945년 영국 노동당 정부의 복지국가는 '요람에

---

1) 앞서 살펴본 것처럼 1942년에 발표된 베버리지 보고서의 원제목은 『사회보험과 관련 서비스(Social Insurance and Allied Services)』이다. 사회 정책 중에서 가장 중요하고 관심이 있었던 것이 바로 사회보험 정책이었다.

서 무덤까지(from the cradle to the grave)' 안전을 제공하도록 설계되었다.

전후 복지국가는 임금은 가장이 벌고 대부분의 가장은 남자이고 또 대부분의 남자는 적정한 가족 생계비를 버는 것으로 가정하고 있었다. 사회보장에 관련된 한에서 복지국가는 국민들이 경제적으로 능동적(active)일 때 수동적(passive)이었다. 아이들이 성장할 때까지 생계를 가장이 책임지는 구조였다. 국가는 사람들이 수동적일 때만 능동적이 되었다. 가장이 한 가지 혹은 다른 이유로 고용에 참여할 수 없는 때가 능동적인 시기였다. 일과 수입 안정성은 함께 가는 것으로 가정되었다. 일의 부족은 안정의 부족을 의미한다. 결과적으로 복지국가의 자원은 인생의 초기와 말년 그리고 그 사이 기간에는 실업과 질병에 집중되었다.

이 복지 모델은 오늘날 명백하게 적합하지 않다. 너무 많은 사람들이 실업상태이고 너무 낳은 사람들이 고용상태이긴 하지만 수입안전을 보장받지 못하고 있다. 전후 복지국가를 탄생시켰던 조건들이 더 이상 존재하지 않기 때문에 복지국가의 역할에 관한 전후의 가정 역시 변해야만 한다.

에스핑-앤더슨(Gøsta Esping-Anderson)은 이런 특성을 생동감 있게 지적했다. "대량생산 자본주의를 근간으로 하는 포드주의(Fordist) 복지국가는 생애주기를 몇 등분하고 활동적인 성인의 시기는 주의를 기울이지 않았다. 포드주의 경제가 적절한 임금과 고용안전을 보장할 것이란 가정이 있었기 때문이다. 후기 산업경제는 더 이상 이런 보장을 제공할 수 없는 것 같다. 사실 평균적인 노동자의 생애주기위험은 지속적으로 증가할 것이다."[2]

---

2) Gøsta Esping-Anderson, "Equality and Work in the Post-industrial Life-cycle" in David Miliband(ed.), *Reinventing the Left*, pp.167~185.

복지국가를 가외적(redundant)으로 만드는 것에서 벗어나 사회적 경제적 변화는 복지국가가 제공해야 할 안전에 대해 새롭고 더 활력 있는 필요를 만들고 있다. 위협받는 사람들은 변화를 환영할 리 없다. 그들은 단지 이에 저항하거나 굴복할 뿐이다. 사람들이 직장이나 가정에서 변화에 대처하기 위해 그들의 능력, 재정 그리고 공동체를 안정시키는 데는 시간이 걸린다. 복지국가가 모두에게 사회 안전에 대한 약속을 전할 수 있다면 복지국가는 변화해서 사람들의 변화한 생활과 변화한 수요에 맞출 수 있을 것이다.

불안정의 새로운 원천인 이 '생애주기위험(life-cycle risks)'은 별거, 이혼, 노령의존 등 가족생활의 변화하는 요구뿐만 아니라 실업과 저임금 같은 일자리에서 계속적인 불안과 변화를 포함한다. 이런 위험들은 1950년대에는 잘 예견되거나 자주 일어날 법한 일이 아니었다. 이것은 단지 현금 급여로 해결될 문제만은 아니다. 이것은 훈련, 육아, 노인보호 등에 양질의 서비스를 필요로 하며 이를 바탕으로 사람들이 가난으로부터 탈출하고 영속적으로 가난에서 벗어나도록 돕게 해야 한다. 이것은 특권이 없는 대부분의 사람들이 이 문제에 대처하는 데 가장 적은 자원을 갖고 있긴 하지만 계급 구분을 뛰어넘는 문제이다.

옛 위험, 옛 산업, 옛 가족구조를 위해 설계되었던 복지국가 대신에 더 지적인 복지국가가 필요한데 이 복지국가는 우리 생활을 통해 능동적이며 사람들이 일터와 가정에서 예측하지 못한 변화를 조절할 수 있도록 돕는 국가이다. 가난을 구조해 주는 안전망 대신에 우리는 사회 안전 체계가 필요한데 이 안전 체계는 가난을 예방하는 것을 돕는다. 질병을 주로 다루도록 설계된 건강 서비스 대신에 우리는 새로운 건강 정책이 필요한데 이는 더 나은 건강을 증진시키는 것에 우선순위를 둔다. 달리 말하면 복지국가는 사람들이 스스로를 돌볼 수 없을 때

돌보는 것만이 아니라 사람들이 스스로 개선하고 스스로 지탱할 수 있도록 해야 한다. 복지국가는 사후적으로 일손을 놓은 사람을 돕기보다는 사전적으로 능력을 향상시키려고 하는 사람을 도와야 한다.

사회보장체계는 무엇보다 사람들이 낡은 가정과 새로운 현실 사이에서 함정에 빠지게 만들고 있다. 대부분의 노동시장 틈새가 파트타임과 임시직으로 채워지고 있는 유연한 노동시장에 직면하고 있음에도 복지급부체계는 점차 경직되고 있다. 대부분의 부부는 적절한 생활수준을 위해 맞벌이에 의존하고 있음에도 복지급부는 가족이 한 사람의 수입에 의존한다는 가정에 매달리고 있다. 가난한 사람을 가난하게 만드는 급여체계에서 우리는 사람들이 가난에서 벗어나는 길을 얻도록 복지에서 혁명이 필요하다.


## 일하는 사람을 위한 재정 안정

사회안전 체계는 여전히 대부분의 사람을 위한 재정 안정성의 결정적 원천이지만 유일한 것은 아니다. 우리는 사적 연금과 다른 형태의 저축이 점점 중요해지고 조세 할인이 기초적인 공공 지출에서 중산층 복지국가에 제공하는 복지의 혼합 경제에 살고 있다. 공적 방식이든 사적 방식이든 각각 장점과 역점을 지니고 있다. '민간은 좋고 정부는 나쁘다'는 교조적 가정이나 이 반대 역시 사람들이 재정의 안정을 얻는 데 최선의 방법을 찾는 것을 불가능하게 한다. 대신 우리는 우리의 목표와 가장 공정하면서 가장 효율적인 길을 찾는 것을 분명히 할 필요가 있다.

복지급여 체계, 조세 할인 그리고 사적 방식은 여섯 가지 중요 목표에 맞아야 한다.

① 가능한 곳에서 가난을 예방하고 필요한 곳에서 가난에서 구제하는 것.
② 사람들을 위험에서, 특히 노동시장과 가족 변화에서 등장하는 위험에서 보호하는 것.
③ 부유한 사회성원에서 가난한 사회성원으로 자원을 재분배하는 것.
④ 사람의 생애주기에 걸쳐 시간과 재정 자원을 재분배하는 것.
⑤ 개인적 독립을 장려하는 것.
⑥ 사회협력 증진을 돕는 것.

여기서 초점은 현행 제도의 결함을 지적하는 것이 아니라 정부가 미래에 건설하려고 목표로 하는 구조이다. 여기서는 단기적으로 특정 편익의 증가에 관심을 갖는 것이 아니라 중장기적으로 복지국가의 문제를 진단하고 새로운 환경에 적합한 사회투자의 복지를 재설계하는 것이다.

이를 위해 우선 한국에서는 전면적으로 시행된 적이 없지만 영국을 중심으로 하여 베버리지 보고서의 정책 대안을 채택했던 복지국가를 분석해 보고 이러한 정책이 현재 변화된 지식기반사회에서 어떤 간극 (gap)을 가지는지 살펴보려고 한다. 한국에서도 전면적인 복지가 도입되지는 않았지만 현행 제도의 정책방향의 많은 부분은 서구 복지국가 모델에서 복지 정책의 원형을 찾고자 했기 때문에 한국 복지 정책의 재설계에서도 복지국가의 정책들을 살펴보는 것은 여전히 유의미하다.

## 새로운 사회보험체계

  베버리지 보고서는 영국인들에게 포괄적인 국가 보험체계의 비전에 영감을 주었다. 그러나 오늘날 수백만의 파트타임, 자영업자, 그리고 저임금 근로자들은 풀타임 고용을 위해 설계되었던 국가 보험체계에서 떨어져 나와 제도와 현실의 간격을 보여주고 있다. 예컨대 수많은 피고용자, 그들의 2/3는 여성으로 사회보험의 보험료를 제대로 내지 못하고 있다. 수많은 자영업자들 역시 보험료를 전혀 못 내고 있을 뿐만 아니라 자영업자들의 많은 수는 실업이나 가족 책임을 위한 보호에서 보험의 혜택을 제대로 받지 못하고 있다. 수백만의 임시직 혹은 계절노동자들은 단지 불규칙하게 보험료를 내고 있고 그 결과로 필요할 때 보험혜택을 제대로 못 받고 있다.

  오늘날 우리가 알고 있는 제한적이고 때로는 성가신 보험혜택 체계에서 정부는 변화하는 고용 위험과 가족의 필요에 부합하는 현대적 사회보험체계 건설을 시작해야만 한다. 이것은 현상적인 보호를 넘어서 사람들이 새로운 기술을 익히고 새 일자리를 구할 수 있도록 하는 전략의 한 부분이 되어야 한다. 새 사회보험은 옛 제도처럼 아프거나 장애인 사람들을 보호하는 것을 도울 뿐만 아니라 어린아이들을 돌보고 장애인 어른들을 보호해야 한다. 고용에서 실업, 질병, 은퇴로 소득을 재분배하는 복지국가의 정책을 넘어서 사회보험은 '시간은행(time bank)'으로서 사람들이 그들 일생의 특정부분 동안 그들이 얻은 재원을 투자하고 가족의 책임과 교육을 위해 일해야만 하는 시간에서 벗어나 그들에게 재투자할 수 있는 여건을 만들어주어야 한다. 여기에 현대화된 사회보험체계의 사회안전 체계를 만들기 위한 네 가지 방안이 있다.

**1. 사회보험은 사적보험의 어떤 체계보다 더 싸고, 더 효율적이고, 더 공정하게 사람을 실업과 질병으로부터 보호할 수 있다.**

신자유주의자들은 정부가 더 이상 사회보험을 제공하는 데 역할을 하지 말아야 한다고 주장한다. 보험은 사적 시장에서 나와야 하고 재산조사(means-tested) 역시 사적 시장의 망(net)에 의해 이루어져야 한다고 주장한다. 특히 그들은 피고용자들이 실업으로부터 그들 스스로 보호해야 하고 부담이 되는 상황에서도 스스로 구제해야 한다고 주장한다.

사적 보험 지지자들은 이것이 전혀 비용이 들지 않는 것처럼 종종 말한다. 이들은 납세자들이 적은 세금으로 편익을 누릴 수 있다고 주장한다. 그러나 이것이 제공된다면 안전이 대가로 지불되어야 한다. 문제를 정부의 회계에서 쓸어버리는 것은 재경부를 위해서는 이익일 수 있지만 문제가 남겨진 우리로부터 사라진 것은 아니다. 어떤 경우에는 사적 보험이 간단히 공공 보험을 대체할 수 있다는 생각은 원칙과 실행에서 심각한 결함을 가지고 있다.

영국의 경우 가장 큰 사적 보험 회사 몇 개가 적절한 실업보험 상품을 제공할 수 없다는 것을 명백히 알려주었다. 그들은 강도, 화재, 사망을 공정하게 위험을 회계적으로 예측할 수 있지만 실업은 주로 경기순환에 의존한다. 누구도 예측을 하지 못했던 1991년의 경기침체는 전년도 기준으로 보험할증을 했던 보험회사들을 쓸어버렸다. 게다가 보험회사들은 보험료 요구를 사정하기 위해 조사관이나 손실조정자를 이용하듯이 그들은 사람들이 진정으로 실업상태인가를 확인하기 위해 실업 조사관들을 유지해야 한다. 행정, 광고 그리고 판매 위원회는 보험회사의 추가적인 비용을 지불하게 하고 역시 마찬가지로 보험회사가 사람들이 '자발적 실업'인 것으로 간주될 때 소송을 제기할 비용도 추가된다.

무엇보다 가장 실업의 위험이 크고 보험 부담금을 낼 여유가 없는 낮은 수준의 교육과 기술을 가진 사람들이 가장 높은 보험 할증을 부담하게 될 것이다. 정부는 모든 보험 부담자 중에서 비용을 나눌 능력이 없는 '나쁜 위험자(bad risks)'에 책임을 가져야만 한다. 정확히 똑같은 문제가 질병이나 장애에 대항하는 사적 보험의 경우에서도 일어난다. 그러한 보험 설계는 자영업자나 고소득자에게는 중요한 것이다. 그러나 사회보험이 존재하지 않는다면 일생의 초기에 병력을 가진 사람들은 과도한 보험할증이나 심지어 보험가입을 거부당하는 일에 직면하게 될 것이다.

## 2. 사회보험은 개인적 노력에 보답한다.

복지국가에서 사회보험은 개인이 아니라 가족을 단위로 하는 재산 조사(means-tested)에 기초하고 있었다. 이는 앞서 지적했듯이 가장의 일인 임금에 기초했던 산업사회를 반영한 제도였다. 현재 맞벌이가 일상화된 사회에서 이런 가정에 기초한 보험체계는 의도하지 않은 불균형을 발생시키고 있다. 가족이나 가계에 기초한 재산조사 급여 (means-tested benefits)와 달리 사회보험 수혜는 개인에 속한다. 그리하여 남편이 직장을 잃고 보험을 청구할 때 그 부인이 직장에 남는 것이나, 노동시간을 연장하거나, 혹은 직장이 없었던 경우 구직하는 것을 막는 것은 아무것도 없다. 그녀가 그럴 수 있는 모든 인센티브가 있다. 재산 조사 급여는 구제할 사람에게 벌칙을 주는 반면 새로운 보험 수혜는 새로운 구직을 할 때까지 사람들이 움직일 수 있게 돕는 저축이나 다른 재원과 결합할 수 있다. 어떤 재산조사 급여는 생계비용을 돕기 위해 필요할 것이지만 이것들이 중심적인 것은 아니다.

## 3. 사회보험은 권리와 책임이 균형을 이룬다.

사회보험은 개인과 사회 간의 보험이다. 우리가 수입이 있을 때 우리는 적립할 책임을 받아들여야 한다. 우리가 수입이 없을 때 우리는 끌어 쓸 권리를 갖는다. 재산조사 급여는 사회를 두 계급으로 나누어 청구가 필요한 사람들과 비용을 강요받는 사람들로 구별되는 반면 사회보험은 우리가 더 나은 공동체를 창조하려면 필수적인 상호성의 윤리에 기초한다.

예컨대 권리와 책임의 균형 때문에 국가보험부담제(National Insurance Contributions)는 소득세보다 더 일반적이다. 이들은 다른 직접적 징세보다는 '특정한 일에 특정한 것(something for something)'으로 간주된다. 그리고 사회보험은 역사적이고 국제적인 관습에서 폭넓은 기초를 가지고 있다.

## 4. 사회보험은 점점 다양해지는 생애주기에 걸쳐 사람들이 소득을 분배하는 것을 돕는 역할을 한다.

복지국가는 부자에서 가난한 사람에게, 그리고 인간의 생애주기에 걸쳐 이루어지는 두 가지 종류의 재분배를 수단을 갖는다. 최근의 연구들에 의하면 교육과 건강을 재정 편익을 고려할 때 생애주기 재분배는 부자에서 가난한 사람에게 재분배하는 '로빈 후드' 식 기능보다 훨씬 더 중요하다.

버버리지가 실업, 질병, 장애, 은퇴에 대한 국가보험을 설계한 조건들이 더 이상 수입을 잃는 유일한 이유는 아니다. 고용에서 잠깐 쉬는 것은 그것이 파트타임이든 풀타임이든 사람들이 자녀나 다른 친척을 돌볼 때나 그들이 교육과 기술을 향상하려고 할 때 필수적이다. 현대사회보험은 사람들이 새로운 수요를 맞추기 위해 생애주기를 가로질러 수입을 분배한 것을 돕는 유일한 잠재력을 갖고 있다. 사적 보험은 이런 일을 감당할 수 없다. 사실 사적보험은 성숙기를 위해 감당해야 할 보전분을 거절하고 이것은 개인들이 알아서 해야 할 손실분이라고 간주한다.

한편 개인 저축은 사람들이 어떤 부분에서 다른 부분으로 수입을 할당하는 데 아주 중요한 역할을 한다. 그러나 일자리가 있는 경우에도 많은 사람들이 저축을 할 여력이 없는 경우가 허다하다. 물론 일할 수 없는 불가피한 경우에 재산조사 급여에 의존한다면 그들이 저축할 여력이 거의 없다는 사실이 그들에게 중요한 것은 아닐 것이다.

더구나 사람들의 생활 패턴이 필요적으로 저축주기에 적합하지는 않다. 사적 저축은 젊은 부부가 나중의 수입에서 부담금을 환급할 수 있는 온정적 여지의 비용을 빌려주지는 않는다. 그러나 사회보험은 효과적으로 이것을 할 수 있다. 사회보험이 사적 보험보다 더 포괄적인 위험을 껴안을 수 있듯이 사회보험은 사적 저축이 관리할 수 없는 것까지 수입을 지출할 수 있다.


## 사회보험체계의 회원제

새 사회보험체계는 새로운 고용패턴에 적합해야 하고 일주일의 일부 혹은 일 년의 일부만을 일하는 사람을 영속적인 풀타임 일을 하는 사람과 마찬가지로 끌어안아야 한다. 이런 간극을 채워주는 출발점의 하나로 EU에서 가이드라인으로 제시한 것처럼 회원 자격을 일주일에 적어도 평균 8시간 이상 일하는 사람으로 확대할 수 있을 것이다. 더 적은 시간을 일하는 사람도 포함시킬 수도 있겠지만 그들이 얻는 수당이 실제 문제와 비용을 감당할 수 없을 것이다.

자영업자들이 점차 더 중요해지기 때문에 자영업자를 사회보험의 회원에서 배제하는 것은 온당치 않다. 잠깐의 실업상태를 경험한 후에 자가 기업을 설립한 수많은 사람들이 고용되어 있을 때 부담금을 냈음에도 불구하고 그들은 스스로가 실업수당을 받을 자격이 없다는 것을 발견한다. 지식기반사회의 구조에 의해 자영업의 증가가 불가피한 상황이라면 이런 사회추세에 부합되게 사회보험이 재설계될 필요가 있고 물론 당연히 자영업자 역시 사회보험의 혜택을 누릴 수 있는 방식으로 사회보험이 개선되어야 할 것이다.

현대적 사회보험은 획일적으로 운영되기보다는 기여분에 따라 보험수당에 차등을 두는 방식을 고려해야 할 것이다. 이러한 기여분에 의한 차이가 도덕적 해이를 막을 수 있는 한 방법이 될 수 있고 사회보험의 건전성 유지에도 도움이 될 것이다.


## 실업에 대처하는 사회보험

비록 실업수당의 어떤 체계가 필요하지만 이것은 사람들의 생활과 국가재정에서 작은 역할을 해야 한다. 많은 정부들이 경제 안에서 일자리 창출을 강조하고 피고용자들이 새로운 일자리를 얻도록 돕고 있다. 장기적으로 일자리 사이의 짧은 실업기간보다 다른 무엇이 교육과 훈련에 투자되는 것으로 채워져야 한다. 모든 회원이 그가 일하는 동안 '안식년(sabbatical)'을 위한 재정을 돕도록 사회보험이 설계되어야 한다.

가까운 미래에 실업보험은 현대 노동시장에 적합하게 재설계되어야 한다. 복잡한 보험 부담금 조건 대신 실업보험이 고용상태에 있거나 자영업을 하는 사람들이 좀 더 근접하기 쉽게 되어야 한다. 특히 베버리지 보고서에서 거의 주의를 기울이지 않았던 파트타임 일자리에 대한 실업보험이 노동시장 변화에 맞게 설계되어야 한다.

현대사회보험은 가족에 다른 접근 방식을 취해야 한다. 특히 파트타임으로 일하는 여성에 대한 배려가 필요하다. 남성노동자들이 풀타임 일자리를 선호하는 데 반해 많은 여성들은 육아 문제 등을 이유로 파트타임 일자리를 선호하는 경향이 있다. 이런 여성들을 위해 파트타임 수당체계가 도입되어야 할 것이다.


## 현명한 복지국가를 위한 정책들

전후 복지국가는 산업사회의 위험, 1차적으로 실업과 은퇴를 통한 남성 임금의 상실에 대해 안전망을 제공했다. 경제적, 사회적 변화는 단지 복지국가만이 제공할 수 있는 안전망의 새로운 필요를 창출한다. 그러나 그것은 가족과 작업장에서 예측할 수 없는 변화를 뚫고 나아가도록 도울 수 있는 현명한 복지국가여야만 한다. 복지국가는 사람들이 자아 개발과 자립을 성취할 수 있게 해야만 한다. 복지국가는 분배뿐만 아니라 기회를 제공해야 한다.

• 사회보장의 목적: 사회보장체계는 혼합된 복지경제의 일부이다.

급여, 세금공제, 사적 준비의 체계는 여섯 가지 목적에 기여해야만
한다.

- 가능한 곳에서는 빈곤을 방지하고 필수적인 곳에서는 구제하라.
- 노동시장과 가족변동에서 발생하는 위험으로부터 보호하라.
- 사회에서 더 부자인 사람들로부터 더 가난한 사람들에게로 자원을 재분배하라.
- 사람들의 생활주기에 따라 시간과 돈을 재분배하라.
- 개인적 독립성을 격려하라.
- 사회적 결속력을 촉진시켜라.

- 경제활동인구를 위한 금융보장: 노동과 복지는 함께 간다. 남성과
여성을 복지로부터 노동으로 이동하게 하는 것이 필수적이다. 빈곤한
사람을 빈곤하게 하는 복지급여체계 속에서 우리는 빈곤을 벗어나
소득을 얻을 수 있게 하고 점차로 불안정해지는 세계 속에서 안전보장
장치를 마련하기 위해 복지에서 개혁을 필요로 한다. 신자유주의자들
의 만병통치약인 재산조사(means-testing)는 작동하지 않을 것이다. 재산
조사에 따른 복지수당(means-tested benefits)은 문제제기를 받지 않고,
행정비용이 많이 들고, 사람들을 복지에 묶어 놓음으로써 급여에 대한
의존을 조장하고, 저축하는 것을 불리한 입장에 처하게 한다. 최저소득
기준표(Minimum Income Standard)가 고용과 사회보장정책의 기준점으
로서 세워져야만 한다.

복지개혁은 개인의 독립성을 촉진하며 재무부에 상당한 예산절감
을 가져다줄 수 있다. 그러나 복지개혁은 변화하는 실업위험과 가족의
결핍에 맞춰진 급여체계와 현대사회보험체계에서 혁명을 필요로 한다.
현대사회보험은 실업, 출산휴가, 질병, 퇴직 동안 도움을 줄 수 있을

것이고 궁극적으로 평생학습과 부성휴가에 도움을 줄 것이다. 사회보험은 사보험보다 더 공정하고 효과적이며 이것은 개인적인 노력을 보상하고 권리와 책임을 균형 잡히게 한다. 또한 이것은 점차로 다양해지는 생애주기에 따라 사람들이 소득을 배치하는 데 중요한 역할을 한다.

파트타임 실업급여는 파트타임 노동자의 필요에 맞춰서 세워져야만 한다. 우리는 적절한 보육제도가 있다는 가정하에서 학생들의 어머니들이 급여를 청구하기를 원하면서 적어도 파트타임 노동에 참여할수할 수 있어야만 한다는 필요성을 포함하여 노동필요성 검사(work test)의 유용성을 바꿀 방법들을 검토한다. 우리는 가족 책임을 위한 사회보험이 어떠한 것이며 왜 필요한지와 장애인을 위한 급여의 미래상을 살펴보아야 한다.

중기간(medium term) 속에서 우리는 현재 시행되고 있는 재산조사에 의한 복지수당의 개선은 새로운 복지제도를 위해 필수적이다. 소득지원제(Income Support)와 가족수당제(Family Credit)의 상호작용은 직업이 가치 있는 것이 아니라 위험으로 받아들이게 만드는 요소가 있다. 우리는 정부가 어떻게 유급노동을 하게 하도록 복지국가를 바꿀 것인가를 보여주어야 한다. 종합세액 공제통합제와 소극적 소득세는 전향적인 방식이 아니고, 우리는 현대사회보험과 함께 참여소득(Participation's Income)과 시민소득제(Citizen's Income)의 경우를 고려할 수 있다.


● 퇴직과 노인을 위한 안전보장: 연금자 빈곤의 일소에 대한 전통적인 접근은 기초연금 인상 등과 같이 비용이 많이 든다. 그것은 소득지원금(Income Support)을 청구하지 않는 연금자를 도울 수 있을 것이나, 이미 소득지원금을 청구하고 있는 수많은 사람들을 도울 수 없다. 우리

는 연금자를 위해 기초연금을 보조하기 위한 세제혜택통합의 형태인 새로운 '연금 보장안'을 제안하고, 보장된 수준까지 연금자 수입을 끌어올린다. 그 보장안은 연금수입에 기초될 수 있고, 또한 다른 기금들로부터 수입을 생각할 수도 있다.

미래 연금자들을 위해 우리는 보편적 2차 연금제(universal second pension)를 제안한다:

- 모든 피고용인과 자고용은 그들의 선택에 의해 2차 연금제에 소속될 것이다.
- 노동자와 그들의 고용주는 최저 연금 기여를 할 것이다.
- 보편적 2차 연금은 연금제도 관련 국가소득제(State Earnings Related Pension Scheme: SERPS)나 새로운 국가기금연금계획(new National Savings Pensions Plan: NSPP)을 포함한 연금들의 범위를 개선하고 확대하는 데 기초될 수 있을 것이다. 65세의 공통적 기초연금연령이 가장 취약한 집단을 돕기 위해 사용된 기금들과 함께 단계적으로 끌어들여져야만 한다.


- 건강과 공동체 보호: 사회계급, 지역, 공동체 간의 건강 불평등은 불가피하거나 받아들일 수 있는 것은 아니다. 모든 사람이 최고의 건강 상태를 유지할 수 있게 하고 필요한 치료와 간호를 받는다는 것은 정의로운 사회의 부분이다. 우리는 개선된 이용의 동등성을 포함하여 건강을 증진시키고 건강불평등을 축소시키는 조치들을 지지한다. 우리는 왜 우리가 배정된 건강세(health tax) 안들을 거부하는지를 설명하고, 불가피하게 제약된 자원 내에서 우선적으로 해야 할 것에 대한 문제가 적절히 제기되어져야만 한다. 최종적으로 우리는 미래의 장기적 보호를 위한 필요에 대항해서 좀 더 적절한 보험과 더욱 공평한 기금마련

체계를 제의하면서 증대되는 공동체 보호의 필요를 고려한다.


## 신자유주의의 복지국가 비판 수용

사회투자국가는 복지국가의 위기에 대한 신자유주의자들의 비판을 상당부분 수용한다. 위에서 아래로 내려오는 혜택 배분에 의존하게 되기 때문에 복지국가는 비민주적이다. 복지국가의 동력은 보호와 관심이지만 개인의 자유에 대한 충분한 여지를 제공하지 않는다. 몇몇 복지제도의 형태는 관료적, 비효율적이고 소외를 발생시킨다.[3]

사회보장 지출의 대규모 증가는 신자유주의자들이 복지제도를 공격하는 주된 원인이다. 복지지출의 증가는 복지 의존성을 확산하게 되고 국가가 제공하는 혜택에 기생하는 사람이 증가하게 된다고 비판한다. 복지 처방은 종종 최적 미달이거나 혹은 도덕적 해이의 상황을 만들기도 한다. 도덕적 해이는 사람들이 보험의 보장을 이용하여 자기들이 보험을 든 리스크를 다시 규정하여 보다 주의를 덜 기울이는 방식으로 행동을 변경할 때에 발생하게 된다. 어떤 형태의 복지 공급이 의존적 문화를 생성한다기보다는 사람들이 제공된 기회를 합리적으로 활용한 것이겠지만 그 결과는 복지수요의 고질적 장기화로 이어질 수 있다. 또한 실업에 대처하기 위한 급여를 노동시장으로부터 피난처로 여기는 사람은 이를 적극적으로 활용하여 실업을 가중시킬 수도 있다.

인도주의의 입장에서 실업, 질병, 장애 등에 충분한 부조를 제공하

---

3) Anthony Giddens, *The Third Way: The Renewal of Social Democracy*, pp.112~113.

는 것이 사회적으로 요청될 수 있지만 국민보험 급여가 많을수록 오히려 도덕적 해이가 높아질 가능성이 있다. 이러한 도덕적 해이는 단기간보다 장기간에 걸쳐 심화되는 경향이 있다. 사회적 습관이 장기간 축적되어 보험급여로 생활하는 것이 정상으로 인지될 수 있기 때문이다. 심각한 급여 의존성은 사회적 부조를 요청하는 경향이 강화되고 건강을 핑계로 결근하는 경우가 많아지며 구직이 줄어드는 현상을 낳을 수 있다. 원래 의도한 목적을 성취하든 아니든 급여 혜택은 한 번 만들어지면 나름대로 자율성을 갖는다. 이렇게 되면 기대는 고정화되고 이익집단들은 자신의 입장을 굳히게 된다.[4]

사회투자국가는 복지국가의 사회보장에 대해 신자유주의자들의 비판을 상당부분 수용한다. 그러나 신자유주의자들과 복지국가의 위기에 대해서는 많은 의견의 일치를 보이고 있지만 그에 대한 대안에서는 상당한 차이를 보인다.


## 적극적 복지

사회투자국가는 복지국가의 위기가 복지국가의 소멸을 알리는 신호가 아니라 이를 재건해야 할 이유로 인식한다. 사회투자국가에서 말하는 복지국가는 재정과 같은 국가의 지원이 아니라 리스크를 공동부담하는 것이다.

복지를 개혁하려면 효과적인 리스크를 관리해야 하는데, 개인은 실업, 질병, 장애 등의 리스크를 개인차원을 넘어서 사회적으로 이를

---

4) 같은 책, pp.114~115.

최소화하거나 리스크로부터 개인을 보호해야 한다. 또한 이는 리스크의 긍정적 혹은 활력적인 측면을 이용하고 리스크의 감수에 대해 자원을 제공하는 것을 의미한다. 적극적인 리스크 수용은 기업가적 활동에 고유한 것으로 인식되어 왔지만 이러한 활동이 노동인구에게도 적용된다. 이점에서 사회투자국가와 복지국가가 상당히 다른 리스크 관리에 대한 견해 차이를 보인다. 복지국가에서는 노동인구나 복지 정책의 수혜자들은 수동적인 활동에 머물러 있었다. 노동인구는 정부가 시혜하는 복지 정책의 대상이었고 정부 스스로도 그들이 적극적으로 복지의 대상에서 탈출하여 고용 등 사회활동으로 편입되는 것에는 큰 관심을 갖고 있지 않았다. 이에 악순환이 반복되는 경향을 보였다. 정부는 국가 재정으로 실업급여를 노동인구에게 지급하고 의존성이 강화된 급여 수혜자들은 그들의 합리적 행위의 결과로 재취업보다는 실업을 상기화하는 경향도 보였다. 사회투자국가는 노동인구를 복지의 대상에서 적극적 리스크 관리자로 전환하는 정책을 중시한다.

1942년 『사회보험과 관련 서비스(Social Insurance and Allied Service)』를 썼을 때 베버리지는 궁핍, 질병, 무지, 불결 그리고 나태와의 전쟁을 선언했다. 그의 초점은 소극적이었다. 오늘날 개인과 정부 그리고 다른 기관들은 적극적 복지에 공헌해야 한다. 적극적 복지는 부의 창조에 순기능을 한다. 복지는 본질적으로 경제적 개념이 아니고 잘사는 것과 관련된 심리적 개념이다. 복지를 창조하기 위해서 경제적 혜택이나 이득만으로는 부족하며 복지국가가 보여준 것과는 다른 맥락과 영향에 의해 만들어져야 한다. 복지제도는 경제적 혜택뿐만 아니라 심리적 혜택의 진작과도 관련되어야 한다. 예컨대 상담은 직접적인 경제적 지원보다 훨씬 도움이 되기도 한다.[5]

경제적 부양비를 직접 제공하기보다는 되도록 '인적 자본'에 투자하는 것이 중요하다. 복지국가 대신 적극적 복지사회 맥락에서 작동하는 '사회투자국가'를 건설하는 것이 바람직한 대안이다.[6]


## 복지에서 사회투자전략

사회복지 정책에서 가장 중요한 부분이 노령인구와 실업문제이다. 평균수명이 연장되면서 나라마다 노령화에 따른 정책대안을 개발할 필요에 직면해 있다. 그러나 복지국가에서 보여준 노인정책에서 연금 형태로 해결하려는 방식은 이미 한계를 드러냈다. 우선은 점점 증가하는 노인인구들을 뒷받침할 재정적 여유가 갈수록 고갈되고 있다는 점이다. 국민연금이 도입되어 있는 거의 모든 나라에서 현재의 연금체계를 앞으로 20~30년 후에도 계속 유지할 수 있을지에 대해 비관적인 전망을 내놓고 있다. 다른 하나는 보통 60대 전후에서 정년을 맞는 노령인구들은 수명연장으로 그 후로도 20~30년을 더 활동을 해야 하는데 60세 전후에서 사회적인 활동에서 퇴출되는 것이 과연 바람직한가에 대한 근본적인 의문을 제시한다. 따라서 국가에 의해 보장되는 연금으로 노후 생활을 보내는 데서 나아가 재정적 여건이나 개인의 삶의 질을 위해서도 다른 접근이 필요하다.

실업 정책에 대한 복지국가의 처방도 노인문제와 비슷하다. 실업기간 중 실업급여를 지급함으로써 생활을 보존해 주고 재취업이 이루어질 때까지 이를 연장해 준다는 방식이다. 그러나 경험적 사실은 실업급여에 대한 의존을 낳아 만성적인 미취업을 조장하는 데까지 이르렀다.

---

5) 같은 책, pp.116~117.

6) 같은 책, p.117.

재정적 부담과 도덕적 해이에 따른 복지의존을 개선하기 위한 정책 대안이 요청되고 있다.

복지체제의 개혁은 개혁을 시도한 모든 정권들이 직면했던 것처럼 대단히 어려운 일이다. 복지국가에 의해서 제공된 사회적인 권리는 일단 실시되면 자연스런 권리로 여기게 되고 이것을 변화시키려는 사람들은 강력한 저항에 부딪힌다. 복지 지출의 삭감은 뉴딜을 통해서 기회의 확대와 직업훈련과 동반해서 이루어질 수 있다.[7] 이러한 사회적 투자 전략이 노인문제와 실업에 구체적으로 나타난다.


## 자원으로서 노령인구

노령인구에 대한 급진적 관점은 연금 지급에 대한 논쟁에서 벗어나 좀 더 근본적인 고찰을 요한다. 대부분의 산업사회에서 노령인구는 계속 증가하고 있고 연금을 통해 생활수준을 보존해 주고 있는데, 과거 일본과 같은 적당한 수준의 경제성장이 이루어지는 나라에서조차 연금 소요예산은 국가가 제공할 수 있는 한계를 넘어서고 있다. 영국 같은 나라는 비교적 이러한 어려움을 잘 피할 수 있었는데, 이는 국가연금 약정을 적극적으로 줄여왔기 때문에 가능했다.

적극적 복지에서는 연금으로 노인 문제를 해결하는 방식을 재고한다. 단지 경제적 혜택의 관점에서만 사고하는 것으로는 충분하지 않다. 노령 문제는 과거 형태인 듯이 보이면서도 새로운 형태의 리스크이다. 과거 노령화는 지금보다 더 수동적으로 받아들여졌고 노령화된 신체는

---

7) Anthony Giddens, *Where Now for New Labour?*, p.24.

단지 감수해야 하는 것이었다. 적극적 복지에서는 노령화는 정신뿐만 아니라 육체적 측면에서도 훨씬 열려진 과정이 되었다. 늙는다는 것은 개인과 보다 넓은 사회 공동체 모두에게 문제일 뿐만 아니라 동시에 여러 가지 기회를 제공한다.[8]

정년퇴직 연령부터 시작되는 연금의 개념 그리고 연금 생활자라는 꼬리표는 복지국가의 발명품이다. 이것은 노령화의 새로운 현실에 맞지 않을 뿐만 아니라 복지 의존성의 대표적인 사례이다. 이는 무능력을 암시하며 퇴직은 자존심을 잃게 만들었다. 1900년 영국 남자의 평균 수명은 62세 정도였고 당시 일반적 퇴직 연령은 60세나 65세였던 점을 감안한다면 현재 정년퇴직 연령과 국민연금은 현재의 평균수명을 고려하여 재고되어야 한다. 우리는 고정된 정년퇴직 연령을 폐지하는 방향으로 나아가야 한다. 노령인구를 문제라기보다는 자원으로 인식해야 한다.[9]

연금 생활자라는 범주는 연금 자체로부터 분리될 수 있기 때문에 사라질 것이다. 연금 기금을 '정년퇴직 연령'이 될 때 지불하는 것으로 고정시키지 말고 유연하게 운영할 필요가 있다. 그들이 원하는 대로 일정기간 쉴 때 사용하거나 자녀의 학자금 조달이나 노동 시간 단축을 위해서 사용할 수 있는 방법으로 바꾸어야 한다. 또한 노령인구를 다수로부터 분리하지 않고 공동연금이라는 개념으로 세대 간의 연결통로를 마련하는 방안도 고려할 수 있다.[10]

---

8) Anthony Giddens, *The Third Way: The Renewal of Social Democracy*, p.119.

9) 같은 책, pp.119~120.

10) 같은 책, p.120.

## 사회투자로서 실업대책

복지국가의 주요한 실업대책은 노인문제와 마찬가지로 국가재원으로 실업급여를 제공하는 것이었다. 그리고 노동환경에 대한 사회적 규제로 노동자의 노동조건과 권익을 보호하는 방식이었다.

복지국가의 노동문제에 대한 신자유주의적인 처방은 노동시장의 유연성을 높이기 위해 노조에 대한 법적 지위 보장을 해제하는 것과 노동에 대한 각종 정부규제를 철폐하는 것이었다.

이에 대해 사회투자국가의 입장은 전면적인 탈규제가 올바른 해결책이 될 수 없다고 본다. 복지지출은 미국 수준보다 높은 유럽 수준 정도는 유지해야 한다고 본다. 대신 이러한 지출이 실업급여 형식보다는 가능한 한 인적 자원에 대한 투자로 전환되어야 한다. 도덕적 해이가 야기되는 곳에서 급여제도는 개혁되어야 하고 가능하면 유인책을 통해 혹은 필요한 경우에는 법적 강제를 통해 좀 더 능동적인 리스크를 수용하는 태도를 촉진시켜야 한다고 주장한다.[11]

직업 창출과 노동의 미래를 위한 전략은 새로운 경제적 위급성에 대한 방향 설정에 기초할 필요가 있다. 기업과 소비자는 세계 경쟁시장에서 경쟁력을 확보하기 위해서는 세계적 수준에 부합하는 노동생산성을 갖추어야 한다. 이런 압박은 노동계층에 사회적 배제 과정을 심화시키는 압박으로 작용하고 있다. 육체노동과 정신노동 사이, 혹은 고도의 숙련공과 그렇지 못한 숙련공, 생각이 국지적인 사람과 세계적 관점에서 문제를 보는 사람들 간의 격차가 심화될 것이다.[12]

정부는 평생 교육을 강조하고 개인들이 어린 나이에 시작해서 일생

---

11) 같은 책, p.122.

12) 같은 책, p.124.

동안 지속할 수 있는 교육 프로그램을 개발해야 한다. 직업을 바꾸는
데 특별한 기술 훈련이 많이 필요하기도 하지만 더 중요한 것은 상황을
인식하고 정서적으로 받아들이는 능력을 개발하는 것이다. 정책은 무
조건적 국민보험 급여에 의존하는 대신 저축, 교육 자원과 다른 개인적
투자 기회를 이용하도록 장려하는 방향으로 나아가야 한다.[13] 실업정
책이 지식사회에 대응하여 급여중심에서 변화하는 노동시장에 맞추어
인적 자본을 축적할 수 있는 방향으로 전환해야 함을 의미한다.

---

13) 같은 책, p.125.

# 제18장_ 책임(Responsibility): 좋은 사회 만들기

## 지역차원의 사회적 배제

진부한 빈곤계층 구제 프로그램은 지방 공동체에 초점을 맞추는 접근법으로 대체되어야 한다. 이러한 접근법은 더 효과적일 뿐만 아니라 민주적인 참여를 더 많이 가능케 한다. 공동체 건설은 저소득층 거주 지역의 경제 회생을 꾀하는 수단으로서 지원 연결망, 자조 그리고 사회적 자본의 형성을 강조한다. 빈곤과 싸우기 위해서는 경제적 자원의 투입이 필요하다. 그런데 그것은 지방 주도 사업을 지원하도록 적용되어야 한다. 사람들을 혜택이라는 구렁텅이에 빠지도록 방치하는 것은 그들을 더 큰 사회로부터 배제시키는 경향이 있다. 그러나 개인이 노동을 하도록 강제하기 위해 혜택을 줄이는 것은 이미 포화상태인 저임금 노동시장으로 그들을 몰아넣는 것과 같다. 공동체 건설 사업은 개인과 가족들이 직면하고 있는 다양한 문제들, 즉 직업의 질, 의료, 자녀 보육, 교육 그리고 교통수단 등에 집중되어야 한다.[1]

노동계급의 어떤 지역 사회는 새로운 활력을 찾은 반면 다른 것들은

---

1) Anthony Giddens, *The Third Way: The Renewal of Social Democracy*, p.177.

쇠퇴했다. 퇴락한 도심지역과 같은 것들은 더 광범위한 사회로부터 고립되어 왔다. 소수 민족 집단들이 강력하게 존재하는 곳에서는 종족적 편견이 그 배제 과정을 더 강화시킬 수 있다. 미국의 도시들이 오랫동안 그랬던 것처럼, 유럽의 도시들은 수많은 이민자를 받아들여 런던, 파리, 베를린, 로마와 같은 다른 도시 지역에 '새로운 빈민'을 만들어내고 있다. 그러므로 경제적 배제는 또한 물리적이고 문화적인 것이기도 하다. 쇠퇴해 가는 지역에서 주택은 점점 노후화되고 취직 기회의 결여는 교육 유인을 저해했으며 사회적 불안정과 해체를 야기하고 있다. 영국에서 가장 부유한 지역인 런던 시 주변에 있는 지방자치단체 임대주택 단지에 거주하는 주민의 60퍼센트 이상이 직업을 가지고 있지 않다. 그러나 그곳과 매우 가까운 도시 공항은 그 수요에 알맞은 충분히 숙련된 노동자를 구하지 못하고 있다.[2]

사회적 배제와 포용의 문제는 단지 계층 간의 문제에 그치는 것이 아니라 지역이나 공동체 문제로 직결되어 있다. 빈곤에 빠져든 계층이 사람들은 그들이 집단을 이루어 지역이나 공동체를 이루고 살아간다. 문제는 이러한 소득 수준에 의한 지역적 격리는 이와 같은 사회적 배제를 영속화시키는 경향이 있다는 점이다. 뿐만 아니라 저소득층이 사는 낙후지역이나 공동체에서 자라나는 아이들에게 역시 이런 생활조건이 세습되는 경향이 있다. 학습과 훈련을 받을 기회를 갖지 못하거나 기회가 주어지더라도 다른 생활조건이나 문화적 격차에 의해서 재능을 충분히 살리지 못하고 낙후지역에서 저소득층으로 생계를 꾸리는 일이 빈번해지고 있다.

사회정의를 위해서는 정책별로 이루어지는 교육투자, 복지확충,

---

2) 같은 책, p.169.

일자리 창출뿐만 아니라 가장 기초적인 기반이 되는 지역사회 혹은 공동체의 건전화가 무엇보다 시급한 과제이다. 이는 빈곤의 세습을 끊기 위해 무엇보다 염두에 두어야 할 정책이다.


## 공동체 정책

양식 있는 공동체를 창조하는 것보다 파괴하는 것이 더 쉽다. 좋은 사회를 건설한다는 것(building a good society)은 구성부분들의 성공보다는 더 나아간 것이다. 좋은 사회는 단지 개인으로서 '나'의 성공이 아니라 공동체로서 '우리'의 사회적 연대와 노력에 의존한다.

이것은 신자유주의자들이 1980년대 이래 줄곧 비판해 온 개념이기도 하다. 시장 개인주의의 신념(credo)은 사회계약의 관계를 줄이는 것이다. 신자유주의의 신념은 시민들을 시장에서 구매자와 판매자로 바꾸는 것이다. 이것은 대처 정부 이래의 영국에서 볼 수 있듯이 안정되고 번영된 사회의 기초는 아니다. 대처의 시장주의에 대한 컨터베리 대주교의 지적처럼 외눈박이 개인주의와 도덕심을 개인화한 것은 개인적인 영역과 공적 영역에서 비슷하게 높은 대가를 치르게 하고 있다. 대처 이후 15년 동안 영국은 자유시장 경제에서 더 하거나 덜 하거나 간에 클리닉 실험의 주체였다. 결과는 단조롭고 평이했다. 자유사회가 의존한 사회제도는 진전된 퇴화(advanced decay) 상태이다. 존 그레이 (John Gray)가 지적했듯이 "우파 마오주의(Maoism of the Right)는 소비자 선택과 시장 자유를 논쟁의 소지가 없는 유일한 가치로 믿는 낡은 자유주의의 찬양으로 사회적 붕괴와 궁극적으로 경제적 실패의 아노미 상태를 위한 정책처방이다."

사회투자국가는 사회제도에서 투자는 경제적 인프라에서 투자만큼 중요하다고 주장한다. 사회정의의 핵심에는 우리가 서로에게 도움을 준다는 것뿐만 아니라 서로에게 줌(giving)으로써 얻는다는 믿음이 있다. 이미 1920년대 타우니(R. H. Tawney)는 이 근본적인 원칙을 주장했다. "개인은 자신의 고립된 행위에 의해서만이 아니라 건강한 환경에 의해 창조될 수 있다. 건강한 환경은 폭넓은 시설을 가진 교육체계와 이런 방법에 의해 산업을 조직화하고 경제적 불안정성을 줄인다. 이런 조건들이 행복과 불행 때로는 삶과 죽음의 차이를 만든다. 이것들은 사회 수입의 원천이며 돈의 형태로만 존재하는 것이 아니라 사회적 웰빙(well-being)의 뿌리가 된다."

제도들이 관료적이지 않아야 하고 유연해야 하며 사람들의 요구에서 벗어나지 않아야 한다. 공동체를 위해서 우리는 반응성(account-ability)과 민주주의의 필요를 제도 내에서 강조한다. 이것은 우리 사회의 가장 가난한 부분에 관심을 모으기 위해 떠들썩하게 떠벌리는 일로 해결될 것은 아니다. 예방적인 정책과 조기 투자가 그 목표여야 한다.


## 사회 자본의 의미와 형성

상호 책임과 사회적 웰빙의 사상이 공동체 정책의 핵심이다. 미국의 경제학자이자 사회학자인 푸트남(Robert. D. Putnamn)은 사회자본(social capital)을 네트워크와 규범 그리고 신뢰로서 조정과 협력을 촉진시키는 것이라고 했다.[3] 사회자본은 번영된 시민사회의 제도와 관계로 이루어

---

3) Robert Putnamm, "The Prosperous Community : Social capital and Public Life" *the American Prospect*, 13(spring 1993), Commission on Social Justice/IPPR., *Social Justice:*

진다. 이웃의 네트워크에서 확장된 가족으로, 공동체 조직에서 종교적 조직으로, 지역 사업에서 지역 공공서비스로, 젊은 클럽에서 부모와 교사협의회로, 경기의 선수들에서 심판들로 다양한 관계들이 이루어진다. 우리가 어디에 살고, 어떤 다른 사람이 그곳에 살며, 그들과 어떻게 공존하느냐 하는 것이 인생의 기회에서 결정하는 데 개인적 자원만큼이나 중요하다.[4]

우리 사회에도 다양한 낙후지역들이 있다. 이 지역들에서 일어나는 빈곤은 잠정적인 것이 아니라 영속적인 경향이 있다는 것이 더 큰 문제이다. 신자유주의자들의 처방은 간결해 보인다. 개인의 능력과 근면으로 부와 명성을 축적해서 그 지역보다 더 나은 지역으로 이사를 가라는 것이다. 지극히 개인적 처방이 될 것이다. 그러나 사회투자국가의 견해에서 보면 이 지역의 빈곤과 사회적 배제가 그들만의 문제가 아니라 바로 우리 사회 자체의 문제임을 명확히 한다. 더 중요한 것은 이러한 빈곤과 배제가 한 세대만의 문제로 끝나는 것이 아니라 세대 간에 이어진다는 점이다. 빈곤과 기회의 박탈을 극복할 사회적 대안을 위해서 사회 자본은 그 중요성이 더 강조될 수밖에 없다.

우리 사회의 도덕적 그리고 사회적 재건은 사회 자본에 투자하려는 우리의 자발성에 달려 있다. 우리는 너무 명확하게 찢겨져 있는 사회의 망을 수선해야 할 필요가 있다. 사회 자본은 그 자체가 선이다. 사회 자본은 인생을 가능성 있게 만들어줄 뿐 아니라 경제적 재생을 위해 필수적이다. 사회 자본은 새로운 투자를 자극하고 현재 투자를 더 나아가게 만든다. 이것은 경제적 자본이 좀 더 한계적인 지역공동체에 투자

*Strategies for National Renewal*, p.306 재인용.

4) Commission on Social Justice/IPPR., *Social Justice: Strategies for National Renewal*, pp.306~308.

될 수 있는 여건들을 만들어준다.

공동체는 그들이 부자이기 때문에 강한 것이 아니라 오히려 공동체가 강하기 때문에 부자가 된다.

성공적인 학교는 좋은 교사들뿐만 아니라 관련된 부모들에게도 의존한다. 직업훈련은 광범위하게 지역조직을 통한 사회 네트워크와 연결될 때 더 효과적이다. 기업가들은 그들에게 자금조성을 도울 수 있고, 자문을 해주며 수요자와 공급자가 되어줄 지역주민들을 잘 알고 있다면 훨씬 성공하기가 용이할 것이다. 달리 말하면 사회 자본은 시장경제에 작동하는 효율성을 향상시킨다.

신자유주의하에서 대처 정부가 15년 동안 정책주도권을 쥐고 있으면서도 거듭 실망감을 준 것은 그들이 사회 자본을 이해하는 데 실패했기 때문이다. 예컨대 1980년대 동안 100억 파운드의 돈이 도시 내부 지역에 자산 중심의 도심 재생 사업에 투입되었지만 거의 대부분 성과 없는 낭비로 끝나고 말았다.[5] 대신 이 목표는 지역주민 사이에서 그들이 미래를 형성하는 데 더 많은 책임을 맡을 수 있도록 능력과 제도를 건설하는 것에 맞추어져야 한다. 사회자본의 문제는 우리가 그것을 공동체 강화든 시민의 부 증진이든 무엇이라고 부르든지 간에 이미 그것을 가지고 있는 사람들은 더 많이 갖게 되고 갖지 못한 사람은 이를 만들 기회를 거의 갖지 못하고 있다는 점이다. 도시내부 공동체(inner-city communities)와 외곽주거지(outer-city housing)는 거의 고용과 사업 기회에서 잘려져 나간 상태이다. 이 결과는 경제적 투자회수와 사회배제의 악순환이다(a vicious circle of economic disinvestment and social exclusion).

---

5) Brian Robson et al., *Assessing the Impact of Urban Policy* (London: HMSO, 1994), Commission on Social Justice/IPPR., *Social Justice: Strategies for National Renewal*, p.309 재인용.

사회 자본은 개인들 자신과 전체로서 공동체에 의해 자양분이 공급될 필요가 있다. 이것은 다른 자원들처럼 고갈시키는 때보다 사용될 때 더 강화된다. 이것은 사람 중심의 쇄신이며 이를 통해 어느 분야의 성공과 실패에서 가장 중요한 핵심에 도달할 수 있다.

작고 지역적인 인센티브는 공공, 민간 그리고 자발적 시민조직에 기초하는데 마지막 단계의 권한위임(empowerment)에 본질적인 토대이다. 지역 공동체에서 사적 기업의 관여는 인류애의 개념보다는 사업의 관점에서 진행되어야 한다. 또한 사회 자본은 가정에서 시작된다. 가족의 성공은 바깥 세계의 강인함의 토대이다. 우리는 가장 적은 사회제도인 가족에서 시작하고 이를 통해 아이들을 길러낸다.


## 아이들과 가족

아동의 웰빙이 사회의 건강과 강인함의 시금석이다. 가족은 아이들이 처음으로 알게 되는 사회제도이며 그들이 다른 모든 사람을 접하는 수단이다. 사람의 가치가 그가 얼마나 많은 돈을 버느냐에 따라 판단되는 사회에서 부모 특히 어머니의 무급노동은 그들이 힘을 얻는 데 장애로 간주된다. 우리가 진정 더 나은 사회를 원한다면 우리는 지금보다 더 아이들과 가족에 대해 가치를 부여해야 한다.

사회적으로 우리는 부모에 대해 요구하는 것은 많으면서 제공하는 것은 거의 없다. 용인되는 기준보다 아래에 있는 사람들은 개인적인 비판, 제도적인 간섭 그리고 때에 따라서는 재정적 제재로서 아이를 잃는 것 등의 위험에 노출되어 있다. 육아의 높은 기준을 맞출 수 있는 사람은 아이들을 또 다른 '생활방식의 선택(lifestyle choice)'으로 보기 때문에 어떤 특별한 인식을 갖고 있지 않다.

아이들은 사적 즐거움이나 개인적 부담을 넘어서 그들은 100퍼센트 국가의 미래이다. 스스로와 다른 사람들을 신뢰하고, 잘 배우고 더 배우고 싶어하고, 그들 스스로 존중받는다고 느끼고, 그래서 자신 존중과 타인을 존중할 수 있는 아이들은 자라서 존경받고 책임감 있는 공동체의 구성원이 될 것이다. 이런 아이들이 성인들보다 항상 올바르게 행동하는 것은 아니다. 그러나 공동체에 막대한 해악을 미치는 폭력, 약물, 또는 다른 심각한 반사회적 행동에 관련된 이이들은 보통 가족이나 공동체가 이미 막대한 해악을 입고 있는 환경에서 자란 아이들이다.

아이들의 인생 기회는 사회적 뿐만 아니라 경제적 영향을 갖는다. 경제적 성공은 점점 더 인적 자원(human resources)에 의존한다. 오늘 우리에게 우리는 일하는 연령이고 그들이 아이인 반면 그들의 입장에서는 우리가 은퇴할 나이가 될 것이고 그들이 일하는 자원이 될 것이다. 우리 경제 능력의 가장 중요한 지표가 우리 아이들의 질이기 때문에 정부는 아이들의 웰빙에 관한 매년의 지수들을 개발하고 공표해야 한다. 이에는 5세 이하 아동들의 취학 전 교육에 대한 것이 포함되어야 한다. 지식기반사회에서 개인이 기술과 훈련을 유연하게 습득할 수 있는 자질의 개발은 5세 이하의 아동기의 학습능력에 달려 있다는 것으로 믿어지고 있기 때문이다.[6]

물질적으로 잘사는 가족과 그렇지 못한 가족 사이에 간격이 증가하고 있다. 그러나 이것만이 우리가 극복해야 할 유일한 부정의(injustice)가 아니다. 모든 부모들은 자녀를 갖지 않은 사람 혹은 자녀가 장성한 사람들과 경쟁을 하면서 그들 수입을 아이들과 자신의 수요를 맞추기

---

6) Commission on Social Justice/IPPR., *Social Justice: Strategies for National Renewal*, p.311.

위해 사용한다. 어머니들과 아버지들은 양육의 실질적이고 경제적인 책임을 져야 한다. 우리가 우리 아이들에게 가치를 부여한다면 우리는 가난한 가족과 부유한 가족 사이, 자녀를 둔 부모와 그렇지 않는 가족 사이, 아버지와 어머니 사이의 가격을 좁히기 시작해야만 한다.

## 좋은 사회를 만드는 공동체 정책들

좋은 사회는 개인의 경제적 성공뿐만이 아니라 공동체의 사회적 자본에도 달려 있다. 양질의 공공서비스를 포함한 투자는 경제 인프라에 대한 투자만큼이나 중요하다. 공동체는 부유하기 때문에 강하게 되는 것은 아니라 공동체가 강하기 때문에 부유해진다. 사회투자전략의 중심에는 우리가 상대에게 어떤 것을 베풀어야 한다는 것뿐만 아니라 상대에게 베풂으로써 얻는다는 믿음이 있다. 이는 도덕적 공동체의 핵심이다.

우리는 가장 작은 사회제도인 가족과 함께 시작한다. 정부는 가족에게 어린이들이 그들의 필요를 충족시키는 환경에서 성장하고, 여성은 그들의 자녀를 위해 경제적인 책임을 나눠 가질 수 있고, 남성은 가정의 정서적 책임과 가사분담 책임을 나눠 가질 수 있다는 것을 확실히 하는 정책들을 발전시켜야만 한다. 우리는 왜 '아동수당(Child Benefit)'이 증가해야만 하고 부모가 소득세를 지불하는 데 더 높은 세율로 과세해야만 하는가를 설명한다. 우리는 어린이 지원체계에 대한 개혁과 새로운 부모의 책임론을 제의한다.

• 공동체 재생: 강한 공동체를 건설하는 것은 상향식으로부터 시작

한다. 취약한 지역에 사는 취약한 사람들은 경제 사회적 실패로 인해 가장 높은 대가를 지불한다. 최상의 접근은 지역주민의 자질 계발을 통해 경제적, 사회적 자본 사이의 연계를 세우는 것이다. 국가공동체재생단(A National Community Regeneration Agent)이 지역의 노력들을 조정해야만 하고 공동체발전위원회(Community Development Trusts)는 지역 공동체에서 포용력을 쌓아 올려야만 한다. 소규모 명망단체들은 공동체 자본을 육성하는 반면 공동체 행동원칙은 지역주민을 위한 대규모 투자 작업을 만들어내야만 하는 것이다.

● 주택: 거의 수십만의 사람들이 노숙자(homeless)이고, 수백만 명 이상의 사람들이 공식적으로 거주하기에 부적합한 집에서 살고 있다. 우리는 공공임대주택 매각으로부터 나온 지방정부 수입금의 점진적인 방출을 논의할 수 있다. 사회임대주택을 관리하고 개발하는 지방주택공사의 설립, 국립주택은행의 창조, 새로운 산업지대와 가족 조건에 맞는 좀 더 유연한 주택시장의 발달 등의 제도를 고려해 볼 수 있다. 우리는 불량 주택지를 재개발하기 위한 노력과 임차인의 참여와 관리의 활성화를 주장한다.

● 지역 민주주의와 시민적 리더십: 이것은 튼튼하게 자라는 시민문화의 뿌리이다. 정부는 지나치게 중앙화되어 있고 무책임하다. 권력은 지방으로 분권화되어야만 하고 수도권에서도 적절히 분배되어야 한다. 지방정부는 자원을 투자하고 권력을 유능하게 행사해야 하나, 또한 그들 스스로 권력을 분권화해야만 한다. 권력은 가능한 한 어떠한 곳에서나 비선출된 기관으로부터 선출된 기관에 되돌려주어야 한다. 안전과 기회의 실질적 토대인 공공서비스는 강화되어져야 하고 시민들을

위한 새로운 권리들이 공공서비스 전문가의 역할의 승인에 의해 조화되어져야만 한다.

● 시민의 서비스: 16~25세의 사람들을 위해 우선적으로 전국적인 자원봉사 공동체 서비스 제도가 세워져야만 한다. 그것은 시민권을 위한 교육을 활성화하고, 사회적 장벽을 허물어뜨리고, 참여자의 자신감과 능력을 발전시킬 것이다. 참여자는 고용주에 의해 파견된 젊은 피고용인, 고등학교와 대학교 이상의 학력 사이에 있는 학생들과 피고용된 사람들이다. 자원봉사자는 주간수당과 진학을 위해 봉사점수를 받아야만 한다.


## 사회적 배세와 빈곤

사회투자국가에서 사회적 배제는 빈곤보다는 훨씬 포괄적인 개념이다. 이는 경제적인 취약성만을 의미하는 것이 아니라 사회경제적 분리의 메커니즘을 말한다. 사회 하층에서 배제는 빈곤과 동일한 것이 아니다. 이것은 자원을 적게 가졌다는 것이 아니라 다수가 가진 기회를 공유하지 못했음을 의미한다. 도시의 가장 취약한 지역에서 배제는 사회의 다른 사람들로부터 그들이 물리적으로 분리된 형태를 의미한다. 일상적인 노동시장의 경우에는 시장에 참여할 기회가 박탈당했다는 의미이며 곤궁한 사람은 실패한 사람이지만 배제된 사람들은 게임에 참여조차 못한다.[7]

---

7) Anthony Giddens, *The Third Way and Its Critics*, p.105.

사회적 배제의 개념은 우리가 궁핍을 생산하고 유지하는 사회적 메커니즘에 관심을 갖게 한다. 어떤 것은 남성 비숙련 혹은 반숙련 노동자에 대한 수요 감소와 같은 새로운 구조이다. 다른 것은 복지국가 자체의 문제이거나 잘못 운영된 사회공학(social engineering)으로부터 생겨난다. 후자의 대표적인 사례가 변두리의 주택단지인데 이것은 빈곤을 완화시킬 목적으로 지어졌지만 오히려 사회경제적으로 황폐한 지역이 된 주택지구이다.[8]

빈곤 문제의 궁극적 해결은 복지국가의 재정지원을 넘어서 사회적 배제가 아닌 포용으로 전환되어야 한다. 교육과 훈련을 통해 '가능성의 재분배'가 핵심적 기반이 된다. 궁극적으로는 실업 상태에 있는 계층들이 노동력으로 편입되어야 한다. 노동은 다양한 이익을 가져다준다. 개인의 소득을 창출하고 일상의 안정감과 목표 의식을 제공하며 전체 사회의 부를 창조한다. 그러나 포용은 노동이라는 범주를 넘어서 확대되어야 한다. 포용적인 사회는 노동을 할 수 없는 사람들의 기본적인 욕구를 충족시켜야 하고 인생의 목표가 폭넓게 다양하다는 것을 인정해야 한다.[9] 이러한 포용은 노동시장에서만이 아니라 오히려 지역공동체 정책에서 더 중요한 의미를 지니고 있다. 특히 빈곤을 대물림하는 지역적 배제는 사회정의를 위한 공동체 정책으로 대체되어야 한다.

---

8) 같은 책, pp.104~105.

9) Anthony Giddens, *The Third Way: The Renewal of Social Democracy*, pp.109~110.

# 제19장_ 조세(Tax): 우리 자신에 대한 투자

　사회투자국가에서 우리가 새로운 기회를 창출하고 보다 나은 사회를 만들길 원한다면 우리는 우리 자신에게 기꺼이 투자해야만 한다. 국가 쇄신에 관한 우리의 비전은 장기적인 것이다. 우리는 15년이나 그 이후를 바라보고 있는 것이다. 우리가 제안하는 전략 역시 장기적일 수밖에 없다. 이를 통해 즉각적인 효과를 낳게 하려는 것은 불가능하다. 대신에 우리는 사회가 국가에 설정하는 목표와 미래에 우리가 만들기를 원하는 틀(framework)을 우리가 당장 시행해야 할 단기적 조치들과 구별해야 한다. 논쟁은 우리가 제안하는 원칙, 대상, 그리고 구조의 옳고 그름에 초점이 모아질 필요가 있다. 우리나라가 어디로 가야 할지에 관한 방향 문제와 같은 큰 질문들에 대한 해답이 주어질 때만 비용의 세부적 이슈는 결정될 수 있다.

　어떤 경우라도 경제와 공공 재정의 상태가 이 세기의 끝에는 말할 것도 없고 다음 총선까지 어떻게 될지 예언하는 것은 불가능하다. 우선순위에 관한 결정과 재정이 어떻게 조성되어야 하는지에 관한 논쟁이 기다려져야 하고 어떤 경우에는 이 나라의 미래에 관한 폭넓은 대중적 토론이 이어질 수 있다. 또한 사용가능한 비용을 평가하는 것이 변화가 즉시 일어나야 함을 의미하는 것은 아니다. 국민 대부분이 이 나라의 바람직한 미래에 대해 동의하더라도 국가가 즉시 모든 것을 할 재원을 갖고 있는 것은 아니다.

이런 논쟁의 중심에는 조세 논쟁이 자리 잡고 있다. 결국 정부의 투자는 대부분 조세를 통한 수입에 의존할 수밖에 없기 때문이다. 조세는 재정조달의 기초적인 원천으로 남아 있다. 이 장에서는 공정한 조세를 관리하는 원칙을 제시할 것이다. 그에 앞서 한 가지 지적해 둘 것이 있다. 신자유주의자들이 사회투자국가를 공격할 때 가장 많이 주장하는 것이 감세 정책의 정당성과 불가피한 증세를 '세금폭탄'으로 호도하는 것이다. 그럼, 그들이 그토록 주장하는 감세 정책은 성공을 거두었는가? 이에 관한 대표적 사례가 대처 정부에서의 감세 정책의 실패이다. 1979년 영국 보수당은 세금감면을 공약으로 집권을 시작했다. 그러나 그들의 약속은 이루어지지 않았다. 1994년까지 대부분의 가족들, 저임금 가계는 물론 교사와 공무원 같은 중산층마저 노동당이 집권하던 이전보다 더 높은 세금에 직면하고 있었다. 이 세금은 신자유주의자들이 철석같이 믿고 있던 경제이론이 작동하지 않음에 따른 대가였다. 소득세 감면이 영국경제를 위한 최적의 치유책이고 기업을 풀어놓고 정부의 죽은 손을 제거하는 것에 의해 그들이 더 나은 삶을 누리고 있다고 오늘날 누가 믿고 있는가?

하지만 옛 원칙을 재진술하는 것이 중요하다. 세금은 우리 모두가 더 나은 사회를 건설하기 위해 우리가 만들어야 하는 기여(contribution)이다. 민주사회에서 조세는 국민적 합의에 기초한다. 이것은 필요악(necessary evil)이 아니라 바람직한 선(desirable good)이다. 우리가 높은 수준의 학교, 더 나은 건강, 안전한 공동체, 길거리에 젊은 노숙자가 더 이상 없길 원한다면 우리는 기꺼이 수단에 대한 비용을 지불해야만 한다. 세금을 통해 우리가 지불하는 공공재는 사회적, 개인적 편익을 창조한다. 불공정하거나 과도하게 징수되는 조세는 사람들이 즉각적으로 거절하는 부담이다. 그러나 현명하고 효율적인 공평과세는 우리가 나누어 받아들여야 할 책임의 일부이다.

그러나 오늘날 우리 사회의 조세가 공평하게 부담되고 있는지 혹은 세수가 사회계층 간에 공정하게 분배되고 있는지 자문해 보아야 한다. 조세개혁은 바로 이런 관점에서부터 출발하여야 한다. 이를 위해서 조세 정책을 위한 열 가지 원칙을 사회투자국가는 제시한다.


## 조세 정책의 원칙[1]

### 1. 정당화가 결여된 과세는 불가하다

과세의 목적은 정부의 조치가 없이는 추진될 수 없는 활동을 위한 재원을 조성하는 것이다. 여기에는 사람들의 기본적 필요를 충족시키며 보다 넓은 기회를 향유할 수 있도록 하고, 경제 투자를 위한 공적 기여가 포함된다. 과세가 없이는 보다 나은 사회를 창조할 수 없다.

대부분의 사람들이 이 원칙을 이해하고 지지할 필요가 있다. 예컨대

---

[1] 여기서는 *Social Justice: Strategies for National Renewal*에서 제안했던 열 가지 조세원칙을 중심으로 기술한다. 영국에서 1970년대 이래 보수당에 의해서 노동당은 세금문제에 관한 한 매번 '세금폭탄'이란 정치적 수사에 의해 납세자들로부터 오해를 받아왔다. 선거기간에 언제나 전가의 보도처럼 조세논쟁과 그 결론은 노동당에 의한 '세금폭탄'으로 유권자에게 이해되었다. 노동자이면서도 주식을 하고 저축을 하는 다양한 측면의 경제주체인 중산층으로부터 노동당은 외면당했다. 이런 상황에서 과세원칙이 무엇이어야 하는지 방향을 제시한 것이 바로 이 열 가지 조세원칙이다. 이는 한국에서 2006년부터 '세금폭탄' 논쟁이 일어났고 매번 선거에서 이슈가 될 것이기 때문에 이에 대한 이해를 위해 원문을 그대로 전재하는 수준에서 옮긴다.

영국사회태도조사(British Social Attitudes)의 서베이에 의하면 건강과 교육에 대한 투자증대를 위한 일관된 지지가 있음이 확인되었는데, 10명 가운데 9명이 경제를 위해 이러한 서비스에 대한 재정지출이 삭감되어야 한다는 아이디어에 반대한 것이다. 10년 전에는 대다수의 사람들은 조세 및 재정지출이 전반적으로 동일한 수준으로 유지되거나 아니면 감소되기를 원했다. 그러나 오늘날 그 대다수는 조세와 재정지출이 공히 증가되는 것을 선호한다고 말하고 있다.

조세는 원칙만이 아니라 실제적인 면에서도 정당화되어야 한다. 사람들이 보다 나은 학교나 치안을 위해 더 많은 조세를 납부할 의사가 있다고 할지라도, 학교와 공동체 안전프로그램이 자신들이 지불할 금액에 상응하는 가치를 제공할 경우에만 그렇게 할 것이다. 이야말로 우리가 제안하는 모든 전략에 있어 서비스를 효율적으로 조직화하고 성과를 감독하며 모범사례를 전파할 것을 강조하는 이유이다.

## 2. 조세는 반드시 공정해야 한다

조세가 공정해야 한다는 것은 말하기는 쉬워도 실천하기는 어렵다. 그런데 공정조세(fair taxes)에는 세 가지 목표가 있다. 첫째, 비슷한 소득을 가진 유사한 상황에 처한 사람들은 비슷한 액수의 세금을 납부해야 한다('수평적 공평성'). 둘째, 부유한 사람은 형편이 나쁜 사람에 비해 그들 소득의 보다 높은 비율을 세금으로 납부해야 한다('수직적 공평성'). 셋째, 어느 누구도 징벌적 수준의 세금을 납부해서는 안 된다(하층부의 매우 높은 한계세율을 줄이기 위해 노력하는 실정에서 1970년대의 최고 세율로 복귀할 여지는 없다).

시민과 국가의 재정적 관계는 동등하게 조세의 납부와 편익 및

서비스의 수혜를 포괄한다. 개인의 관점에서 보아 편익(benefit)을 받는
것과 조세감면(tax allowance)을 받는 것은 매우 다를지 모르지만, 정부의
관점에서는 양자가 공공재정에 미치는 영향은 동일하다. 그렇지만 현
재 국가회계시스템의 또 다른 결함은 예를 들어 아동수당(Child Benefit)
— 이는 아동 조세감면과 정확하게 동일한 목적이지만 단지 보다 공정한 형태
인데 — 은 공공 지출로 간주되지만 조세감면은 단순히 잃어버린 수입
(revenue)으로 계산된다는 것이다

## 3. 조세는 반드시 공중(公衆)에게 수용 가능해야 한다

사람들이 15년 이상 신자유주의자들에 의해 과세(taxation)란 사유재
산몰수라고 들어왔음에도, 과세가 여전히 광범위하게 수용되고 있다는
것은 놀라운 일이다. 하지만 어떤 민주주의라도 수용될 수 없는 세금은
정부를 무너뜨리는 데 일조할 수 있다.

그렇지만 만약 정부가 책임감 있는 과세를 옹호하고, 모든 공공
서비스에 있어 금전의 가치를 보장하며, 공정한 조세를 설계하고, 예산
과정을 개혁하고 사람들에게 어떻게 그들의 돈이 쓰이는지에 대한
유용한 정보를 제공할 준비가 되어 있다면 조세는 비록 인기는 없을지
몰라도 적어도 광범위하게 수용될 수 있을 것이다. 여기에는 영국의
심화되는 부패하고 비효율적인 정부 문화의 변혁이 요구될 것인데,
우리는 이를 필수적인 것이라 믿는다.

## 4. 조세와 성과의 연계는 가능한 명확해야 한다

사람들이 그들의 기여가 어디로 가는지 모를 경우에, 정부라는 블랙

홀로 보다 더 많이 지불하기를 거부하는 것은 당연한 일이 아니다. 지불된 조세와 성취한 결과를 연계시키기 위해서는 두 가지의 일반적 개혁이 필요하다.

첫째, 우리는 현 정부의 예산개혁에서 시작할 필요가 있다. 정부지출에 대한 결의와 실제정부지출을 재정적으로 뒷받침하기 위해 필요한 조세수입이 상당한 시차가 발생하는 것이 일반적이다. 예산이 전년도 의회에서 예산안으로 확정되고 그 지출은 다음 해에 지출되기 때문이다. 이와 같은 시차에 따라 국민적 선택에 관한 정보가 제대로 제공되지 않을 수 있다. 우리가 필요로 하는 투자와 서비스 개선에 관해 얼마나 비용이 소요되고, 어떻게 재원을 마련할 것인가를 명확하게 제시해 줄 필요가 있다. 지역 수준에서도 유사한 절차가 일어나야 한다.

둘째, 모든 시민은 적어도 1년에 1회, 그들의 돈이 어떻게 지출되었는가에 관한 간단한 요약문을 제공받아야 한다. 이는 급여명세, 조세환급 혹은 연금 및 급부지출과 더불어 시민이 입수 가능해야 하는 것이다. 장래에는 정부의 정보기술이 발달함에 따라 보다 많은 사람들에게 개인화된 정보를 전달하는 것도 가능해질 것이다. 부가가치세와 소비세는 평균 기준으로만 산정되지만 소득세와 국민보험기여분은 누가 지불했는지 개별적으로 알 수 있다.

## 5. 조세는 국가의 경제적 성과를 증진하고 고용을 촉진하는 데 최대한 기여해야 한다

정부는 투자에 있어 유일한 주체가 아니며 또한 그렇게 될 수도 없지만, 조세 정책에 관한 정부의 결정은 국가의 경제수지에 주요한 영향력을 행사할 수 있다. 민간자본은 성공적인 경제의 토대가 되는 하부구조를 확보하는 데 중요한 역할을 하지만 정부가 선도할 때에만 그 소임을 다할 수 있게 된다.

하지만 정부가 그 역할을 수행하려면 자본투자와 현재 지출의 명확한 경계선을 그을 수 있도록 반드시 자신의 계정을 개혁해야 한다. 모든 가정과 기업은 주택에 투자하는 것과 휴일을 갖는 것과의 차이, 새로운 설비를 구입하는 것과 보다 높은 임금을 지불하는 것과의 차이를 인식하고 있다. 정부는 시민들이 조세를 납부하도록 의무화하고 있으므로 가계나 기업에 비해 수입과 지출을 적절하게 관리하는 데 있어서 보다 큰 책임성을 가지게 된다. 신뢰할 수 있는 국가계정 — 국가 대차대조표를 포함하여 — 은 조세와 지출이 우리 경제를 이롭게 하는지 아니면 저해하는지를 더욱 용이하게 판단하게 할 것이다.

과세는 일자리 창출을 돕거나 혹은 저해할 수도 있다. 영국의 경우 최고의 고용주들은 독일과 EU의 많은 다른 고용주와 마찬가지로 연금 기여와 교육훈련예산 및 다른 사회적 비용을 좋은 투자이며 좋은 고용주의 징표라고 여기고 있다. 하지만 유럽연합을 통틀어 정부들은 고용자와 고용주에 대한 높은 사회보장비용 부과가 높은 실업률로 이어질 수 있음을 점차 우려하고 있다. 영국이 다른 EU 국가들에 비해 낮은 비용부과를 하고 있지만, 현재 이 부분에서 추가적인 개혁의 여지가 있다. 장기적으로 우리는 일(work)에 대한 과세에서 환경오염과 자원사용에 대한 과세로 옮겨가는 것을 고려해야 한다. 이는 양화(goods)가 아니라 악화(bads)에 과세하는 것이어야 한다.

**6. 조세경감과 공제(tax reliefs and allowances) 구조는 최대한 간단하게 만들어야 하며, 정책목표의 달성에는 절제해서 활용해야 한다.**

조세는 종종 사람들의 선택에 영향을 미친다. 예를 들어, 고용자로 계속 지낼 것인지 아니면 자영업을 할 것인지에 관한, 다른 종류의 투자에 관한, 또는 다른 종류의 지불에 관한[고용자들에게 국가보험기여 (National Insurance Contributions)를 피해갈 수 있는 특혜형식으로 지불하는 방법, 기타] 선택과 같은 것이다. 때로는 과세의 효과는 의도된 것일 수 있고, 때로는 전적으로 의도되지 않은 것일 수도 있다.

우리의 이전 원칙과 궤를 같이한다면, 조세공제는 투자를 촉진하는 데 도움을 준다. 많은 정부들은 조세를 사람들이 어떤 행위를 취하지 못하게 하거나 취하도록 활용하는데, 더 많은 창의적인 회계사들이 조세 회피방법을 고안할수록 조세 정책은 완전히 의도하지 않은 효과를 낼 위험이 더욱 커지게 된다. 조세 시스템이 간단할수록 조세경감 혹은 인센티브가 적어지게 되며, 정부가 원하는 결과를 거둘 가능성이 많아지게 된다.

## 7. 과세는 개인의 독립성을 존중해야 한다

복지국가에서 결혼한 여자는 납세자로 인식되지 않았으며, 그 소득은 남편의 소득으로 취급되었다. 분리된 과세는 폭넓게 환영받고 있으며, 이것이 그들의 투자소득을 재분배할 수 있는 매우 부유한 부부에게 큰 이득을 줄지라도 반드시 유지되어야 한다.

## 8. 공정성의 원칙에 의해 조세는 가능한 넓은 과세기준에서 부과되어야 한다

조세가 만약 한 종류의 소득에서만 부과된다면 ― 예를 들어 근로소득 ― 요구되는 규모의 세입을 확보하기 위해서는 보다 높은 세율 적용이 필요해질 것이다. 하지만 높은 세율은 조세회피를 조장하고 조세경감 압력을 증가시키게 된다. 그 결과 조세 정책집행에 보다 많은 노력이 필요하게 된다. 넓은 과세기준을 채택함으로써 — 근로소득뿐 아니라 소비도, 소득뿐 아니라 물품도 포함해서 — 정부는 낮은 세율로 동일한 규모의 재원을 확보할 수 있게 된다.

하지만 공정성은 과세기준(tax base)이 이러한 방식으로 어디까지 확대될 수 있는지에 실질적인 한계를 설정한다. 과세기준이 공정하지 못한 경우에는 10%의 가장 가난한 사람들이 10%의 가장 부유한 사람들보다 그들 소득의 보다 많은 부분을 납부하는 경우가 발생할 수 있다. 사회보장시스템을 통한 보상도 왜곡된 부가가치세에 의해 가장 가난한 사람들이 받은 피해를 상쇄할 만큼 충분하지 않을 경우도 일어날 수 있다.

### 9. 조세는 이해하고 징수하기 쉬워야 한다

한국 조세 시스템은 높은 수준의 순응성을 확보하고 있다. 이는 대부분의 사람들은 납부의무가 있는 조세를 모두 혹은 최대한 납부한다. 이러한 상태를 유지하는 것은 매우 긴요한 일이다.

그렇다고 하더라도 조세 시스템은 중대한 문제에 직면하고 있다. 영국의 경우를 예를 들면 조세회피기도(tax-avoidance schemes)와 더 나쁘게는 불법적인 탈세로 인해 전국적으로 연간 90만 파운드의 비용이 발생할 수 있다고 추산되는데 이는 소득세 표준세율의 대략 4p 혹은 5p와 맞먹는 규모이다. 현재 내국세 징수 직원(Inland Revenue compliance staff)은 817명에 불과하지만 그들이 한해 거두는 세입은 급부사기(benefit fraud)를 담당하는 780명의 사회보장 직원들이 절감하는 액수의

6배나 된다. 분명히 조세 징수에 있어 추가적인 인적자산이 투자되어야 한다. 하원 공공세입세출위원회(Public Account Committee)는 내국세입에서 27만 파운드의 조세가 징수되지 않은 반면, 조세 면제와 탕감은 지난 4년간 두드러지게 증가했음을 확인했다. 더구나 돈을 가지고 있으면서도 소득세와 국가보험기여를 완전히 회피한 경제규모는 한해 410만 파운드에서 560만 파운드 사이로 추산되지만, 이러한 돈의 대부분이 그 시점에서 소비되어 버린다. 적어도 이 가운데 일부는 부가가치세와 물품세로 징수되어야 할 것이다. 이런 조세회피의 경향은 한국에서도 예외는 아니다. 한국의 경우에는 고소득 전문직의 조세 회피 문제가 지난 수십 년간 지속적으로 제기되어 왔음에도 구체적인 조세개혁의 방향이 제시되지 못하고 있다.

불행하게도 아주 소수의 사람들만이 그들의 소득세에 대해 이해하고 있다. '한계'와 '평균' 세율의 차이는 정책수립자들에게는 결정적으로 중요한 것이지만 대중과 언론에게는 공통적으로 특히 당황스러운 것이다. 상대적으로 덜 중요한 한계세율(추가소득에서 지불하는 액수)은 헤드라인을 장식하지만, 핵심적으로 중요한 평균세율(조세로 납부된 소득의 총 비중)은 무시된다. 최소 및 최대 조세에 관한 대안들이 이러한 문제를 극복하기 위해 설계되어야 할 것이다. 하지만 조세 시스템이 단순할수록 설명하기 용이하게 됨을 다시 한 번 강조한다.

## 10. 일국의 조세 시스템은 세계경제에서 증가하고 있는 자본, 기업 그리고 노동의 이동성을 고려해야 한다

조세와 관련해서(다른 많은 것들도 있지만) 다른 영역과 마찬가지로 일국의 독자적인 영역은 점점 더 축소될 것이다. 여전히 유럽연합 내에서 조세 편차의 여지가 있지만 과거보다는 훨씬 줄어들었다. 특히, 전문가와 다른 고소득 근로자들이 그들 자신과 회사를 자국에서 다른 곳으로 옮길 수 있는 능력은 과세의 실질적인 한계를 설정할 수 있다. 몇 가지의 환경조세 혹은 부과금은 국가적인 수준에서 경쟁력에 영향을 미치지 않으면서 도입될 수 있다. 하지만 에너지 사용과 탄소 배출에 관한 일반 조세나 부과금은 국제적인 합의에 의해 보다 적절히 도입될 수 있을 것이다. 이제 특정 국가는 수동적으로 다른 국가들의 결정에 따르기보다는 국제적 조세구조(tax framework)를 형성하는 데 적극적인 역할을 하도록 요청받고 있기도 하다.

## 누진세에 대한 입장 수정

이와 같은 조세 정책의 원칙이 적용될 때 복지국가와 대비해서 조세 정책에 몇 가지 변화는 불가피하다. 전통적인 복지국가와 사회투자국가 이론 간에 조세 정책에서 가장 큰 입장 차이의 하나는 누진세에 대한 견해이다. 전통적인 복지국가는 불평등 문제에 대해 부자에게서 소득을 공제해 가난한 자들에게 직접적이면서도 도덕적인 해결책을 제시한다. 복지국가에서 가장 중요한 조세 정책의 특징은 누진세의 도입과 그 효과에 대한 확신이었다. 그러나 사회투자국가는 누진세에 대한 비판적 견해에 있어서 신자유주의자들과 상당한 의견의 접근을 보이고 있다.

사회투자국가 시각에서도 불평등의 시정을 위해서는 부와 소득의 재분배를 전제하고 이를 위한 국가의 역할을 무시할 수는 없다고 본다. 재분배를 위해서 고전적 복지국가는 과세하고 지출하는(tax and spend)

방식에 크게 의존했다. 개인소득세와 법인세에 있어서 급격한 누진세 구조는 노동의욕과 기업의욕을 좌절시키는 점이 없지 않았고 세금이 과연 투명하고 효과적으로 사용되고 있는가 하는 의구심을 자아내기도 했다. 앞으로 징세를 위한 창의적 방안이 마련되어야 하고 세제개혁이 필요한 실정이다.[2]

기회 평등에 대한 강조는 두 가지 이유에서 재분배를 전제로 한다. 하나는 부와 소득이 세대 간에 재분배되어야 한다는 것이다. 그렇지 않으면 잘사는 사람들은 자식들에게 유리한 입장을 이전시키기 때문에 한 세대에서 증가된 기회의 불평등은 다른 세대에서 기회의 불평등을 낳을 것이다. 다른 것은 발전할 수 있는 기회가 제한된 사람들에게 사회적 보호가 있어야 한다.

이러한 목적을 위해 도입된 누진세의 방식으로 최고 부자들을 대상으로 소득세를 올리면 조세 회피나 거부가 없다는 가정하에서 영국의 경우 재무성에 30억 파운드의 세수가 추가적으로 늘어난다. 그것이 약간의 평준화 효과를 갖겠지만 큰 것은 아니고 실제로는 거의 확실히 세금 회피와 거부가 야기될 것이다. 1992년 미국에서 클린턴은 더 부유한 사람들을 대상으로 세금을 인상하겠다는 것을 포함하는 공약으로 당선되었다. 이 공약이 시행되어 최상층에게 연방 세율이 31%에서 39.6%로 올라갔다. 그러나 정부가 기대한 세수의 절반만이 거두어졌다. 영국에서 소득세의 거의 절반이 임금취득자 상위 10%에 의해서 이루어졌다. 상위 1%가 전체 세금의 20%를 낸다. 1978~79년부터 높은 과세율의 삭감에도 불구하고 그 이후 이들의 상위 1%가 차지하는 몫은 크게 늘어났다.[3] 이는 누진세가 복지국가나 사민주의자들이 생각

---

2) Anthony Giddens, *The Third Way and Its Critics*, pp.172~174.

3) Anthony Giddens, *Where Now for New Labour?*, pp.40~41.

하는 만큼의 세입 확보 수단이 되지 못하다는 실증적 분석의 결과이다.

세금을 많이 내는 사람들에게 세금을 인상하는 것에 대한 대중적 지지는 대단하지 않고 세금 인상은 성공에 대한 체벌로 널리 인식되고 동기박탈을 불러오는 요인이 되고 있다. 중요한 것은 높은 세수를 만들어내고 효과적인 사회적 프로그램에 돈을 지출하는 것이다.

누진세에 대해서는 비판적이지만 뜻밖에 돈을 많이 번 사람들에게 부과하는 횡재세(windfall tax)는 수용가능하다고 본다. 기업 경영자들이 기업 수익의 급신장에 비례해 보수를 더 받는 것은 큰 문제가 되지 않는다고 본다. 그러나 최근 기업의 상태가 악화되거나 완전히 파산한 경우에 높은 배당금을 받는 기업 대표의 사례들은 수치스럽고 또한 대중에 의해서도 그렇게 인식된다. 주주들이 기업의 봉급에 대해서 투표할 권리를 확대하고 실패하는 경우 빚을 갚는 것을 허용하는 계약 상의 취소 조항과 같은 법적 개입이 모색될 수 있다고 본다.[4]


## 과세수준의 중요성

많은 국가에서 지난 30여 년간 존속되었던 급격한 누진세 구조는 더 이상 현실적이지도 않고 바람직하지도 않다. 몇몇 국가에서는 더 급진적으로 실행되었으나 대부분의 국가에서 이런 조세제도를 포기했다. 이런 경향은 유권자 가운데 부유한 사람들이 높은 세율에 반발했기 때문이기도 하다. 유명한 래퍼 곡선(Laffer curve)에서 지적한 바와 같이 소득세가 높다면 조세기피 현상도 증가한다. 어떤 상황에서는 세율을

---

4) 같은 책, pp.41~42.

낮추는 것이 세수를 늘리는 결과를 낳을 수도 있다. 높은 세율이 언제나 높은 세수로 이어진다는 것은 확실히 가정할 수 없다. 1991년 보트에 대해 사치세를 도입한 미국은 호화로운 보트에 대한 소비가 급감해서 보트 산업은 거의 사라졌다. 이러한 고려만큼 중요한 것은 급격한 누진세 구조는 유인억제 요인으로 작용하고 목표달성의 노력과 일자리 창출 및 경제 번영을 방해한다는 점이다.[5]

이에 누진세에 대한 대안으로 신자유주의자들과 비슷하게 사회투자국가는 조세감면과 과세표준의 확대라는 정책수단의 도입에 동의한다. 특히 조세감면은 전통적인 사민주의자들에게는 자본가들의 조세회피의 수단으로 간주되었던 정책이다. 사회투자국가는 경우에 따라서는 그 반대의 원리가 옳다고 본다. 하지만 대부분의 사회문제를 최대한 세금을 늘려서 해결할 수 있다는 생각을 버려야 하고 세금감면은 경제적 의미를 가질 수 있을 뿐 아니라 사회정의에도 기여할 수 있다고 본다. 세금 삭감은 공급측면에서 투자를 늘림으로써 더 많은 이윤과 가처분 소득을 창출할 수 있다. 과세표준의 확대가 경제전체에서 이루어지고 근로소득 세액공제와 같은 다른 감세 전략이 도입될 수 있다고 본다.[6]

공공복지 정책을 위한 자금을 마련하고 경제적 불평등을 완화하려고 한다면 충분한 과세표준을 유지할 필요가 있다. 누진적 소득세는 불평등을 줄이는 데 어느 정도 역할을 할 수 있지만 과거처럼 급격한 누진세 구조를 다시 도입하는 것은 의미도 없을 뿐 아니라 필요하지도 않다. 사민주의자들은 소득세와 법인세 모두 노동의욕과 기업의욕을 꺾을 수 있는 조세에 과도하게 의존하는 것에서 벗어나야 한다고 본다.

---

5) Anthony Giddens, *The Third Way and Its Critics*, p.97.

6) 같은 책, pp.97~98.

고용가능성을 극대화하기 위한 정책을 통해서 과세표준을 보강하려는 것이 의미 있는 접근방법이다.[7]


## 소비세와 부유세의 강화

누진세의 효과는 부정적이고, 조세감면 등의 정책 수단은 새로운 조세 원천을 발굴할 필요성을 제기한다. 새로운 재원은 시장의 역동성을 해치지 않으면서 재정에 도움이 되는 것이어야 한다. 이와 같은 조세 수단으로서 소비세와 부유세를 강조한다.

소비에 대해 누진적인 과세가 도입되면 소득 누진세처럼 저축하고자 하는 의욕을 증가시킨다. 저축과 투자는 장기적인 경제성장의 원동력이다. 소득세를 징수하는 것보다 소비세를 징수하는 것이 더 복잡한 것은 아니며 모든 거래에 영수증이 필요한 것도 아니다. 과세할 수 있는 가치는 경상소득과 저축 사이의 차이를 토대로 계산할 수 있고 기초공제를 늘리면 어떤 소비항목을 면세할 필요가 없다고 본다.

부유세는 특히 상속에 관해서 논의되어야 한다고 주장한다. 기회균등은 세대 간 부의 무제한적 양도와 양립할 수 없다. 빌 게이츠의 엄청난 부는 하나의 예인데 그와 같은 경제적 특권을 다음 세대에 이전하는 것은 허용되어서는 안 된다고 본다. 이 점은 신자유주의자들과 현격한 차이를 드러낸다. 자유주의자들에 의하면 재산권의 상속은 긍정적인 창조의 원천이며 이에 따라 사회 성장의 중요한 동력이기 때문에 과도한 상속세는 억제되어야 한다는 입장이다.

---

7) 같은 책, p.100.

사회투자국가는 부유세에 대해 다른 영역에서처럼 세금유인은 다른 형태의 규제와 혼합될 수 있다. 이를테면 자선활동에 대한 적극적인 유인책은 부의 직접적인 계승에 대한 과세와 마찬가지로 중요한 역할을 할 수 있다.[8]

　누진세 제도는 복지국가의 가장 중요한 조세 정책이었다. 이의 정당성의 근거와 효용성에 대해 신자유주의나 사회투자국가 모두 비판적인 입장을 보이고 있다. 과세에 대해 비례세를 중심으로 과세수준과 과세 표준이 더 중요해진다는 점을 모두 지적하고 있다.

---

8) 같은 책, pp.101~102.

제5부

# 사회투자국가는 중도좌파인가?

# 제20장_ 중도개혁으로서의 사회투자국가

## 역사적 맥락의 차이

사회투자국가를 중도개혁의 정치철학과 정책프로그램으로 한국적 상황에 변용하려고 할 때 가장 먼저 직관적으로 떠오르는 의문은 '사회투자국가는 유럽의 사회민주주의의 한 유형이고 중도좌파의 정치사상이 아닌가?' 하는 점이다. 이는 서구의 맥락에서 보면 지극히 간단한 물음이다. 그러나 이를 도식적으로 한국에 적용하는 경우 사회투자국가의 내용이나 정책방향과는 상관없이 불필요한 논쟁과 오해를 사기 십상이다. 그리고 한국인의 의식에 이미 자리 잡고 있는 도식(schema)에 의해 내용에 관계없이 선험적으로 왜곡된 이념적인 재단이 시작된다. 정치이념이나 정치사상이 그 실질적인 내용과는 상관없이 소모적 정쟁의 형태로 비화되는 것이 일상이 되어버린 극단적 반목의 역사를 경험한 한국에서 선뜻 좌우의 스펙트럼으로 특정한 정치사상이나 정책담론을 재단하는 것은 언제나 득보다 실이 많고 피상적인 도식으로 종결되는 경향이 있다.

우선 사회투자국가는 기존의 좌우 스펙트럼으로 서구식 중도좌파라고 할 수 없으며 우리가 익히 알고 있는 전통적인 사회민주주의와도 분명하게 구별된다. 19세기 말 혹은 20세기 초의 좌우 스펙트럼이나 해방 이후 극단적인 반복의 형태로 좌우갈등이 있었던 한국의 기준으로 볼 수 없는 것이 바로 사회투자국가이다.

이해를 돕기 위해 우선 한국에서 수용되고 있는 비슷한 유형의 왜곡을 살펴보자. 사회민주주의와 복지국가는 동전에 양면과 같은 것이다. 페이비언주의를 기초로 한 영국 노동당이나 카우츠키의 수정노선을 중심으로 한 독일의 사민당이나 모두 사회민주주의의 대표적인 정당이며 이들에 의해 주도된 것이 바로 복지국가 모델이었다. 즉 사회민주주의의 정치사상이 구체적 국가 운영의 모델로 정형화된 것이 복지국가라고 할 수 있다. 그러나 한국에서 이 둘은 전혀 별개의 것으로 인식되는 경향이 있으며 더구나 사회민주주의는 나쁜 아이(bad guy)로, 복지국가는 착한 아이(good guy)로 받아들여지곤 한다. 쌍생아인 이들이 이처럼 다르게 대중들에게 받아들여지는 이유는 이것이 한국에 소개된 시점과 경로가 달랐기 때문이다.

전통적인 사민주의는 한국의 좌파나 우파 모두에게서 환영받지 못한 정치적 사생아였다. 해방 공간에서부터 치열했던 좌우의 갈등은 이념적인 중간지대를 허용하지 않았다. 중도적인 견해가 우세했던 여운형의 인민 민주주의 노선이나 조소앙의 삼균주의는 분단이 기정사실화되면서 그 기반을 잃어갔다. 1950년부터 3년에 걸친 이념갈등을 축으로 한 내전은 중도적인 세력을 전쟁의 상흔으로 남은 한반도의 풀뿌리보다도 더 초토화시켰다. 전쟁 이후 중도적인 세력은 더 철저히 주류 정치세력으로부터 외면당했다. 한국 정치상황에서 사회민주주의나 사회당이 대중적인 뿌리를 내릴 수 없는 토양이 되어버렸다. 1958년 진보당 사건은 이를 여실히 보여주고 있다. 좌파들은 진보당을 권력의 탄압이 무서워서 굴복한 기회주의자로, 우파들은 믿을 수 없는 개종자들로 보았다. 어느 편에서나 환영받지 못하는 존재가 되었다. 이런 역사는 최근까지 반복되고 있다. 현실 사회주의가 이미 붕괴한 이후에도 좌파적인 지향을 지키면서 새로운 환경변화에 적응하려는 사회세력들도 사민주의에 대한 역사적 거부감은 여전히 가지고 있다.

사민주의와 쌍생아인 복지국가는 이념적인 색깔을 탈색한 채 도구적인 정책의 일환으로 남한 내부에서 이념적인 논쟁의 무풍지대인 1970년대부터 소개되었다. 사회정의나 중도좌파와 같은 이념적 가치를 상위개념으로 품고 구체적인 정책프로그램들이 소개된 것이 아니라 복지국가를 탄생시켰던 철학과 가치들은 탈각된 채 기능적인 정책만으로 존재했다. 산업화와 더불어 빈부 격차가 심해지고 도시화가 진행되면서 도시빈민 등 산업화에 따른 부작용이 나타나자 이를 해결하는 수단으로만 취급되었다. 따라서 복지국가를 가능케 했던 사민주의와는 전혀 별개의 정책프로그램으로 간주되는 경향이 있다.

이처럼 건전한 이념 논쟁이 한국전쟁 이후 실질적으로 사라져버린 사회에서 좌우 논쟁은 불필요한 오해와 왜곡으로 덧칠되는 경향이 있었다. 그 실질적인 내용을 보기도 전에 좌냐 혹은 우냐에 따른 편가르기가 먼저 일어나고 일단 좌우 중에 진영이 정해진 후에는 이성적인 논쟁 이전에 호불호가 먼저 결정되었다.

따라서 보다 생산적 논쟁을 위해서는 서구에서 보는 좌우의 개념을 우선 접어두고 구체적 내용으로부터 한국적 맥락에 맞게 정치적 스펙트럼을 재편해 보는 것이 바람직할 것이다. 어떤 사상이나 철학 체계도 다른 경우와 마찬가지로 서구에서와 달리 한국적 맥락(context)과 상위 맥락(meta-context)에 따라 그 철학적 위치와 지위를 정하는 것이 합당하다. 단순한 좌우 스펙트럼의 도식을 거부하고 내용에서부터 출발해 보자.

## 사회투자국가의 10계명

유럽의 중도좌파 지식인들이 1992년에 정치적 무능과 무기력을 떨쳐내고 새로운 지평을 찾고자 자기반성과 새로운 전망을 찾는 노력을 시작했다. 그 이전부터 전통적 중도좌파적인 사회민주주의로는 더 이상 대중적 설득력을 가질 수 없다고 보았다. 지나치게 좌파적인 도그마에 매몰되어 베버리지 보고서가 나온 이후 50년간의 변화를 제대로 반영하고 있지 못하고 있다고 보았다.

이런 노력의 학문적 결과를 정리한 것이 1994년에 종합된 *reinventing the left*이다. 이 책의 마지막 장에 2년간의 토론과 정리를 요약한 사회민주주의자의 10계명이 서술되어 있다. 새로운 사민주의자[1]들이 공유할 수 있는 원칙이 바로 이것이라고 할 수 있다.


### 사회민주주의자들이 해야 할 일과 하지 말아야 할 일[2]

또 하나의 글로 이 책을 마무리하기보다는 우리는 보다 직접적으로 접근하고자 한다. 앞서의 장(章)들에서 우리는 사회민주주의자들의 10계명을 도출할 수 있다.

#### 첫째 : 모방하지 말고, 혁신하라

첫 번째 계명은 혁신이다. 당신의 경쟁상대 혹은 당신 자신의 과거도

---

1) 저자는 이를 앞에서부터 연성 사민주의라고 칭했다. 그리고 이들의 아이디어가 구체화된 것이 '사회투자국가'라고 할 수 있다.

2) David Miliband(ed.), *Reinventing the Left*, pp.251~254.

모방하지 말아야 한다. 신자유주의 물결 앞에서 물러서지 말아야 한다. 성취지향의 개인주의는 인간에 대한 야만적이고 비뚤어진 관점이다. 어떠한 역사적 왜곡과 타협이 있었다 할지라도 좌파의 가치는 여전히 유효하다. 하지만 그 맥락은 근본적으로 변화했다. 자유(freedom)란 여전히 취약한 것이지만 새로운 형태의 표현과 보호를 요구하고 있다. 평등(equality)은 성별, 인종 그리고 문화를 포용해야 하고, 이에 따라 형제애(brotherhood)는 보다 폭넓은 연대(solidarity)에 자리를 내주어야 한다. 이러한 여건이 모든 정책에 불가결한 것이 되고, 개개의 의사결정에 있어 후손들이 참여할 수 있어야 한다. 변화하는 것은 의무를 저버리는 것이 아니며, 혁신하는 것은 강함이지 유약의 표상이 아니다.

**둘째 : 크게 생각하라**

사회민주주의 프로그램은 반드시 보편적이어야 하며, 특정한 것이 아니다. 사회민주주의 정당들은 특정 계층이나 이해관계를 대변하거나 소수연합을 형성하려는 유혹에 빠지지 말아야 한다. 그들은 개별 시민의 특수한 이해관계와 더불어 공동의 이해관계를 말해야 하는데, 이는 모든 사람을 껴안는 좋은 사회에 대한 관점이 있어야 한다는 의미이다.

**셋째 : 기만당하지 말라**

경쟁상대들(opponents)이 지칠 줄 모르고 퍼뜨리는 신화를 믿지 말라. 그들은 번영이나 풍요가 갈등을 해소해 왔다거나 사회주의를 최우선적인 위치에 오르게 했던 기존 문제들을 제거했다고 한다. 하지만 아직도 부유함 속에 빈곤이 있는 계급문제가 존재하고, 불평등과 배제가 여전히 강하며, 근심과 불안정이 늘어가고 있다.

### 넷째 : 성장에 의지하지 말라

경제적 성장은 필요하나 진보의 충분조건은 아니다. 생태적인 제약조건은 부(wealth)의 측정과 정의에 관한 새로운 방법을 요구하고 있다. 그러나 어떤 정도의 성장, 지속가능성 혹은 그 무엇이라도 모든 갈등을 해결할 수는 없다. 어느 정도 도움은 될지라도 부가 증가한다고 해서 빈곤, 불의 혹은 권력남용을 완전히 끝낼 수는 없을 것이다.

### 다섯째 : 당신이 어떤 종류의 자본가인지 결정하라

시장을 국가소유와 계획(planning)으로 대체하려는 아이디어는 이제 마지막 숨을 거두었다. 하지만 시장에는 많은 종류가 있으며 사민주의자들은 그들이 어떤 종류의 시장을 원하는지 결정해야 한다. 사회민주주의자들은 그들이 목도하는 시장실패의 인식을 넘어서 시장경제가 어떻게 자동해야 하는지에 관한 대안적 개념을 개진해야 한다. 좌파는 지속가능한 방식으로 부의 창출에 전념해야 하며, 단순히 이의 분배에만 몰두하지 말아야 한다. 우파는 자본이 자유롭게 이동하고 임금이 조정되는 새로운 세계질서를 제안하는데, 유럽인들에게 이는 상층부는 번영하지만 하층부는 불운하다는 것을 의미한다. 좌파는 기회와 더불어 수익성을 기하는 책무, 기술, 소유권과 일터의 권한이 노동자들에게 있는 하나의 대안을 제시해야만 한다. 좌파는 수준을 높이는 방식으로 시장을 구성해 나가야 하며, 하향적으로 몰아가서는 안 된다.

### 여섯째 : 단지 소득만이 아니라, 일자리를 재분배하라

유급 일자리는 분배의 주요 엔진이며 앞으로도 그럴 것이다. 무보수의 일은 여성과 남성 사이의 불평등을 가져오는 주요 원천이 되고 있다. 좌파는 '완전고용'에 대한 새로운 비전이 필요하다. 이는 남성의 전임,

종신 근무가 아니라, 여성과 남성들이 각자의 인생단계에 따라 유급 고용과 가족에 대한 책임, 교육과 여가를 결합하는 보다 풍부하고 다양한 방식이 되어야 한다. 전후(戰後)의 복지국가가 고용자로부터 퇴직자에게 소득을 재분배했다면, 후기 산업사회의 복지국가는 남성과 여성 사이에, 그리고 라이프 사이클에 걸쳐서 일자리를 배분해야 한다.

### 일곱째 : 안전망이 아니라 트램폴린을 구축하라

사람들은 병에 걸리고, 사고를 당하고, 이혼하고, 직장을 잃기도 한다. 모든 복지 공여(供與)의 목적은 그들이 단순히 생존하는 것을 넘어 건강, 일 그리고 활동적 참여로 다시 뛰어오를 수 있도록 하는 것이다. 몇 가지 불가피한 예외가 있지만, 복지는 생산적이고 유능한 사람들에 대한 투자이지 무능력자에 대한 마지막 수단은 아니다. 이는 어떤 사람들에게 그들의 무능한 부분을 극복하도록, 다른 사람들에게는 그들의 역량을 업그레이드하도록 보다 많이 지출한다는 것을 의미할지 모르며 사실 그렇게 되어야 할 것이다.

### 여덟째 : 평등과 동일성을 혼동하지 말라

평등은 사람들이 비슷한 상황에서는 동등한 처우를 받고, 그렇지 않은 상황에서는 차별적인 처우를 받을 것을 요구한다. 여성이 남성과 같이 행동하거나 어린이가 어른과 같이 행동할 것을 주문하는 것은 '평등'이 아니다. 모든 시민들은 부여받은 권리가 있는데, 여기에는 권리 그 자체를 정의하는 데 참여하며 아울러 평등이 언제 그리고 어떻게 동등하거나 차별적인 처우를 요구하는지를 결정하는 데 참여하는 권리가 포함되어 있다. 하지만 아무리 사회민주주의자들이 차이(difference)를 환영한다 할지라도 다양성에는 한계가 있을 수 있다는 점을 인정해야 하는데, 이러한 한계에 관해서는 서로 의견일치를 보거나 최종적으로 선택할 수 있도록 선을 긋기가 쉽지 않을 수 있다.

### 아홉째 : 수단에 집중하라

정치는 목적과 더불어 수단에 관한 것이다. 사회민주주의자들은 중요한 것은 당신이 무엇을 하는 것뿐만이 아니라 그것을 수행하는 방식이라는 점을 반드시 기억해야 한다. 굴라그(강제수용소)로 가는 길도 좋은 의도로 포장되어 있다. 개인적 자율성은 개인적 책임, 자기통제, 자기관리를 필요로 한다. 이는 무해하고 따뜻한 감성이 아니라 근본적인 (radical) 변화를 수반하는 것이다. 권력은 위치재(位置財)로서 보다 평등하게 분배되어 있을수록 상층부에는 적게 분포하게 된다. 명령은 설득에 자리를 양보해야 하고 협의는 반드시 실현되어야 한다. 그리고 이는 모든 사회 제도에 걸쳐 충실히 지켜져야 하며, 주일(혹은 공식적 정치)만을 위해서 예비된 것이 되지 않도록 해야 한다.

### 열째 : 지역적으로 생각하고, 세계적으로 행동하라

이것은 보완성(subsidiarity)을 진지하게 생각하라는 의미이다. 오늘날은 상호의존성이 매우 심화되어 많은 중요한 문제들의 경우 오로지 국제적 수준에서만 해결될 수 있다. 하지만 사회민주주의자들은 개인과 커뮤니티를 둘러싼 의사결정의 진정한 효과를 항상 염두에 두고 있어야 하며, 윌리엄 블레이크의 다음과 같은 문장을 기억해야 한다. "당신이 성과를 거두기 위해서는, 세밀하고 꼼꼼하게 해야 한다."

이들은 스스로를 중도좌파라고 말하고 있다. 이는 유럽적인 맥락에 따른 것으로 한국에서 그대로 적용될 경우에 기존의 도식에 의해 오해될 수 있으므로 한국적 맥락에서 보는 중도좌파와는 어떤 차이가 있으며 한국적 맥락에서는 이런 원칙에 동의하는 것이 무엇이라고 하면 적절한지를 살펴보자. 이 시점에서 우려되는 것은 우리가 지난날의 관성으로 이념적인 잣대에 의해 너무나 안이하게 좌우의 편 가르기를 시작한다는 점이다. 이 즈음이면 이미 이 논의의 방향은 개량주의로 흐르고 있다는 선입견이 먼저 깔리는 것이다. 이런 대목은 유럽에서 기든스가 가진 문제의식과 흡사하다. 기든스 역시 좌우로부터 양쪽에서 샌드위치가 되는 처지에 놓였다. 그가 『제3의 길』 이후의 저작에서 관심을 둔 것은 구사민주의 동료들에게 변화한 현실에 대한 설득력 있는 대안을 제시하려고 한 것이었다. 우파들이 그를 어떤 식으로 생각하느냐는 크게 염두에 두지 않았다. 마찬가지로 한국의 개혁 세력에서도 의구심이 일어나는 이 시점에서 50년 동안 한국 사회에서 일어났던, 그리고 세계사적으로 지나온 경로에 대한 성찰을 한 번 해보자는 것이다. 유럽의 경우에는 전통적 중도좌파 혹은 전통적 사민주의자는 그들 스스로 상당한 자부심과 대중적 신뢰를 바탕에 깔고 있다. 전후 50년 동안 그들이 시민들에게 철학과 정책적으로 기여한 몫이 있기 때문이다. 한국의 경우에는 이런 흐름이 단절되어 있었고 좌우에 대한 상당한 왜곡이 있기 때문에 우리 맥락에서 마땅히 재검토되어야 한다.

## 사회투자국가의 중도주의

1990년 이후 변화된 조건 속에서 사회투자국가의 좌·우 스펙트럼을 살펴보자. 우선 고전적 의미에서 좌와 우의 대척적인 가치들은 무엇인가? 우파적인 가치는 개인과 자유에 강조가 있고 좌파는 공동체와 평등에 가치가 있다. 개인과 공동체, 자유와 평등의 네 가지 조합에서 어떤 조합을 만들어내고 이를 지향하느냐에 따라 좌우의 스펙트럼에서 그 위치가 도식적으로 결정되고 이것이 대중적 믿음으로 자리 잡았다.

자유방임을 주장하던 고전적 자유주의자와 1980년대 이후 등장한 신자유주의는 그 중심 가치를 개인과 자유에 두고 있음은 식상한 얘기에 불과하다. 마찬가지로 사회주의의 경우 실재는 접어두고 이념적 지향에 있어서는 공동체와 평등에 중심 가치를 두었다. 전통적인 사회민주주의자는 그들 스스로 뿐만 아니라 우파들의 평가에서도 중도좌파로 인식되고 있다. 그들이 중산층과 그 이하 계층의 정치적 이해관계를 대변하고 있다고 평가받고 있기 때문이다. 영국 노동당의 경우 산업사회에서 대규모 공장의 육체노동자들이 가장 중요한 조직화된 정치적 지지자들이었다. 노동단체들은 노동당의 실질적인 중심축이었다. 이 단체들이 노동당에 필요한 정치자금을 공급하고 그 소속 구성원들로 하여금 노동당의 기간당원이 되게 했다. 노동당의 의사결정에서 OMOV(one member one vote) 제도가 도입된 것은 1990년대의 노동당의 새로운 혁신 운동의 결과였다. 그 이전에는 당원 개인이 아니라 노동단체에 실질적 의사 결정권이 위임되어 있었다. 또한 노동당 강령 4조에는 '국유화 규정'이 있어 대규모 사업장에 대해 국유화를 정당화하고 있었다. 실질이 아닌 수사적인 수준에서라도 당 강령에 사회주의에서나 가능한 국유화 규정이 존재하고 있었던 것이다. 1990년대 이후 집권을 위한 노동당의 자기 혁신에는 바로 국유화가 규정된 4조를 철폐하는 것도 중요한 쟁점의 하나였다. 이런 의미에서 전통적 사회민주주의에 대한 중도좌파라는 자칭 타칭의 평가는 크게 틀린 것이 아니라고 볼 수 있다. 이들이 정책 내용에서 지나치게 급진적인 평등주의 정책을 지양하고 있었다는 점, 그리고 점진적 개혁 방식을 선호하고 있었던 점 등은 중도좌파로 평가받는 중요한 근거가 되었다.

이에 반해 사회투자국가에 대한 평가는 각 정치적 입장에 따라 상이하다. 대략적으로 사회투자국가를 평가할 때 경제적 시장주의 모델과 새로운 복지형의 사회 정책을 결합시키려는 영국적 노력이었다는 평가가 있다.[3] 이 두 가지 이질적인 요소가 영국에서 화학적 결합을 한 것이냐 혹은 아직 성공하지 못한 실험에 불과하냐에 대해서는 여전히 다양한 평가가 존재하고 있다. 기든스에 의해서만 사회투자국가는 구사회민주주의와 자유주의를 넘어선 제3의 대안으로 제시되었다는 것이다. 그러면서도 기든스는 여전히 이들이 중도좌파적인 사회민주주의라고 주장한다. 그들의 정체성을 여전히 유럽의 유형으로 분류할 경우에 중도좌파적 지향을 가지고 있다는 것이다.

그러나 이런 평가는 우선 좌파 내부에서 혹독한 비판에 직면한다. 전통적인 좌파들은 '제3의 길은 없으며' 이들은 이미 우파에게 투항한 것으로 보고 있다.[4] 제3의 길을 정책화한 토니 블레어에 대한 평가 역시 '가방을 든 대처'에 비유하면서 블레어와 영국 노동당이 더 이상 중도좌파 정당으로서 정체성을 상실하고 집권에 눈이 먼 우파정당에 불과하다는 혹평도 있다.

현실에서 시행되었던 사회투자국가에 대한 평가는 좌우에 있어서 공통점을 발견하기는 쉽지 않다. 이를 시행했던 측은 변화된 조건 속에서 여전히 중도좌파라고 하는 반면 전통적 좌파는 대처리즘의 다른 얼굴에 불과한 중도우파라고 한다. 한 가지 분명한 사실은 사회투자국가가 전통적 사민주의와는 차별화되면서 중도적 지향을 가지고 있다는

---

3) M. Dixon and N. Pearci, "Social Justice in a Changing World" in Nick Pearce and Will Paxton(eds.), *Social Justice: Building a Fairer Britain* (IPPR., 2005), pp.62~84.

4) 에릭 홉스봄·스튜어드 홀, 『제3의 길은 없다』, 노대명 옮김(당대, 1999).

것이다. 그리고 그 정책과 제도의 역사는 중도좌파에서 이어받고 있다.

여기서 좌우의 가치 논쟁에서 가장 중요한 이념적 지향에 대해 살펴보자. 사회투자국가를 주장하는 사람들에게서 한 가지 공통적인 가치를 찾는다면 이들이 여전히 '사회정의'를 그들의 가장 중요한 철학적 가치로 삼고 있다는 점이다. 그리고 이 사회정의의 철학적 근거를 여전히 롤즈(J. Rawls)의 '정의론'에서 찾고 있다. 1992년과 2004년에 있었던 두 번의 '사회정의위원회'은 그들이 추구하는 가장 핵심적인 가치를 사회정의라고 보았다. 대표적인 유럽의 진보적 사회복지 학자인 에스핑-앤더슨(Gøsta Esping-Anderson) 역시 새로운 복지국가가 추구하는 핵심 가치로 '정의의 롤즈적 기준(Rawlsian criterion of justice)'을 상정하고 있다.[5] 이 밖에도 유럽에서 사회투자국가의 정책적 지향을 가진 학자들은 롤즈의 정의론에서 그 철학적 뿌리를 찾고 있다.

따라서 사회투자국가의 좌우 논쟁에서 롤즈의 정의론이 어떤 이념적 위치를 차지하는지가 중요해진다. 롤즈의 이론은 분배적이고 평등주의적인 측면이 있지만 자유주의적 복지국가를 지향하고 있는 것으로 이해되고 있다.[6] 롤즈의 자유주의적 분배 측면은 개인과 공동체의 관계에 대한 논쟁의 중심이 되고 있다. 롤즈는 사람의 재능을 어떤 의미에서 공동의 자산으로 간주하는 점에서 공동체주의적인 측면이 있지만 개인의 자유와 공동체와의 관계에 대한 문제에서는 자유주의자로 이해될 수 있다. 단지 그는 복지국가와 이를 위해 요구되는 과세의 정당화 가능성을 인정한다는 점에서 자유지상주의자와 달리 재분배적 자유주의자로 분류되고 있다. 개인이 자신의 삶의 방식을 선택하고

---

5) Gøsta Esping-Anderson, "Towards the Good Society, Once Again?" in Gøsta Esping-Andersen, *Why We Need a New Welfare State*, pp.1~25.

6) 스테판 뮬홀·애덤 스위프트, 『자유주의와 공동체주의』, 15~19쪽.

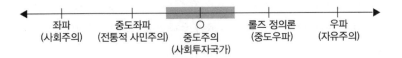
<그림 20-1> 이념적 포지션

좌파　　　　중도좌파　　　○　　　롤즈 정의론　　우파
(사회주의)　(전통적 사민주의)　중도주의　(중도우파)　(자유주의)
　　　　　　　　　　　　(사회투자국가)

자신을 자유롭게 표현할 권리가 설령 그가 속한 공동체나 사회의 가치
및 신념과 상충하는 경우에도 중요하다는 점에서 그는 자유주의자라고
할 수 있다.

　롤즈 스스로 1993년에 『정의론』에 이은 『정치적 자유주의(Political
Liberalism)』를 발표한다. 여기서 그가 주장하는 바는 복잡하고 난해한
기술에도 불구하고 명확하다. 정치적 정의관이 제대로 된 자유주의적
방식으로 안정적이어야 한다는 것이다. 가치와 이념은 무엇보다도 사
회가 자유롭고 평등한 시민들 간에 시대를 넘어 이루어지는 공정한
협동체제라는 생각을 빚어내는 공적 정치문화에서 발견될 수 있다고
본다.

　결론적으로 사회투자국가의 철학적 배경은 롤즈의 사회정의론에
바탕으로 두고 있고 이는 정치적으로 자유주의에 속한다. 따라서 롤즈
의 정의론은 노직(Nozick)과 같은 자유지상주의는 아닐지라도 다소 유
연한 자유주의에 속한다고 할 수 있다. 이를 굳이 도식적인 좌우 스펙트
럼으로 분류한다면 중도우파 정도의 이념적 포지션을 가질 것이다.

　이제 사회투자국가를 종합적인 시각에서 평가를 해보자. 우선 철학
적 기반에서 보면 롤즈와 같이 중도우파적인 정치적 자유주의에 속하
고 있다. 반면 제도와 정책에서는 전통적인 사민주의에 벗어났다고는
하지만 사회투자국가론자들 스스로 여전히 중도좌파라고 하고 있다.
반면 전통적 좌파들은 이들이 이미 시장주의에 포섭되어 더 이상 좌파

가 아니면 우파에 투항했다고 보고 있다. 따라서 제도와 정책의 측면에서 본다면 중도우파와 중도좌파의 논란 속에 있다고 볼 수 있다. 총체적으로 본다면 철학의 문제에서는 중도우파적인 시각을 지니며 제도와 정책에서는 범 중도주의에 속한다고 할 수 있다.

## 사회투자국가의 개혁성

이제 사회투자국가를 변화에 대한 태도를 중심으로 다른 관점에서 보자. 이는 전통적인 견해에 의하면 보수냐 개혁[7]이냐의 문제이다. 개혁과 보수, 좌와 우는 일반적으로 연속적인 개념으로 보는 경향이 있다. 우파는 보수주의자이고 좌파는 개혁주의자인 것으로 도식적으로 이해하는 단선적 이해기 존재히기 때문이다. 엄밀히 말한다면 이념적인 가치인 좌파와 우파의 논쟁과 변화 속도에 대한 보수-개혁은 엄연히 다른 개념이다.

그러나 이런 도식이 존재하는 데는 역사적 경험을 무시할 수 없기 때문이다. 현실 사회주의가 붕괴하기 이전까지는 우파가 보수성을, 좌파가 개혁성을 대변해 왔다. 프랑스 혁명 이후 자유주의 혹은 우파가

---

7) 변화의 속도에 대해서는 보수-진보로 보는 견해가 더 상식적이다. 그러나 보수는 우파로 개혁은 좌파로 보는 도식에 대한 선입견이 심하기 때문에 여기서는 보수-개혁으로 본다. 현상유지적이냐 현상타파적이냐에 대해서는 의미상 보수-개혁이 더 타당할 것이고, 현재 가치를 중시하느냐(What will you conserve?) 미래에 나아갈 방향(Progressive to where)을 중시하느냐에 대해서는 보수-진보가 더 타당할 것이다. 따라서 방향성이나 이념성은 '진보'가 더 분명한 가치를 드러내는 데 반해 변화의 속도와 관련해서는 '개혁'이 더 의미가 분명하다. 여기서는 변화의 속도에 주안점을 두고 있기 때문에 보수-진보보다는 보수-개혁으로 논의를 전개한다.

기성권력과 밀접히 관련되어 있었고 이들은 체제유지적인 관점을 견지함에 따라 보수성을 보여주었다. 반면 사회주의 또는 사회민주주의의 좌파진영은 기성의 체제와 권력에 저항하면서 현실타파적인 정치노선을 견지해 왔다. 그래서 개혁성이 그들의 정치적 속성처럼 보였다.

그러나 현실 사회주의의 붕괴와 이에 따른 전이국가(transitional nation)에서 이전의 보수-개혁과는 정반대의 상황을 목격하게 되었다.[8] 공산당을 중심으로 한 이전의 권력층들은 좌파적 가치 혹은 사회주의적 체제를 옹호하고 지키려 했던 반면 개혁주의자들은 사회체제에서 벗어나 자본주의적 개혁을 도입하려고 했다. 여기서는 좌파가 보수 세력으로, 우파가 개혁 세력으로 이전의 상식과는 전도된 형태로 나타났다.

뿐만 아니라 복지국가에 대한 비판에서 신자유주의적 개혁이 오히려 영국 보수당의 대처에 의해 일어난 것도 기존의 보수-개혁으로는 설명하는 데 한계가 있다. 1980년대 영국의 제도가 복지국가에 기반하고 있었다면 보수당은 이 체제를 변화시키려는 개혁성을 보인 반면 노동당은 복지국가 체제를 유지하거나 강화하려는 보수성을 보였다. 적어도 1990년대 이후 신좌파 운동이 활력을 얻기 전까지의 양상은 보수당의 개혁성, 노동당의 보수성이라는 아이러니한 상황을 목격하게 된다.

여기서 다시 보수성이 무엇인지에 대한 설명이 필요해진다. 보수는 '진보라는 차량을 제어하는 제동기(brake on the vehicle of progress)'[9]라는 표현이 있듯이 차량이 어디로 움직여야 하느냐는 명확한 자기 비전이나 정체성이 있는 것이 아니라 얼마나 빠른가 느린가와 같이 변화의

---

8) 앤서니 기든스, 『좌파와 우파를 넘어서』, 김현옥 옮김(한울, 1997), 10~93쪽.

9) R. G. Colling, *New Leviathan* (Oxford University Press, 1942), p.209.

속도에 대한 문제이다. 보수주의적 견해들이 자주 인정하는 것처럼 보수주의적 태도의 근본적인 특징들 중 하나는 변화에 대한 두려움이다. 즉 새로움 그 자체에 대한 불신이다. 만약 보수주의자가 제도와 정책이 지나치게 급속히 변화하는 것을 싫어하는 것뿐이라면 반대할 것은 많지 않을 것이다. 여기서 신중함과 느린 변화에 대한 지지는 사실상 타당하다. 그러나 보수주의자들은 변화를 막고 그 속도를 제한하기 위해 정부의 권력을 이용하는 경향이 있다. 통제되지 않는 사회적 힘에 맡기기를 두려워하는 것은 보수주의자들의 특성과 밀접히 관련되어 있다. 그들은 권위를 선호하며 추상적 이론과 일반원리 모두를 불신한다.10)

보수주의자가 원칙을 결여하고 있다고 말할 때 도덕적 확신을 결여하고 있다는 것을 의미하지는 않는다. 전형적인 보수주의자는 실제로 상당히 강한 도덕적 확신을 소유한 사람이다. 또한 보수주의자는 특정한 기존의 위계를 보호하려는 성향이 있고 그가 가치를 부여한 사람들의 지위를 보호해 주도록 당국에 요구하기도 한다. 보수주의자들은 본능적으로 변화를 야기하는 것은 무엇보다도 새로운 사상이라고 느끼고 이에 대해 두려움을 갖는다. 보수주의는 새로운 사상에 대립할 스스로의 고유한 원리를 갖고 있지 못하다. 그리고 이론에 대한 불신 및 경험이 이미 증명한 것 이외의 것에 대한 상상의 결핍을 특징으로 한다. 새로운 것과 생소한 것에 대한 보수주의적 불신은 국제주의에 대한 적대감과 강력한 민족주의에 대한 옹호로 이어진다. 우리의 문명을 변화시키는 사상은 국경을 갖지 않는다. 이는 세계화 시대에는 더 두드러진 양상으로 나타난다. 사상의 성장은 국제적 과정이다. 그리고

---

10) Friedrich A. Hayek, *Law Legislation and Liberty Vol. II: The Mirage of Social Justice*, pp.319~321.

그 토론에 참여하는 사람만이 충분한 영향력을 행사할 수 있다. 하나의 사상이 미국적인 것, 영국적인 것, 독일적인 것이 있다고 말하는 것은 사실이 아니다. 잘못되고 결점투성이의 관념도 같은 나라의 동료들 중 하나가 생각해 낸 것이라고 해서 더 좋은 것일 수는 없다. 보수주의 는 새로운 사상이나 정책의 국제적 연대에 대해 부정적인, 그것은 변화 와 새로움에 대한 두려움이 그 밑바탕에는 깔려 있다.[11]

개혁성은 보수성과 변화에 대해 반대의 성향을 가지고 있기 때문에 재론하지는 않겠다. 다만 도덕적 신념이나 철학적 신념은 진정한 보수 주의자들 못지않을 것이다. 왜냐하면 그들의 개혁이 대중적 설득력을 갖기 위해서는 대중의 신뢰가 필수적이고 이는 도덕성이나 신념에 바탕을 두고 있기 때문이다.

이제 사회투자국가가 가진 개혁성에 대해서 구체적으로 살펴보자. 개혁은 변화에 대해서 현상유지적이지 않고 현상타파적인 것이다. 사 회투자국가가 정책담론의 수준에서 개혁하려고 하는 것은 복지국가의 제도와 정책이다. 이런 변화를 추구하게 된 가장 큰 원인은 복지국가가 기반으로 하고 있던 산업사회의 구조가 지식기반사회로 변화했기 때문 이다. 국가 모델이 기반하고 있던 근거가 변화했다면 이에 조응하여 제도와 정책도 변화해야 한다. 즉 복지국가가 산업사회를 기반으로 한 국가모델이라면 사회투자국가는 지식기반사회를 기반으로 하는 새로운 모색이다. 사회투자국가는 이 지식기반사회를 바탕으로 하여 중도주의적인 사회정의의 철학적 가치를 담아내는 국가모델이다.

베버리지 보고서가 근간이 되었던 산업사회의 복지국가를 지향하 기 위해서는 몇 가지 전제들이 가정되었다. 우선 산업구조가 대규모

---

11) 같은 책, pp.321~327.

제조업 중심의 사회였다. 조선, 철강, 중화학 등 육체노동의 숙련공 중심의 산업구조였다. 노동자는 20대 초반에 일자리를 구하고 그는 평생 그 직장에서 근무하고 은퇴하는 것으로 가정되었다. 가족은 이 육체노동자가 임금을 통해 부양하고 부인은 가사노동에 종사하며 자녀들은 부모의 수입으로 교육받고 일정한 연령에 이르면 독립한다. 정치적으로는 노동자들은 노조에 가입해 있고 노조와 이를 대표하는 노동단체들이 중도좌파적인 노동당이나 사회민주당의 가장 강력한 지지자가 된다. 이 사회의 특성은 숙련공, 정규직, 평생직장, 남편의 수입을 위주로 한 가계 등을 특징으로 한다.

지식기반사회에는 이러한 전제들이 붕괴되어 더 이상 존재하지 않는다. 우선 가장 심각하게 고용구조가 변화했다. 세계화와 정보화에 따라 이전보다 훨씬 심화된 세계적 수준에서 경쟁이 격화되었다는 점이나. 이는 직종과 직업에 관계없이 일어나고 있는 보편적 현상이 되었다. 우선 개인은 20대 초반에 직장을 구하더라도 일생 동안 적어도 5~6번 정도 직업이나 직장을 옮길 것으로 예상되고 있다. 평생고용의 개념이 더 이상 존재하지 않는다.[12] 그리고 전통적인 가족구조가 해체되고 있다. 이혼율의 급증, 한 부모 가족, 미혼자의 증가 등 새로운 가족구조에서 가장 피해를 보는 것은 여전히 경제적인 약자인 여성과 가족해체로 교육기회와 안정을 잃은 아동들이다. 복지와 교육체계에서 양성평등, 여성 일자리, 아동에게 공정한 기회부여 등의 문제가 등장했다. 재취업이나 새로운 고용문제는 고용보다 고용가능성(employability)이 더 중요하게 되고 이를 뒷받침할 평생학습체계와 복지제도가 설계되어

---

12) 한국에서 연령별 실업에 대한 가학적인 여러 표현들이 있다. 이태백, 삼팔선, 사오정, 오륙도 등의 실업에 대한 표현들은 산업구조가 바뀌면서 겪는 세대 간 현상에 대한 사회적 표현이다.

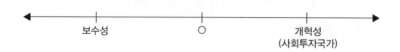

야 할 것이다. 평균수명 연장과 함께 고령화 사회의 도래는 사회 전체적
으로 부양해야 할 새로운 부담으로 인식되고 있다. 이를 부담이 아닌
자원으로 활용하는 방법에 대한 고민이 있다.

사회투자국가는 산업사회에서 지식기반사회로 사회적 조건이 변화
한 상황에서 어떻게 제도와 정책을 조건에 맞게 변화시켜야 하느냐에
핵심적인 관심을 두고 있다. 철학적 가치로서 사회정의 역시 이를 좀
더 진화한 행태로 '지속가능한 사회정의(sustainable social justice)'로 재해
석하고 있다. 그리고 복지국가의 제도와 정책이 새로운 환경에서 어떻
게 사회정의의 가치를 실현하기 위해 재설계되어야 하는지에 관해
지속적인 노력을 기울이는 것이다. 사회투자국가는 이런 의미에서 구
사회민주주의와는 다른 변화에 대한 태도를 가지고 있다. 복지국가나
전통적 사민주의자들이 오히려 보수성을 지니고 있다면 사회투자국가
는 중도적 가치와 정책에 대해 개혁성을 나타낸다고 할 수 있다.

한국의 적용에서도 여전히 사회투자국가는 보수성보다는 개혁성이
훨씬 강조된다. 우리는 복지국가의 전통이 존재하지 않는 대신 중상주
의적 국가주의 전통이 여전히 남아 있고 복지기반은 상당히 허약하다.
GDP에서 차지하는 사회복지 비율도 10% 수준으로 OECD 국가들
중에 최하위 수준이다. 개혁성이 기존의 정책과 관행에 대해 변화를
추구하는 것이라고 한다면 한국에서 사회투자국가는 그 어떤 국가모델
보다도 더 개혁적이다. 더구나 서구에서 나타난 복지국가의 제도와

정책을 그대로 모방하는 것이 아니라 현재 서구에서 안착하고 있는 새로운 제도와 정책을 한국에서 변용하려 한다는 점에서 개혁성은 더 강조되어야 한다.

## 사회투자국가의 국가쇄신전략

그럼, 구체적으로 사회투자국가의 국가쇄신전략은 무엇인가? 이를 위해서는 사회투자국가가 어떤 철학적 가치를 중심으로 현재를 어떻게 진단하고 그래서 앞으로 국가전략은 무엇이어야 하는가에 관한 3단계의 연속적 논의가 필요할 것이다.

우선 어떤 철학적 가치에 기반하고 있는지는 앞서 살펴본 것과 같이 지속가능한 사회정의에 관한 것이며 다음으로 어느 지점에 서 있는지는 산업사회를 넘어서 지식기반사회에서 현실이 무엇이냐 하는 점이다. 이 두 가지는 사회투자국가의 중도주의와 개혁성에서 살펴보았기 때문에 재론의 필요가 없다. 그럼 구체적으로 사회투자국가의 국가쇄신전략은 무엇인가? 1994년 영국의 사회정의위원회(the Commission on Social Justice)는 국가쇄신전략으로 5개 분야에 걸친 전략을 제시했다.

## 첫째, 투자(investment): 평생교육을 통한 부가가치 창출[13]

평생교육은 우리의 더 나은 국가 비전의 중심에 있다. 기술교육에 투자함으로써 우리는 국민들의 잠재력을 실현시키고, 경제적 가치를 배가시킬 수 있는 능력을 끌어올리고, 자신들의 삶에 대한 책임을 지고, 가족과 공동체에 기여하는 데 이바지하고자 한다. '삶을 위한 지식(Thinking for a living)'은 선택이 아니라 필수이다. 여섯 개의 정책이 우선적으로 제시된다.

- 보편적인 유아교육: 보육에 대한 새로운 투자와 관련된 3~4세 어린이에 대한 보편적 교육. 3세 어린이의 85%와 4세 어린이의 95% 이상이 취학 전에 양질의 유아교육을 받을 수 있도록 하는 것이 목표가 될 수 있다.
- 기초 학습력 제고(Basic skills): 7세 어린이들이 산수능력과 문자습득을 할 수 있도록 기초교육이 강화되어야 한다. 또한 장기실업자들 역시 이러한 기초 학습능력이 보장되어야 한다.
- 모든 청소년들을 대상으로 높은 학습성취도 실현: 단일한 평가제도를 통해서 14~19세에 이른 청소년들이 고등교육을 받을 학생과 직업훈련 받을 학생으로 나누어지고 이것이 양 선택에 대한 위화감으로 이어지는 것이 아니라 모든 청소년들에게 아카데믹한 학습과 직업학습이 적성과 흥미에 따라 균형을 이룰 수 있게 한다.
- 직업훈련 투자: 사용자에 의해 이루어지는 투자로서 영세기업을 제외한 모든 기업은 직업훈련에 전 종업원에 대해 최소한의 투자를 할

---

13) Commission on Social Justice/IPPR., *Social Justice: Strategies for National Renewal*, pp.5~13.

것을 요구받는다.

- 대학 교육의 확대: 이를 위해 새롭고 더 공정한 금융지원(funding) 체계를 갖출 것.
- 학습은행제(Learning Bank): 평생학습을 지원하는 제도로 장기목표는 삶의 과정에서 모든 개인들은 수능시험(A Level)이나 그것과 동등한 시험들을 떠나서 3년에 상응하는 교육과 직업훈련을 확실하게 받을 수 있게 해야만 한다.[14] 학습은행제는 사적 공적 자본을 증가시키고, 정부, 고용주, 개인들의 기부를 통해 교육과 직업훈련의 자금을 끌어 모을 것이다.

**둘째, 기회(opportunity): 삶을 위한 일자리**

유급 혹은 무급 노동은 우리 생활의 중심이다. 부모와 보육사와 부양인들의 무급노동이 경제의 토대를 튼튼히 하고 유급 노동은 개인적인 기회와 분리시킬 수 없다. 정부는 완전고용의 현대적 형태에 전념해야 하고 그것을 성취하기 위한 조건들을 설명해야 한다. 정부는 노동에 대한 높은 수요 진작, 고용과 실업의 더 공평하고 더 효율적인 배분, 그리고 고용에 대한 더 공평한 보상을 노동 정책의 세 가지 목표로 삼아야 한다.

- 노동수요를 증가시키기: 정부는 국제적인, 지역공동체적인, 국가적인 수준에서 특히 공적, 사적 투자를 증대시킴으로써 지속가능한 방식 속에서 수요를 증가시키는 정책들을 추구해야만 한다. 교역부문

---

14) 영국의 대학과정은 3년으로 학습은행제는 대학을 가지 못한 사람에게 3년의 직업교육을 실시하고자 하는 의도이다.

에서 높은 생산성 성장은 저고용 성장을 의미한다. 비교역재 분야에서 직업성장이 이루어져야 하고 삶의 질은 이 분야의 성장에 의존한다. 이 분야에서 해야만 할 일이 부족한 적은 없다.

● 실업과 고용의 공정하고 효율적인 배분: 우리는 새로운 직업(Job), 교육(Education), 직업훈련(Training)이 결합된 JET 전략으로 장기실업자와 편모를 일터에 복귀시키기 위해 제안한다. JET는 여섯 가지 목표를 가질 것이다.

- 피고용인의 열의와 고용기회를 조화시킨 재고용 서비스를 창조하는 것.
- 직업훈련과 교육을 통해 사람들의 고용가능성(employability)을 증진시키는 것.
- 실업에서 자고용(self-employment)으로 갈 수 있는 능력을 가진 소상공인를 지원하는 것.
- 편부모가 좋은 보육시설을 이용하도록 돕는 것.
- 경제적 낙후 지역에 노동중계시장을 활성화할 것.
- 임금보조금을 등록된 장기 실업자와 가치 있는 직장을 다시 연결시키는 데 사용할 것.

● 남성과 여성은 삶의 주기의 다양한 각각의 단계에서 일과 가족을 조화시킬 수 있어야만 한다. 우리는 다음과 같은 것을 해야만 한다:

- 남성과 여성의 직업 사이의 차별을 줄여야만 한다.
- 남성과 여성을 위한 가족 친화적인 고용을 촉진해야만 한다.
- 풀타임 노동자의 노동시간을 감축을 장려해야만 한다.
- 차별과 싸우고 동등한 기회를 촉진해야만 한다.

• 가치 있는 고용: 유급노동은 적당한 소득, 사회적 네트워크, 개인적인 충족을 위한 수단이어야만 한다. 현명한 규제는 작업장과 경제를 더 효율적이고 더 공평하게 만든다.

우리는 갈등적인 임금협상 체계의 문제와 소득 인플레이션이 고용에 부과하는 위험성의 경고를 고려한다. 시간당 최저 임금은 네 가지 이유로 중요하다. 착취를 멈출 것이고, 사회보험급여에 드는 돈을 절약할 것이고 적절하게 빈약한 지불노동자의 숙련도를 증가시킬 것이고, 사람들에 대한 투자를 촉진할 것이다. 일에서 최저 법적 권리는 공평한 노동유연성을 촉진할 것이고 파트타임 노동자 시장을 평등하게 만들 것이다. 우리는 더 큰 효율성에 필수적인 위원회(trust)를 창조하기 위해 작업장에서 더 큰 민주주의를 주장한다. 노조는 개인을 방어하고 성공적인 기업을 창조하는 데 있어서 중요하다. 우리는 또한 노동협의회 (works councils)와 종업원주주위원회(employee share-ownership trust)의 발달을 주장한다. 공평하고 유연한 노동시장의 토대로서 정부는 사회협약(Social Chapter)에 가입을 결정해야만 한다.

### 셋째, 안전(security): 현명한 복지국가 만들기

전후 복지국가는 산업사회의 위험, 1차적으로 실업과 은퇴를 통한 남성 임금의 상실에 대해 안전망을 제공했다. 경제적 사회적 변화는 단지 복지국가만이 제공할 수 있는 안전망의 새로운 필요를 창출한다. 그러나 그것은 가족과 작업장에서 예측할 수 없는 변화를 뚫고 나아가도록 도울 수 있는 현명한 복지국가이어야만 한다. 복지국가는 사람들이 자아 개발과 자립을 성취할 수 있게 해야만 한다. 복지국가는 분배뿐만 아니라 기회를 제공해야만 한다.

• 사회보장의 목적: 사회보장체계는 혼합된 복지경제의 일부이다. 급여, 세금공제, 사적 준비의 체계는 여섯 가지 목적에 기여해야만 한다.
  • 가능한 곳에서는 빈곤을 방지하고 필수적인 곳에서는 구제하라.
  • 노동시장과 가족변동에서 발생하는 위험으로부터 보호하라.
  • 사회에서 더 부자인 사람들로부터 더 가난한 사람들에게로 자원을 재분배하라.
  • 사람들의 생활주기에 따라 시간과 돈을 재분배하라.
  • 개인적 독립성을 격려하라.
  • 사회적 결속력을 촉진시켜라

• 경제활동인구를 위한 금융보장: 노동과 복지는 함께 간다. 남성과 여성을 복지로부터 노동으로 이동하게 하는 것이 필수적이다. 빈곤한 사람을 빈곤하게 하는 복지급여체계 속에서 우리는 빈곤을 벗어나 소득을 얻을 수 있게 하고 점차로 불안정해지는 세계 속에서 안전보장 장치를 마련하기 위해 복지에서 개혁을 필요로 한다. 신자유주의자들의 만병통치약인 자산조사(means-testing)는 작동하지 않을 것이다. 자산조사에 따른 복지수당(means-tested benefits)은 문제제기를 받지 않고, 행정비용이 많이 들고, 사람들을 복지에 묶어놓음으로써 급여에 대한 의존을 조장하고, 저축하는 것을 불리한 입장에 처하게 한다. 최저소득 기준표(Minimum Income Standard)가 고용과 사회보장정책의 기준점으로서 세워져야만 한다.

복지개혁은 개인의 독립성을 촉진하며 재무부에 상당한 예산절감을 가져다줄 수 있다. 그러나 복지개혁은 변화하는 실업위험과 가족의 결핍에 맞춰진 급여체계와 현대사회보험 체계에서 혁명을 필요로 한다. 현대사회보험은 실업, 출산휴가, 질병, 퇴직 동안 도움을 줄 수 있을 것이고 궁극적으로 평생학습과 부성휴가에 도움을 줄 것이다. 사회보험은 사보험보다 더 공정하고 효과적이며 이것은 개인적인 노력을 보상하고 권리와 책임을 균형 잡히게 한다. 또한 이것은 점차로 다양해지는 생애주기에 따라 사람들이 소득을 배치하는 데 중요한 역할을 한다.

파트타임 실업급여는 파트타임 노동자의 필요에 조화돼서 세워져야만 한다. 우리는 적절한 보육제도가 있다는 가정하에서 학생들의 어머니들이 급여를 청구하기를 원하면서 적어도 파트타임 노동에 참여할 수할 수 있어야만 한다는 필요성을 포함하여 노동필요성 검사(work test)의 유용성을 바꿀 방법들을 검토한다. 우리는 가족 책임을 위한 사회보험이 어떠한 것이며 왜 필요한지와 장애인을 위한 급여의 미래싱을 살펴보아야 한다.

중기간(medium term) 속에서 우리는 현재 시행되고 있는 자산조사에 의한 복지수당의 개선은 새로운 복지제도를 위해 필수적이다. 소득지원제(Income Support)와 가족수당제(Family Credit)의 상호작용은 직업이 가치 있는 것이 아니라 위험으로 받아들이게 만드는 요소가 있다. 우리는 정부가 어떻게 지불노동을 하게 하도록 복지국가를 바꿀 것인가를 보여주어야 한다. 종합세액 공제통합제와 소극적 소득세는 전향적인 방식이 아니고, 우리는 현대사회보험과 함께 참여소득(Participation's Income)과 시민소득제(Citizen's Income)의 경우를 고려할 수 있다.

• 퇴직과 노인을 위한 안전보장: 연금자 빈곤의 일소에 대한 전통적인 접근은 기초 연금을 인상하기와 같이 비용이 많이 든다. 그것은 소득지원금(Income Support)을 청구하지 않는 연금자를 도울 수 있을

것이나, 이미 소득지원금을, 청구하고 있는 수많은 사람들을 도울 수 없다. 우리는 연금자를 위해 기초연금을 보조하기 위한 세제혜택통합의 형태인 새로운 '연금 보장안'을 제안하고, 보장된 수준까지 연금자 수입을 끌어 올린다. 그 보장안은 연금수입에 기초될 수 있고, 또한 다른 기금들로부터 수입을 생각할 수도 있다.

미래 연금자들을 위해 우리는 보편적 2차 연금제(universal second pension)를 제안한다:

- 모든 피고용인과 자고용은 그들의 선택에 의해 2차 연금제에 소속될 것이다.
- 노동자와 그들의 고용주는 최저 연금 기여를 할 것이다.
- 보편적 2차 연금은 연금제도관련국가소득제(State Earnings Related Pension Scheme: SERPS)나 새로운 국가기금연금계획(new National Savings Pensions Plan: NSPP)을 포함한 연금들의 범위를 개선하고 확대하는 데 기초가 될 수 있을 것이다. 65세의 공통적 기초연금연령이 가장 취약한 집단을 돕기 위해 사용된 기금들과 함께 단계적으로 끌어들여져야만 한다.


- 건강과 공동체 보호: 사회계급, 지역, 공동체 간의 건강 불평등은 불가피하거나 받아들일 수 있는 것은 아니다. 모든 사람이 최고의 건강 상태를 유지할 수 있게 하고 필요한 치료와 간호를 받는다는 것은 정의로운 사회의 부분이다. 우리는 개선된 이용의 동등성을 포함하여 건강을 증진시키고 건강불평등을 축소시키는 조치들을 지지한다. 우리는 왜 우리가 배정된 건강세(health tax) 안들을 거부하는지를 설명하고, 불가피하게 제약된 자원 내에서 우선적으로 해야 할 것에 대한 문제가 적절히 제기되어만 한다. 최종적으로 우리는 미래의 장기적 보호를

위한 필요에 대항해서 좀 더 적절한 보험과 현재 더 공평한 기금마련 체계를 제의하면서 증대되는 공동체 보호의 필요를 고려한다.

### 넷째, 책임(responsibility): 좋은 사회 만들기

좋은 사회는 개인의 경제적 성공뿐만이 아니라 공동체의 사회적 자본에도 달려 있다. 양질의 공공 서비스를 포함한 투자는 경제 인프라에 대한 투자만큼이나 중요하다. 공동체는 부유하기 때문에 강하게 되는 것은 아니라 공동체가 강하기 때문에 부유해진다. 투자자 전략의 중심에는 우리가 상대에게 어떤 것을 베풀어야 한다는 것뿐만 아니라 상대에게 베풂으로써 얻는다는 믿음이 있다. 이는 도덕적 공동체의 핵심이다.

우리는 가장 작은 사회제도인 가족과 함께 시작한다. 정부는 가족에게 어린이들이 그들의 필요를 충족시키는 환경에서 성장하고, 여성은 그들의 자녀를 위해 경제적인 책임을 나눠가질 수 있고, 남성은 가정의 정서적 책임과 가사분담 책임을 나눠가질 수 있다는 것을 확실히 하는 정책들을 발전시켜야만 한다. 우리는 왜 '아동수당(Child Benefit)'이 증가해야만 하고 부모가 소득세를 지불하는 데 더 높은 세율로 과세해야만 하는가를 설명한다. 우리는 어린이 지원체계에 대한 개혁과 새로운 부모의 책임론을 제의한다.

• 공동체 재생: 강한 공동체를 건설하는 것은 상향식으로부터 시작한다. 취약한 지역에 사는 취약한 사람들은 경제 사회적 실패로 인해 가장 높은 대가를 지불한다. 최상의 접근은 지역주민의 자질 계발을 통해 경제적, 사회적 자본 사이의 연계를 세우는 것이다. 국가공동체재

생단(A National Community Regeneration Agent)이 지역의 노력들을 조정해야만 하고 공동체발전위원회(Community Development Trusts)는 지역 공동체에서 포용력을 쌓아 올려야만 한다. 소규모 명망단체들은 공동체 자본을 육성하는 반면 공동체 행동원칙은 지역주민을 위한 대규모 투자 작업을 만들어내야만 하는 것이다.

• 주택: 거의 수십만의 사람들이 노숙자이고(homeless), 수백만 명이상의 사람들이 공식적으로 거주하기에 부적합한 집에서 살고 있다. 우리는 공공임대주택 매각으로부터 나온 지방정부 수입금의 점진적인 방출을 논의할 수 있다. 사회임대주택을 관리하고 개발하는 지방주택공사의 설립, 국립주택은행의 창조, 새로운 산업지대와 가족 조건에 맞는 좀 더 유연한 주택시장의 발달 등의 제도를 고려해 볼 수 있다. 우리는 불량 주택지를 재개발하기 위한 노력과 임차인의 참여와 관리의 활성화를 주장한다.

• 지역 민주주의와 시민적 리더십: 이것은 튼튼하게 자라는 시민문화의 뿌리이다. 정부는 지나치게 중앙화되어 있고 무책임하다. 권력은 지방으로 분권화되어야 하고 수도권에서도 적절히 분배되어야 한다. 지방정부는 자원을 투자하고 권력을 유능하게 행사해야 하며, 또한 그들 스스로 권력을 분권화해야만 한다. 권력은 가능한 한 어떠한 곳에서나 비선출된 기관으로부터 선출된 기관에 되돌려주어야 한다. 안전과 기회의 실질적 토대인 공공서비스는 강화되어져야만 하고 시민들을 위한 새로운 권리들이 공공서비스 전문가의 역할의 승인에 의해 조화되어야만 한다.

• 시민의 서비스: 16~25세의 사람들을 위해 우선적으로 전국적인 자원봉사 공동체 서비스 제도가 세워져야만 한다. 그것은 시민권을 위한 교육을 활성화하고, 사회적 장벽을 허물어뜨리고, 참여자의 자신감과 능력을 발전시킬 것이다. 참여자는 고용주에 의해 파견된 젊은 피고용인, 고등학교와 대학교 이상의 학력 사이에 있는 학생들과 피고용된 사람들이다. 자원봉사자는 주간수당과 진학을 위해 봉사점수를 받아야만 한다.

### 다섯째, 조세(tax): 우리 자신에게 투자하기

원칙, 목적, 구조의 문제 제기들이 해소될 때에만 재정의 세부적인 쟁점들이 결정되어질 수 있다. 경제성장, 우선순위 변경, 복지를 줄이고 일하게 하기, 공적/사적 동반자 관계, 그리고 비용을 고용주와 사용자에게 할당하기 등 국가가 필요한 투자 재원을 마련하기 위한 많은 방법들이 있다.

과세는 공적업무실행을 위한 재원 마련의 중요한 원천이고 세금은 보다 더 나은 사회를 건설해 나아가는 데 우리 모두가 할 수 있는 공헌이다. 그러나 저소득층과 중간소득 가족은 전보다 더 높은 세금인상에 직면해 있다. 중요한 것은 세금정책에 대해 단기간의 처방을 제시하는 것이 아니라 구조에 관심을 갖는 것이다.

우리는 새로운 세금제도를 제안하지는 않았다. 우리는 정부가 세금정책을 위해 열 가지 원칙을 세워야만 한다고 믿고 있다. 세금은 필수적이고, 공평하고, 수용할 수 있어야 하고, 깨끗하고, 광범한 토대 위에서 부과되어야만 한다. 세금은 경제적 실행과 고용에 공헌해야만 하고, 개인들의 자립성을 존경해야 하며, 이해하고 징수하기가 쉬워야만 한다. 세금체계는 또한 지구경제에서 걸쳐서 이루어지는 자본, 비즈니스 그리고 노동이동을 고려해야만 한다.

우리는 저임금 고세금의 문제, 부당한 세금감면, 고용에 대한 불이익, 다수에 의해 지불된 고세율과 부자들에 의해 지불된 낮은 세금, 불공정한 상속세 등 세제체계의 다섯 가지 중요한 구조적 문제와 실천을 다루어야 한다.

담보세제에 관해 증가하는 논쟁이 있다. 우리는 투자를 명확하게 하기 위해 국가계정에 대한 개혁을 지지한다. 우리는 정기적으로 발생하는 국가지출을 담보 잡는 예산계획에 대해서는 회의적이나, 중요한 자본투자계획에 재원을 마련하기 위해 조세 재원의 일정 몫이 들어간 국가혁신담보기금제(a hypothecated National Renewal Fund)를 제안한다.

지역공동체에서 소득으로부터 환경오염에 이르는 변화하는 과세에 대한 증가하는 관심이 있다. 예컨대 오염과 같은 악화(bads)에는 과세하고 노동과 같은 양화(goods)에는 과세를 면해주는 방법이 있을 수 있다. 비록 평균소득 이하의 국민들에 대한 영향은 조심스럽게 평가해야 할지라도 그 사례는 설득력 있다.

이상은 영국에서 제안되었던 사회투자국가의 국가쇄신전략이지만 우리에게도 많은 함의와 시사를 줄 수 있다고 본다. 구체적 제도와 정책의 역사에 따라 다르겠지만 지식기반사회에서 교육, 노동, 복지, 지역, 조세 정책들이 어떻게 설계되어야 하는지에 관해 많은 시사를 주고 있다. 특히 앞으로 사회정의가 지속가능하게 추구되기 위해서는 어떤 정책에 우선순위를 두고 어떤 방식으로 추구되어야 하는지에 관한 방향을 보여주고 있다.

## 사회투자국가는 '사람에 투자하는' 중도개혁이다!

사회투자국가의 국가쇄신전략에서 드러나는 가장 중요한 특성은 '사람에 대한 투자'이다. 사회투자국가는 달리 규정한다면 '사회가 사람에게 투자하는 국가'이다. 세계화로 인해 경쟁이 격화된 가운데 지식기반사회에서 가장 중요한 생산요소는 자본이나 토지보다 인적 자본(human capital)이다. 양질의 인적 자본을 위해서는 지식기반사회에 걸맞게 사람에 대한 투자가 필수적이다.

복지국가는 삶의 불안감에 대한 안전망을 만드는 것이 중요했으나 사람에 대한 직접적인 관심과 투자는 상대적으로 부각되지 못했다. 오히려 자본이 고도화되고 대규모 생산시설이 갖추어지면 고용이 늘어나고 그래서 실업문제가 해결될 것으로 보는 측면이 있었다. 한국과 같이 성상기에 있는 경세에서는 국가기간산업이나 SOC 신업 등에 직접 투자함으로써 고용을 확대할 수 있는 것으로 보았다. 케인즈에 영향에 의해 유효수요를 강조하고 국가의 경기부양기능을 인정하고 있었지만 정부지출이 어떤 분야에 집중적으로 쓰여야 하는지에 관한 명확한 관점이 없다. 소비와 투자가 위축된 상황에서 수요 진작을 위해서는 정부지출이 확대되어야 한다는 다분히 경제 정책 중심의 사고를 하고 있었다.

바로 이 정부지출이 신자유주의자들에 의해서 '국가의 낭비'로 인식되고 무능한 정부의 재원을 위해 조세가 '세금폭탄'으로 국민들에게 강요되고 있다는 것이다. 사회투자국가는 바로 이 정부지출이 사회적 재화의 낭비가 아니라 '미래를 위한 새로운 투자'라는 관점을 분명히 하는 것이다. 사회투자국가에서 간과하지 말아야 할 것은 이 인식의 전환이다. 정부를 무능하며 공익이 아닌 사익을 추구하는 정치인과

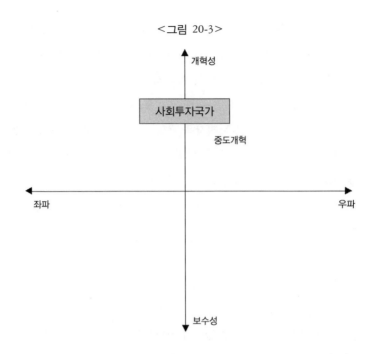

<그림 20-3>

개혁성

사회투자국가

중도개혁

좌파　　　　　　　　　　　　　　　우파

보수성

관료에 의해 사회적 최적보다는 이들 집단의 이기적 목적을 위해 필요
보다 과잉생산하는 속성을 지니고 있으며 이는 다름 아닌 '정부지출의
낭비'로 이어진다는 것은 신자유주의자들이 줄기차게 강요하는 또 다
른 우상에 불과하다.[15] 신자유주의자들과 사회투자국가의 논쟁에서
가장 첨예한 지점은 '정부지출을 투자로 보느냐, 아니면 낭비로 보느
냐'이다.

---

15) 올프의 정부실패론이다. 시장이 완전경쟁시장을 전제로 하는 자원의 효율적 배
분기능을 다하지 못하는 상황을 시장실패(market failure)라고 하고, 이에 대응하기 위
해 정부가 개입하지만 정부도 한층 다루기 어려운 자체의 비효율성 문제를 안고 있기
때문에 사회적으로 바람직한 방향으로 정책문제를 해결하지 못하게 되는 현상을 정
부실패(government failure)라고 한다. 정부실패의 원인과 유형에 관한 자세한 설명은
최병선, 『정부규제론: 규제와 규제완화의 정치경제』(법문사, 1992), 147 ~187쪽 참조.

사회투자는 시민들이 기회의 평등을 향유하며 이 기회는 지식기반
사회에 적응할 수 있도록 시민 자신에게 투자되는 사회적 지원이 가능
하게 하는 것이다. 아동이 부모의 사회적 지위나 한 부모 가족 등의
상황에 관계없이 공정한 자기개발의 기회를 갖는 것이며, 평생직장이
사라진 고용환경에서 새로운 직장을 구할 수 있도록 자기개발의 기회
와 휴직기간 동안 사회가 그들에게 다시 기회를 부여하며, 여성이 남성
들 못지않게 자기개발과 고용기회를 가지며, 노인인구가 사회적 부담
이 아니라 자원으로 인식될 수 있는 기반을 만들도록 하는 것이 바로
사회투자국가이다.

다시 처음의 질문으로 돌아가 보자. 사회투자국가는 어떤 국가인가?
서구적 맥락에서 보고 있듯이 중도좌파인가? 아니면 한국적 맥락에서
이해된다면 어떻게 규정될 수 있는가? 앞서 살펴본 대로 사회투자국가
는 좌우의 이념으로 본다면 롤즈의 사회정의 관념을 중심으로 한 중도
주의이며 보수와 개혁에 의한 구분에서는 지식기반사회로 변화한 환경
에 적응하고자 하는 개혁주의이다. 결국 사회투자국가를 한국적 맥락
에서 이해한다면 이는 중도개혁주의가 될 수밖에 없다. 사회투자국가
는 중도개혁의 철학과 정책을 가지고 있으며 그 핵심 내용은 "사회가
사람에 투자하는 국가"이다. 사회투자는 사람에 대한 투자이다.

# 공동체자유주의에 대한 비판적 시론

# 1. 한국에서 공동체자유주의의 등장

## 한국 보수 세력의 허약성

2004년 이후 한국 보수 세력에서 새롭게 등장한 정치철학이 공동체자유주의이다. 공동체자유주의는 1990년대 초반 이후 보수적 학계 일부에서 꾸준히 한국적 우파이론에 대한 하나의 대안으로 연구되어 왔다. 그러나 그 활동은 2000년대 초반까지 활발한 양상을 보이지 못하고 새로운 보수이념을 모색하자는 취지에 그치고 있었다. 반면 2004년 초반에 정치권의 보수 세력에 의해서 제기된 공동체자유주의는 거대 보수정당의 당 강령으로 채택되었다. 현실적으로 보수정당에서 당 강령이 어떤 의미가 있는지 명확하지는 않지만 명문의 규정만으로도 정치사에서 큰 의미를 지닐 것이다.

이는 보수 세력들의 자기반성에서 시작된 것으로 새로운 정치경제적 환경에 유연하게 적응하려는 노력이라는 측면에서 일단 긍정적인 평가를 받을 수 있다. 이전의 보수 세력들은 그들이 지향할 가치와 철학이 무엇인지 분명하지 않거나 이중적인 행태를 보여 왔다. 건국 이후 보수 세력들이 수사적으로 주장했던 정치적 목표는 반공과 자유민주주의였다. 그러나 이와 같은 정치적 수사에도 불구하고 실질적으로 그 이면에는 국가주의적인 이데올로기와 정치관행이 자리 잡고 있었다.

우선 반공은 정치이념의 내용으로 적당한지에 관해서 회의적 의견들이 많다. '공산주의를 반대한다'는 것은 자기 정체성에 근거해 있는 것이 아니라 타자에 반사적으로 기대어 있는 것이다. 때문에 자기 정체성의 내용을 정리하기 위해서는 우선 타자에 대한 이해와 설명을 선행해야 한다. 자신의 철학과 정책을 제시하기 이전에 먼저 공산주의의 내용과 정책이 무엇인지를 설명해야 하고 그렇기 때문에 '이에 반대한다'는 종속적인 이념에 불과하다. 자기 사회의 내적 요구에 의해 이념과 정책이 변화하는 내용을 갖지 못하고 언제나 상대의 변화에 수동적으로 끌려갈 가능성이 있다. 공산주의가 그 사회의 요구와 조건에 의해 변화를 모색할 때 추종적으로 이에 대한 반대를 재조정해야 하며, 자신의 내부 변화를 역동적으로 설명할 수 있는 독립성을 가지지도 못한다. 이것은 특정의 사상에 반대하거나 추종할 경우에 일어나는 파생적 이념의 숙명이다. 반공이 바로 이러한 파생적 이념의 전형적인 사례였다. 해방 이후 한반도에서 일어난 극한적 이념 갈등이 반공이란 국시(?)를 만들었지만 그 자신이 고유한 내용을 갖지 못한 절름발이 이념이었다.

이에 반해 자유민주주의는 정치철학으로서 고유한 내용과 속성을 지니고 있다. 존 로크 이래로 민주주의적인 제도를 바탕으로 자유주의적인 가치를 추구하는 것이 자유민주주의의 형식적 의미이다. 개인의 정치적 자유와 참정권 행사를 근간으로 하는 개인주의가 정치적 평등과 함께 소중한 가치로 여겨졌다. 경제적으로도 사유재산의 신성불가침을 인정하고 재산권 행사의 자유를 보장하기 위해 정부는 최소한의 정부가 최선의 정부인 야경국가를 선호했다. 고전적 자유주의자들은 개인에 대한 정부의 간섭이 최소화하고 개인의 선택과 자유가 극대화되는 것이 규범적으로 정당할 뿐만 아니라 사회발전을 위해서도 가장 바람직한 체제라고 보았다.

이즈음에서 한국 현대사에 이와 같은 자유민주주의적 가치에 충실한 정권이 있었느냐는 지극히 당연한 의문이 일어난다. 자유주의의 측면에서 본다면 개인의 자유와 재산권 보호가 어느 정도 이루어졌는지를 기준으로 삼을 수 있다. 또한 민주주의의 측면에서 본다면 정치적 대표성이 얼마나 왜곡 없이 정확히 국정에 반영되는지가 기준이 될 수 있을 것이다. 물론 이에 관해 보수와 진보를 막론하고 회의적인 진단을 내릴 것이다. 이에 대해 구체적인 언급을 하는 것은 이 글의 성격에 비추어 사족이 될 것이다. 문제는 왜 이들이 이론적인 외피에 불과했고 그들의 국정운영 방식과는 오히려 반대되는 자유민주주의를 그들의 정치이념으로 삼았는가 하는 점이다. 이에 대한 해답 역시 앞서 말한 반공의 대립구도와 크게 다르지 않다. 공산주의에 반대하는 개념으로써 자유민주주의가 중요했던 것이다. 그 구체적인 내용의 실현에는 오히려 거부감을 지니고 있었다. 그들은 공산주의와 북한에 반대하기 위해서 대응적 논리로 자본주의 체제를 옹호하는 정치이념이 필요했던 것이다. 자유민주주의는 중상주의적 국가주의 집권세력을 위한 의제(擬制)에 불과했다.

이와 같은 외피의 이면에서 실제 이루어진 정치 형태들은 자유민주주의와는 거리가 먼 국가주의적인 이념과 정책이었다. 이는 국가주의적인 집권세력에 대해 반대한 중심적인 집단이 자유민주주의를 그들 운동 이념으로 삼고 있는 데에서도 역설적으로 드러나고 있다. 1960~70년대 보수적 집권세력에 대해 저항한 주류적 집단의 정치적 지향은 언제나 자유민주주의였다. 그리고 이들의 호소가 국민들의 공감을 불러왔음은 집권세력들이 자유민주주의적 가치를 억압하고 있었다는 반증이 되었다.

실질적으로 국가주의적 정책을 위해 동원되었던 이데올로기는 산업화였다. 1인당 소득 수준을 끌어올려 중진국이 되겠다는 정치적 슬로건이 오히려 국가주의 이데올로기에 부합했다. 국익의 이름으로 개인과 기업은 동원되고 희생을 감수하면서 국가 이익에 복무할 것을 강제당했다. 산업화 이데올로기는 중상주의의 전형적인 모습을 보여주고 있다.

### 자유지상주의와 공동체자유주의

보수 세력들은 최근 개혁 세력들이 집권하기 이전까지 50여 년간 한국 사회를 지배해 오면서 정치적 수사와 현실이 다른 이중성을 보여왔다. 실질적으로는 국가주의적인 국정운영 방식을 가지고 있으면서도 언제나 수사적인 측면에서 '자유민주주의'를 주장해 왔다. 이런 국정운영 방식이 결정적인 한계에 부딪친 것이 외환 위기였고 이 위기 극복을 위해 국민들은 개혁 세력을 선택했다.

보수주의는 스스로 자기 노선을 선도적으로 제기하기보다는 사회개혁 운동이 광범위하게 진행될 때 자기반성으로 이에 대응하여 정치적 입장을 정리하는 것이 그동안 세계 역사의 경험이었다. 프랑스 혁명으로 진보주의가 혁명과 반혁명을 반복할 때 인간과 세계의 진보성에 대해 불신하는 일군의 흐름이 보수주의의 원형이었다. 마찬가지로 한국에서도 개혁 세력이 집권을 하자 보수 세력이 이전까지의 지적 태만을 반성하고 새로운 그들의 정치철학으로 재정리하려는 움직임을 보이고 있다.

이와 같은 흐름은 크게 두 가지 방향으로 나타나고 있다. 한 가지 흐름은 자유지상주의이다. 이는 재벌을 비롯한 구지배연합과 정치적 이해를 같이한다. 대기업군은 민주화 이전 시기에는 정치권력과 유착하여 각종 특혜와 지원을 받아 집중적인 성장을 했다. 그러나 정치권력이 바뀌고 이전과는 다른 성격을 지닌 정치권력이 등장하자 정부로부터 간섭을 최대한 덜 받으면서 자신들의 독립을 주장할 수 있기를 원한다. 특히 이전보다 분배지향적인 정권이 들어설 경우 정부의 간섭이 부담스럽기 때문에 최소정부가 최선의 정부라는 자유지상주의와 이해를 같이한다. 이와 같은 국내적 풍토뿐만 아니라 1980년대 이후 우경화된 세계적 흐름과도 궤를 같이하고 있다. 복지국가와 개입주의 국가를 비판하고 등장한 대처 정부나 레이건 정부는 이와 같은 흐름을 전 세계적으로 확산시켰다.

한국에서도 자유지상주의적인 흐름이 보수 세력 내부에서 꾸준히 주도적 담론을 생산하고 있다. 이는 대기업 경제연구소나 미국식 자유주의를 선호하는 학계 등에서 주도적인 역할을 한다. 그러나 이 자체가 이론적인 체계로 명쾌할지 모르나 대중적인 설득력은 상대적으로 취약하다. 원래 자유주의 전통의 기반이 취약한 한국에서 근본주의적인 자유주의를 주장할 경우 이에 대한 정서적 거부감과 조우하게 된다.

자유지상주의보다 훨씬 우연하고 대중적인 흐름이 바로 공동체자유주의이다. 보수 세력의 입장에서는 이는 정치적 수사 수준에서도 그 이전과는 상당한 차이를 보이고 있다. 한국의 보수 세력들이 공식적으로 자유주의와 함께 공동체주의를 동시에 천명하는 것은 극히 이례적인 일이다. 그리고 자유지상주의나 시장만능주의가 결함이 있음을 인정하고 이를 보완하기 위해 공동체주의가 필요하다고 보는 것은 자유지상주의와 달리 상당한 이념적 유연성과 신축성을 보여주고 있는 것이다.

담론 생산에서 보수 세력들은 그 이전보다 훨씬 세련되고 유연하게 입장을 선회하고 있다. 그리고 의미론적으로도 공동체자유주의는 대중적으로 상당한 호소력을 지니고 있다. 그러나 이와 같은 정치적 감성과 달리 정치철학으로서 성격과 내용 분석은 다른 문제이다. 정치철학의 개념은 그 자체로 독자성을 지니기보다는 학문적 흐름과 범주에 의해 위치지어지고 그 내용이 분석될 때 구체적인 성격이 드러난다. 이하에서는 공동체자유주의가 철학사에서 어떤 위치를 차지하고 그 내용이 서구 철학논쟁과 어떤 관련을 지니며 그 내용이 어떤 성격이 있는지를 분석해 본다. 그리고 결론 부분에서 공동체자유주의는 철학사에 중요한 비중을 차지하는 재분배적 자유주의의 한 유형이며 이를 대중적으로 풀어쓴 완곡어법(euphemism)임을 보여줄 것이다.


## 2. 철학논쟁으로서 공동체자유주의

### 1980년대 공동체주의 논쟁

1980년대 들어 공동체주의자로 명명되는 일군의 이론가들이 자유주의 정치이론에 문제를 제기하면서 자유주의와 공동체주의 논쟁이 전면으로 대두되었고 커다란 반향을 불러일으켰다. 이에는 1971년에 발표된 롤즈의『정의론』에 대한 해석과 비판이 주조를 이루었다. 공동체주의는 독자적으로 어떤 내용을 제시하기보다는 자유주의의 대표라고 할 수 있는 롤즈의 정의론을 비판한 몇몇 대표적인 학자를 일러

'공동체주의자(communitarian)'라고 했다. 자유주의가 비교적 뚜렷한 동질성을 가지고 있는 데 반해 적어도 1980년대 공동체주의는 그들 스스로 공통점을 가진다기보다는 롤즈를 비판한 일군의 학자들을 지칭하는, 롤즈 자유주의에 대한 대립적인 개념이었다.

철학사적으로 자유주의는 비교적 비슷한 지적 전통을 가지는 데 반해 공동체주의는 상당히 이질적인 요소가 많다. 자유주의의 전통에서 대표적인 학자들은 로크, 칸트 그리고 밀이라고 할 수 있다. 이들은 근대 시민혁명을 바탕으로 시민의 자유가 무엇인가에 대한 시대적인 해답을 제시하려 했다. 로크의 사상은 영국 명예혁명의 실질적 이론 기반이 되었고, 칸트는 혁명성이 잦아든 독일의 풍토에서 자유주의는 관념적으로 어떻게 발현될 수 있는가를 탐색했으며, 밀은 자유주의가 영국 사회의 주류로 등장한 이후 유산계급의 자유주의를 '최대다수의 최대행복'이란 목적론적인 철학으로 전개했다. 이에 반해 공동체주의를 대표하는 학자들은 아리스토텔레스, 헤겔, 그람시 등을 들 수 있는데 그 이름들의 이질성이 보여주듯, 그들을 하나의 전통으로 엮기에는 뭔가 부족하다.

롤즈에 비판적인 4명의 대표적인 공동체주의자는 마이클 샌들(M. Sandel), 알래스데어 매킨타이어(A. MacIntyre), 찰스 테일러(C. Taylor), 마이클 왈쩌(M. Walzer)라고 할 수 있는데 이들 스스로가 자신들을 공동체주의자로 규정하지 않으려는 경향이 있었다. 그렇지만 롤즈를 자유주의자로 보면서 공동체적인 비판을 했다는 점에서 80년대 자유주의와 공동체주의 논쟁의 한 축을 이루었다. 이들에게 보인 롤즈의 자유주의의 특성은 크게 반사회적 개인주의, 보편주의, 주관주의, 반완전주의로 들 수 있다. 여기서 공동체주의의 내용을 구체적으로 살피는 것이 목적이 아니므로 비교적 의미가 있고 이해가 쉬운 반사회적 개인주의와 보편주의를 중심으로 간략히 살펴보고 공동체주의자들이 자유와 공동체의 관계를 어떤 식으로 파악했는지를 알아보는 정도에서 그친다.[1)

자유주의 인간관은 인간을 사회 이전에 개인으로 혹은 아무런 연고 없는 존재로 추상적으로 보고 있다. 공동체주의자들은 이런 인간관으로는 개인들이 자신의 목적과 가치 그리고 선과 공동체에 대해 갖는 애착이 그들의 정체성을 이루는 근원적인 부분에 대해 설명할 수 없다고 비판한다. 한마디로 인간은 공동체 속에 속하는 사회적 존재이지 자유주의자들이 말하듯이 사회와 관련 없이 독립적으로 추상화될 수 있는 존재가 아니라는 점이다. 자유주의자들은 어떤 개인의 목적과 가치, 정체성이 그가 속해 있는 보다 광범위한 공동체와 별개로 존재하는 것으로 하는 철학적 오류를 범하고 있다고 비판한다.

이런 자유주의적 인간관에 따르면 인간은 공동체와 유리된 채 독립적으로 사유될 수 있는 존재이기 때문에 어떤 공동체에서나 인간은 동질적인 존재로 간주될 수 있다. 그러나 공동체주의자들은 인간은 자신의 속한 공동체와 별개로 존재할 수 없기 때문에 공동체의 영향을 받는 존재이며 따라서 개인들은 그가 속한 공동체들이 다르다면 개인들의 목적이나 가치 정체성도 다를 수밖에 없다고 본다. 이에 의하면 자유주의자들은 인간을 보편주의적 시각에서 보고 있는 반면 공동체주의자는 인간을 문화권에 따라 개별적인 존재로 보고 있다.

자유주의자는 개인이 자신의 선택에 따라 독자적인 판단을 한다는 주관주의적 입장을 가지는 반면 공동체주의자는 그 개인의 판단의 근거는 그가 속한 공동체에 의해 사회화 과정을 거쳐 이루어지기 때문

---

1) 자세한 것은 스테판 뮬홀·애덤 스위프트, 『자유주의와 공동체주의』 참조.

에 개인의 선택 역시 공동체의 공통의 속성을 지닌다는 객관주의의 입장을 취하고 있다.

여기서 다시 1980년대 공동체주의자들의 근원적이고 공통적인 문제의식으로 돌아가 보자. 왜 이들은 서로 다른 지점과 다른 방식이지만 한결같이 롤즈의 자유주의를 비판했을까? 개인과 공동체의 관계에 대한 자유주의자들의 가정과 방법에 동의할 수 없었기 때문이다. 자유주의에서 개인은 사회와 유리된 채, 추상적 존재이며 이들은 자신의 주관에 의해 판단하고 선택하며 개인은 그들이 속한 공동체에 상관없이 보편적인 특성을 지니고 있다고 본다. 그리고 개인은 공동체보다 절대적인 우선성을 가진다는 것이 자유주의자들의 가장 두드러진 특성이다. 인간을 사회 이전에 개인으로 존재한다는 관점에 의하면 공동체에 대한 근원적인 애착을 증진시킬 가능성이 배제되며 공동체적인 제도와 문화를 창조하고 유지하며 그 속에 사는 일이 개인의 자아인식에 필수적이라는 것은 이해되지 못한다.

공동체주의에 의하면 인간은 문화를 창조하고 그 속에 사는 존재이며 개인이 다른 인간과 조화롭게 행동함으로써 발휘할 수 있는 능력에 대한 강조이다. 문화와 사회는 인간 공동체의 산물이다. 이것은 개인이 만들거나 유지할 수 없으며 개인은 자아인식과 행위에 필수적인 문화적, 사회적 자원들을 공동체로부터 물려받는다. 공동체주의적 인간관은 개인이 필연적으로 공동체에 의존하는 정도와 범위를 강조함으로써 자유주의가 전통적으로 개인의 자율성에 절대적 우선성을 두는 것에 반대한다.[2]

여기서 오해하지 말아야 할 것은 1980년대 자유주의와 공동체주의

---

2) 같은 책, pp.216~217.

논쟁에서 이들이 강조하는 상이한 내용들 간에 전면적인 대립이나 모순이 있었던 것은 아니라는 점이다. 자유주의와 공동체주의의 논쟁을 마치 사회주의냐, 자본주의냐의 논쟁처럼 대립 개념으로 이해해서는 안 된다. 서구 사회, 특히 미국은 자유주의적인 전통이 강한 나라이며 자유주의를 무시하고 이를 공동체주의로 대체하자고 주장하는 것이 용납될 수 없는 사회이다. 유럽에서 자유주의라고 하면 노직(Nozick)과 같은 자유지상주의뿐만 아니라 롤즈를 재분배적 자유주의로 이해될 수 있지만 미국의 경우는 자유주의에 복지국가적 재분배의 의미를 찾기 힘들다. 이런 사회적 토양에서 공동체주의로 자유주의를 교체하자는 극단적 주장이 가능하지 않을 것이다. 자유주의의 문제점을 공동체주의로 보완하자는 정도의 온건한 주장들이 주종을 이룬다. 앞서 나온 대표적인 4명의 공동체주의자들의 주장 역시 이 범주에서 크게 벗어나지 않는다.

개인은 공동체와 별개로 생각될 수 없다는 공동체주의자들의 주장은 자유주의자가 인간의 자율성에 부여하는 우선성이 절대적이고 그 범위가 보편적이라는 점에 의문을 제기하는 것이다. 그들은 이 우선성과 범위가 수정되거나 제한되어야 한다고 지적하고 있다. 자유주의에 대한 공동체주의의 비판은 자율성이 지니는 매력과 가치의 한계를 밝히려는 시도이지 이를 전적으로 부인하려는 것이 아니다.[3]

이상에서 볼 수 있듯이 1980년대 공동체주의자들은 롤즈의 『정의론』에 나타난 자유주의에 대한 비판에서 출발하고 있다. 그러므로 사회적 현상을 설명하기 위한 직접적인 필요에서 출발했다기보다는 롤즈 이론에 대한 학구적 비판에서 출발하고 있다. 이것이 1990년대 이후

---

3) 같은 책, p.217.

서구에서 등장한 정치적 공동체주의와 현격한 차이를 이루는 지점이다. 따라서 80년대 철학적 공동체주의와 90년대 정치적 공동체주의는 상당한 차이를 보이고 있으며 이들 이론에 긴밀한 연속성을 발견하기도 쉽지 않다. 공동체주의에 대한 일반적인 사회의 관심은 1990년대를 접어들어 1980년대의 레이거노믹스에 의한 개인의 자유에 대한 지나친 강조에 대한 자기반성에서 시작되었다. 이는 이전의 1980년대의 철학논쟁으로서 자유주의와 공동체주의의 논쟁과는 일정한 거리가 있다.

### 공동체자유주의의 맥락적 차이

앞서 나온 공동체주의자들의 비판에 대해 롤즈는 1993년『정치적 자유주의(Political Liberalism)』로 자신의 입장을 정리하고 자신의 이론에서 분명하지 않았거나 간과된 부분에 대해 의견을 개진한다. 물론 철학계의 거목인 롤즈의 발표에 대해 비판적인 일군의 학자들이 있었고 이 중 국가의 중립성과 선(good)의 범위를 둘러싼 논쟁에 참가한 학자들을 공동체자유주의자(communitarian liberalism)라고 한다. 대표적인 학자들로 리처드 로티(R. Rorty), 로널드 드워킨(R. Dworkin), 조지프 래즈(J. Raz) 등을 들 수 있다.

롤즈의『정의론』에 대한 공동체주의자들의 논쟁을 롤즈 제1차 논쟁이라고 한다면『정치적 자유주의』에 대한 공동체자유주의자들의 논쟁은 롤즈 제2차 논쟁이라고 할 수 있다. 철학논쟁이 일반적으로 그렇듯이 2차 논쟁이 더 구체적이고 전문적이며 일반의 독자가 이해하기에는 더 난해해지는 경향이 있다. 롤즈를 둘러싼 철학논쟁 역시 이에서 크게 벗어나지 않는다.

이 2차 논쟁에서 롤즈의 기본입장은 순수 '정치적 반완전주의'자로 분류되었는데, 국가의 정치적 중립성을 인정하며 선의 범위가 개인의 삶의 영역에 미치지 않는 순수하게 정치적 영역에 국한되어야 한다는 입장이다. 로티는 롤즈와 마찬가지로 정치적 반완전주의자로, 드워킨은 포괄적 반완전주의자로, 래즈는 포괄적 완전주의자의 입장을 보였다. 이 지점에서 우리는 2차 논쟁이 1차 논쟁보다 훨씬 철학적이고 일반이 이해하기가 더 힘들어졌다는 점에 동의할 것이다. 여기서 우리가 목적으로 하는 것이 이 논쟁의 정치적 내용이 완전주의인가 반완전주의인가, 혹은 이론적 방법이 정치적인가 포괄적인가에 대한 판별에 있지 않다. 단지 2차 논쟁의 성격을 이해하고 이것이 한국의 공동체자유주의와 어떤 연관성을 가지는 지만 간략히 살펴보도록 하자.

롤즈를 둘러싼 논쟁은 공동체자유주의자들에 의해 현실적인 사회적 문제에 대한 응답으로 시작한 것이 아니었다. 롤즈의 이론이 방법론적으로 경험주의에 의지하기보다는 규범론의 방법을 취하고 있고 이는 현실보다는 추상적 사변에서부터 출발한다고 할 수 있다. 이에 대한 공동체자유주의자들의 논의 역시 비슷한 방법으로 이루어진다. 그래서 1980년대 이후 롤즈를 둘러싼 철학논쟁은 대중의 관심 속에서 진행되거나 사회적 현안을 풀기 위해 진행된 것이라기보다는 학구적인 이론 논쟁에 초점이 맞추어져 있다.

한국의 공동체자유주의는 서구에서 있었던 공동체자유주의의 논쟁과는 직접적인 연관이나 인과관계가 없어 보인다. 우선 한국의 공동체자유주의 주장의 어디에도 완전주의/반완전주의, 정치적/포괄적이라는 범주의 논쟁에 대해 어떤 언급도 아직은 발견할 수 없다. 이들의 문제의식 자체가 이와 같은 철학논쟁과는 별개로 이루어진 정치논쟁 혹은 정책논쟁에서 출발했기 때문이다. 둘 간에는 생성 배경이나 문제의식, 학문적 혹은 현실적 필요에서 공통분모를 찾기는 쉽지 않다.

한국의 공동체자유주의의 주요 내용들은 제2차 논쟁인 공동체자유주의의 내용보다는 오히려 제1차 논쟁인 공동체주의 논쟁과 상당히 닮아 있다. 한국의 공동체자유주의자의 주장에 의하면 이는 개념적으로 "개인의 자유를 기본으로 하되 공동체의 발전과 조화에 노력하는"[4] 사상이며 개인의 자유를 기본으로 하고 상위 단위 혹은 큰 단위가 개인이 해결할 수 없는 일에 개입한다는 보완성의 원리를 주장하고 있다. 공동체에 의한 개인의 자유 침해를 최소화하려는 질서 원리로 보고 있다.[5]

이와 같은 견해는 한국의 공동체자유주의의 주장 곳곳에서 확인되고 있다. "공동체자유주의의 시각에서는 시장만능주의나 정부만능주의의 양자를 모두 옳다고 생각하지 않는다. 모든 경제문제는 시장에 맡기면 풀린다는 시장만능주의 내지 시장낙관주의는 극단적인 개인주의적 자유주의와 같은 문제점을 낳는다."[6] "개인주의적 개혁을 앞세움과 더불어 우리는 공동체주의적 개혁이 필요하다. 예컨대 도서 혹은 산간벽지에 거주하는 자녀나 영세빈곤 소득층 자녀에게도 양질의 교육 기회가 주어지도록 하여야 한다. 학습부진아, 장애인, 소년소녀가장 등의 교육문제에 대해서도 특단의 대책을 마련하여야 한다. 동시에 공동체적 윤리나 연대를 제고하기 위해 인성교육, 도덕교육, 역사교육, 환경교육 등을 강조해야 한다. 인문학 분야와 기초과학기술 분야 등도 자유주의에만 맡겨두어서는 충분한 교육이 이루어지지 못하므로 공동체주의의 입장에서 국가가 강조하고 지원해야 한다. 다만 공동체주의

---

4) 박세일, 『대한민국 선진화 전략』(21세기북스, 2006), 160쪽.

5) 같은 책, 160~161쪽.

6) 같은 책, 170쪽.

적 노력이 취약 계층이나 취약 분야의 자조노력이나 자립정신을 해하는 것이 되어서는 결코 안 된다. 이는 앞에서 논의한 보완성의 원리[7]를 생각해 보면 자명할 것이다. 이와 같이 자유주의 개혁을 앞세우고 나아가면서 공동체주의 개혁을 함께 추진하여 자유주의 개혁의 부족한 부분을 보완해 간다면 우리나라 교육개혁은 성공할 수 있다."[8]

한국의 공동체자유주의는 서구의 공동체자유주의의 내용보다는 공동체주의와 내용이 더 유사하다. 순수하게 철학논쟁의 측면에서 본다면 한국의 공동체자유주의는 차라리 공동체주의라고 해야 타당할 것이다. 그러나 이는 사회정치적 맥락의 차이를 이해한다면 충분히 이해할 수 있다. 한국은 자유주의의 전통이 서구와 같이 굳건히 자리 잡은 사회가 아니다. 서구에서 공동체주의라고 하더라도 이를 자유를 부정하고 공동체에 우선성을 두는 것으로 이해하지는 않는다. 서구 사회에서 자유주의가 만연하여 개인만이 강조되고 공동체적인 연대가 희석화되었다. 개인들이 권리는 강조하지만 이에 비례하는 책임을 방기하는 경향이 증가함에 따라 공동체주의를 강조함으로써 이런 사회적 부작용을 막으려는 보완적 성격이 필요하게 되었다. 그러나 한국에서는 공동체주의라고 하면 문화적인 맥락이 서구와 다르다. 이를 자유보다 공동체가 앞서는 것으로 왜곡하여 이해할 가능성이 크기 때문이다. 그리고 이는 나치의 공동체 강조에서 볼 수 있듯이 자칫 전체주의로 오해될 수 있다.[9] 한국은 자유주의의 전통이 존재하지 않는 나라이다. 자유주

7) 원문이 아닌 필자의 강조

8) 박세일, 『대한민국 선진화 전략』, 169쪽.

9) 박세일은 이와 같은 고민으로 "공동체주의는 개인주의를 거부하는 집단주의 내지 전체주의와 혼돈하여서는 안 된다"(같은 책, 153~154쪽)고 보면서 한국에서 자유주의를 강조하기 위해 이론적 맥락으로 엄밀히 따진다면 그의 주장은 '공동체주의'에 해당하지만 이론적인 엄밀성을 희생하면서도 역사문화적 맥락에서 '공동체주의'란

의의 개념이 구한말에 개화파에 의해 개념으로 소개된 적은 있으나
본격적으로 사회적 기본원리로 자리 잡기 시작한 것은 해방 이후라고
할 수 있다. 그 이전까지 봉건적 질서 속에서 평등이나 공동체 관념들은
존재하고 있었으나 자유의 관념은 크게 찾아보기 힘들다.[10] 자유의
관념과 문화가 근간을 이루는 서구에서 공동체주의는 자유주의를 근간
으로 하면서 공동체적인 보완을 하자는 주장으로 받아들여지는 것이
일반적이다. 하지만 만약 한국에서 공동체주의를 주장한다면 이는 자
유주의는 사장된 채 공동체 자체만이 강조될 것이다. 그리고 이는 바로
전체주의나 전제정치로 이해될 오해의 소지를 충분히 안고 있다.

그래서 서구와의 역사문화적 차이를 감안하여 '공동체주의' 대신
'공동체자유주의'란 용어를 선택하고 있다. 서구에서는 공동체주의나
공동체자유주의의 개념이나 내용의 차이가 크지 않는 것으로 받아들여
진다. 그러나 한국에서는 이는 내용에 상관없이 이 개념이 나타내는
대중적인 수사(rhetoric)에서 상당히 반대적인 개념으로 이해될 수 있다.
의미론적으로 공동체주의와 공동체자유주의는 전혀 다른 개념으로
받아들여질 수 있다. 공동체주의는 말 그대로 자유와 상관없이 공동체
를 강조하는 사상으로, 공동체자유주의는 공동체와 자유를 모두 포괄
하는 절충론으로 이해될 것이다. 이는 문화적인 맥락의 차이에 의해
불가피한 일이 되고 있다. 한국의 공동체자유주의는 내용에 있어서는
공동체주의에 가깝지만 대중적 친화력이라는 현실적 고려 때문에 공동
체자유주의라는 대중적 수사를 선택한 것으로 보인다.

---

용어보다는 '공동체자유주의'를 선택하고 있다.

10) 전통문화 속에서 공동체나 평등에 대한 관념들은 쉽게 발견된다. 두레나 향약의
규약 등에서 공동체 의식이 발견되며 대동사상 등에서 평등 관념의 원형들이 보인다.

## 3. 정치적 공동체주의

### 정치적 공동체주의의 등장

한국의 공동체자유주의는 서구와 달리 철학적 논쟁의 결과라기보다는 정치적 필요에 의해 제기된 측면이 강하다. 보수 세력들이 자유주의의 내용과 범위를 둘러싸고 이를 어떤 내용과 수위에서 결정해야 대중적인 설득력이 지니느냐는 현실 정치적 수사로서 필요성이 컸던 것이다. 서구에서도 철학적 논쟁과는 별개로 정치적 공동체주의가 1990년대 이후 새롭게 재조명되고 있다.[11) 한국의 공동체자유주의는 그 이름에도 불구하고 실질적인 내용은 공동체주의와 유사하고 철학적 공동체주의라기보다는 정치적 공동체주의에 속하기 때문에 서구의 정치석 공동제주의와 상관성을 살펴보는 것도 중요한 일이다.

서구에서 정치적 공동체주의는 1980년대 서구 사회의 만연된 신자유주의적인 풍토에 대한 반발의 성격이 강하다. 80년대 미국의 경우 레이건이 집권하고 영국에서는 대처가 집권하여 10년 이상을 이들 보수 세력들이 정치에서 장기간 주도권을 행사한다. 이들은 그 이전의

---

11) 이 점은 앞으로 살펴볼 정치적 공동체주의의 대표적인 학자인 에치오니(A. Etzioni)와 앞서 살펴본 대표적인 공동체주의자인 샌들(M. Sandel), 매킨타이어(A. MacIntyre), 테일러(C. Taylor), 왈쩌(M. Walzer)들과의 관계에서도 알 수 있다. 에치오니는 『공동체주의 강령(the responsive communitarian platform: rights and responsibilities)』을 1991년에 발표하고 이 강령에 동의하는 사람들의 동참을 호소한다. 그러나 4명의 공동체주의자들 중 어느 누구도 참여하지 않는다. 이 예에서 볼 수 있듯이 정치적 공동체주의와 철학적 공동체주의는 그 내용에 있어서는 연관된 면이 있지만 현실적으로는 내적 연관이 크지 않다. 오히려 토니 블레어(Tony Blair)는 대학시절 정치적 공동체주의에 상당한 관심을 보였고 최근 2006년 연초에 '사회존경운동' 등을 통해 90년대 후반 노동당의 연성 사민주의 정책을 넘어 공동체주의적인 정치를 강조하고 있다.

보수 세력들과는 상당히 다른 이념적인 적극성을 보인다. 이전의 보수 세력들은 상당히 수동적인 경향이 있었다. 원래 이들이 주창한 자유주의가 적극적인 개념이라기보다는 상당히 소극적인 형태를 취하기 때문이다.[12] 그러나 80년대의 신자유주의는 이보다는 훨씬 공세적인 입장을 취하고 이는 제도권 자유주의로서는 상당히 이례적인 일이다. 이는 그 이전 적극적 정부에 근거하여 유지되었던 제도와 정책을 자유주의적인 방향으로 개혁하려는 현실적 필요가 있었기 때문이다. 미국의 경우 1929년 대공황 이후 이에 대처하기 위해 루즈벨트에 의해 '적극적 정부'가 도입되었고 이런 정치의 틀이 80년대까지 지속되고 있었다. 영국의 경우도 비슷하게 전후 복지국가의 제도와 정책으로 '적극적이고 큰 정부'를 유지하고 있었다. 이들 신자유주의 정치세력들은 이와 같은 '큰 정부'를 비판하면서 '작은 정부'로의 개혁을 위해 적극적인 보수 세력이 되었고 정치적 내용은 작은 정부로 회귀였다.

이런 상황은 개인에게는 권리와 책임의 불일치로 이어졌다. 미국의 경우 큰 정부에 대한 국민들의 기대가 증가해 있었고 국가를 상대로 권리에 대한 요구가 팽창해 있었다. 자유주의적인 작은 정부에 의하면 당연히 개인이 자기 책임으로 해야 할 일까지도 이미 증가된 정부에 대한 기대로 이를 개인 책임으로 보지 않고 정부에 요구할 수 있는 권리로 보았다. 반면 신자유주의의 내용이 개인의 자율성과 자유를 극대화하는 것이기 때문에 개인들은 국가에 대한 책임은 소홀히 하는 경향이 증가했다. 자유주의의 내용으로 국가의 간섭을 배제한다는 원

---

12) 하이에크의 경우 자유를 '강제의 부재'로 정의한다. 이는 자유의 내용을 적극적으로 규정하는 것이 아니라 소극적으로 자유가 아닌 내용을 공제하고 난 뒤에 남는 것으로 보았다. 이처럼 자유주의의 속성은 국가활동의 적극성보다는 소극성을 강조하는 특성이 있다. 법 역시 의회에 의한 제정법보다는 자연적으로 진화되어 온 '고유한 의미의 법'을 더 중시하여 법치주의의 소극성을 보여주고 있다.

칙에 의하면 개인이 국가에 대한 책임을 최소화하는 것은 당연한 논리적 귀결이었다. 1980년대 신자유주의적인 개혁을 개인의 차원에서 이해한다면 정부가 작은 정부로 회귀하려고 하듯이 개인은 자신의 책임을 강조하고 정부에 대해 간섭을 배제하는 대신 권리 요구 역시 작아져야 한다. 그러나 팽창된 정부에 대한 권리 요구는 쉽게 줄어지지 않는 경향이 있다. 그래서 개인들은 권리의 요구는 여전하지만 책임은 다하지 않으려는 역설적인 상황에 놓이게 된다. '권리와 책임의 불균형(imbalance between rights and responsibilities)'이 중요한 문제로 등장했다.13)

1990년대 미국의 시민들은 과거에 특권(privilege)으로 보던 것도 권리로 보는 경향을 보인다. 건강보험을 특권이 아닌 권리로 보는 견해가 압도적으로 다수이며(81% : 16%) 미국 시민의 2/3는 적정한 주거를 특권이 아닌 권리라고 생각한다. 대학에 진학하여 교육받는 기회도 권리라고 보는 견해가 증가하고 있으며 사회적 안전에 대한 요구도 증대하고 있다.14) 반면에 이에 따르는 책임은 그에 부합하게 증가하지 않으며 오히려 회피되는 경향이 있다. 미국 군대가 해외에서 보여주는 군사력을 자랑스러워하는 미국의 청년들은 있지만 정작 그들 스스로는 군대에서 복무하기를 꺼려하거나 시민들도 그들의 아들·딸이 그 의무를 이행해야 하는 것을 마땅치 않게 생각하는 경향이 증가한다. 납세자가 아니라 정부가 비용을 지불해야 한다고 생각한다(The taxpayers should not have to pay for this; the government should). 12%의 응답자만이 선거를

---

13) 아래에서부터 '공동체, 정부, 시장의 관계'까지는 임채원, 『보수의 빈곤과 정책담론』(한울, 2005), 78~91쪽에서 재인용했다.

14) Amitai Etzioni, *The Spirit of Community: Rights, Responsibilities, and the Communitarian Agenda* (Crown Publishers Inc., 1993), p.5.

민주시민을 위한 일부분이라고 보는 반면 젊은이들은 대체로 개인주의와 민주주의에서 그들이 원하는 건 뭐든 할 수 있으며 어떤 제한도 없다고 생각한다.

이러한 권리에 대한 요구는 비교적 새로운 것이다. 정부에 대한 근본적인 회의를 가진 미국은 국가가 국민의 권리를 보장하기보다는 시민 스스로가 결정하는 것을 더 선호하는 전통을 갖고 있다. 미국의 건국의 아버지들은 성문헌법이라는 인류사에서 새로운 제도를 고안해 냈던 사람들이다. 이들에게 권력은 가능하다면 제한되는 것이 바람직한 것이었다. 그들이 영국의 종교적 박해를 피해 정치적 망명을 했던 사람들의 후세들이고 그들 스스로가 영국의 자의적 권력행사에 저항해서 독립을 쟁취한 사람들이었다. 독립 이후 권력의 진공상태에서 새로운 권력구조를 설계할 당시 중앙집권으로 할 것인가, 지방과 중앙 그리고 기관 간에 철저한 권력분립을 적용할 것인가가 문제가 되었다. 권력의 속성이 자의적으로 행사될 가능성이 있으므로 최대한 견제하는 수단을 어떤 방식으로 할 것인가를 두고 논쟁을 벌였다. 따라서 정부는 최소의 정부에 머물러 있고 자유는 국가로부터의 자유이며 정부가 개인에게 처분적인 권리를 부여하는 것을 경계했다. 그 만큼 정부에게 재량을 주는 것 자체가 위험하다고 보았기 때문이다.

그러나 최근의 사회적 상황은 자유방임의 시대와는 다르다. 앞서 살펴본 바와 같이 공공 건강이나 주거, 교육 등 과거에는 시장이나 시민사회의 영역에 맡겨두었던 영역에서 시민들은 그들의 권리를 주장하고 있다. 반면에 그에 따르는 책임은 회피하려고 한다. 1990년대 문제는 권리와 책임의 불균형이며 그 원인의 상당부분은 새로운 권리의 등장에 있다.

새롭게 규정된 권리는 누군가에게 비용의 청구를 불러왔다(each

newly minted right generated a claim on someone). 자유의 초보적인 개념은 다른 사람을 침해하지 않는 상태에서 개인의 이익 극대화를 의미한다. 만약 특정 개인의 권리 인정이 타인에게 피해를 주는 것이라면 그에는 논쟁이 필요하다. 특히 특수 이익집단의 요구가 법률상 보장되는 권리 인가는 사회적인 합의가 필요하다. 이 과정에서 사회적 담론과 토론이 선행되어야 하고 권리에 대한 새로운 해석과 규정이 필요하게 된다.

권리는 책임을 전제로 한다. 책임을 전제로 하지 않는 권리요구는 비윤리적이고 비논리적이다. 모든 사람은 공동체에 의무를 가진다. 모든 사람의 권리와 자유는 제한되는데 그 목적은 타인의 권리와 자유를 인식하고 존중하기 위해서이고 도덕성과 공공질서 그리고 민주사회에서 일반적 복지를 충족하기 위함이다. 받기만 하고 주지 않는 것은 몰상식하고 자기중심적이며 궁극적으로는 사회가 감내할 수 없게 한다. 권리를 주장하기 위해서는 의무에 대한 고려가 일차적으로 진제되어야 한다. 공동체주의에서는 가족과 학교 그리고 공동체에서 도덕적 헌신에 관해 자주 말하는데, 이는 책임과 직접적인 관련이 있다. 공동체주의의 핵심적 가치는 타인과 우리가 공유한 공공선에 대한 관심과 밀접한 관련이 있다. 공동체의 도덕적 목소리는 우리의 사회적 책임을 진작시키기 위함이다.

한 걸음 더 나아가 지금 당장의 이익이나 장기적 보상이 없이도 도덕적 요구에 기초한 의무들을 인식해야 한다고 강조한다. 환경에 대한 책임이나 공동의 미래에 대한 헌신이 이러한 예에 속한다. 이와 같은 도덕적, 사회적, 정치적 환경에 대한 책임이 동일한 의무로 제기된다고 본다.[15]

---

15) 같은 책, pp.5~11.

## 도덕의 재건

현대 사회에 증대된 권리에 대한 대응에서 자유주의와 공동체주의는 현격한 차이를 보인다. 자유주의는 증대된 권리요구를 자유방임의 방식으로 되돌림으로써 해결책을 찾았다. 사회적 형평에 대한 요구와 적어도 정부기관을 통한 이 문제 해결방식에는 근본적인 불신을 보인다. 정부의 개입은 또 다른 의도하지 않은 문제 — 관료의 무능과 부패, 팽창주의, 계획경제의 폐해 — 등이 수반되어 정책목표를 달성하지 못할 뿐만 아니라 부가적인 문제만 더 양산한다. 따라서 민간이 자율적으로 시장에서 해결할 수 있도록 내버려두는 것이 최선의 방법이라고 본다.

반면 공동체주의에서는 증대된 권리에 따라 개인과 사회의 책임을 강조하는 것으로 문제를 해결하려 한다. 이때 개인적 차원에서 가장 강조되어야 할 것이 도덕(morals)과 선(virtues)이다. 지나치게 개인화되어 있는 시민들이 사회적 구성원의 일부임을 자각하게 하고 사회적 요구에 적극적으로 참여하게 하는 방법으로서 도덕을 강조한다.

1960년대 이래 미국 사회에서 도덕적 전통, 사회적 가치와 제도는 도전받고 때로는 그 유용성마저 의심받아 왔다. 그 결과 도덕적 혼란의 증가와 사회적 무정부주의가 나타났다고 본다. 전통적인 가족의 의미가 퇴색했고 학교는 핵심가치를 새로운 세대에게 전승해야 함에도 그 역할을 다하지 못하고 있다고 본다.

도덕의 재건을 위해서는 가족과 학교를 공동체적인 방식으로 강조할 필요가 있다고 한다. 하지만 공동체주의에서는 1960년대까지 존속했던 가족과 학교와의 차이를 강조한다. 그 당시의 도덕과 가치들은 민주적 방식으로 결정되기보다는 권위주의적(authoritarian)이었다. 특히 여성과 흑인 등 소수자가 차별받은 경향이 있었으며 공동체주의는 이러한 차별을 지양한다.

　도덕은 정부의 간섭을 줄이면서 사회질서를 강화하게 해준다. 이는 환경훼손, 가정폭력, 어린이 유기, 미성년자에게 담배나 술의 판매를 금지하는 등 좋은 사회를 위해 금해야 할 것이나 줄여야 할 것을 분명히 해준다. 공동체의 도덕적 문화가 그러한 행위를 정의하도록 돕는다. 더 중요하게는 사회적 규제의 미묘하고도 비공식적인 과정을 이끌어내는 사회의 능력이 강제적인 국가권력에 의할 때보다 목적 달성에 더 유리하다는 점이다. 공동체가 약물남용, 환경범죄 등에 더 중요한 역할을 한다는 연구결과도 있다. 반사회적 행위를 완화하는 이외에도 공동체의 도덕적 문화는 노약자와 어린이에 대한 관심이나 조세 납부, 자원봉사, 다른 사회적 활동을 권장할 수 있다.16)

　우려스러운 것은 공동체주의는 역사적으로 전체주의와 결합된 혐의가 짙나는 점이다. 아리스토텔레스 이후 공동체에 관한 역사적 실험들은 많았지만 그 공동체의 목적이나 도덕이 개인의 자유의 말살을 넘어서 인류평화의 파괴로 이어진 전례를 잊을 수 없다. 역사적으로 공동체주의는 국가주의 전통과 맥이 닿아 있는 경우가 있다. 루소와 헤겔에 의한 일반의지와 국가이성의 강조도 이러한 예이며 극단적인 경우로 나치가 그 대표적인 사례이다.

　이는 공동체의 내용을 규정하는 도덕이 누구에 의해 결정되며 그 내용과 한계가 무엇인가 하는 것과 밀접히 관련되어 있다. 공동체의 의사는 암묵적 합의의 형태로 사회 규범 속에 녹아 있기도 하지만 국가 공동체 등에서 볼 수 있듯이 명시적인 공동체 목표의 형태로 구체적으로 현실화되기도 한다. 이 경우 그 내용의 결정 방식과 한계에

---

16) Amitai Etzioni, *The Third Way to a Good Society* (Demos, 2000), p.26.

따라 전체주의로 이어지기도 한다. 공동체의 의사결정을 실질적으로 지배자가 하게 되고 공동체에게 그 책임을 전가하는 경우 이는 통제력을 상실한 자의적 권력으로 전화한다.

따라서 공동체의 내용이 되는 도덕이나 공공선의 결정 형식이나 내용의 한계가 분명해야 한다. 절차적으로는 대의제이든 직접제의 형식이든 그 절차가 민주적이어야 한다. 내용의 한계는 더 중요하다. 공동체의 기초가 되는 도덕적 문화는 구성원뿐만 아니라 외부의 관찰자에게도 감시받아야 한다. 한 가지 방법은 공동체의 도덕 문화가 헌법이나 기본법에 의한 공통의 사회적 가치로 평가받는 것이다. 공동체는 좋은 사회를 위한 다른 요소들처럼 제한받아야 한다.[17]

특수한 경우에 그 공동체의 원칙이나 결정의 잘잘못을 판단하는 기준은 무엇이 되어야 하는가? 예컨대 아동 노동은 용인되어야 하는가? 이러한 경우에는 기본적 인권(basic human rights)으로 판단되어야 할 것이다. 초기의 공동체나 현존하는 자유 공동체의 일부도 개인과 소수자를 억압하는 경우가 있다.

모든 공동체의 모든 성원들의 권리를 보호하는 것은 국가의 역할인 동시에 공동체 내외부의 일이다. 어떤 공동체에서도 언론과 집회의 자유는 그가 방문자이든, 지나가는 사람이든, 그 누구이든 침해받아서는 안 된다. 예컨대 이는 공동체 내부에서 구성원들의 만장일치에 의한 최종적인 결정이라는 것과 인종에 기초해서 다른 사람을 차별해서는 안 된다는 것은 별개의 문제이다. 공동체는 헌법과 기본법의 지원을 받아 존재한다는 것을 의미한다.[18]

---

17) 같은 책, p.27.
18) 같은 책, p.28.

## 공동체란 무엇인가?

이제 다시 공동체주의의 처음으로 되돌아가자. 자유주의 사조에 반발해서 공동체주의가 등장하고 그 원인은 권리와 책임의 불균형에 있고 그 불균형을 해결하는 방법으로 도덕을 강조했다. 그러면 공동체주의란, 아니 공동체란 무엇인가?

공동체는 목적에 기초한 나와 당신의 관계에 자양분을 주는 주요한 사회적 실체이다[communities are the main social entities that nourish ends-based(I-Thou) relationships]. 반면 시장은 수단에 기초한(means-based) 나와 사물(I-It)의 관계의 영역이다.[19] 국가와 시민의 관계는 도구적인 경향이 있다. 공동체, 시장, 국가의 관계에서 공동체는 다른 사회조직과 달리 목적에 기초한 관계를 특징으로 하고 개인들의 풍요는 공동생활이 주는 유대가 강화되고 깊은 공동생활이 기초해 있다고 본다. 간단히 공동체는 좋은 사회(good society)의 주요한 요소라고 본다.

공동체의 개념은 계급, 엘리트, 이성 등 다른 개념과 마찬가지로 모호하다. 공동체는 나와 당신의 관계를 강화하는 두 가지 요소에 기초해 있다. 첫째, 공동체는 애정의 연대(bonds of affection)을 제공해 주는데, 이는 가족을 확장한 것처럼 사람들을 사회적 실체로 변하게 한다. 둘째, 공동체는 공유된 도덕적 문화를 전승하여 세대에서 세대로 이어주고 도덕적 틀을 재형성하도록 해준다. 이러한 특성이 공동체를 다른 사회집단과 차별화시켜 준다.[20]

역사의 초기에 그리고 어느 정도 오늘날까지 공동체는 주로 지역적 개념으로 받아들여지곤 했다. 현재의 공동체는 병원의 의사들이나 대

---

19) 같은 책, p.15.

20) 같은 책, p.15.

학 동료교수들처럼 같은 기관에서 일하는 직업구성원 사이에서 발생하기도 하며, 인종적 그룹(예컨대, 유대인 공동체, 런던 동부의 방글라데시 이민자들)과 성적(性的) 취향을 공유한 사람들이나 정치적 혹은 문화적 취향이 같은 지식인 그룹들 간에도 형성된다.

공동체는 집단과는 구별된다. 단지 특수한 이익을 공유할 뿐인 집단은 단순히 이익집단이나 로비스트들이다. 인터넷에 부가되는 세금을 막기 위해서든지 우편비용을 절감하기 위한 이익집단들의 행동이 그 예이다. 그들은 애정 어린 연대감이나 공유된 문화를 결여하고 있는데 애정이나 공유된 문화는 공동체들을 생활의 좁은 이해관계에 초점을 맞추는 것을 넘어 진심으로 사람들을 묶어낸다.[21]

공동체는 제3의 길을 주장하는 사람들에게서도 종종 간과되는 경향이 있는데 그들은 주로 국가와 시장 간의 관계에 관심을 갖기 때문이다. 공동체주의자들은 공동체, 국가, 시장이 각각 특정한 일에서 우위가 있다는 점을 인정하고 이것의 균형이 잘 이루어진 사회에서는 세 가지가 상호보완적이라고 보고 있다. 공동체의 비교우위는 그 속에서 사는 사람들이 그렇지 않은 사람들보다 더 오래 건강하게 산다는 사실에서도 나타난다. 이들은 상대적으로 고립되어 사는 사람들보다 심리적으로 또 정신적으로 장애를 덜 겪고 있다. 잘 사회화된 공동체 구성원들은 폭력조직이나 종교적 컬트(cult)나 군사집단에 가입할 가능성이 더 적게 나타난다.

앞으로 공동체는 사회적 책무들(responsibilities)의 더 많은 부분을 담당하게 될 것이다. 공동체는 더 적은 비용으로 사회적 임무를 충족시킬 수 있고 국가나 시장보다 더 인간주의적으로 일할 것이기 때문이다.

---

21) 같은 책, p.16.

머지않은 장래에 그들은 사회적 서비스의 가장 중요한 자원이 될 것으로 본다. 사회적 서비스에 지불한 비용인 세금을 증가시킬 능력은 거의 한계에 이르렀으며 사회적 서비스 비용은 인플레이션보다 더 빠르게 증가할 것이기 때문이다. 그러나 공동체에 의존하려는 탐색이 복지국가를 대체하려는 시도는 아니다. 반대로 복지국가의 부담을 덜어줌으로써 공동체는 이를 지탱시키는 데 도움이 될 것이다.[22]

### 가족과 학교의 중요성 강조

공동체주의에서는 제도로서 가족을 일차적으로 강조한다. 가족이 인격형성(character formation)에서 최초의 그리고 가장 중요한 장치이기 때문이다. 공동체에서 강조하는 사회적 도덕은 가족생활에서 이것이 자연스럽게 형성되는 것이 가장 바람직하다고 본다. 가속에서 공동체가 강조하는 애정과 연대감의 학습이 자연적으로 체득되고 도덕적 문화가 전승되기 때문이다. 이와 같은 일차적 중요성으로 달리 가족을 대체할 사회적 장치는 없다. 공동체는 현대의 다른 사상보다 도덕을 더 강조한다. 사회변화를 추진하는 방법은 크게 두 가지다. 한 가지는 사회구조를 우선적으로 개혁해서 인간의 인식과 정서까지 바꾸는 방식이고 다른 한 가지는 인간의 의식을 먼저 개혁함으로써 그가 속한 사회가 자연스럽게 변하는 것을 중요하게 생각한다. 공동체주의는 사회개혁 이전에 의식개혁을 먼저 주장하는 입장이라 할 수 있다. 권리 못지않게 책임을 중요하게 생각하는 사회의식의 변화는 가족을 통해 유년기에 자연스럽게 형성되는 것이 가장 바람직하다고 본다.

---

22) 같은 책, p.18.

이러한 관점에서 보면 아이를 갖는 것은 단순히 개인적 차원의 문제일 수는 없다. 이것은 공동체를 위한 중대한 결과를 의미한다. 출산은 그들의 도덕교육에 참가하는 사회적 의무를 가짐을 의미한다. 아동은 생래적으로 도덕적 가치를 타고나지 않았고 사회적 가치들이 그들에게 전해지지 않는다면 그들은 공동체의 시민이 될 수 없을 것이다. 대부분의 아이들을 교육하는 최선의 방법은 부모를 통한 양육이다. 어린이 보호 센터는 미국의 경우에도 형편없는 대체물이라고 보고 있다. 따라서 기초적인 경제적 필요를 만족시킬 수 있는 부모들은 경제적인 이익을 좇아 시간을 허비하기보다는 자녀들에게 자신을 투자하는 것이 더 중요하다고 본다. 양육에 우선순위를 둘 것을 강조한다. 이것은 어머니가 집에 머무는 것을 말하는 것은 아니다. 부모 양쪽이 아이에게 관심을 가질 책임을 나누어가짐을 의미한다. 공동체는 이러한 부모들을 장려해야 한다고 공동체주의는 강조한다.[23]

인격형성과 도덕교육(moral education)에서 가족 다음으로 중요한 제도는 학교이다. 그러나 현재의 학교 교육은 공동체적인 목적에 충실하지 못하다고 본다. 교육에서 도덕교육보다는 기술과 지식(skills and knowledges)에 중점을 두고 있고 인격형성에 대한 이해가 부족하여 도덕교육이 제대로 이루어지지 않고 있다고 본다. 학교 내에서 교육에 영향을 주는 가장 중요한 것은 교육내용이나 수업방식이 아니며 경험(experience)라고 주장한다. 이러한 경험 교육이 건전한 인격형성이나 도덕교육에 제대로 기능하지 못하고 있다고 비판한다. 많은 요소들이 학교 교육의 여건을 열악하게 만들고 있지만 자기중심적인 정신도 한몫하고 있는 것으로 이해된다. 학교는 단순히 기술이나 지식의 전수공간이

---

23) Amitai Etzioni, *The Spirit of Community*, p.88.

아닌 산 경험을 바탕으로 도덕 교육의 함양 공간이 되어야 한다고 공동체주의자들은 주장한다.[24)]

### 공공 안전과 공공 보건

1990년대 미국 사회의 반성은 주로 공공의 안전(public safety)과 공공 보건(public health)과 관련되어 나타난다. 특히 시민의 안전을 위협하는 범죄 중 마약, 에이즈, 지역 공동체의 치안 불안, 시민들의 범죄에 대한 노출 가능성 등은 개인의 안전을 위협했다. 그리고 1992년 LA의 도시 폭동에서 보듯이 미국 사회가 갖고 있는 치안의 불안을 해결하는 것이 중요한 문제로 부각되었다. 다른 한편에서는 청소년들을 마약과 성폭행 등 범죄의 노출에서 보호하는 것이 심각한 사회문제로 대두되었다.

그러므로 미국은 공동체적 연대나 사회책임에서 유럽이나 한국 등에서 강조되는 실업이나 사회보험 등에 대한 관심은 비교적 적다. 미국은 자유주의적 경향이 강해서 실업이나 사회보험 등은 일차적으로 개인이나 시장이 알아서 해결해야 할 일로 간주하는 경향이 강하고 국가나 공동체는 이에 관한 직접적이고 강제적인 수단을 선호하지 않는다. 그래서 그들은 사회 전체의 안전망에 대한 고려보다는 개인들의 안전을 침해하는, 그리고 그들이 집 밖으로 나와 활보하는 거리와 공원과 같은 공공장소에서 안전을 확보하는 것에 일차적인 관심을 보인다.

공공의 건강도 사회적 약자의 최소한의 사회적 보호보다는 마약과

---

24) 같은 책, p.115.

에이즈와 같은 치명적인 해악으로부터 개인을 공동체가 어떻게 보호할 것인가 하는 점에 일차적 관심을 기울인다.

공공안전을 위해 공동체 구성원들의 접촉 기회를 확대하기 위해 사회적 교제(social gathering) 수단으로서 공동체 모임 갖기, 이웃 간 거리 축제를 촉진하는 것과 같은 방법을 선호한다. 공원을 개방하고 안전과 공공장소 이용을 확대하는 방법을 선호한다. 보다 활성화되고 안전한 지역 공동체를 강화하기 위해 구성원 간 유대를 강화할 방법을 찾고 지역사회 갱신에 관심을 갖는다. 그리고 공동체의 인구가 너무 많은 것보다는 2,000~5,000명 정도를 적당한 크기로 보고 있다. 지역적 공동체뿐만 아니라 사이버 공동체도 중요성을 더해 간다.[25]

공동체를 범죄로부터 안전하게 보호하기 위해 여러 가지 범죄 예방 수단을 강구하는 것이 중요하다고 본다. 구성원들 간 대면접촉의 기회를 넓히고 공동체 차원에서 범죄 예방 프로그램과 범죄자에 관한 정보와 관리가 중요해진다.[26]

공동체주의의 우선순위가 공공 안전과 공공 보건인 것은 지극히 미국적인 배경을 갖고 있는 것이며 이에 비해 유럽이나 한국에서는 사회적인 쟁점은 다른 곳에 있다. 가장 시급하게는 실업문제와 이에 따르는 사회안전망의 확보와 같이, 저소득 계층의 생계와 생활의 질과 직결된 문제에 더 많은 사회적 관심을 갖고 있다.

이런 점에서 국가와 공동체 그리고 시장이 모두 역할을 해야 하지만 이들의 역할의 정도에 관해서는 미국 공동체주의자들과 영국의 연성 사민주의자들 간에 상당한 차이를 보인다.

---

25) Amitai Etzioni, *The Third Way to a Good Society*, p.22.

26) 같은 책, pp.22~25.

## 공동체, 정부, 시장의 관계

공동체주의자들에게 '좋은 사회(good society)'는 공동체, 정부, 시장이 좋은 파트너십을 형성하고 서로의 장점을 살리면서 상호보완적으로 기능할 때 가능하다고 본다. 시장이 역동성을 가지고 있지만 그 자체만으로는 사회적 붕괴를 초래할 수 있고 정부 역시 복지국가의 경험에서 볼 수 있듯이 모든 문제를 정부가 풀려고 할 경우 불필요한 재정팽창과 관료주의를 낳으며 공동체는 아직도 사회문제를 주도적으로 해결하기에는 역부족이다. 다수의 공동체주의자들도 공동체 역할을 시장이나 국가의 보완적인 것으로 보는 경향이 있고, 공동체는 사회적 연대에 대한 자각을 심어주고 새로운 가능성을 확인해 준다는 점에 의의를 두고 있다. 세 가지 제도의 균형을 유지하는 것이 좋은 사회의 핵심이다.

공동체주의는 삼자관계에서 국가의 역할을 좀 더 축소하는 것을 선호한다. 국가가 직접 나서기보다는 공동체가 주도적으로 공공 안전의 문제를 해결하는 것을 우선시한다. 그들은 시장의 역동성을 인정하지만 심판 없는 경기와 같이 운영되길 원하지 않는다. 시장은 사회적 가치와 법 그리고 규제의 메커니즘을 통해 사회적 맥락 속에서 작동하길 원한다. 그러나 여전히 이들의 주요 관심은 공공 안전과 보건에 있다.[27]

공동체주의자들은 공동체가 정부나 시장을 대체할 수 있다고 보지는 않는다. 공동체, 정부, 시장이 사회적 문제 해결에 필수불가결한 주체들이며 이들이 장점을 가진 영역들이 있고 이들 바탕으로 3자가 적절한 역할 분담으로 협력하는 것이 중요하다고 본다.

---

27) 같은 책, pp.41~51.

## 행위규범과 정책적 대안

서구 공동체주의의 가장 큰 특징은 권리와 책임의 불일치를 해결하는 방법으로 개인의 도덕성에 호소하고 있다는 점이다. 이는 제도와 정책을 중심으로 사회문제 해결을 제안하고 있는 한국의 공동체자유주의와 크게 차이가 나는 점이다. 그리고 이 바로 이 차이로 인해 서구 공동체주의와 한국의 공동체자유주의는 철학적 유사성에도 불구하고 현실적인 평가가 극명하게 나누어지는 이유가 된다.

사회적 문제에 대한 진단과 처방에는 크게 두 가지 방법이 있다. 하나는 사람의 인식이나 행태를 중심으로 하는 것이고 다른 하나는 제도와 정책을 중심으로 하는 것이다. 전자의 대표적인 방법이 행태주의이고 후자의 대표적인 방법이 구조기능주의이다. 공동체주의는 개인에 초점을 맞추면서도 특히 인간의 덕성(virtues)로 사회문제를 해결하려는 입장이다.

1990년대 미국의 경우 가장 문제가 되었던 것이 개인의 권리와 책임의 불일치와 공공 안전과 공공 보건의 취약성이었다. 개인이 권리의 요구에 비해 책임을 다하지 않으려는 문제가 있을 때 이를 해결하는 제도와 정책의 처방은 법과 제도로서 이런 불균형을 시정하는 것이다. 권리 규정을 줄이고 책임과 의무의 범위를 확대함으로써 제도적인 개선을 유도할 수 있을 것이다.

그러나 공동체주의는 이와 같은 사회적 해결방식보다는 개인의 도덕성을 재건함으로써 문제를 해결하고자 했다. 우선 인간의 사회화 과정에서 가장 중요한 역할을 하는 가족과 학교에서 교육으로 도덕성을 체화하는 방법을 선호한다. 교육을 통해 어린 시절부터 공동체 의식이 몸에 배이게 되면 이 덕성이 좋은 사회를 만드는 자질이 성숙한 공동체의 성원으로 자라게 되고 책임을 다하는 사회 성원이 된다는 것이다. 공동체는 애정의 연대를 제공해 주는 것으로 가족에서 애정이 중요한 것처럼 이것이 사회적으로 확장될 때 그 실체가 확인된다고 본다. 공동체는 공유된 도덕적 문화를 전승하여 세대에서 세대로 이어 주는 도덕적 틀을 재형성해 주는 것으로 본다.

이런 사회화 과정 속에서 성장한 개인은 공동체 의식을 체득하게 되고 공동체적 덕성을 지니고 사회활동을 하게 된다는 것이다. 이에 따라 공공 안전이나 공공 보건에 자연스럽게 기여하게 된다고 본다. 특히 지역 공동체에서 국가를 통하지 않더라도 자발적인 공동체적 연대에 의해 지역사회의 문제들을 해결할 수 있다는 것이다. 서구에서 문제가 되고 있는 마약, 청소년 범죄, 치안불안 등을 자율적인 지역 공동체들이 해결할 수 있는 것으로 본다.

사회적 문제 해결 주체로서 공동체, 국가, 시장의 세 주체가 각각의 활동에 의해 유기적인 관련을 가지고 문제 해결에 기여하게 된다. 정치적 공동체에서도 국가나 시장의 역할을 부인하지 않으며 이들이 여전히 중요한 사회적 주체인 점을 인정한다. 철학적 공동체주의가 자유주의를 부정하는 것이 아니라 이를 근간으로 공동체적인 보완을 모색하듯이 정치적 공동체주의 역시 문제 해결 주체로서 기존의 자유주의 정치관에서 중요한 국가와 시장의 역할을 여전히 중요한 것으로 본다. 이에 못지않게 공동체도 강조하면서 국가나 시장에서 풀 수 없는 순기능을 강조하고 있다. 공동체가 더 적은 비용으로 사회적 임무를 충족시킬 수 있고 국가나 시장보다 더 인간주의적으로 일할 것으로 본다. 머지않은 장래에 그들은 사회적 서비스의 가장 중요한 자원이 될 것이라고 한다.

이즈음에서 주목해야 할 점이 있다. 공동체주의는 제도나 정책보다는 개인의 덕성에 호소하는 특징을 가지고 있기 때문에 정치적 제도나 정책으로 문제 해결을 다루는 데는 상당히 취약하다는 점이다.[28] 자유주의는 권력의 자의적 남용을 막기 위해서 법과 제도를 어떻게 활용해야 하며 개인의 재산권을 보호하기 위해 국가가 어떤 역할을 해야 하는지 명확한 정치적 입장과 제도적 지향을 가지고 있다. 자유주의는 제도와 정책에 대해 고유한 자신의 철학적 기반을 가지고 있는 것이다. 사회투자국가 역시 그 철학적 기반인 사회정의가 어떤 내용을 포함하고 있으며 이를 실현하기 위해서 중도개혁적인 제도와 정책을 어떻게 추진해야 하는지 구체적인 목표와 프로그램들이 있다.

이에 반해 공동체주의는 제도와 정책에 대해 자신의 고유한 입장과 지향을 가지고 있지 못하다. 공동체, 국가, 시장의 세 주체가 협력하여 사회문제를 풀어나가야 한다는 원칙에 합의하고 있지만 정치철학에서 중요한 시장과 국가 간의 관계에 대한 어떤 명확한 기준을 제시하고 있지 못하다. 공동체주의는 기존의 국가와 시장 간의 관계가 자유주의 국가이든 사회투자국가이든 이를 인정하고 이에 덧붙여 공동체 의식을 강화하는 방식으로 타협될 수 있는 것이다. 그만큼 정치철학으로써 공동체주의는 취약하다.

이에 반해 한국의 공동체자유주의는 공동체 의식과 같은 주관적인 인식이나 덕성의 함양보다도 제도와 정책에 초점을 맞추고 있다. 제도와 정책에서 이들이 역점을 둬야 할 분야를 정하여 우선순위에 따라 5대 핵심전략을 선정했다.[29] 이 다섯 영역에서 주요한 것은 정치경제

---

28) 에치오니의 '공동체주의 강령'에서 이 점은 명확히 드러난다. 그의 강령에는 덕성을 발양하는 방법과 이 덕성이 사회적으로 어떤 기여를 하게 될 것인지에 관해 많은 분량을 할애하고 있다. 반면 정치적 제도나 정책은 덕성과 같이 주관적인 것을 제외하고는 그 대안이 상당히 취약하다. 기껏해야 현대 정치에서 이익집단의 폐해를 지적하면서 이에서 벗어나야 한다는 문제제기 정도에 그치고 있다.

적 제도와 정책에 집중되어 있고 서구적 공동체와 관련된 것은 전체적인 전략 속에서 교육분야와 시민사회분야에서 일부분이 포함되어 있다. 공동체적 가치실현을 위한 교육에서 자유경쟁을 원칙으로 하면서 보완적으로 인성교육과 인간교육이 포함해야 한다고 보고 있다. "교육을 모두 자유경쟁에만 맡기면, 즉 민간의 자율적 판단에만 맡기면 공동체적 관점에서 보아 대단히 필요하고 중요한 교육이 사회적으로 필요한 수준만큼 충분히 공급되지 않는 분야다. 우선 인성교육과 인간교육이 충분하지 않을 수 있다. 자유경쟁에만 맡기면 입시경쟁이나 취업 위주의 교육에만 매몰되어 남과 더불어 공동체를 이루면서 살아갈 때 존중되어야 하는 가치, 예의, 도덕, 협동심 등 인간화 기초교육에 소홀할 수 있다. 자유민주주의 시민사회의 일원으로서 살아가기 위해 필요한 품성과 소양, 사회적 예의범절 등에 대한 민주화 기초교육도 소홀해질 위험이 크다."[30] "선진시민사회는 사민사회 본연의 역할인 공동체적 연대의 강화와 공동체적 가치의 재구축에 노력해야 한다."[31]

한국 공동체자유주의의 제도와 정책 중에서 서구적인 공동체주의와 관련된 것은 위에서 지적한 부분 정도에 그치고 있다. 이는 공동체자유주의의 제도와 정책에서 주요한 것은 공동체적 연대나 덕성보다는 다른 부분에 강조점이 있다는 것을 반증하는 것이다. 이 지점에서부터 한국의 공동체자유주의의 성격과 정치적 의미에 대해 살펴볼 필요가 있다.

---

29) 여기서 공동체자유주의의 제도와 정책은 박세일의 『대한민국 선진화 전략』을 중심으로 논의를 전개한다.

30) 박세일, 『대한민국 선진화 전략』, 251~252쪽.

31) 같은 책, 352~353쪽.

## 4. 공동체자유주의는 재분배적 자유주의이다

### 자유와 공동체의 형용모순

이상에서 보았듯이 한국의 정치적 공동체자유주의의 특성은 서구의 철학적 공동체자유주의나 정치적 공동체주의와 밀접한 지적 연관을 가지고 있지 않다. 철학적으로는 오히려 공동체주의와 더 관련이 있으며 서구의 정치적 공동체주의가 덕성의 함양과 공동체적 연대 등 시민운동으로서 성격이 강함에 비해 한국의 경우에는 오히려 정치경제적 철학과 정책으로서 성격이 짙다. 따라서 서구의 사상에 영향을 받았을 수는 있을지라도 이는 다분히 한국적 필요에 의해 생겨난 한국 보수세력의 새로운 대응과 모색이라고 평가해야 할 것이다.

한국의 공동체자유주의의 성격을 파악하기 위해서는 의미론적 분석에서부터 출발해야 한다. 우선 자유와 공동체가 같이 병렬적으로 하나의 개념을 설명하기 위해 쓰일 수 있는지에 관해 의문이 제기된다. 1980년대 철학논쟁에서도 볼 수 있듯이 자유와 공동체는 대립적인 개념으로 사용되고 있다. 개인과 공동체, 자유와 평등의 조합에서 개인과 자유가, 공동체와 평등 혹은 연대가 더 자연스러운 개념으로 유기적 연관을 가지고 있다. 철학사에서도 자유주의 전통은 언제나 개인의 자율성에 우선성을 두고 이것이 공동체보다 강조되었다. 그리고 철학사 역시 자유주의 계보와 반자유주의적 계보로 대립하고 있었고 반자유주의 계보에서 대표적인 것이 공동체에 관한 논의였다.

그럼에도 불구하고 이 둘을 하나의 개념을 설명하기 위해 조합하는 것은 의미론적으로 해석한다면 형용모순이다. 이는 최근 유행어처럼 번지고 있는 '좌파자유주의' 만큼이나 혼란스런 개념적 조어이다. 정반대의 대립적인 개념을 하나로 묶을 때는 이런 비판을 감수하고서도 전하려는 의도가 명확해야 한다. 그리고 그 의미는 상호모순을 넘어 그 이상의 의미론적인 은유(metaphor)를 지녀야 한다.

공동체자유주의가 던져주는 첫 번째 은유는 이 개념이 공동체도 자유도 아닌 절충적 개념이라는 것이다. 이는 자유와 공동체 사이에 존재하는 광범위한 중간지대 어딘가에 위치하고 있음을 암시하고 있다.

O-----------------------------------------------------O
공동체　　　　　중간지대(공동체자유주의)　　　　자유

이는 명확한 자기 포지션에 관한 입장을 정리하지 않는다면 무의미한 절충론에 불과하다. 그리고 정치적 상황이나 환경에 따라 수시로 그 개념이 유동적일 수 있어 정치적 이념으로는 자기정체성을 잃어버리는 치명적 약점이 있다. 그림에서 보듯이 중간지대는 양 극단을 제외하고 모든 영역에 걸쳐 있다. 달리 표현하면 정치 환경에 따라 공동체적인 지향이 극단적으로 강한 내용을 보일 수도 있고, 때에 따라서는 자유적인 지향이 극단적으로 강한 내용을 보일 수도 있다. 이는 모두를 설명하고 있지만 아무것도 설명하고 있지 못한 개념적 잡종(conceptual hybrid)으로 전락할 가능성이 있다.

절충론의 이런 약점을 극복하기 위해서는 중간지대의 어느 지점에 자신이 위치하고 있는지 내용적인 자기 규정을 명확히 해야 한다. 이에 성공한 대표적인 학자가 바로 우리가 이제까지 논쟁의 중심에 두고 있었던 롤즈이다. 그는 극단적인 자유주의나 극단적인 평등주의를 모두 반대하고 그 사이에 존재하는 합리적인 절충점을 구하려고 했다. 롤즈에 의하면 바로 그 절충적 개념이 '사회정의(social justice)'이다.

그러나 규범적으로 이는 자유와 평등의 중간지점 어딘가에 위치한다는 것은 확인할 수 있어도 그 이상 무엇을 의미하는지 밝히기 위해서는 그 다음으로 사회정의에 대한 구체적 개념 규정이 있어야 했다.

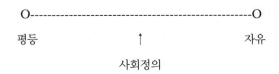

이에 대한 해답으로 그는 사회정의는 최소극대화(maximin)라는 기준을 제시했다. 가장 사회적으로 약한 자의 이익이 가장 극대화되는 것이 정의로운 사회라고 그의 절충론적인 사회정의에 대한 개념규정을 명확히 했다.

공동체자유주의 역시 자신의 개념적 정체성을 가지기 위해서는 중간지대 어디에 어떤 내용으로 존재하는지 명확한 정의가 전제되어야 할 것이다. 공동체자유주의는 자유주의를 근간으로 하고 공동체주의를 보완적인 원리로 삼고 있다고 주장한다. 이 개념이 명확히 중간 영역에 관한 자기 위치를 명시하지 않고 있다면 자유주의의 철학적 범주 내에서 어디에 포함되는지를 살펴보는 방법으로 그 정치철학적 위치를 확인해 볼 수 있을 것이다.

### 재분배적 자유주의의 완곡어법(euphemism)

자유주의를 나누는 방법은 다양하지만 가장 대표적인 것은 자유지상주의와 재분배적 자유주의로 대별된다. 이는 국가권력과 개인의 관계 그리고 정부가 개인의 자유와 재산권에 간섭할 수 있는 정도, 국가

정책이 국민의 생활에 미치는 범위와 수위에 따른 구분 방식이다.

자유지상주의의 대표적인 학자로는 하이에크와 노직을 들 수 있다. 이들은 로크의 고전적 자유주의에 가까운데, 로크와 같이 개인의 재산권을 신성불가침의 것으로 보고 특히 국가의 자의적 권력사용에 의한 재산권 침해를 극단적으로 반대했다. 하이에크는 1940년대 이전부터 일관되게 자유지상주의의 입장을 견지해 왔다. 이때부터 1980년대 이전까지 세계 사상적 조류는 수정주의적인 견해가 압도적이었다. 더 이상 자유방임형의 국가는 유지될 수 없고 국가가 시장에 개입하고 계층 간 소득을 재분배하는 것이 올바른 정책으로 여겨졌다. 복지국가적인 분배와 케인즈 경제학은 이를 위한 구체적인 정책프로그램들이었다. 그러나 하이에크는 이런 경향이 주류를 이루는 가운데서도 일관되게 50여 년을 자유지상주의적인 견해에서 변경한 적이 없다. 그는 1930년대부터 사회주의가 더 이상 위력을 발휘하지 못할 것임을 천명했을 뿐만 아니라 복지국가 역시 대중민주주의의 다수인 중산층에 의해서 자의적인 재분배가 일어나고 관료적 팽창주의와 복지의존성으로 실패할 수밖에 없을 것이라고 예견했다. 사회정의 역시 작은 집단에서나 가능한 도덕감 이상의 의미는 없으며 큰 집단에서 법치주의를 실현하는 데 오히려 방해가 된다고 보았다. 그리고 사회정의는 미신과 같은 허상에 불과하며 이 미신이 타인의 권리를 침해하는 개념으로 사용되고 있다고 비난했다.

노직의 경우는 보다 직접적으로 롤즈의 『정의론』을 비판한다.[32] 그는 자신의 견해를 자유지상주의로 본 반면 롤즈의 견해는 재분배적 복지국가론이라고 비판했다. 노직은 롤즈의 재분배적 측면이 개인의

---

32) Robert Nozick, *Anarchy, State, and Utopia* (Basic Books, 1974) 참조.

재산권과 소유권에 대한 침해를 수반한다는 것이다. 특히 조세체계를 강제노동에 비유하면서 이를 통한 누진세 등 재분배 정책은 자유주의를 침해하는 최대의 적으로 보고 있다. 그는 롤즈의 자유주의의 복지국가적 요소로서 분배적이고 평등주의적인 측면을 거부한다. 롤즈는 개인의 재능을 어떤 의미에서는 공동의 재산으로 간주하고 그런 재능을 갖지 못한 다른 사람들의 목적을 위한 수단으로 사용하고 이를 위한 조세체계를 인정한다. 반면 노직은 이러한 조세체계를 원천적으로 거부한다. 노직은 개인의 자유가 공동체보다 언제나 우선성을 갖는다고 본다.

로크를 가장 잘 대변하는 고전적 자유주의의 핵심이 소유권이라고 할 때 노직이 진정한 자유주의자라면 롤즈는 수정주의자라고 할 수 있다. 롤즈는 자유지상주의를 반대하면서 규범적으로 루소 이후 관심이 되었던 '질서 잡힌 사회'에서와 같이 개인들이 합의할 수 있는 사회적 원칙으로서 사회정의가 최소극대화라고 보았다. 그리고 정치의 영역에서 조세제도는 이런 목적을 달성하기 위해서 정부에 의해 이용될 수 있다고 본다. 노직은 이런 롤즈를 시장보다 좀 더 평등주의적인 재분배에 대한 믿음을 가진 것으로 보고 이를 재분배적 복지국가를 지지하는 재분배적 자유주의자로 보았다. 실질적인 정치적 문제의 관점에서 재분배적 자유주의자와 자유지상주의자 간의 논쟁에서 복지국가와 이를 위해 요구되는 과세의 정당화 가능성이 중심을 이룬다.

자유지상주의와 재분배적 자유주의의 논쟁은 자유의 범위가 국가의 제도와 정책에 관련될 때 중요한 함의를 가진다. 서구 공동체주의처럼 제도와 정책보다는 개인과 공동체의 덕성으로 사회문제를 해결하려고 할 때는 이는 크게 쟁점이 되지 않는다. 한국의 공동체자유주의는 개인의 덕성보다는 국가의 제도와 정책에 범위를 맞추고 있는 정치철학이다. 따라서 자유지상주의와 재분배적 자유주의의 구분으로 평가해 볼 수 있다. 앞서 살펴본 것처럼 공동체자유주의는 재분배적 자유주의의 전형적인 유형에 속한다.

"공동체자유주의의 기본원리는 자유주의지만 공동체주의의 보완이 반드시 필요하다."[33] 이런 기본원리가 국가 정책의 영역에 도입된다면 시장만능주의를 부인하고 정부의 역할을 인정한다면 정부정책, 특히 조세 정책과 규제정책으로 사회적 약자보호를 위해 재분배적 정책을 필연적으로 취할 수밖에 없다. 모든 정부의 정책은 재분배적인 요소를 포함하고 있기 때문이다. 자유지상주의가 아니한, 국가를 기반으로 하는 자유주의는 재분배적 자유주의의 속성을 지닌다. "모든 경제 문제는 시장에 맡기면 풀린다는 시장만능주의 내지 시장낙관주의는 극단적 개인주의적 자유주의와 같은 문제점을 낳는다."[34]

공동체자유주의가 자유지상주의와 가장 큰 차이점은 이 '보완성'에 있다. 자유지상주의는 사회적 약지에 대한 국가의 정책이나 이를 위한 조세 정책은 개인의 자유에 대한 간섭이라고 보면서 국가의 관여를 원천적으로 거부한다. 이에 반해 공동체자유주의는 자유가 근간이지만 자유주의 또한 결함을 가지고 있기 때문에 이를 보완하기 위해 공동체주의가 필요하다는 입장이다. 그러나 이 보완성은 공동체자유주의에만 있는 독특한 원리가 아니라 자유지상주의보다도 더 보편적인 방법이다. 수정주의적인 견해가 거의 대부분 이 보완성의 원리를 채택하고 있다. 경쟁은 불가피하게 승자와 패자를 낳을 수밖에 없고 이 자본주의적인 경쟁의 탈락자(under dog)에게 어떻게 사회적 안전망을 제공하고 다시 기회를 부여할 것인가 하는 것은 수정주의적 자유주의뿐만 아니라 재분배적 복지국가의 핵심적인 문제의식이었다.

33) 박세일, 『대한민국 선진화 전략』, 173쪽.

34) 같은 책, 170쪽.

복지국가의 사회 정책 초안을 만들었던 베버리지 역시 이와 같은 보완성의 원칙을 핵심적인 개념으로 했다. 그의 국가적 최소한 개념은 바로 이 보완성의 원칙에서 파생된 것이라 할 수 있다. 이러한 사회안 전망이 기회를 다시 찾는 개인에게 뿐만 아니라 종국에 가서는 국가의 건전성을 위해서도 장려되어야 할 일로 보았다. 롤즈 역시 이와 같은 보완성의 원칙을 철학적 문제의식으로 삼고 최소극대화의 방법을 찾았던 것이다. 이 보완성이 국가 정책의 영역에서는 재분배의 수단으로 이해될 수밖에 없고 로크나 노직과 같은 자유지상주의자들에게 이는 수정주의적인 견해로 재분배적 복지국가를 지향하는 것으로 해석되었다.

여기서 공동체자유주의의 성격이 자연스럽게 다시 한 번 드러난다. 보완성의 측면에서 볼 때 공동체자유주의는 전형적인 재분배적 자유주의의 한 유형이다. 의문이 있을 수 있는 것은 '한국적인 재분배적 자유주의의 이름을 형용모순이라고도 할 수 있는 자유와 공동체를 같이 사용하는 개념적인 조어를 만들었는가' 하는 점이다. 공동체자유주의는 재분배적 자유주의의 한국적 완곡어법이라고 할 수 있다. 자유주의의 전통이 깊지 않는 나라에서 자유지상주의를 주장하기에는 대중적인 설득력이 없을 것이고 수정주의적인 자유주의를 주장할 경우, 대중적으로 친근감 있는 개념적 조어가 필요했을 것이다. 한국 사회에서 공동체가 가지고 있는 막연한 연대감이 재분배적 자유주의나 수정주의적 자유주의보다 더 큰 대중적 설득력을 가지고 있기 때문에 공동체자유주의로 개념화되었을 것이다. 이는 철학논쟁에서 있었던 공동체자유주의와는 전혀 별개의 상황에서 진행되었다고 보는 것이 타당할 것이다.

## 몰이해된 사회 정책

긍정적으로 본다면 한국의 보수 세력들이 자유지상주의가 아닌 수정주의적 견해를 이념적인 지향으로 한다고 천명한 것은 새로운 가능성으로 이해될 수 있다. 보수 세력들은 언제나 '자유민주적'이라는 외피로 자신들의 국가주의적 성향을 은폐하는 경향이 있었다. 그리고 수정주의적인 자유주의조차 정치적 수사의 차원에서도 인정하지 않으려 했다.

공동체자유주의는 재분배적 자유주의 혹은 수정주의적 자유주의를 공식적으로 보수 세력이 지향하려고 함을 선언한 것이다. 그리고 한국의 보수 세력들이 합리적 보수로 나아가는 데 중요한 지침이 될 것이다. 1980년대 이후 서구에서 신자유주의가 풍미하면서 이를 한국에 원리주의적 관점에서 적용하려는 신우파들이 등장하고 있다. 뉴라이트 운동의 일부 진영에서 자유지상주의적 지향을 보이고 있다. 공동체자유주의는 이와 같은 보수 세력 내부에서 자칫 담론의 주류가 자유지상주의로 흘러갈 수 있는 것을 제어하는 제동기 역할을 할 수 있을 것이다. 그리고 그 정책의 내용들이 사회적 최소한에 대한 구체적인 프로그램들을 제시한다면 건전보수의 등장을 기대해도 좋을 것이다.

그러나 현재까지는 아쉽게도 공동체자유주의는 사회적 최소한에 대한 구체적 내용이나 사회적 약자에 대한 구체적 정책프로그램이 제시하지 못하고 있다. 그들이 제시한 제도와 정책의 5대 핵심 선진화 전략은 '교육과 문화의 선진화, 시장능력의 선진화, 국가능력의 선진화, 시민사회의 선진화, 국제관계의 선진화'로 제시되어 있다.[35] 이 전략들

---

35) 같은 책, 231~385쪽.

에 부분적으로 사회적 약자를 위한 정책들이 들어 있지만 사회 정책 특히 복지 정책에 대한 언급이 없다. 이는 그 이전의 한국 보수 세력들의 인식과 크게 차이를 보여주고 있지 못하다. 원론적인 수준에서 보완성 개념 등을 중심으로 수정주의적 입장을 취하고 있지만 정책 사안에서는 여전히 보수 세력의 인식을 보여주고 있는 것이다. 현재 한국 사회에서 가장 절실한 문제가 양극화나 사회보험 문제와 같은 사회 정책의 문제이며 우리가 OECD 국가들 중에서 가장 취약한 분야도 바로 이 분야인데도 한국 선진화 전략에서 이에 대한 전면적 언급이 없는 것은 수정주의적 자유주의 입장에서는 결정적인 이론적 결함이라고 할 수 있다. 앞으로 그들의 핵심전략에서 당연히 복지와 사회 정책이 본격적으로 다루어지길 희망한다. 그렇지 않다면 새로운 철학적 탐색의 노력에도 불구하고 그 이전의 한국 보수 세력들과 차별성을 보여주지 못할 것이다.

더 중요한 것은 재분배적 자유주의 혹은 수정주의에서 제시되어야 할 것은 '사회적 최소한'에 대한 자기 원칙이다. 이 중에서 교육 최소한 (educational minimum)은 제시되어 있다.36) 그러나 더 본질적이고 중요한 사회적 최소한에 대한 언급이 없다. 이는 베버리지 이후 수정주의적 입장에서 가장 우선적으로 다루어져야 할 주제이다. 이것이 재분배적 자유주의이든, 고전적 사회민주주의이든, 사회투자국가이든 이에 관한 자기 입장이 있어야 한다. 사회투자국가의 경우 '지속가능한 사회정의(sustainable social justice)'의 개념으로 진화하면서 사회적 최소한이 지속가능하기 위해서 어떤 조건들이 갖추어져야 하는 지에 관한 모색들이 있었다. 공동체자유주의가 자유지상주의의 원리주의적 태도를

---

36) 같은 책, 245쪽.

부정하고 현실적응력을 높이기 위해서는 무엇보다 사회적 최소한에 대한 자신들의 입장과 구체적인 사회 정책에 대한 프로그램들이 제시되어야 할 것이다. 이것이 이전의 한국 보수 세력과 구별되는 결정적 차이가 될 것이다.

## 공동체자유주의는 정치적 만병통치약(?)

모든 것을 설명하는 이론은 어떤 것도 설명하고 있지 않다. '만인의 연인은 누구의 연인도 아니듯이' 모든 계층을 위한다는 정치세력은 어떤 계층도 대변하고 있지 않다. 아니면 특정계층을 대변하고 있다는 것을 은폐하고 있는 것이다. 한국 보수 세력들의 두드러진 특징 가운데 하나는 그들이 국민의 이름으로, 국익의 이름으로, 더 나아가 국가의 이름으로 언제나 모든 계층을 대변하는 것으로 자신들의 정치적 속성을 은폐해 왔다는 점이다.

공동체자유주의 역시 자기 정체성을 분명히 하지 않을 경우 이와 같은 한국 보수 세력의 전형적인 특징을 보여줄 가능성이 충분하다. 우선 그 이름이 가지고 있는 형용모순과 애매모호함이 이런 가능성을 더 크게 만들고 있다. 자유주의적으로 해석될 수도 있고 공동체주의적으로[37] 해석될 수 있다. 자유지상주의와 극단적 공동체주의 이외에 모두를 포함할 수 있다는 개념적 신축성은 이론적으로는 아주 취약하지만 정치적 유연성을 발휘하기에는 더 없이 용이할 것이다. 정치적 상황은 주기적으로 공동체가 강조되어야 할 시기와 자유가 강조되어야 할 시기로 유동적으로 교차할 것이다. 이런 정치환경에서 공동체자유

---

37) 여기서 공동체주의의 의미는 보완성 개념을 중심으로 한 서구의 공동체주의가 아니라 자유에 대립되는 개념으로 공동체를 의미한다.

주의는 그 환경에 따라 때로는 공동체를 강조하고 때로는 자유를 강조함으로써 자신들에 유리한 해석과 처방을 내릴 수 있다. 계층적으로도 자유를 강조해야 할 계층에게는 자유를, 공동체를 강조해야 할 계층에게는 공동체를, 장소와 상황에 따라 그 내용이 상하로 춤출 수 있다.

"돌팔이(charlatan)는 만병통치약(panacea)을 팔고 다닌다." 모든 병을 치료할 수 있는 영약이라고 팔고 다니지만 어느 한 가지 병도 치료하지는 못한다. 공동체자유주의는 자칫 정치적으로 잘못 이용되면 이 담론을 생산한 이론가들의 의도와는 상관없이 정치적 만병통치약으로 희화화(戱畵化)될 수 있다. 특히 보수 세력들이 자신들의 보수성을 은폐하려고 할 때 공동체자유주의의 형용사로 사용된 '공동체'를 강조하면서 그들이 수정주의적인 관점을 지향하고 있는 것으로 이용할 개연성이 충분하다. 그리고 보수적 정치세력에 의해 정치적으로 이용될 가능성이 다분하다. 이들은 수구적이거나 국가주의적 경향이 강한 정치세력일수록 이를 은폐하는 수단으로 공동체자유주의를 구체적 정책이 아니라 정치적 수사(rhetoric)로만 사용할 가능성이 있다. 국가주의자들이 지난 50년간 그 수구성을 감추기 위해 '자유민주주의'를 정치적 수사만으로 이용하고 실질적인 정책은 이와 오히려 역행하는 국가주의적 정책을 추진했듯이 공동체자유주의 역시 수구성을 은폐하는 수단으로 전락할 가능성이 있다.

오늘날 보수 세력들 역시 변화된 환경 속에서 미래담론에 대한 자기 모색들이 일어나고 있다. 이 중 공동체자유주의가 평가받을 수 있는 것은 한국 보수 세력에서 거의 최초로 수정주의적 혹은 재분배적 자유주의를 공식적으로 선언하고 이를 제도와 정책으로 제시하려고 한다는 점이다. 보수 세력 내부에는 여전히 국가주의적 경향이 강하고, 담론에서는 자유지상주의적인 견해가 활발하다. 공동체자유주의는 국가주의의 수구성이나 자유지상주의의 극단성을 제어하면서 한국 보수 세력들이 합리적 보수로 나아갈 수 있는 토대를 구축하고 있다고 볼 수 있다.

이를 위해서도 공동체자유주의는 자신의 철학적, 정치적 입장을 명확히 하고 구체적 정책프로그램에서 더 진화해야 한다. 수정주의적 입장에 대한 분명한 자기 원칙, 특히 사회적 최소한에 대한 원칙을 제시해야 하고 간과되고 있는 사회 정책, 특히 사회안전망과 복지 정책에 대한 종합적인 정책과 전략이 나와야 한다.

보수 세력 내부에서 공동체자유주의의 수정주의적인 경향을 지닌 합리적 보수가 주도적인 역할을 하게 되고, 개혁 세력 내부에서 중도개혁적인 사회투자국가를 지향하는 새로운 개혁주체가 상호 정책 경쟁을 벌인다면 훨씬 나은 수준에서 정책담론에 관한 생산적 논쟁이 진행될 것이다.

# 참고문헌

강민 외. 1991. 『국가와 공공정책: 한국 국가이론의 재조명』. 법문사.

기든스, 앤서니. 2004. 『노동의 미래』. 신광영 옮김. 을유문화사.

_____. 2002. 『제3의 길과 그 비판자들』. 박찬욱 외 옮김. 생각의 나무.

_____. 2000. 『제3의 길』. 한상진·박찬욱 옮김. 생각의 나무.

_____. 1997. 『좌파와 우파를 넘어서』. 김현옥 옮김. 한울.

김병국. 1999. 『한국의 보수주의』. 인간사랑.

구춘권. 2000. 『지구화, 현실인가 또 하나의 신화인가』. 책세상.

갤브레이스, 존. 2006. 『풍요한 사회』, 출간 40주년 기념판. 노택선 옮김. 한국경제신
    문사.

고세훈. 1999. 『영국노동당사: 한 노동운동의 정치화 이야기』. 나남출판

나종일·송규범. 2005. 『영국의 역사(상, 하)』. 한울.

노스, 더글러스. 1996. 『제도·제도변화·경제적 성과』. 이병기 옮김. 한국경제연구원.

노직, 로버트 2003. 『아나키에서 유토피아로: 자유주의 국가의 철학적 기초』. 남경희
    옮김. 문학과지성사.

라이히, 빌헬름. 2006. 『파시즘의 대중심리』. 황선길 옮김. 그린비.

로크, 존. 1996. 『통치론: 시민정부의 참된 기원, 범위 및 그 목적에 관한 시론』.
    강정인·문지영 옮김. 까치.

롤즈, 존. 2003. 『정의론』. 황경식 옮김. 이학사.

맥퍼슨, C. B. 1991. 『소유적 개인주의의 정치이론: 홉스에서 로크까지』. 이유동
    옮김. 인간사랑.

뮬홀, 스테판·애덤 스위프트. 2001. 『자유주의와 공동체주의』. 김해성·조영달 옮김.
    한울.

바크, 어네스트 외. 1995. 『로크의 이해』. 강정인·문지영 옮김. 문학과지성사.

박세일. 2006. 『대한민국 선진화 전략』. 21세기북스.

_____. 2006. 『법경제학』. 박영사.

박순성. 2003. 『아담 스미스와 자유주의』. 풀빛.

부크홀츠, 토드 2002. 『죽은 경제학자의 살아있는 아이디어: 현대 경제사상의 이해를
    위한 입문서』. 이승환 옮김. 김영사.

보크, 로버트 H. 1991. 『反트러스트의 모순』. 신광식 옮김. 교보문고.

스미스, 애덤. 2003. 『국부론(상)』. 김수행 옮김. 비봉출판사.

_____. 1992. 『국부론(상)(하)』. 정해동·최호진 옮김. 범우사.

스티글리츠, 조지프. 2002. 『세계화와 그 불만』. 송철복 옮김. 세종연구원.

센, 아마티아. 2001. 『자유로서의 발전』. 박우희 옮김. 세종연구원.

아이작, 로버트 A. 2006. 『세계화의 두 얼굴』. 강정민 옮김. 이른아침.

안병영·임혁백 엮음. 2001. 『세계화와 신자유주의: 이념·현실·대응』. 나남출판.

안청시·정진영 엮음. 2000. 『현대 정치경제학의 주요 이론가들』. 아카넷.

이근식. 2006. 『애덤 스미스의 고전적 자유주의』. 기파랑.

이준구·이창용. 2005. 『경제학 원론』. 법문사.

임채원. 2005. 『보수의 빈곤과 정책담론』. 한울.

앨버트, 마이클. 2003. 『파레콘: 자본주의 이후 인류의 삶』. 김익희 옮김. 북로드.

장하준. 2004. 『사다리 걷어차기』. 형성백 옮김. 부키.

최병선. 1992. 『정부규제론: 규제와 규제완화의 정치경제』. 법문사.

최장집. 2005. 『민주화 이후의 민주주의』, 개정판. 후마니타스.

카플란, 로버트 D. 2001. 『무정부시대가 오는가』. 장병걸 옮김. 코기토.

케인즈, J.M. 1985. 『고용, 이자 및 화폐의 일반이론』. 조순 옮김. 비봉출판사.

티트무스, 리처드 M. 1980. 『사회정책개론』. 김영모 옮김. 일조각.

프리드만, 밀튼·로즈. 2003. 『선택할 자유』. 민병균 외 옮김. 자유기업원.

프리드먼, 토머스 L. 2005. 『세계는 평평하다』. 김상철·이윤섭 공역. 창해.

하이에크, 프리드리히 A. 2004. 『치명적 자만』. 신중섭 옮김. 자유기업원.

_____. 2001. 『법·입법 그리고 자유 Ⅱ: 사회적 정의의 환상』. 민경국 옮김. 자유기업
    원.

_____. 1999. 『노예의 길』. 김영청 옮김. 자유기업센터.

_____. 1997. 『법·입법 그리고 자유 Ⅲ: 자유사회의 정의질서』. 서병훈 옮김. 자유기업
    센터.

_____. 1997. 『자유헌정론 Ⅰ, Ⅱ』. 김균 옮김. 자유기업센터.

_____. 1990. 『자본주의냐 사회주의냐』. 민경국 옮김. 문예출판사.

하일브로너, 로버트 L. 2005. 『세속의 철학자들』. 장상환 옮김. 이마고.

한국은행. 2006. 『알기 쉬운 경제지표 해설』.

헬드, 데이비드 외. 2002. 『전 지구적 변환』. 조효제 옮김. 창작과비평사.

홉스봄, 에릭·스튜어드 홀. 1999. 『제3의 길은 없다』. 노대명 옮김. 당대.

Beveridge, William. 1942. *Social Insurance and Allied Services*. H. M. Stationery Office.

Blanchard, Olivier. 2005. *Macroeconomics*. Prentice Hall.

Bork, Robert H. 1978. *The Antitrust Paradox: A Policy at War with Itself*. Basic

Books.

Buchholz, Todd G. 1999. *New Ideas from Dead Economists*. Plum.

Colling, R.G. 1942. *New Leviathan*. Oxford University Press.

Commission on Social Justice/IPPR. 1994. *Social Justice: Strategies for National Renewal*.
Vintage.

_____. 1993. *Social Justice in a Changing World*. IPPR.

Davidson, James Dale and William Rees-Mogg. 1999. *The Sovereign Individual:
Mastering the Transition to the Information Age*. Free Press.

Esping-Andersen, Gøsta. 2002. *Why We Need a New Welfare State*. Oxford University
Press.

_____ and Duncan Gallie et al. 2001. *A New Welfare Architecture for Europe?* Report
submitted to the Belgian Presidency of the European Union.

_____. 1999. *Social Foundations of Postindustrial Economies*. Oxford University Press.

_____(ed.). 1996. *Welfare States in Transition: National Adaptations in Global Economies*.
Sage Publications Ltd.

_____. 1990. *The Three Worlds of Welfare Capitalism*. Princeton University Press.

Etzioni, Amitai. 2004. *The Common Good*. Polity Press.

_____. 2000. *The Third Way to a Good Society*. Demos.

_____. 1996. *The New Golden Rule: Community Morality in a Democratic Society*. Basic
Books.

_____. 1995. New Communitarian Thinking: Persons, Virtue, Institutions, and
Communities.

_____. 1993. *The Spirit of Community: Rights, Responsibilities, and the Communitarian
Agenda*. Crown Publishers Inc.

Friedman, Milton. 2002. *Capitalism and Freedom: 40th Anniversary Edition*. University
of Chicago Press

Friedman, Milton and Rose. 1979. *Free to Choose*. Avon.

Friedman, Thomas. 2006. *The World Is Flat*. Farrar Straus & Giroux.

Fuente, Angel de la. 2003. *Human Capital in a Global and Knowledge-based Economy,
Part II: Assessment at the EU Country Level*. CSIC.

Giddens, Anthony and Patrick Diamond(eds.). 2005. *The New Egalitarianism*. Polity
Press.

Giddens, Anthony. 2003. *The Progressive Manifesto: New Ideas for the Centre-Left*. Polity

Press.

_____. 2002. *Where Now for New Labour?* Polity Press.

_____. 2000. *The Third Way and Its Critics*. Polity Press.

_____. 1998. *The Third Way: The Renewal of Social Democracy*. Polity Press.

_____. 1995. *Beyond Left and Right: The Future of Radical Politics*. Stanford University Press.

Gilbert, Neil and Amitai Etzioni. 2004. *Transformation of the Welfare State: The Silent Surrender of Public Responsibility*. Oxford University Press.

Gilens, Martin. 2000. *Why Americans Hate Welfare: Race, Media, and the Politics of Antipoverty Policy*. University of Chicago Press.

Hacker, Jacob S. 2002. *The Divided Welfare State: The Battle over Public and Private Social Benefits in the United States*. Cambridge University Press.

Harvey, David. 2005. *A Brief History of Neoliberalism*. Oxford University Press.

Hayek, Friedrich A. 1994. *The Road to Serfdom; Fiftieth Anniversary Edition*. University of Chicago Press.

_____. 1982. *Law, Legislation and Liberty I, II, III-* one volume edition. Routledge & Kegan Paul.

_____. 1979. *Law Legislation and Liberty: Vol. III: The Political Order of A Free People*. Routledge & Kegan Paul.

_____. 1976. *Law Legislation and Liberty: Vol. II: The Mirage of Social Justice*. Routledge & Kegan Paul.

_____. 1960. *The Constitution of Liberty*. University of Chicago Press.

Heckscher, Eli F. 1955. *Mercantilism*. Vol.2. George Allen & Unwin Ltd.

Heilbroner, Robert L. 1999. *The Worldly Philosophers: The Lives, Times And Ideas Of The Great Economic Thinkers*. Touchstone.

Huber, Evelyne and John D. Stephens. 2001. *Development and Crisis of the Welfare State: Parties and Policies in Global Markets*. University of Chicago Press

Jane Jenson et al. 2003. "New Routes to Social Cohesion?" Canadian Journal of Sociology, 28(1).

Jenson, Jane and Denis Saint-Martin. 2002. "Building Blocks for a New Welfare Architecture: From Ford to LEGO?" Prepared for the Annual Meeting of the Political Science Association.

Jenson, Jane. 2001. "Social Citizenship in the 21st Century Canada: Challenges and Options." The 2001 Timlin Lecture.

_____. 1998. "Mapping Social Cohesion: The State of Canadian Research." CPRN Study No. F/03.

Keynes, John Maynard. 1997. *The General Theory of Employment, Interest, and Money* - Reprint. Prometheus Books.

Levitas, Ruth. 2000. "Community, Utopia and New Labour." Local Economy, vol. 15. No.3. pp.188~197.

Lister, Ruth. 2003. "Investing in the Citizen-workers of the Future." *Social Policy & Administration*. October. pp.427~443.

_____. 2002. "Towards a New Welfare Settlement?" in Colin Hay(ed.). *British Politics Today*.

Mankiw, N. Gregory. 2002. *Macroeconomics*. Worth Publishers.

Midgley, James.1999, "Growth, Redistribution, and Welfare: Toward Social Investment." *Social Service Review*. University of Chicago.

Miliband, David(ed.). 1994. *Reinventing the Left*. Polity Press.

North, Douglass C. 1990. *Institutions, Institutional Change and Economic Performance*. Cambridge University Press.

Nozick, Robert. 1974. *Anarchy, State, and Utopia*. Basic Books.

Pearce, Nick and Will Paxton(eds.). 2005. *Social Justice: Building a Fairer Britain*. IPPR.

Perkins, Daniel et al. 2004. "Beyond Neo-Liberalism: the Social Investment State?" Social Policy Working Paper No.3. The Center for Public Policy.

Pierson, Paul(ed.). 2001. *The New Politics of the Welfare State*. Oxford University Press.

Piven, Frances Piven and Richard Cloward. 1993. *Regulating the Poor: The Functions of Public Welfare*. Vintage.

_____. 1978. *Poor People's Movements: Why They Succeed, How They Fail*. Vintage.

Quadagno, Jill. 1996. *Color of Welfare: How Racism Undermined the War on Poverty*. Oxford University Press.

Rawls, John. 1999. *A Theory of Justice*. Revised Edition. Belknap, Harvard University Press.

Samuelson, Paul A. and William Nordhaus. 2004. *Economics*. McGraw – Hill/Irwin.

Skidelsky, Robert. 2005. *John Maynard Keynes: 1883-1946: Economist, Philosopher,*

*Statesman*. Penguin.

     . 2002. *John Maynard Keynes: Fighting for Freedom, 1937-1946*. Penguin.

     . 1994. *John Maynard Keynes: The Economist As Saviour, 1920-1937*. Penguin.

     . 1994. *John Maynard Keynes: Hopes Betrayed, 1883-1920*. Penguin.

Smith, Adam. 1977. *An Inquiry into the Nature and Causes of the Wealth of Nations*. Edwin Cannan(ed.). University of Chicago Press.

Stiglitz, Joseph E. 2006. *Making Globalization Work*. Norton.

Swank, Duane. 2002. *Global Capital, Political Institutions, and Policy Change in Developed Welfare States*. Cambridge University Press.

Wolf, Jr. Charles. 1988. *Markets or Governments: Choosing Between Imperfect Alternatives*. MIT Press.

     . 1979. "A Theory of Nonmarket Failure: Framework for Implementation Analysis." *The Journal of Law and Economics*. April. pp.107~139.

# 찾아보기

지은이  **임채원**

서울대학교 인문대학 졸업
서울대학교 행정학 석사, 박사 수료
국회 의회발전연구회 연구원
수원대학교 강의
서울대학교 한국행정연구소 연구원
포스트서울 포럼 대표

저서: 『보수의 빈곤과 정책담론』(한울, 2005)

한울아카데미 906

# 신자유주의를 넘어 사회투자국가로

ⓒ 임채원, 2006

지은이 | 임채원
펴낸이 | 김종수
펴낸곳 | 도서출판 한울

편집책임 | 김현대

초판 1쇄 발행 | 2006년 12월 10일
초판 3쇄 발행 | 2008년  2월 25일

주소 | 413-832 파주시 교하읍 문발리 507-2(본사)
       121-801 서울시 마포구 공덕동 105-90 서울빌딩 3층(서울 사무소)
전화 | 영업 02-326-0095, 편집 02-336-6183
팩스 | 02-333-7543
홈페이지 | www.hanulbooks.co.kr
등록 | 1980년 3월 13일, 제406-2003-051호

Printed in Korea.
ISBN 978-89-460-3639-0  93340

* 가격은 겉표지에 표시되어 있습니다.